Manual de IRS

Manual de IRS

2022 • 4ª Edição

Paula Rosado Pereira
Doutora em Direito
Professora da Faculdade de Direito da Universidade de Lisboa
Advogada e Consultora Fiscal

ALMEDINA

MANUAL DE IRS
AUTORA
Paula Rosado Pereira
EDITOR
EDIÇÕES ALMEDINA, S.A.
Avenida Emídio Navarro, 81, 3D
3000-151 Coimbra
Tel.: 239 851 904 · Fax: 239 851 901
www.almedina.net · editora@almedina.net
DESIGN DE CAPA
EDIÇÕES ALMEDINA, S.A.
PRÉ-IMPRESSÃO
João Jegundo
IMPRESSÃO E ACABAMENTO

Agosto, 2022
DEPÓSITO LEGAL

ALMEDINA | GRUPOALMEDINA

BIBLIOTECA NACIONAL DE PORTUGAL – CATALOGAÇÃO NA PUBLICAÇÃO

PEREIRA, Paula Rosado

Manual de IRS. – 4ª ed. – (Manuais universitários)
ISBN 978-989-40-0737-1

CDU 336

NOTA PRÉVIA

O presente *Manual de IRS* tem as suas raízes na já longa experiência letiva que tenho em matérias de Direito Fiscal e, em particular, de IRS[1]. Estas atividades letivas têm constituído experiências muito ricas de análise e de debate, com os estudantes, sobre múltiplas questões de IRS. Oferecem sempre ocasião para a partilha de opiniões, mas também de dúvidas e de reflexões críticas sobre o IRS e os regimes fiscais que o compõem.

Foi desta atividade letiva que, em larga medida, resultaram o estímulo e a motivação para escrever o *Manual de IRS* – que, nessa medida, dedico aos meus alunos.

A participação como membro da Comissão para a Reforma do IRS de 2014[2] foi também uma experiência particularmente estimulante, pelos contínuos debates, partilha de experiências e de reflexões sobre variados aspetos do IRS que caracterizaram as reuniões da Comissão.

Por fim, o exercício da advocacia e a elaboração de Pareceres no campo do Direito Fiscal – em particular, do IRS – têm contribuído para que o meu

[1] Destaca-se a docência de *Direito Fiscal* (disciplina que inclui o estudo do IRS), no Curso de Licenciatura em Direito da FDUL, desde 2001; de *IRS*, no Curso de Pós-graduação em Direito Fiscal do IDEFF – FDUL, desde 2003; de *Direito Fiscal* (o primeiro semestre era dedicado ao IRS), no Curso de Mestrado Científico / Mestrado em Direito e Ciência Jurídica da FDUL, durante sete anos letivos; de *IRS* – Componente formativa da especialidade de Direito Tributário, do 4º ao 8º Cursos de Formação de Juízes dos Tribunais Administrativos e Fiscais do Centro de Estudos Judiciários – CEJ (em 2016, 2018, 2019, 2021 e 2022).

[2] Comissão para a Reforma do IRS, nomeada pelo Secretário de Estado dos Assuntos Fiscais em março de 2014 (Despacho nº 4168 – A/2014, do Gabinete do Secretário de Estado dos Assuntos Fiscais, publicado no DR, 2ª série – nº 55, suplemento – Parte C, de 19 de março de 2014: Nomeação da Comissão para a Reforma do IRS – 2014).

entusiasmo teórico por esta matéria se conjugue com a perspetiva prática, da aplicação do imposto aos casos concretos. Nascem, a este nível, interessantes desafios, especialmente nos casos mais complexos. Estes, por seu turno, fornecem matéria prima para o aprofundamento da reflexão teórica sobre os temas envolvidos, numa simbiose profícua.

Em termos gerais, o *Manual de IRS* efetua uma análise teórico-prática do IRS, explicando as principais características do imposto, os princípios que o norteiam, e efetuando um estudo aprofundado das várias categorias de rendimentos. Relativamente a cada uma delas, procura dar-se um quadro abrangente – desde a incidência real até ao regime de tributação aplicável em cada caso, passando pela determinação do rendimento tributável.

A par da análise e explicação do regime fiscal em vigor, pretende-se também estimular uma reflexão crítica sobre os traços fundamentais do IRS e sobre diversas das soluções nele acolhidas.

O Manual pretende constituir um instrumento de estudo e de reflexão, visando a aquisição ou aprofundamento de conhecimentos de IRS. Dirige-se tanto aos estudantes universitários como aos profissionais que trabalham com o Direito Fiscal – e, em particular, com o IRS. O bom acolhimento que a obra tem tido junto de ambos os grupos constitui para mim uma grande alegria e um estímulo para perseverar.

A quarta edição do *Manual de IRS*, agora dada à estampa, atualiza o texto tendo em conta as alterações introduzidas ao nível do imposto até à presente data e aproveita ainda para aprofundar a abordagem de algumas matérias.

Lisboa, 14 de julho de 2022

PAULA ROSADO PEREIRA

ABREVIATURAS

AIMI – Adicional ao Imposto Municipal sobre Imóveis
AT – Autoridade Tributária e Aduaneira
CA – Contribuição Autárquica
CAAD – Centro de Arbitragem Administrativa
CDT(s) – Convenção(ões) para Evitar a Dupla Tributação e Prevenir a Evasão Fiscal em Matéria de Impostos sobre o Rendimento / Convenção(ões) sobre Dupla Tributação
CEE – Comunidade Económica Europeia
CIMI – Código do Imposto Municipal sobre Imóveis
CIMT – Código do Imposto Municipal sobre as Transmissões Onerosas de Imóveis
CIRC – Código do Imposto sobre o Rendimento das Pessoas Coletivas
CIRS – Código do Imposto sobre o Rendimento das Pessoas Singulares
CIS – Código do Imposto do Selo
CIVA – Código do Imposto sobre o Valor Acrescentado
CP – Contribuição Predial
CRP – Constituição da República Portuguesa
DL – Decreto-Lei
DR – Diário da República
EBF – Estatuto dos Benefícios Fiscais
EEE – Espaço Económico Europeu
IAS – Indexante dos Apoios Sociais
IMI – Imposto Municipal sobre Imóveis
IMT – Imposto Municipal sobre as Transmissões Onerosas de Imóveis
IRC – Imposto sobre o Rendimento das Pessoas Coletivas
IRS – Imposto sobre o Rendimento das Pessoas Singulares
IS – Imposto do Selo
IVA – Imposto sobre o Valor Acrescentado
LGT – Lei Geral Tributária
MC OCDE – Modelo de Convenção Fiscal sobre o Rendimento e o Património da OCDE
NIF – Número de Identificação Fiscal

OCDE – Organização para a Cooperação e Desenvolvimento Económico
OE – Orçamento do Estado
STA – Supremo Tribunal Administrativo
TCAN – Tribunal Central Administrativo Norte
TCAS – Tribunal Central Administrativo Sul
TFUE – Tratado sobre o Funcionamento da União Europeia
TJCE – Tribunal de Justiça das Comunidades Europeias
TGIS – Tabela Geral do Imposto do Selo
UE – União Europeia

PARTE I
IRS – ENQUADRAMENTO GERAL

1. Tributação do rendimento das pessoas singulares – Breve nota histórica

O Imposto sobre o Rendimento das Pessoas Singulares ("IRS") foi criado no contexto da reforma fiscal de 1988/89[1], com o propósito de modernizar e simplificar a tributação do rendimento das pessoas singulares, mediante a introdução de um imposto único ou sintético (em substituição da tributação cedular do rendimento até então existente).

A criação do IRS teve, igualmente, o propósito de adaptar o sistema de tributação ao disposto na CRP. Esta previa à data – tal como continua a suceder hoje, no seu artigo 104º, nº 1 – a existência de um imposto sobre o rendimento pessoal único e progressivo, tendo em conta as necessidades e os rendimentos do agregado familiar. Todavia, o sistema vigente até 1988 não se encontrava em conformidade com estes ditames constitucionais[2].

O Código do IRS ("CIRS") foi aprovado pelo Decreto-Lei nº 442-A/88, de 30 de novembro, e entrou em vigor em 1 de janeiro de 1989, modificando profundamente o panorama da tributação do rendimento das pessoas singulares.

[1] No âmbito desta reforma fiscal, foram criados o IRS, o Imposto sobre o Rendimento das Pessoas Coletivas (IRC) e também a Contribuição Autárquica. Para uma visão abrangente sobre o teor e o significado da reforma fiscal de 1988/89, veja-se a obra AAVV, *15 Anos da Reforma Fiscal de 1988/89 – Jornadas de Homenagem ao Professor Doutor Pitta e Cunha*, Almedina, Coimbra, 2005. Especificamente quanto ao IRS, cfr. nesta obra José Guilherme Xavier de Basto, «O IRS na Reforma Fiscal de 1988/89», pp. 73-87; Vasco Branco Guimarães, «A Reforma Fiscal de 1989 (uma visão por dentro)», pp. 97-105.

[2] Cfr. Manuel Faustino, *IRS de Reforma em Reforma – Coletânea de Textos (publicados e inéditos)*, Áreas Editora, Lisboa, 2003, pp. 347-351. Este autor identifica, relativamente à reforma fiscal que criou o IRS, motivações de ordem político-constitucional, motivações de ordem legislativa, motivações de ordem financeira e motivações de ordem internacional.

Anteriormente à entrada em vigor do CIRS, a tributação dos rendimentos auferidos por pessoas singulares encontrava-se dispersa por um conjunto de impostos. Existia uma estrutura dualista, composta por:

1) Impostos cedulares ou parcelares[3], incidentes sobre os rendimentos de diversas fontes – Imposto Profissional, Contribuição Industrial, Imposto sobre a Indústria Agrícola, Imposto de Capitais, Contribuição Predial e Imposto de Mais-valias;
2) Um imposto complementar de sobreposição – o Imposto Complementar – que tributava o conjunto dos rendimentos já submetidos aos impostos parcelares, mas tomando em consideração a situação pessoal dos contribuintes.

Com a entrada em vigor do IRS, eliminaram-se os impostos cedulares ou parcelares, cada um com o seu regime específico, sucedendo-lhe a tributação das pessoas singulares pelo seu rendimento global. A tributação cedular foi, assim, substituída por uma tributação sintética do rendimento, por meio de um imposto único (embora este continue a assentar numa base cedular e a não atingir uma tributação verdadeiramente unitária, como veremos adiante).

2. Conceito de rendimento

Para efeitos fiscais, podemos identificar duas conceções de rendimento: o "rendimento-produto" (rendimento em sentido estrito) e o "rendimento-acréscimo" (rendimento em sentido lato).

Tanto ao nível da teoria dos impostos, como ao nível da legislação fiscal, verificou-se uma evolução da primeira para a segunda conceção, sendo o "rendimento-acréscimo" adotado no CIRS.

Importa, assim, começar por analisar ambas as conceções de rendimento, o que contribui para uma melhor compreensão do conceito de rendimento presente no CIRS.

O conceito de rendimento inicialmente aceite na teoria fiscal e na legislação tributária dos Estados foi um conceito utilizado no âmbito da análise

[3] Os impostos cedulares tributam o rendimento mediante diversos impostos autónomos, em função da fonte geradora, sendo, por vezes, complementados por um imposto de sobreposição. Distinguem-se dos impostos únicos ou sintéticos, que tributam o rendimento líquido global do sujeito passivo. Cfr. Américo Brás Carlos, *Impostos – Teoria Geral*, 5ª ed., Almedina, Coimbra, 2016, p. 51.

económica e, mais concretamente, na medição dos resultados da produção. Assim teve origem a conceção de "rendimento-produto"[4].

No **"rendimento-produto"**, baseado na teoria da fonte, o rendimento relevante corresponde apenas aos fluxos de receitas que sejam imputáveis a uma fonte produtora de que o sujeito passivo seja titular – v.g. a sua capacidade de trabalho, o seu capital ou os seus imóveis. Temos, assim, que o rendimento se reconduz, nos termos desta conceção, às remunerações do trabalho, juros, lucros ou rendas decorrentes de uma atividade do sujeito passivo orientada para a sua obtenção ou de uma fonte produtora de carácter patrimonial por ele detida[5].

Uma característica associada ao "rendimento-produto" consiste numa certa regularidade ou repetição na obtenção do rendimento em causa. Assim, a par da manutenção da fonte produtora do rendimento, pressupõe-se a suscetibilidade da obtenção deste em períodos sucessivos, com uma certa regularidade. Significa isto que, no âmbito da conceção do "rendimento-produto", apenas relevam os fluxos de receitas tendencialmente periódicas.

Importa notar que esta característica é apenas tendencial, uma vez que nem todos os rendimentos derivados de fatores de produção são, forçosamente, regulares ou partilham do mesmo tipo de regularidade.

Outra característica do "rendimento-produto" refere-se ao facto de a obtenção do rendimento não prejudicar a manutenção do património inicial nem a integridade do mesmo. Desta forma, podemos concluir pela existência de uma proximidade entre a conceção de "rendimento-produto" e o conceito de frutos previsto no artigo 212º do Código Civil, nos termos do qual se considera fruto de uma coisa tudo o que ela produz periodicamente, sem prejuízo da sua substância[6].

O rendimento é gerado por um bem ou direito, sem que a sua obtenção faça cessar ou prejudique a continuação da titularidade do bem ou do direito geradores do rendimento. Deste modo, a obtenção do rendimento não prejudica a manutenção da fonte produtora na titularidade do sujeito passivo nem a respetiva capacidade para continuar a produzir rendimentos.

[4] Cfr. José Guilherme Xavier de Basto, *IRS – Incidência Real e Determinação dos Rendimentos Líquidos*, Coimbra Editora, Coimbra, 2007, p. 40.

[5] Cfr. José Guilherme Xavier de Basto, *IRS – Incidência Real e Determinação dos Rendimentos Líquidos*, cit., pp. 40-41.

[6] Cfr. J. L. Saldanha Sanches, *Manual de Direito Fiscal*, 3ª ed., Coimbra Editora, Coimbra, 2007, p. 220.

Conforme refere Saldanha Sanches, "encontramo-nos perante formas de relações jurídicas e de direitos de propriedade sobre bens que permitem que, da sua gestão normal e sem alienação, resulte um fluxo periódico de rendimentos que constitui um produto, um resultado normal da existência de direitos de titularidade sobre esses bens"[7].

Daqui se depreende que a conceção de "rendimento-produto" não integra os incrementos patrimoniais decorrentes da alienação de bens ou direitos do sujeito passivo. Nos termos desta conceção, é tributável a soma dos rendimentos gerados pelos diversos fatores de produção da titularidade do sujeito passivo, recebidos durante o ano fiscal sob a forma de fluxos financeiros.

Todavia, o conceito jurídico-tributário de rendimento foi-se afastando da conceção estrita acima referida, bastante ligada à medição dos resultados da produção, e evoluiu para uma conceção lata de rendimento, já concebida com o propósito de medir a capacidade contributiva do sujeito passivo e, portanto, mais adequada para tal efeito.

Nos termos da conceção de **"rendimento-acréscimo"**, resultante da aludida evolução, a par dos fluxos de rendimento gerados pelos fatores de produção da titularidade do sujeito passivo, são também relevantes as valorizações sofridas ao longo do ano por qualquer elemento do património global do sujeito passivo (ou seja, a diferença entre o valor dos seus bens no início e no fim do período anual).

Ultrapassa-se, assim, uma conceção estrita de rendimento, baseada na teoria da fonte, e é adotado um conceito lato de rendimento, suportado pela teoria do acréscimo.

Em comparação com a conceção de rendimento que a antecedeu, a conceção de "rendimento-acréscimo" centra-se mais na capacidade contributiva evidenciada por qualquer acréscimo de valor do património do sujeito passivo, preocupando-se menos com a forma como o rendimento é adquirido (e, designadamente, não se preocupando com o facto de o rendimento ser ou não gerado por uma atividade produtiva)[8].

O "rendimento-acréscimo", assente na teoria do acréscimo patrimonial, é uma conceção de rendimento mais lata e, portanto, mais adequada

[7] In J. L. Saldanha Sanches, *Manual de Direito Fiscal*, cit., p. 221.

[8] Cfr. José Guilherme Xavier de Basto, *IRS – Incidência Real e Determinação dos Rendimentos Líquidos*, cit., p. 42.

à medição da capacidade contributiva do sujeito passivo do que a conceção do "rendimento-produto".

Com efeito, a capacidade contributiva não é revelada apenas pelos rendimentos gerados pelos vários fatores de produção de que o sujeito passivo é titular, que se integram no "rendimento produto". Na realidade, qualquer acréscimo patrimonial obtido pelo sujeito passivo no decurso do ano fiscal – quer resulte de uma atividade produtiva, quer não – demonstra a respetiva capacidade contributiva.

Segundo a conceção de "rendimento-acréscimo", o rendimento tributável corresponde à soma de todos os incrementos patrimoniais ocorridos ao longo do ano, tanto os derivados dos fatores de produção na titularidade do sujeito passivo (o "rendimento-produto"), como os que são alheios à produção.

Importa salientar dois tipos de acréscimos patrimoniais que, não se reconduzindo ao "rendimento-produto" (rendimentos dos fatores de produção), constituem rendimento de acordo com a conceção do "rendimento-acréscimo". São eles as aquisições a título gratuito e as mais-valias ou ganhos de capital[9].

Relativamente às mais-valias, estas constituem aumentos do valor do património do sujeito passivo que não resultam de qualquer participação deste num processo produtivo. Estes aumentos do valor do património são fortuitos, uma vez que não resultam de qualquer atividade económica desenvolvida pelo sujeito passivo com vista à sua obtenção. Desta forma, as mais-valias só constituem rendimento nos termos da aceção do "rendimento-acréscimo", e não na do "rendimento-produto".

Importa, contudo, salientar que, em geral, os sistemas fiscais não levam às últimas consequências a adoção do "rendimento-acréscimo", antes adotando esta aceção de rendimento de forma mitigada. Um dos aspetos mais relevantes, a este nível, consiste em limitar a tributação apenas às

[9] Cfr. José Guilherme Xavier de Basto, *IRS – Incidência Real e Determinação dos Rendimentos Líquidos*, cit., pp. 42-43. Quanto às aquisições a título gratuito, refere o autor que entram no património "ativos que dele não faziam parte, sem que tal entrada se deva a qualquer participação do titular no processo produtivo. É o que sucede com as doações e heranças, ou para usar uma designação geral, com as *aquisições a título gratuito*. Estas constituem, pois, rendimento na aceção lata, mas não o são na aceção estrita, por não corresponderem à remuneração de qualquer fator de produção". In José Guilherme Xavier de Basto, *IRS – Incidência Real e Determinação dos Rendimentos Líquidos*, cit., p. 42.

mais-valias realizadas, excluindo a tributação das mais-valias potenciais ou latentes[10].

Por outro lado, no que diz respeito às aquisições a título gratuito, embora se integrem no conceito de "rendimento-acréscimo", costumam enquadrar-se num imposto distinto daquele que tributa o rendimento das pessoas singulares. No caso português, as aquisições a título gratuito de que beneficiam pessoas singulares são tributadas em sede de Imposto do Selo, e não em sede de IRS.

No que diz respeito ao CIRS, note-se que este não inclui nenhuma definição geral de rendimento. Limita-se a integrar as normas de incidência real das diversas categorias de rendimentos.

Todavia, o IRS, através de uma ampla base de incidência, espelha uma conceção de "rendimento-acréscimo"[11].

Prevê-se, portanto, no CIRS, a tributação:

i) Dos fluxos de rendimentos dotados de regularidade ou resultantes de atividades económicas, ou seja, imputáveis a diversas fontes produtoras de rendimento, característicos da conceção de "rendimento-produto"; mas também

ii) Dos acréscimos patrimoniais, mesmo que não decorrentes de atividades produtivas, e dos ganhos fortuitos, apenas compreendidos na conceção de "rendimento-acréscimo". Nestes termos, o CIRS inclui uma categoria de rendimentos constituída por incrementos

[10] Cfr. Américo Brás Carlos, *Impostos – Teoria Geral*, cit., p. 51.

[11] Sobre a posição implícita na CRP em prol da adoção do rendimento-acréscimo como o conceito de rendimento pessoal sobre o qual deve incidir a tributação do rendimento das pessoas singulares, cfr. J. J. Teixeira Ribeiro, «As opções fiscais da Constituição», *Boletim de Ciências Económicas*, XXVIII, 1985, pp. 93-101. À questão "que é o rendimento – apenas o rendimento-produto ou todo o rendimento acréscimo?", responde o autor que "o rendimento pessoal sobre que irá incidir o imposto único de rendimento tem de ser o rendimento-acréscimo". Teixeira Ribeiro sustenta que a CRP fornece implicitamente diretrizes sobre esta matéria. Segundo o autor, ao dispor, no então nº 1 do artigo 106º, que o sistema fiscal visava a repartição igualitária da riqueza e dos rendimentos, a CRP pretenderia uma "igualação dos rendimentos" e da "capacidade de satisfação das necessidades" dos indivíduos. Esta última, por seu turno, depende da "capacidade de gastar do indivíduo". Ora, afirma o autor, a "capacidade de gastar" decorre não apenas do rendimento-produto auferido pelo indivíduo, mas também de "todos os mais fluxos de riqueza que não lhe provieram de comparticipação na atividade produtora", ou seja, do rendimento-acréscimo.

patrimoniais (categoria G), em cujo âmbito se destacam as mais--valias[12].

A conceção de "rendimento-acréscimo" seguida no CIRS é, todavia, atenuada pelo princípio da realização. Assim, prevê-se a tributação apenas dos acréscimos patrimoniais realizados e que, portanto, se concretizam num aumento líquido da disponibilidade monetária do respetivo titular. Deste modo, apenas são tributadas as mais-valias realizadas, excluindo-se de tributação as situações de valorização de ativos que não tenham sido objeto de alienação onerosa pelo seu titular, ou seja, as mais-valias ainda não realizadas.

3. Princípios norteadores da tributação em sede de IRS

3.1. Enquadramento

Tanto ao nível da sua estrutura, como do regime substantivo que consagra, o CIRS espelha uma profunda influência de diversos princípios, alguns de base constitucional[13]. Por tal motivo, faremos um breve enquadramento de vários destes princípios.

[12] Para Saldanha Sanches, "uma das principais inovações da reforma de 1989 foi ter incluído as mais-valias entre os rendimentos tributáveis, juntamente com os demais rendimentos, num passo que a reforma de 1958/65 não ousara dar". In José Luís Saldanha Sanches, «Conceito de rendimento do IRS», *Fiscalidade*, nº 7/8, 2001, p. 59. Também a este propósito, salienta J. G. Xavier de Basto que "o IRS saído da reforma de 1988 tomou por base de incidência do imposto pessoal o conceito alargado de rendimento, que abrange todos os acréscimos patrimoniais líquidos afluindo aos patrimónios individuais, independentemente da sua fonte, deixando só de fora, na linha aliás de todas as legislações conhecidas, as aquisições a título gratuito. Isso refletiu-se na inclusão das mais-valias ou ganhos de capital na base de incidência da tributação pessoal, embora sob uma forma necessariamente seletiva e não generalizada". In José Guilherme Xavier de Basto, «O IRS na Reforma Fiscal de 1988/89», cit., pp. 75-76.

[13] A este propósito, cabe aludir à importante ligação entre Direito Fiscal e Direito Constitucional. Esta encontra-se bastante presente na obra de José Casalta Nabais, por exemplo em *O Dever Fundamental de Pagar Impostos – Contributo para a Compreensão Constitucional do Estado Fiscal Contemporâneo* ou na *Introdução ao Direito Fiscal das Empresas*. Na primeira das obras referidas, o autor debruça-se sobre a "configuração constitucional do dever de pagar impostos", abarcando, designadamente, a problemática dos "limites constitucionais da tributação", em termos que marcaram profundamente a doutrina e a jurisprudência em matéria fiscal dos tribunais administrativos superiores e do Tribunal Constitucional. Na segunda obra referida, o autor traça o "quadro constitucional da tributação das empresas". Cfr. José Casalta Nabais, *O Dever Fundamental de Pagar Impostos – Contributo para a Compreensão Constitucional do Estado Fiscal Contemporâneo*, Almedina, Coimbra, 1998 (4ª reimpressão em

Relativamente aos princípios constitucionais fiscais, dada a nossa abordagem – instrumental relativamente ao estudo do IRS –, centramo-nos apenas nos princípios materiais[14] e, dentro destes, naqueles que se nos afiguram mais relevantes ao nível da tributação do rendimento em sede de IRS.

Os princípios constitucionais materiais impõem aos regimes fiscais limites de natureza material, condicionando *"o que tributar"* e *"quanto tributar"*, segundo as expressões de Casalta Nabais[15].

A importância dos princípios de direito prende-se com o facto de estes terem um papel estruturante dos regimes jurídicos, de os valores essenciais e as orientações gerais que tais princípios veiculam se concretizarem em regras aplicáveis aos casos concretos, às quais servem de fundamento.

Deste modo, os princípios permitem uma sistematização e uma ponderação dos aspetos valorativos subjacentes aos regimes jurídicos consagrados; fornecem uma justificação para as normas concretas, constituindo a sua base e explicando as razões da sua existência; são traves mestras que perpassam pela ordem e pelos regimes jurídicos, dando-lhes uma ideia de unidade e uma lógica própria.

Os princípios subjacentes à tributação do rendimento em sede de IRS revelam valores essenciais que este imposto pretende prosseguir. A identificação destes princípios – que estão subjacentes às soluções consagradas pelo legislador fiscal, no CIRS – contribui para uma visão mais clara do imposto e para um melhor entendimento da sua lógica normativa, mas também para a perceção de algumas das insuficiências do regime em vigor.

Com efeito, uma abordagem baseada nos princípios é suscetível de contribuir para uma apreciação crítica dos regimes fiscais. Pode, por exemplo,

2015); e *Introdução ao Direito Fiscal das Empresas*, Almedina, Coimbra, 2013. Vejam-se, ainda, do mesmo autor: «Alguns aspetos do quadro constitucional da tributação das empresas», *Fisco*, nº 103/104, 2002, pp. 11-31; «Ainda fará sentido o artigo 104º da Constituição?», *Cadernos de Justiça Tributária*, nº 1, 2013, pp. 23-34; e «As bases constitucionais da reforma da tributação do património», *Fisco*, nº 111/112, 2004, pp. 3-22. Também partindo de uma ligação entre Direito Fiscal e Direito Constitucional, cfr. Ana Paula Dourado, *O Princípio da Legalidade Fiscal – Tipicidade, Conceitos Jurídicos Indeterminados e Margem de Livre Apreciação*, Almedina, Coimbra, 2007 (reimpresso em 2015).

[14] Os princípios constitucionais que regulam a tributação podem ser agrupados em princípios constitucionais formais e princípios constitucionais materiais, consoante a natureza dos limites que impõem.

[15] Cfr. José Casalta Nabais, *Direito Fiscal*, 10ª ed., Almedina, Coimbra, 2017, p. 140.

constituir um ponto de partida para uma análise mais exigente acerca da *real e efetiva* adequação do regime fiscal em causa aos princípios que aparentemente visa prosseguir. Oferece, ainda, o ensejo para uma análise relativamente à coerência, ou falta dela, de algumas soluções mais polémicas que sejam consagradas no âmbito de certo regime de tributação, e que se afigurem discrepantes em relação aos princípios e valores que o regem.

De facto, nalguns casos, as soluções introduzidas podem não estar em harmonia com os princípios e valores que norteiam o regime tributário no qual se inserem. Estas situações exigem, da parte do legislador fiscal, uma atenção redobrada relativamente à conveniência ou não da alteração legislativa em causa.

Por vezes, são razões de ordem política que produzem um afastamento dos regimes fiscais em relação aos princípios que tradicionalmente os regiam, em virtude da introdução de normas e soluções com objetivos políticos, económicos ou sociais muito específicos.

Finalmente, refira-se que cada regime de tributação deveria caracterizar-se por uma coerência própria, fundada nos princípios e valores que o inspiram, de forma a desempenhar o seu papel de forma justa, clara e harmoniosa, não obstante as alterações normativas avulsas que sofra. Para que tal resultado seja alcançado, os aludidos princípios e valores deveriam ser entendidos como uma referência merecedora de especial ponderação, antes da introdução de normas ou de alterações que deles se afastem.

3.2. Princípio da igualdade

O princípio da igualdade tributária é uma formulação, aplicada ao campo do Direito Fiscal, do princípio geral da igualdade, previsto no artigo 13º da CRP.

O aludido princípio da igualdade tributária assume uma vertente de uniformidade, nos termos da qual a repartição do encargo fiscal entre os contribuintes deve obedecer a um critério idêntico para todos, norteado por preocupações materiais de justiça. Todavia, não decorre do próprio princípio da igualdade qual deve ser o critério específico a seguir. O que se compreende, visto o princípio da igualdade ser um princípio com um elevado grau de abstração e, como tal, não assegurar, por si mesmo, um critério operativo.

O critério amplamente reconhecido para tal efeito consiste na tributação de acordo com o princípio da capacidade contributiva (ao nível da base de incidência e do critério de repartição de impostos), que vem, assim, permitir a concretização do princípio da igualdade no campo dos impostos.

Estão associadas ao princípio da igualdade tributária ideias de *generalidade* ou *universalidade*, ao nível dos destinatários da obrigação fiscal, e de *uniformidade*, ao nível do critério de repartição do encargo tributário[16].

Conforme foi já referido, dado o elevado grau de abstração do princípio da igualdade, este necessita de subprincípios ou corolários que o concretizem. A nível dos impostos, tal concretização assenta no princípio da capacidade contributiva[17].

Atenta a estreita ligação entre os princípios, optámos por abordar várias das questões – que ainda decorrem, em última instância, do princípio da igualdade – ao nível dos princípios que o concretizam, como o princípio da capacidade contributiva ou, ainda, os princípios da tributação do rendimento líquido objetivo e subjetivo e o princípio da tributação do rendimento real. Estes últimos são princípios com um menor grau de abstração, que podem ser apontados com subprincípios ou corolários do princípio da capacidade contributiva, e relativamente aos quais é mais evidente a sua concretização em particularidades do regime do IRS.

Todavia, ainda a propósito do princípio da igualdade, aludimos à questão da semi-dualização do IRS, em virtude de ela própria ter uma natureza mais geral.

A semi-dualização prende-se com o facto de alguns tipos de rendimentos estarem sujeitos a tributação a taxas especiais de tributação autónoma, previstas no artigo 72º do CIRS, ou a taxas liberatórias, do artigo 71º do CIRS, ao passo que outros, quando obtidos por sujeitos passivos residentes, são de englobamento obrigatório, sendo-lhes aplicáveis as taxas gerais progressivas de IRS do artigo 68º.

A saída dos rendimentos prediais do regime de englobamento obrigatória e de taxas progressivas, com a correspondente passagem destes rendimentos para a tributação proporcional a taxas especiais – regime vigente

[16] Cfr. José Casalta Nabais, *Direito Fiscal*, cit., p. 154.

[17] Sobre os princípios da igualdade fiscal e da capacidade contributiva *vide*, entre outros, José Casalta Nabais, *O Dever Fundamental de Pagar Impostos – Contributo para a Compreensão Constitucional do Estado Fiscal Contemporâneo*, cit., pp. 435-524; José Casalta Nabais, *Direito Fiscal*, cit., pp. 154-159; Ana Paula Dourado, *Direito Fiscal – Lições*, 5ª ed., Almedina, Coimbra, 2020, pp. 199 ss; Sérgio Vasques, *Manual de Direito Fiscal*, Almedina, Coimbra, 2015 (reimpresso em 2017), pp. 289-303.

desde 2013, inclusive[18] – veio aprofundar a semi-dualização do IRS e afastar este imposto, mais ainda, de um hipotético modelo de tributação unitária.

A semi-dualização do IRS suscita questões delicadas de conciliação com o princípio da igualdade e, também, com o princípio da capacidade contributiva que o concretiza.

Fundamentalmente, a semi-dualização do IRS não assegura uma igualdade horizontal na tributação, uma vez que contribuintes com idêntica capacidade contributiva (entenda-se, com o mesmo valor de rendimento líquido) podem ser tributados de forma bastante distinta, e sujeitos a níveis de tributação díspares, quando tal capacidade contributiva for revelada mediante a obtenção de diferentes tipos de rendimento.

O regime de opção pelo englobamento consagrado no CIRS, apesar de permitir trazer algum equilíbrio e coesão ao imposto, é, ainda assim, insuficiente para a resolução de todos os problemas de que o IRS padece face ao princípio da igualdade horizontal entre contribuintes, dada a inexistência de um regime de "*opting out*" para os contribuintes abrangidos pela obrigatoriedade de englobamento existente ao nível dos rendimentos das categoria A, B e H, e ainda de parte dos incrementos patrimoniais da categoria G (v.g. as mais-valias imobiliárias).

Todavia, os princípios da igualdade e da capacidade contributiva devem ser conciliados com o princípio da praticabilidade, este último justificando cedências que se revelem necessárias ao nível dos primeiros[19]. Deste modo, perante a necessidade de assegurar competitividade ao sistema fiscal, em termos nacionais e internacionais, o regime semi-dual tem vindo a subsistir, e mesmo a aprofundar-se, no IRS.

3.3. Princípio da capacidade contributiva

3.3.1. Enquadramento geral do princípio da capacidade contributiva

Dado o elevado grau de abstração do princípio da igualdade, é importante que dele emanem outros princípios (também designados, por vezes, como subprincípios ou corolários) que o concretizem – caracterizados, estes, por um menor grau de abstração e, portanto, proporcionando diretrizes e limites mais concretos à atividade estadual. A nível dos impostos, a concreti-

[18] A alteração do regime fiscal dos rendimentos prediais da categoria F foi introduzida pela Lei nº 66-B/2012, de 31 de dezembro (Lei do Orçamento do Estado para 2013).

[19] Cfr. José Casalta Nabais, *Direito Fiscal*, cit., p. 165.

zação do princípio da igualdade assenta, fundamentalmente, no princípio da capacidade contributiva.

As grandes linhas diretrizes do sistema fiscal que são traçadas pela Constituição de 1976, em particular ao nível da tributação do rendimento, afiguram-se amplamente coerentes com uma ideia de tributação de acordo com a capacidade contributiva. Mais ainda, a tradição constitucional portuguesa, o princípio geral da igualdade e as grandes linhas diretrizes do sistema fiscal que são traçadas pela Constituição de 1976, bem como a finalidade de redistribuição da riqueza e do rendimento que a Constituição de 1976 atribui ao sistema fiscal, permitem-nos sustentar, através da sua conjugação, que a Constituição acolhe, mesmo que só implicitamente, o princípio da capacidade contributiva.

Entendemos, assim, que o princípio da capacidade contributiva integra a Constituição fiscal atual, no que diz respeito aos impostos, apesar de a Constituição de 1976 não lhe fazer uma referência expressa.

A nível infraconstitucional – contrariamente ao que sucede com a Constituição vigente – o princípio da capacidade contributiva encontra-se expressamente previsto. O artigo 4º, nº 1 da LGT dispõe que "os impostos assentam essencialmente na capacidade contributiva, revelada, nos termos da lei, através do rendimento ou da sua utilização e do património".

A capacidade contributiva pode ser vista numa **dupla vertente**: como um **pressuposto ou condição da tributação** e, adicionalmente, como um **critério ou parâmetro da tributação**[20]. A sistematização da capacidade contributiva de acordo com esta dupla perspetiva teve a sua origem nas doutrinas italiana e espanhola[21].

[20] Para um quadro abrangente e aprofundado desta matéria, cfr. José Casalta Nabais, *O Dever Fundamental de Pagar Impostos – Contributo para a Compreensão Constitucional do Estado Fiscal Contemporâneo*, cit., pp. 462 ss.

[21] O desenvolvimento do princípio da capacidade contributiva, sobretudo na sua fase inicial, deve muito às referidas doutrinas. Em Itália, a partir de 1929, Benvenuto Griziotti e os seus discípulos da designada Escola de Pavia procuraram um fundamento jurídico e também um limite para o exercício do poder tributário a nível normativo, encontrando-o no princípio da capacidade contributiva. A *Rivista di Diritto Finanziario e Scienza delle Finanze*, fundada em 1937, publicou parte da abundante produção científica do referido autor e dos seus discípulos. Estes estudos representaram um importante contributo para a evolução do conceito de capacidade contributiva, não sendo alheios à consagração do princípio da capacidade contributiva na Constituição italiana de 1947. Em Espanha, Sáinz de Bujanda e Cortés Domínguez colaboraram também decisivamente para o reconhecimento do princípio

Nos termos da **primeira vertente**, a capacidade contributiva é um **pressuposto da tributação**, na medida em que apenas pode haver tributação quando exista capacidade contributiva – ou seja, se o contribuinte tiver força económica, se se registar na sua esfera uma manifestação de riqueza (por via da obtenção de rendimento, no caso de impostos sobre o rendimento).

Desta forma, a imposição de uma obrigação de pagamento de imposto depende da existência de capacidade económica do contribuinte para suportar tal obrigação, em termos abstratos. A imposição da obrigação de imposto não é admissível – por falta do pressuposto da tributação – quando o contribuinte não apresente capacidade económica para contribuir para as despesas públicas.

A **segunda vertente** da capacidade contributiva, enquanto **critério da tributação**, implica, desde logo, a **rejeição do princípio da equivalência** enquanto critério ou parâmetro dos impostos. Deste modo, revela-se inadmissível que o legislador fiscal, ao prever o regime legal de impostos, consagre critérios de equivalência, ou outros, distintos da capacidade contributiva. A aplicação do imposto não deve conduzir a um resultado antagónico em relação ao decorrente do critério da capacidade contributiva. Caso tal sucedesse, o regime fiscal seria, em princípio, inconstitucional, por violação do princípio da capacidade contributiva.

Por outro lado, o critério da capacidade contributiva, ainda enquanto **critério da tributação**, funciona como **medida da obrigação de imposto** – entendida esta como obrigação de pagamento. Os contribuintes devem ser tributados de acordo com a capacidade contributiva evidenciada: os que tiverem maior força económica devem suportar um imposto mais elevado, ao passo que aqueles com menor força económica devem suportar um imposto mais reduzido.

Em contrapartida, as obrigações acessórias, apesar de poderem sobrecarregar o contribuinte, consumindo-lhe tempo e recursos, têm mais a ver com eventuais violações ao princípio da proporcionalidade do que com o princípio da capacidade contributiva.

da capacidade contributiva como critério material de justiça tributária. Cfr. MARCOS F. GARCÍA ETCHEGOYEN, *El Principio de Capacidad Contributiva – Evolución Dogmática y Proyección en el Derecho Argentino*, cit., pp. 33 ss e pp. 73 ss; e também REGINA HELENA COSTA, *Princípio da Capacidade Contributiva*, cit., pp. 19 ss.

Em suma, do princípio da capacidade contributiva emana o critério de repartição dos encargos tributários que melhor concretiza a ideia de justiça material ao nível dos impostos e que melhor obedece ao princípio da igualdade.

A **ideia de igualdade subjacente ao princípio da capacidade contributiva** pode ser considerada em **duas perspetivas complementares:** a **igualdade horizontal**, nos termos da qual devem pagar igual imposto os contribuintes que têm igual capacidade contributiva; e a **igualdade vertical**, que determina o pagamento de diferente imposto pelos contribuintes que têm diferente capacidade contributiva, na medida dessa diferença[22]. Estamos, aqui, perante a conceção aristotélica de igualdade, que se concretiza no tratamento igual do que é igual e no tratamento desigual do que é desigual, na medida da desigualdade verificada.

Desta forma, os contribuintes que tenham uma força económica maior devem suportar um imposto superior; ao passo que os contribuintes que tenham uma força económica menor devem suportar um imposto inferior ou mesmo nenhum. A força económica evidenciada pelo contribuinte determina a existência ou não de capacidade contributiva deste e qual a sua medida.

Todavia, importa ter em conta que nem toda a força económica (ou capacidade económica) representa capacidade contributiva. Com efeito, a existência de **capacidade contributiva** depende da conjugação, no caso concreto, de dois elementos:

i) Um **elemento objetivo**, que tem a ver com a força ou capacidade económica do contribuinte; e
ii) Um **elemento subjetivo**, relacionado com os aspetos pessoais e características do contribuinte.

Assim, por exemplo, um contribuinte pode ter uma certa capacidade económica, mas, no entanto, não ter capacidade contributiva, se tiver um agregado familiar numeroso, no qual só ele aufere rendimentos, verificando-se que a sua força económica não ultrapassa os valores relativos à cobertura das suas necessidades mais básicas e das do seu agregado familiar. Cabe notar, não obstante, que o impacto do elemento subjetivo é redu-

[22] Cfr. José Casalta Nabais, *O Dever Fundamental de Pagar Impostos – Contributo para a Compreensão Constitucional do Estado Fiscal Contemporâneo*, cit., p. 443.

zido pela existência de limites máximos à dedutibilidade da maioria das despesas de cariz pessoal ou familiar.

3.3.2. Concretização ao nível do IRS

O princípio da capacidade contributiva tem um papel estruturante ao nível da tributação do rendimento[23].

No que diz respeito ao IRS, o princípio da capacidade contributiva marca profundamente a estrutura e a substância do imposto, concretizando-se (ou devendo concretizar-se[24]) designadamente nos seguintes aspetos:

i) Na incidência do imposto sobre as manifestações de força económica do contribuinte

A manifestação da força económica do contribuinte – que assenta, no IRS, sobre o rendimento auferido pelas pessoas singulares – constitui a base da capacidade contributiva.

ii) Na consagração de uma base de incidência tão ampla quanto possível

Uma base de incidência ampla, num único imposto, revela-se essencial, na tributação do rendimento das pessoas singulares, para que essa tributação possa ser efetuada de acordo com a capacidade contributiva dos indivíduos. Esse foi, aliás, um dos motivos determinantes para a substituição dos impostos cedulares ou parcelares por um imposto único sobre o rendimento pessoal, aquando da reforma fiscal de 1988/89. Um conjunto de impostos cedulares origina uma fragmentação da capacidade contributiva de cada sujeito passivo, tornando difícil a respetiva apreensão e a aplicação de critérios de justiça material à tributação.

[23] Tal como, aliás, ao nível dos impostos, em geral. Cfr. José Casalta Nabais, *O Dever Fundamental de Pagar Impostos – Contributo para a Compreensão Constitucional do Estado Fiscal Contemporâneo*, cit., pp. 435 ss; Ana Paula Dourado, *Direito Fiscal – Lições*, cit., pp. 201-203.

[24] Efetua-se esta ressalva, uma vez que, perante as diversas decorrências do princípio da capacidade contributiva, o nível da sua concretização efetiva, em termos do regime do IRS, é variável. Relativamente a algumas das enunciadas decorrências do princípio da capacidade contributiva, aludiremos mais adiante ao seu insuficiente grau de concretização nas soluções escolhidas no CIRS, bem como às críticas a que tais soluções têm vindo a ser sujeitas.

Num imposto com uma base de incidência restrita, é deixado de fora um conjunto de rendimentos que, ao não ser tributado, permite que certas evidências de força económica do contribuinte não sejam tratadas como capacidade contributiva. Esta situação revela-se contrária aos valores essenciais subjacentes ao princípio da capacidade contributiva, só sendo admissível se a exclusão dos rendimentos em causa do campo de incidência se justificar ao abrigo do princípio da praticabilidade ou de outro princípio com relevância constitucional.

Face ao exposto, conclui-se que um imposto de base ampla e com características sintéticas – que incida sobre todo o rendimento auferido pelo contribuinte no período de tributação em causa, qualquer que seja a sua origem ou natureza – assegura um grau de respeito pelos princípios da igualdade e da capacidade contributiva que não é alcançado mediante impostos cedulares sobre o rendimento, nem mediante um imposto único mas com uma base de incidência restrita, abarcando apenas alguns tipos de rendimento e excluindo outros.

Podemos afirmar que o IRS preenche a exigência do princípio da capacidade contributiva relativamente à **amplitude da base de incidência**. Este imposto visa abarcar a generalidade dos rendimentos auferidos pelas pessoas singulares, culminando na tributação do rendimento global do contribuinte.

A amplitude da base de incidência do IRS não é, a nosso ver, desvirtuada pelo facto de a sua incidência objetiva assentar numa tipificação por categorias, nem pela existência de diversas limitações quanto ao âmbito da tributação em sede de IRS (v.g. as exclusões de incidência previstas no artigo 2º-A e no artigo 12º do CIRS, o afastamento das sucessões e doações a favor de pessoas singulares para o campo do Imposto do Selo, etc.).

Com efeito, a amplitude da base de incidência do imposto, em cumprimento do princípio da capacidade contributiva, não implica a respetiva exaustividade. Há sempre rendimentos não abarcados pela incidência ou expressamente excluídos dela, designadamente por motivos de proteção social ou por razões atinentes ao princípio da praticabilidade. A este último nível, destacam-se as sérias dificuldades colocadas por certos rendimentos quanto à liquidação e fiscalização do imposto, que justificam a sua não inclusão no campo de incidência do mesmo. Veja-se, por exemplo, o caso – abordado mais adiante – das mais-valias obtidas por pessoas singulares na venda de bens móveis, fora do âmbito de uma atividade comercial, industrial ou agrícola, cuja dificuldade de apuramento e de fiscalização determinou a opção do legislador do IRS no sentido de não as incluir na base de incidência deste imposto.

Quanto à **amplitude do próprio conceito de rendimento** – condição essencial à existência de uma base de incidência ampla do imposto –, esta encontra eco na opção do legislador fiscal pela tributação do **"rendimento-acréscimo"**, no âmbito do CIRS.

Esta opção – ao permitir tributar não apenas os fluxos regulares de rendimentos, mas também os ganhos fortuitos, com destaque para as mais-valias – foi um contributo significativo para a amplitude da base de incidência do IRS. Autonomizamos este aspeto para lhe dedicarmos uma maior atenção.

iii) Na adoção do "rendimento-acréscimo"

A conceção do "rendimento-acréscimo", assente na teoria do acréscimo patrimonial, revela-se mais lata e mais adequada à medição da capacidade contributiva do sujeito passivo do que a conceção do "rendimento-produto". Isto porque a capacidade contributiva não é revelada apenas pelos rendimentos gerados por fatores de produção de que o sujeito passivo é titular, mas sim pelo acréscimo patrimonial obtido por este no decurso do ano fiscal – quer resulte de uma atividade produtiva, quer não.

As mais-valias apenas constituem rendimento nos termos da aceção do "rendimento-acréscimo", e não na do "rendimento-produto", pelo que a adoção do primeiro conceito pelo legislador fiscal foi determinante no sentido da tributação das mais-valias em sede de IRS. Tal opção permitiu uma definição da incidência do imposto em termos mais abrangentes e, portanto, mais conformes com o princípio da capacidade contributiva.

iv) Na repartição do encargo tributário segundo o critério da força económica efetiva do contribuinte

Este aspeto tem variadas concretizações no CIRS, referidas a propósito dos princípios da tributação do rendimento líquido objetivo e subjetivo e, ainda, do princípio da tributação do rendimento real – todos eles subprincípios ou corolários do princípio da capacidade contributiva.

v) Na personalização do imposto

A obediência ao princípio da capacidade contributiva impõe a personalização do imposto, ou seja, que o regime fiscal tome em conta as condições e características pessoais do contribuinte. Só assim se afere a verdadeira força económica do contribuinte para suportar o imposto.

As deduções subjetivas – ou seja, as despesas referentes às necessidades elementares do contribuinte e do seu agregado familiar, cuja dedução permite o apuramento do rendimento líquido subjetivo – são parte essencial da personalização do imposto.

Outros aspetos fundamentais da personalização do imposto prendem-se com a consideração, para efeitos do regime tributário, da existência ou não de agregado familiar; em caso afirmativo, com a sua composição (designadamente, com a existência ou não de dependentes e, em caso afirmativo, com o seu número); com a eventual existência de ascendentes a cargo; e com a eventual existência de pessoa com deficiência, seja ela sujeito passivo ou dependente.

Ao nível do CIRS, cabe referir, por exemplo, a possibilidade de opção pela tributação conjunta de casados ou unidos de facto e o regime do quociente conjugal (artigos 13º, nº 2 e 69º, respetivamente, do CIRS); e, ainda, as deduções à coleta que têm a ver com a composição do agregado familiar e com as despesas de natureza pessoal ou familiar (artigos 78º e seguintes do CIRS).

vi) Na consagração de um mínimo de existência

O princípio da capacidade contributiva implica, em si mesmo, o reconhecimento de que essa capacidade tem limites mínimos e máximos. Deste modo, parte da força económica do contribuinte não representa uma efetiva capacidade contributiva. Tal verifica-se abaixo ou acima de certos limites, trazendo à colação, respetivamente, as questões do mínimo de existência e da proibição do confisco.

No presente ponto, abordaremos a questão do mínimo de existência, dedicando o subsequente à proibição do confisco.

Há muito que as doutrinas italiana e espanhola apontaram o **mínimo de existência** como uma das decorrências do princípio da capacidade contributiva[25]. Também Klaus Tipke considera que "o princípio da capacidade contributiva protege o *mínimo existencial*"[26].

[25] Ricardo Lobo Torres, em contrapartida, conclui que aquele mínimo de existência "nada tem que ver com o problema da capacidade contributiva, mas com os direitos da liberdade". Este

Pela nossa parte, entendemos que a capacidade contributiva só começa para além do mínimo de existência, um valor que ainda não representa capacidade contributiva e que, portanto, deve ser excluído de tributação. Desta forma, só começa a existir capacidade contributiva quando o rendimento ultrapassa o mínimo de existência.

O mínimo de existência corresponde ao valor mínimo de rendimento que se afigura necessário para cobrir as necessidades mais básicas de subsistência do contribuinte e do seu agregado familiar e, portanto, de um valor do qual o contribuinte não pode dispor para o pagamento do imposto. O aludido pagamento só deve ser exigido pelo regime fiscal a partir do início da efetiva força contributiva do indivíduo.

Constituindo a **capacidade contributiva**, de acordo com uma das suas vertentes, um **pressuposto da tributação**, é notório que não deve ocorrer tributação antes do ponto onde se inicie a efetiva capacidade do contribuinte para o pagamento de imposto – tendo em conta os respetivos **elementos objetivo** (a força económica do contribuinte) **e subjetivo** (os respetivos aspetos pessoais e características).

O fundamento para a consagração legal de um mínimo de existência reside, assim, na ausência de capacidade contributiva.

A questão mais delicada do regime em causa prende-se com a concretização do valor do mínimo de existência, ou seja, a determinação da parcela do rendimento do indivíduo que é essencial à satisfação das suas necessidades básicas e das do seu agregado familiar, e que, como tal, não revela aptidão suficiente para contribuir para a arrecadação tributária do Estado. Embora se entenda que essa parcela não deve ser objeto de tributação – em virtude do princípio da capacidade contributiva e, ainda, do princípio da dignidade da pessoa humana[27] –, está longe de ser pacífico qual o valor a afetar à cobertura de tais necessidades básicas.

autor funda o mínimo de existência na necessidade de sobrevivência do indivíduo e da família "em condições compatíveis com a dignidade humana". In Ricardo Lobo Torres, *Tratado de Direito Constitucional Financeiro e Tributário – Valores e Princípios Constitucionais Tributários*, cit., p. 317.

[26] Klaus Tipke / Douglas Yamashita, *Justiça Fiscal e Princípio da Capacidade Contributiva*, cit., p. 34.

[27] Cfr. Marcos F. García Etchegoyen, *El Principio de Capacidad Contributiva – Evolución Dogmática y Proyección en el Derecho Argentino*, cit., pp. 265-270.

O CIRS consagra um mínimo de existência (artigo 70º do CIRS), que determina a não tributação de valores que se revelam essenciais para a subsistência básica do indivíduo e do agregado familiar, dado que esses valores devem considerar-se hipotecados a tal fim e, como tal, não representam capacidade contributiva.

Todavia, o regime previsto no artigo 70º do CIRS tem sido sujeito a críticas, sendo acusado de ser demasiado restrito e de não proteger todos os contribuintes que dele necessitariam.

vii) Na assunção de limites máximos de tributação e da proibição do confisco

A capacidade contributiva não é ilimitada, e a afetação ao pagamento de imposto de percentagens cada vez maiores do rendimento do contribuinte pode mesmo redundar num confisco deste rendimento.

Para além de limites mínimos (abordados no ponto anterior), a própria ideia de capacidade contributiva pressupõe também a existência de limites ao alcance máximo da capacidade contributiva. Estes limites máximos surgem relacionados com o respeito pela propriedade privada, com o direito à iniciativa económica privada e com a proibição da existência de impostos confiscatórios.

O princípio da capacidade contributiva vem, assim, impor limites ao imposto. Não apenas ao nível dos contribuintes com menor força económica, mas também para aqueles que têm uma força económica superior. O reconhecimento da existência desses limites é algo inerente ao princípio da capacidade contributiva. A negação da existência dos limites em causa equivaleria à negação do princípio em si mesmo[28].

Todavia, importa salientar que, não sendo o princípio da capacidade contributiva um princípio operativo, ele não define, por si mesmo, os limites mínimos e máximos da capacidade contributiva, cuja necessidade

[28] Em sentido distinto, designadamente, Ricardo Lobo Torres. O autor afirma que a proibição do excesso (equivalente à proibição do confisco) "é uma vedação constitucional decorrente dos próprios direitos fundamentais, e não uma característica da justiça ou da capacidade contributiva". In RICARDO LOBO TORRES, *Tratado de Direito Constitucional Financeiro e Tributário – Valores e Princípios Constitucionais Tributários,* cit., p. 316. Pela nossa parte, entendemos que o facto de a proibição do confisco ter, efetivamente, a ver com direitos fundamentais do indivíduo, não inviabiliza, de forma alguma, que essa proibição do confisco seja vista como inerente ao princípio da capacidade contributiva.

demonstra. Quanto às opções tomadas pelo legislador fiscal em termos de definição concreta dos aludidos limites, trata-se de um dos aspetos mais sensíveis e polémicos do regime da tributação das pessoas singulares.

Os níveis elevados a que já chegaram as taxas máximas de tributação em sede de IRS recomendam uma cuidadosa ponderação por parte do legislador fiscal, antes de decidir potenciais novas subidas de taxa. A situação é agravada pelo facto de as taxas mais elevadas de tributação em sede de IRS afetarem, essencialmente, os contribuintes com rendimentos das categorias sujeitas a englobamento obrigatório (as categorias A, B e H, e ainda as mais-valias imobiliárias). Esta circunstância suscita questões melindrosas relativamente ao princípio da igualdade, que são tanto mais pertinentes quanto maior for a distância entre a percentagem de tributação prevista nas taxas liberatórias e especiais, por um lado, e os valores máximos das taxas gerais do IRS, por outro.

viii) A questão das taxas progressivas

Por último, importa aferir se o princípio da capacidade contributiva impõe ou não que a tributação do rendimento se faça a taxas progressivas. Esta questão será objeto de uma referência muito sucinta, que nos parece importante efetuar, em termos sistemáticos, no contexto da análise das concretizações ou hipotéticas concretizações do princípio da capacidade contributiva no IRS. Todavia, importa salientar o facto de se tratar de uma problemática de alcance bastante vasto, cuja abordagem extravasa o campo da análise que nos propomos efetuar na presente obra.

No âmbito das taxas de imposto progressivas, à medida que aumenta o rendimento coletável dos contribuintes, verifica-se um aumento mais do que proporcional do imposto pago por eles, em virtude da subida da própria taxa de imposto aplicável. Por outras palavras, à medida que aumenta o rendimento, é crescente a respetiva parcela que é afeta ao pagamento do imposto[29].

[29] O fundamento da progressividade começou por ser procurado no raciocínio marginalista, ou seja, na ideia de uma utilidade marginal decrescente do rendimento auferido. Cada unidade adicional de rendimento possuiria, para o contribuinte que a obtinha, uma utilidade menor do que a anterior. O imposto progressivo encontraria, portanto, justificação na ideia de permitir atingir uma igualdade de sacrifício entre os contribuintes, uma vez que, àqueles que têm maior rendimento, poderá ser retirada uma percentagem maior desse mesmo rendimento para o pagamento do imposto, com um sacrifício comparável ao que ocorre com a aplicação

Um dos grandes debates existentes em torno da tributação do rendimento das pessoas singulares, com um alcance tanto teórico como político e ideológico, prende-se, precisamente, com a opção entre uma **tributação progressiva** e uma **tributação proporcional**.

Parte significativa da doutrina conclui que o princípio da capacidade contributiva não impõe a existência de taxas de tributação progressivas, uma vez que as taxas proporcionais já redundam no pagamento de impostos mais elevados por parte dos sujeitos passivos com maior força económica[30]. As taxas de tributação proporcional já asseguram, nesta perspetiva, a igualdade vertical entre contribuintes, bem como o cabal cumprimento do princípio da capacidade contributiva.

Em termos gerais, concordamos com este entendimento, de que nem o princípio da igualdade nem o princípio da capacidade contributiva impõem a tributação do rendimento a taxas progressivas. A tributação do rendimento a taxas proporcionais é consentânea com os aludidos princípios. A existência de impostos progressivos nos sistemas fiscais atuais baseia-se, fundamentalmente, em motivos de natureza extrafiscal, ligados a uma ideia de Estado social[31], que torna o imposto um elemento ativo na prossecução de objetivos de proteção social e mesmo de redistribuição dos rendimentos e da riqueza.

de uma percentagem menor de tributação aos contribuintes que tenham um rendimento inferior. Em contrapartida, segundo os cânones do raciocínio marginalista, num imposto proporcional, a percentagem uniforme de rendimento que seja absorvida pelo pagamento de imposto implica, para os contribuintes com rendimentos inferiores, um sacrifício maior do que para aqueles que têm um rendimento mais elevado. Mais recentemente, a progressividade tem vindo a ser justificada simplesmente como uma decorrência do Estado social de Direito.

[30] Neste sentido, cfr. Klaus Tipke / Douglas Yamashita, *Justiça Fiscal e Princípio da Capacidade Contributiva*, cit., p. 35 e p. 71. Para Klaus Tipke, não decorre do princípio da capacidade contributiva que as taxas de imposto devam ser progressivas. Todavia, o autor não põe em causa que as taxas progressivas – apesar de não serem exigidas pelo princípio da capacidade contributiva – sejam ainda compatíveis com o aludido princípio. Em sentido algo distinto, cfr. José Casalta Nabais, *O Dever Fundamental de Pagar Impostos – Contributo para a Compreensão Constitucional do Estado Fiscal Contemporâneo*, cit., p. 454. Segundo este autor, "o princípio jurídico-constitucional da capacidade contributiva reclama, a nosso ver, impostos proporcionais e não impostos progressivos, imputando-se a progressividade de algum ou alguns impostos ou mesmo do sistema fiscal, quando exigida, a outros princípios ou preceitos constitucionais que, expressa ou implicitamente, se pronunciem nesse sentido".

[31] Cfr. Klaus Tipke / Douglas Yamashita, *Justiça Fiscal e Princípio da Capacidade Contributiva*, cit., p. 71; e Sérgio Vasques, *Manual de Direito Fiscal*, cit., p. 303.

Conforme salienta Casalta Nabais, "enquanto o princípio da capacidade contributiva postula uma *igualdade* fiscal ou igualdade *no* imposto, ou igualdade *aritmética* ordenada à justiça *comutativa*, que impõe igual imposto para igual capacidade contributiva e desigual imposto para desigual capacidade contributiva na proporção ou porção dessa desigualdade, o princípio do Estado social exige uma *desigualdade* fiscal, igualdade *pelo* imposto ou igualdade *geométrica* ordenada à justiça *distributiva*, que reclama que o imposto sirva de instrumento a uma igualdade *social* ou de resultados, como expressamente prevê a nossa Constituição, [...] ao fixar como objetivo (secundário) do sistema fiscal uma repartição justa dos rendimentos e da riqueza"[32]. Esta previsão encontra-se, atualmente, no artigo 103º, nº 1 da Constituição.

No que respeita à relação entre princípio da capacidade contributiva e taxas progressivas, importa ainda notar que o aludido princípio pode mesmo funcionar como limite a uma progressividade excessiva, designadamente evitando situações de confisco por via fiscal.

Caso as taxas progressivas – que, como vimos, não são impostas pelo princípio da capacidade contributiva, mas sim por objetivos específicos do Estado social – ascendam a valores tais que acabem por exaurir a força económica do contribuinte, a tributação em apreço torna-se contrária ao princípio da capacidade contributiva. Com efeito, nos termos do referido princípio, a capacidade contributiva não é ilimitada e, portanto, também a tributação deve estar sujeita a limites máximos.

O princípio da capacidade contributiva não admite, assim, que o pagamento do imposto consuma toda a capacidade económica do contribuinte ou que um imposto tenha características de confisco. Contudo, tal como foi já referido, não cabe ao aludido princípio, em si mesmo, estabelecer os limites concretos para além dos quais a tributação já consubstancia um confisco.

3.3.3. As mais-valias e o princípio da capacidade contributiva

Foi já referido que a opção do CIRS pela conceção do "rendimento-acréscimo" – ao permitir tributar ganhos fortuitos, como as mais-valias – contribuiu para que este imposto tivesse uma base de incidência mais ampla do que aquela que teria ao abrigo da conceção do "rendimento-produto".

[32] *In* José Casalta Nabais, *O Dever Fundamental de Pagar Impostos – Contributo para a Compreensão Constitucional do Estado Fiscal Contemporâneo*, cit., p. 494.

Chegou-se, portanto, a uma solução mais coerente com o princípio da capacidade contributiva.

Todavia, pode questionar-se se algumas particularidades relativas à incidência das mais-valias são ainda consentâneas com o aludido princípio, ou não.

Um dos aspetos que cumpre analisar prende-se com a limitação da incidência de IRS às mais-valias realizadas, excluindo a tributação das mais-valias potenciais ou latentes. Esta opção legislativa revela a adoção do conceito de "rendimento-acréscimo" de forma mitigada pelo princípio da realização.

A nosso ver, esta escolha do legislador fiscal revela-se a mais adequada face ao princípio da capacidade contributiva. Com efeito, a tributação das mais-valias potenciais ou latentes poderia, entre outros inconvenientes, gerar problemas aos contribuintes por insuficiência financeira para o pagamento do imposto, visto que a mais-valia potencial ou latente não traz ao contribuinte uma entrada efetiva de dinheiro[33]. No caso dos bens imóveis, a tributação em apreço somar-se-ia ao esforço financeiro já requerido ao sujeito passivo para o pagamento anual do IMI. Deste modo, tratando-se de pessoas singulares, e especialmente no caso de bens de utilização pessoal, a tributação das mais-valias potenciais ou latentes poderia ter um impacto contrário ao pretendido pelo princípio da capacidade contributiva, sendo mesmo suscetível de obrigar o contribuinte a vender o bem em causa para pagar o correspondente imposto.

Outra questão que merece ser analisada prende-se com o facto de o universo de ganhos potencialmente tributáveis como mais-valias – e reveladores de capacidade contributiva pelos sujeitos passivos que os obtêm – ser bastante mais amplo do que o campo de incidência das mais-valias previsto no artigo 10º, nº 1 do CIRS. Com efeito, o conjunto de bens ou direitos cuja transmissão onerosa gera mais-valias tributáveis em sede de IRS, enquadradas na categoria G de rendimentos, é bastante limitado. O legislador fiscal optou por uma incidência seletiva, por razões de funcionamento e fiscalização do imposto. Centrou-se, designadamente, nos ganhos decorrentes de transmissões onerosas de bens imóveis[34], e deixou

[33] Nem uma entrada em espécie.

[34] A par com os ganhos resultantes de transmissões onerosas de participações sociais e outros valores mobiliários, e também de propriedade intelectual ou industrial cujo transmitente não seja o seu titular originário.

de fora do campo de incidência ganhos obtidos com a transmissão onerosa de bens móveis, como por exemplo joias, antiguidades e obras de arte – por vezes, de valor muito significativo. Todavia, apesar de esta solução limitar a amplitude da base de incidência do IRS, deixando de fora ganhos que poderiam representar manifestações de capacidade contributiva, a extrema dificuldade de controlo deste tipo de ganhos, obtidos fora do âmbito de uma atividade empresarial, justifica o seu afastamento do elenco das mais-valias tributáveis na categoria G[35].

3.3.4. Transferência de imóveis entre o património particular e o empresarial

A incidência tributária consagrada ao nível das categorias G e B do CIRS, para os "ganhos" apurados com a transferência de imóveis do património particular para o empresarial, e do património empresarial para o particular do mesmo sujeito passivo, respetivamente, suscitava-nos sérias reservas quanto à sua compatibilidade com o princípio da capacidade contributiva – bem como com outros princípios ou corolários que dele decorrem, tal como o princípio da tributação do rendimento real. Este problema existiu no âmbito do CIRS durante anos, até à alteração do regime pela Lei nº 75-B/2020, de 31 de dezembro (Lei do Orçamento do Estado para 2021)[36].

[35] *Vide*, sobre esta matéria, Parte I (ponto 2) e Parte II (capítulo V / ponto 2.2) da presente obra, referentes ao conceito de rendimento e às mais-valias no CIRS, respetivamente.

[36] De modo a ilustrar o tema, sobretudo para leitores menos familiarizados com o regime em apreço, incluímos infra um resumo do **enquadramento fiscal aplicável até à entrada em vigor da Lei nº 75-B/2020, de 31 de dezembro:**

Caso o imóvel afeto às atividades empresariais e profissionais proviesse do património particular do sujeito passivo, a respetiva afetação aos ativos empresariais ou profissionais gerava uma mais-valia suspensa (artigo 10º, nº1, alínea a) e nº 3, alínea b) do CIRS, na sua antiga redação). Por seu turno, uma transferência do imóvel do património empresarial novamente para o património particular do empresário constituía uma mais-valia, tributável no âmbito da categoria B, nos termos do artigo 3º, nº 2, alínea c) do CIRS. Com o fator agravante de não se tratar de uma mais-valia suspensa (ao contrário do que sucedia no percurso oposto, ou seja, na transferência do imóvel do património particular para o património empresarial do seu titular). Contudo, conforme decorria do artigo 3º, nº 9 do CIRS, no caso de um imóvel que se encontrasse afeto ao ativo empresarial, desde que se tratasse de um imóvel habitacional, a sua afetação à obtenção de rendimentos da categoria F não era considerada uma transferência para o património particular do empresário e, consequentemente, não preenchia a norma de incidência do artigo 3º, nº 2, alínea c) do CIRS, na sua antiga redação. Nestas condições, portanto, a diferente afetação do imóvel já não originava um rendimento empresarial e profissional.

Manifestámos em diversos textos – inclusivamente nas edições anteriores do presente *Manual de IRS* – a nossa opinião quanto à falta de compatibilidade, com os princípios da capacidade contributiva e da tributação do rendimento real, da incidência tributária sobre as aludidas situações de mera afetação e desafetação de bens imóveis entre diferentes esferas patrimoniais do mesmo sujeito passivo.

Não se vislumbrava que a afetação e desafetação de bens entre diferentes esferas patrimoniais do mesmo sujeito passivo demonstrasse a existência de capacidade contributiva por parte desse sujeito. Na realidade, nestas situações não se verificava um acréscimo do património do sujeito passivo, mas sim uma mera transferência de uma esfera patrimonial para outra.

Os ganhos decorrentes do regime previsto no CIRS anteriormente à Lei nº 75-B/2020, de 31 de dezembro eram, na realidade, "ficções" de ganhos, calculados com recurso ao valor de mercado do bem imóvel à data da desafetação de uma esfera patrimonial / afetação a outra, sendo que o bem não saía nunca da esfera jurídica do mesmo sujeito passivo.

Não estávamos, portanto, perante verdadeiras mais-valias realizadas (no âmbito da categoria G ou, então, no da categoria B quando se tratava de transferência de imóveis do património empresarial para o particular), mas sim perante uma situação que se aproximava da figura das mais-valias potenciais ou latentes. Ora, as mais-valias potenciais ou latentes encontram-se (e encontravam-se já, à época) excluídas da incidência do IRS, no contexto da adoção, pelo CIRS, de uma conceção moderada de "rendimento-acréscimo", atenuada pelo princípio da realização. Suscitámos, deste modo, a questão da incongruência do regime previsto para os

Esta exceção tinha sido introduzida pela Lei nº 42/2016, de 28 de dezembro (Lei do Orçamento do Estado para 2017), e veio, na altura, facilitar significativamente a reversão da opção pela tributação das rendas na categoria B. Graças ao disposto no artigo 3º, nº 9 do CIRS, quando estivesse em causa um imóvel habitacional, o sujeito passivo podia abandonar o regime de tributação das rendas na categoria B e voltar a ser tributado pelas rendas no âmbito da categoria F, sem para tal incorrer nos encargos fiscais associados à obtenção de um rendimento empresarial e profissional (que existiria, *grosso modo*, se tivesse havido uma valorização do imóvel entre a data da sua afetação à atividade empresarial sujeita à categoria B e a data da sua desafetação da mesma.

Nas referidas circunstâncias – de afetação de um imóvel habitacional à obtenção de rendimentos da categoria F –, também a mais-valia inicial, referente ao primeiro momento, de saída do imóvel do património particular e sua afetação ao património empresarial, continuava suspensa, graças ao disposto no artigo 10º, nº 3, alínea b) *in fine* do CIRS.

"ganhos" da (des)afetação de bens imóveis entre patrimónios distintos do mesmo sujeito passivo, em relação à conceção de rendimento adotada pelo CIRS.

Todos estes aspetos tornavam o regime fiscal em apreço questionável e, portanto, carecido de reforma.

Acresce que a afetação e desafetação de bens entre diferentes esferas patrimoniais do mesmo sujeito passivo não envolve qualquer entrada financeira ou em espécie a favor desse sujeito passivo, considerado como um todo. Tal facto poderia mesmo gerar problemas de falta de liquidez para o pagamento do imposto, especialmente nos casos em que o CIRS não previa a suspensão do momento da obtenção do ganho até à verificação de outro facto tributário que, esse sim, envolvesse algum tipo de entrada financeira ou em espécie a favor do sujeito passivo, proveniente de terceiro (v.g. o momento da posterior alienação onerosa do bem em causa).

É verdade que o problema em apreço se encontrava já atenuado nos casos em que o CIRS previa a suspensão do momento da obtenção do ganho até à verificação de outro facto tributário, sobretudo quando este envolvesse algum tipo de entrada financeira ou em espécie a favor do sujeito passivo.

Não obstante a aludida atenuação, sustentámos que deveria ponderar-se a eliminação das situações de incidência relativas à afetação e desafetação de bens (principalmente de bens imóveis) entre diferentes esferas patrimoniais do mesmo sujeito passivo. Na realidade, não se estava perante uma verdadeira manifestação de capacidade contributiva, mas sim perante um mero expediente que permitia ao legislador fiscal lidar com a existência de diversas esferas de obtenção de rendimentos no seio de um mesmo sujeito passivo, em resultado da conceção cedular do IRS (concretizada na tipificação da incidência real com recurso a várias categorias de rendimento).

Defendemos, nessa altura, que seria recomendável ponderar-se outra solução para este problema, que não passasse pela consagração de incidências, nas categorias G e B, de duvidosa coerência com os princípios norteadores do IRS.

É, assim, com satisfação que vemos as alterações introduzidas no CIRS a este nível, pela Lei nº 75-B/2020, de 31 de dezembro, nos termos das quais a transferência de bens imóveis entre o património particular e o património empresarial e profissional do mesmo sujeito passivo deixaram de constituir um facto tributário.

Teremos oportunidade, mais adiante na presente obra, de analisar detidamente o novo regime, bem como as suas diferenças relativamente ao enquadramento fiscal anteriormente vigente.

3.3.5. Carácter restrito do mínimo de existência

Sendo o mínimo de existência um importante instrumento de concretização do princípio da capacidade contributiva, o regime do artigo 70º do CIRS, que o prevê, tem sido acusado de ser demasiado restrito e de não proteger todos os contribuintes que dele necessitariam.

O artigo 70º do CIRS determina, no seu nº 1, que da aplicação das taxas estabelecidas no artigo 68º do CIRS não pode resultar, para os titulares de rendimentos predominantemente originados em trabalho dependente, em atividades previstas na tabela aprovada no anexo à Portaria nº 1011/2001, de 21 de agosto[37], com exceção do código 15, ou em pensões, a disponibilidade de um rendimento líquido de imposto inferior a 1,5 x 14 x valor do IAS.

Tendo o legislador previsto um duplo limite, o valor de rendimento líquido de imposto a que se refere o nº 1 do artigo 70º do CIRS também não pode, por titular, ser inferior ao valor anual da retribuição mínima mensal (artigo 70º, nº 4 do CIRS).

Contudo, antes da sua atual formulação, o regime do mínimo de existência vinha sofrendo sérias críticas, e mesmo acusações de uma eventual inconstitucionalidade, em virtude de ser aplicável apenas aos titulares de rendimentos predominantemente originados em trabalho dependente ou em pensões – deixando, assim, desprotegidos os titulares de rendimentos igualmente baixos, mas de outras categorias. Particularmente grave era a situação dos contribuintes com rendimentos predominantemente da categoria B e de valor reduzido. Em muitos casos, estava-se perante situações de trabalho precário, que a tal precariedade somavam, no campo fiscal, o problema de falta de proteção pelo regime do mínimo de existência.

Contudo, esta situação gravosa foi, finalmente, atenuada mediante a previsão de aplicação do regime do mínimo de existência também aos titulares de rendimentos predominantemente originados em atividades previstas na tabela aprovada no anexo à Portaria nº 1011/2001, de 21 de

[37] Esta Portaria foi alterada pela Portaria nº 23/2022, de 7 de janeiro, que introduziu na tabela de atividades previstas no Anexo I quatro novos códigos, respeitantes a atividades relacionadas com a cultura e as artes.

agosto[38] – ou seja, as atividades a que se refere o artigo 151º do CIRS, que incluem as principais atividades exclusivamente de prestação de serviços independentes[39].

3.4. Princípio da tributação do rendimento líquido objetivo

O princípio da capacidade contributiva determina que a tributação do rendimento seja efetuada pelo respetivo valor líquido.

Isto porque o rendimento bruto não representa a efetiva capacidade contributiva do sujeito passivo. A determinação da capacidade contributiva pressupõe a dedução das despesas inerentes à obtenção do rendimento sujeito a imposto (para se chegar ao rendimento líquido objetivo) e, ainda, a dedução de despesas pessoais e / ou familiares essenciais (para se apurar o rendimento líquido subjetivo)[40].

O princípio da tributação do rendimento líquido objetivo determina que seja prevista e admitida a dedução das despesas conexas com a obtenção do rendimento sujeito a imposto (ou seja, deduções objetivas), atento o facto de a verdadeira capacidade contributiva residir nesse rendimento líquido, e não no rendimento bruto auferido pelo sujeito passivo.

A dedução deste tipo de despesas encontra-se prevista no CIRS, nos artigos 25º e seguintes, para cada categoria de rendimentos, em função das características e da natureza dos rendimentos que a integram.

Em termos de estrutura do CIRS, as deduções em causa integram-se na fase da determinação do rendimento coletável e constituem deduções específicas ao rendimento bruto de cada categoria. Situam-se, portanto, ainda na fase analítica do imposto. Contudo, nem todas as categorias de rendimentos incluídas no CIRS têm previstas deduções específicas.

Em certas categorias de rendimentos, como os rendimentos empresariais e profissionais ou os rendimentos prediais, a respetiva natureza implica que a obtenção do rendimento dependa, geralmente, da realização de des-

[38] Esta Portaria foi alterada pela Portaria nº 23/2022, de 7 de janeiro, que introduziu na tabela de atividades previstas no Anexo I quatro novos códigos, respeitantes a atividades relacionadas com a cultura e as artes.

[39] Esta alteração foi introduzida pela Lei nº 114/2017, de 29 de dezembro (Lei do Orçamento do Estado para 2018).

[40] Note-se, todavia, que atualmente as deduções de despesas pessoais e/ou familiares (deduções subjetivas) aparecem na estrutura do CIRS como deduções à coleta, e já não como deduções ao rendimento líquido total, como sucedia na versão inicial do CIRS.

pesas substanciais. É nestas duas categorias de rendimentos que as deduções específicas previstas no CIRS se revelam mais amplas e significativas.

Em contrapartida, nos rendimentos do trabalho dependente, as despesas realizadas pelo contribuinte tendem a assumir uma importância menor na obtenção de tais rendimentos (principalmente na conceção mais tradicional do trabalho dependente que parece ser seguida pelo legislador). Nos rendimentos de capitais, o legislador assumiu mesmo a inexistência de despesas conexas com a obtenção do rendimento ou o seu carácter imaterial (o que pode, todavia, nalguns casos não corresponder à realidade), não prevendo quaisquer deduções específicas nesta categoria. O mesmo sucede com os incrementos patrimoniais (à exceção das mais-valias).

3.5. Princípio da tributação do rendimento líquido subjetivo

O princípio da tributação do rendimento líquido desdobra-se em duas vertentes. Para além da realização das deduções objetivas, a determinação da capacidade contributiva do sujeito passivo impõe que se deduzam também as despesas mais elementares necessárias à sua vida (deduções subjetivas).

Esta segunda vertente, o princípio da tributação do rendimento líquido subjetivo, implica a dedutibilidade fiscal de despesas de cariz pessoal ou familiar necessárias à existência humana, assentando no pressuposto de que a parte do rendimento auferido pelo sujeito passivo que seja necessária para tais despesas essenciais não representa capacidade contributiva e não deve, portanto, ser tributada. Todavia, conforme foi já referido, as deduções de despesas pessoais e/ou familiares (deduções subjetivas) são, atualmente, deduções à coleta, e já não deduções ao rendimento líquido total, como sucedia na versão inicial do CIRS[41].

O CIRS concretiza o princípio da tributação do rendimento líquido subjetivo ao prever, nos seus artigos 78º e seguintes, um conjunto de deduções à coleta relativas a despesas destinadas à satisfação de necessidade básicas, tais como as de saúde, educação ou habitação. O rendimento hipotecado a estas finalidades essenciais não representa capacidade contributiva do sujeito passivo para o pagamento de imposto.

Aquilo que se considera serem as necessidades básicas da vida humana, bem como o valor mínimo requerido para as assegurar, varia profundamente

[41] Em termos técnicos, eram abatimentos ao rendimento líquido total. A este propósito, veja-se o artigo 56º do CIRS, atualmente revogado.

com o contexto económico e social de partida. Deste modo, o legislador fiscal, na definição dos tipos de deduções à coleta previstas no CIRS, bem como na fixação dos seus montantes e limites máximos, teve de se basear em critérios de razoabilidade. Esta área está, também, profundamente marcada pelos constrangimentos do Orçamento do Estado e por opções de natureza política dos governos. O facto de deduções à coleta de natureza mais ampla, ou de montantes mais elevados, não serem comportáveis em termos orçamentais, dado o grande número de contribuintes de IRS (ou não serem prioritárias, em termos políticos), conduz frequentemente à previsão legal de deduções à coleta de montante quase simbólico, afastadas do custo real mínimo das despesas pessoais e / ou familiares a que se referem.

3.6. Princípio da tributação do rendimento real

O princípio da tributação do rendimento real constitui um subprincípio ou corolário do princípio da capacidade contributiva, sendo que "tributar o rendimento real significa atingir a matéria coletável realmente auferida pelo sujeito passivo"[42] [43].

O princípio da tributação do rendimento real, embora apareça habitualmente associado à tributação das empresas[44], designadamente em virtude da sua previsão constitucional[45], não se limita a elas. Este princípio tem, a nosso ver, uma relevância transversal a toda a tributação do rendimento, designadamente ao nível das várias categorias de rendimentos do IRS.

Nesta perspetiva do princípio da tributação do rendimento real, há alguns aspetos do CIRS que nos parece pertinente abordar. Um deles

[42] In José Guilherme Xavier De Basto, «O princípio da tributação do rendimento real e a Lei Geral Tributária», *Fiscalidade*, nº 5, 2001, p. 9. Este autor admite que o rendimento real possa ser determinado com base nos elementos facultados pelo sujeito passivo – v.g. declarações fiscais e registos contabilísticos – ou de outra forma, quando tais elementos não mereçam confiança.

[43] Numa perspetiva distinta, Ana Paula Dourado sustenta que "rendimento real é o rendimento tributável que resulta da diferença entre proveitos e gastos e é apurado segundo métodos diretos, isto é, com base na contabilidade e outros deveres de declaração (por exemplo, no caso dos sujeitos passivos de IRC, o processo de documentação fiscal) do sujeito passivo, tal como exigido pelas leis fiscais". In Ana Paula Dourado, *Direito Fiscal – Lições*, cit., p. 214.

[44] Tanto empresas com uma forma jurídica coletiva, como atividades empresariais desenvolvidas por pessoas singulares sem qualquer veículo societário.

[45] Nos termos do artigo 104º, nº 2 da CRP, "a tributação das empresas incide fundamentalmente sobre o seu rendimento real".

prende-se com o facto de, ao considerar rendimentos prediais as rendas "pagas ou colocadas à disposição dos respetivos titulares", o artigo 8º, nº 1 do CIRS excluir a tributação das "rendas imputadas"[46]. A este propósito, o Preâmbulo ao CIRS, no seu nº 11, afirma que deixou de se incluir na base de incidência dos rendimentos prediais o valor locativo ou a renda fundiária dos prédios não arrendados, "pois se visa tributar apenas os rendimentos realmente auferidos".

Efetivamente, a tributação em sede de IRS apenas das rendas pagas ou colocadas à disposição do sujeito passivo constitui, na nossa opinião, o regime mais coerente com os princípios da capacidade contributiva e da tributação do rendimento real, ao sujeitar a tributação apenas os rendimentos que realmente foram auferidos[47].

Um outro aspeto que entendemos como uma concretização do princípio da tributação do rendimento real prende-se com a correção monetária.

O artigo 50º, nº 1 do CIRS determina que o valor de aquisição ou equiparado de direitos reais sobre bens imóveis ou de partes sociais seja corrigido, mediante a aplicação dos coeficientes de correção monetária publicados anualmente em Portaria do Ministro das Finanças[48], sempre que tenham decorrido mais de 24 meses entre a data da aquisição e a data da alienação ou afetação do bem.

A correção monetária do valor de aquisição permite que a tributação das mais-valias incida, nestes casos particularmente representativos, apenas sobre a valorização real do bem, e não sobre o aumento nominal do seu valor, em resultado da desvalorização monetária.

[46] As "rendas imputadas" correspondiam ao valor da utilização dos prédios pelos respetivos proprietários, e eram tributáveis em sede de Contribuição Predial, anteriormente à reforma fiscal de 1988/89. Nos termos do regime então vigente, eram considerados rendimentos prediais tributáveis, a par das rendas dos prédios arrendados, também o valor locativo dos prédios ocupados ou utilizados pelos seus proprietários ou usufrutuários. O referido valor locativo era o valor da renda que poderia ser obtida pelo prédio em causa, em condições normais de mercado. Este mesmo valor era considerado como correspondente ao valor económico da "utilidade" extraída do prédio pelo seu proprietário ou usufrutuário, em virtude da respetiva ocupação ou utilização, ou seja, "a renda imputada".

[47] *Vide*, sobre esta matéria, Parte II (capítulo IV / ponto 2.3) da presente obra, referente à exclusão da tributação das "rendas imputadas".

[48] Os coeficientes de desvalorização da moeda a aplicar aos bens e direitos alienados durante o ano de 2020 encontram-se previstos na Portaria nº 220/2020, de 21 de setembro.

Esta preocupação do regime, para efeitos da determinação do valor tributável das principais mais-valias, em expurgar a desvalorização monetária (e, portanto, a valorização do bem que é meramente ilusória), limitando a tributação à valorização efetiva do mesmo, representa ainda, a nosso ver, uma concretização do princípio da tributação do rendimento real[49].

3.7. Princípio da solidariedade entre períodos de tributação

Apesar de o IRS ser um imposto periódico, de base anual[50], a anualidade do período de tributação não pode ser estanque. Tal situação seria contrária tanto ao princípio da capacidade contributiva, como, em termos mais específicos, ao princípio da solidariedade entre períodos de tributação.

O facto de cada ano fiscal ser objeto de liquidação e pagamento de imposto de modo independente relativamente aos outros constitui um arranjo artificial, uma vez que a obtenção de rendimentos é, em geral, pautada por um caráter de continuidade e não por uma separação estanque de períodos anuais.

Esta mesma ideia de continuidade encontra-se presente tanto na conceção de "rendimento-produto", subjacente à maioria das categorias de rendimento previstas no CIRS – ou seja, a conceção de um fluxo de rendimento dotado de uma certa regularidade e imputável a uma determinada fonte produtora de rendimento –, como na conceção de "rendimento-acréscimo".

É, portanto, essencial que, mesmo no contexto de um imposto anual, como é o caso do IRS, seja adotado um princípio de solidariedade entre períodos de tributação, cuja principal manifestação concreta consiste na existência de um regime de dedução de perdas. O CIRS prevê este tipo de regime no seu artigo 55º.

Note-se que, dada a natureza e as características dos respetivos rendimentos, não existem perdas fiscais reportáveis nas categorias A, E e H.

Verifica-se, no contexto do IRS, uma impossibilidade de compensação entre ganhos e perdas apurados pelo sujeito passivo num mesmo ano, mas em diferentes categorias de rendimento. Significa isto que não existe uma comunicabilidade horizontal de perdas entre as categorias de rendimento

[49] *Vide*, sobre esta matéria, Parte II (capítulo V / ponto 3.2.3 e ponto 4.4) da presente obra, referentes à correção monetária e despesas e encargos na mais-valia imobiliária e à determinação do valor da mais-valia (mobiliária) tributável, respetivamente.

[50] Os impostos periódicos contrapõem-se aos impostos de obrigação única. Sobre a distinção, cfr. Ana Paula Dourado, *Direito Fiscal – Lições*, cit., pp. 173-175.

do IRS, o que contribui para acentuar a cedularização do imposto. Deste modo, as perdas apuradas numa categoria de rendimentos apenas podem ser reportadas para os anos seguintes, nos termos legalmente previstos, para serem deduzidas aos rendimentos líquidos positivos da mesma categoria.

Prevê ainda o artigo 55º, nº 1 do CIRS que a dedução de perdas é efetuada relativamente a cada titular de rendimentos. Tal significa que as perdas também não são comunicáveis entre sujeitos passivos. As perdas apuradas por um titular de rendimentos não são dedutíveis aos rendimentos positivos de outro titular, mesmo que se trate de rendimentos da mesma categoria, e ainda que estejamos perante sujeitos passivos casados ou unidos de facto que tenham optado pelo regime de tributação conjunta.

3.8. Princípio da realização

O CIRS adotou a conceção do "rendimento-acréscimo", mas atenuada pelo princípio da realização. Em conformidade com este princípio, apenas são tributáveis os ganhos decorrentes de transações já consumadas.

Uma adoção ilimitada da conceção do "rendimento-acréscimo" admitiria que fossem sujeitas a tributação todas as valorizações patrimoniais ocorridas, quer fossem realizadas quer não. As mais-valias potenciais ou latentes poderiam, assim, se a conceção do "rendimento-acréscimo" fosse levada às últimas consequências, ser tributadas.

Todavia, como vimos, o legislador do IRS optou por seguir uma conceção do "rendimento-acréscimo" atenuada pelo princípio da realização. Nestes temos, a tributação das mais-valias ocorre somente após a sua realização, não sendo tributáveis as mais-valias meramente potenciais ou latentes.

3.9. Princípio da conformidade com as liberdades de circulação previstas no Direito Europeu

As obrigações assumidas por Portugal, em virtude da sua integração na UE, impõem que, relativamente aos residentes noutro Estado membro da UE ou do EEE[51], o tratamento fiscal em Portugal seja conforme com os princípios de não discriminação e com as liberdades de circulação vigentes no espaço europeu. Nomeadamente, é necessário que o tratamento fiscal de rendimentos obtidos em território português por residentes noutro

[51] Neste último caso, desde que exista intercâmbio de informação em matéria fiscal com esse Estado.

Estado membro da UE ou do EEE não desincentive o exercício das referidas liberdades nem seja discriminatório.

Os não residentes em território português que são residentes noutro Estado membro da UE ou do EEE distinguem-se, portanto, dos demais não residentes, ao beneficiarem da proteção do Direito Europeu. Esta proteção concretiza-se através da conformidade do CIRS com os princípios e as normas do Direito Europeu, mediante a previsão de regimes específicos, de carácter opcional, para os sujeitos passivos em causa.

Um dos aludidos regimes específicos encontra-se previsto no artigo 17º-A do CIRS, permitindo aos residentes noutro Estado membro da UE ou do EEE que optem por um regime de tributação segundo as regras aplicáveis aos sujeitos passivos residentes, embora com algumas adaptações. Para tal é necessário que os rendimentos obtidos em território português pelos indivíduos em causa representem, pelo menos, 90% da totalidade dos seus rendimentos relativos ao ano em causa, incluindo os obtidos fora deste território.

Também os artigos 71º, nºs 10 e seguintes, e 72º, nºs 15 e 16, ambos do CIRS, estabelecem regimes opcionais para os residentes noutro Estado membro da UE ou do EEE, que lhes permitem aceder, para determinados rendimentos, a um regime de tributação com semelhanças ao dos residentes em território português, caso entendam que a tributação a uma taxa liberatória ou a uma taxa especial de tributação autónoma lhes é prejudicial.

Ao nível das mais-valias imobiliárias, o regime de reinvestimento previsto no artigo 10º, nº 5 do CIRS fez, até 2007, depender do reinvestimento em território português a exclusão de tributação da mais-valia obtida com a alienação do imóvel de habitação.

Uma vez que a obrigatoriedade de realização do reinvestimento em território português, como condição para a exclusão de tributação da mais-valia, constituía um entrave ao exercício de diversas liberdades europeias fundamentais – a liberdade de circulação de trabalhadores, a liberdade de estabelecimento e, eventualmente, a liberdade de circulação de capitais –, o CIRS teve de ser adaptado às exigências do Direito Europeu.

Deste modo, o Decreto-Lei nº 361/2007, de 2 de novembro, alterou o disposto no artigo 10º, nº 5 do CIRS, no sentido de passar a admitir-se a exclusão de tributação da mais-valia mediante o reinvestimento em imóvel, terreno ou obras de construção, ampliação ou melhoramento de imóvel, qualquer deles situado no território de outro Estado membro da UE ou do EEE, neste último caso desde que exista intercâmbio de informações em matéria fiscal[52].

Por outro lado, a medida de atenuação da tributação das mais-valias imobiliárias prevista no artigo 43º, nº 2, alínea b) do CIRS – ao limitar expressamente o seu âmbito de aplicação às transmissões efetuadas por residentes – excluía do regime aí previsto, de tributação em apenas 50% do valor da mais-valia imobiliária, os residentes noutro Estado membro da UE ou do EEE (bem como os residentes de países terceiros).

Esta exclusão, violadora da liberdade de circulação de capitais prevista no Direito Europeu, foi atenuada no CIRS sem que, todavia, fosse alterada a redação do artigo 43º, nº 2 alínea b) do CIRS. O regime opcional previsto no artigo 72º, nºs 15 e 16 do CIRS, destinado aos residentes noutro Estado membro da UE ou do EEE, permite a tributação de um conjunto de rendimentos por eles obtidos (entre os quais as mais-valias imobiliárias) às taxas gerais progressivas do artigo 68º do CIRS, como para os residentes. Desta forma, permite também, no caso de residentes noutro Estado membro da UE ou do EEE que exerçam a opção prevista no artigo 72º, nºs 15 e 16, a consideração de apenas 50% do valor das mais-valias imobiliárias. Para efeitos de determinação da taxa de IRS aplicável, no âmbito deste regime, são tidos em conta os rendimentos globais dos aludidos sujeitos passivos, incluindo os obtidos fora de território português, nas mesmas condições que são aplicáveis aos residentes[53].

Contudo, a jurisprudência tem entendido que o regime de tributação das mais-valias imobiliárias obtidas por não residentes continua a ser desconforme com o Direito Europeu. Veja-se, por todos, o Acórdão de Uniformização de Jurisprudência proferido pelo STA a 12 de setembro de 2020, no âmbito do Processo nº 075/20.6BALSB. Considera o STA, no referido Acórdão, que a norma do artigo 43º, nº 2 (atualmente, alínea b)) do CIRS, ao prever a tributação apenas sobre 50% do valor das mais-valias imobiliárias somente para residentes em Portugal, constitui uma restrição aos movimentos de capitais incompatível com o artigo 63º do Tratado sobre o

[52] *Vide*, sobre esta matéria, Parte II (capítulo V / ponto 3.1.2.2) da presente obra, referente à evolução do regime (do reinvestimento do valor de realização).

[53] *Vide*, sobre esta matéria, Parte II (capítulo V / ponto 3.3.2) da presente obra, referente à questão dos residentes noutro Estado membro da UE.

Funcionamento da União Europeia (TFUE). Considera ainda o referido Acórdão que o regime previsto no artigo 72º, nºs 15 e 16 do CIRS não permite ultrapassar a discriminação negativa dos não residentes face aos residentes, que decorre do artigo 43º, nº 2, alínea b) do mesmo código. Uma das razões prende-se com o facto de a liberdade de circulação de capitais prevista no TFUE abarcar também os residentes de países terceiros, ao passo que o regime opcional previsto no artigo 72º do CIRS é aplicável apenas a residentes noutro Estado membro da UE ou do EEE.

Por seu turno, o Acórdão do Tribunal de Justiça de 18 de março de 2021, relativo ao Processo C-388/19 (Acórdão MK), entendeu, no âmbito de um pedido de decisão prejudicial, que a existência de um regime opcional de equiparação dos residentes na UE ou no EEE aos sujeitos passivos residentes (no caso, o regime previsto no artigo 72º, nºs 15 e 16 do CIRS) não exclui os efeitos discriminatórios do regime do artigo 43º, nº 2, alínea b) do mesmo código, nem permite a sua validação face ao TFUE.

Face ao exposto, parece-nos fundamental a alteração do regime previsto no artigo 43º, nº 2, alínea b) do CIRS, no sentido de considerar apenas 50% do valor das mais-valias imobiliárias para efeitos de tributação, tanto para residentes como para não residentes, como regime regra, mas sujeitando as referidas mais-valias às taxas progressivas de tributação. A nosso ver, esta solução ultrapassaria a discriminação dos não residentes (tanto os da UE e do EEE, como os de países terceiros) de que padece o regime atual, e permitiria a conformidade do CIRS com o Direito Europeu. Por outro lado, obstaria também à discriminação negativa dos residentes em Portugal, que nos parece resultar das decisões jurisprudenciais que têm determinado a possibilidade de tributação de mais-valias imobiliárias obtidas por não residentes apenas sobre 50% do seu valor, à taxa especial de 28% (ao passo que os residentes são tributados apenas sobre 50% do valor da mais-valia imobiliária, mas a taxas progressivas que podem ascender a 48%).

4. Principais características do IRS

O IRS pode ser caracterizado, numa ótica tradicional – em grande medida assente na previsão constitucional relativa à tributação do rendimento pessoal – como um imposto sobre o rendimento, pessoal, periódico, único (mas não unitário), progressivo, direto e de base cedular.

Importa analisar com algum detalhe, mas também numa perspetiva crítica, as referidas características atribuídas ao IRS. Com efeito, algumas delas não refletem a natureza do IRS em termos gerais, mas apenas de parte do seu regime.

4.1. Imposto sobre o rendimento

O IRS incide sobre a capacidade contributiva das pessoas singulares revelada através do rendimento (artigo 4º nº 1 da LGT).

Prescindindo de incluir uma definição geral de rendimento para efeitos do imposto, o Código do IRS assenta, antes, na conceptualização de seis categorias de rendimento[54], através das quais é operada a tipificação dos rendimentos tributáveis (artigo 1º, nº 1 do CIRS).

Esta opção legislativa revela, de algum modo, uma dificuldade em cortar definitivamente com a tradição, anterior ao CIRS, de tributação parcelar do rendimento das pessoas singulares.

Conforme já foi anteriormente referido, o IRS, através de uma ampla base de incidência, espelha uma conceção de "rendimento-acréscimo". Assim, tributa quer os fluxos de rendimentos imputáveis a diversas fontes produtoras, característicos do "rendimento-produto", quer os acréscimos patrimoniais, compreendidos na conceção de "rendimento-acréscimo", com destaque para as mais-valias.

4.2. Imposto pessoal

Um imposto pessoal caracteriza-se pela especial preponderância assumida, ao nível do seu regime, pelo elemento subjetivo da incidência[55]. O IRS é, portanto, um imposto pessoal, na medida em que a sua configuração é fortemente marcada pelas características específicas dos sujeitos passivos, ao nível pessoal, económico e social.

A natureza de imposto pessoal do IRS, ou seja, a personalização do imposto, encontra-se patente em diversos aspetos do seu regime, desig-

[54] Seis categorias na versão atual do Código. Na sua redação inicial, o CIRS tinha nove categorias de rendimento, em virtude da existência de categorias autónomas para os rendimentos comerciais e industriais (categoria C) e para os rendimentos agrícolas (categoria D), bem como da previsão de uma categoria de outros rendimentos (categoria I).

[55] Os impostos pessoais contrapõem-se aos impostos reais, cujo regime toma em consideração, fundamentalmente, os aspetos reais ou objetivos do imposto, sem que as características específicas do sujeito passivo sejam determinantes na configuração do regime. Verifica-se, nos impostos reais, uma preponderância do elemento objetivo da incidência. O IVA é um exemplo de imposto real. Cfr. também ANA PAULA DOURADO, *Direito Fiscal – Lições*, cit., pp. 41-43.

nadamente: na possibilidade de exercício de uma opção pela tributação conjunta dos rendimentos dos cônjuges ou unidos de facto e na aplicação, nesse caso, do quociente conjugal; na relevância assumida pela composição do agregado familiar para efeitos de retenção na fonte sobre os rendimentos do trabalho dependente e de pensões, bem como para efeitos de diversas das deduções à coleta; na previsão de deduções à coleta relativas a pessoas com deficiência; deduções à coleta relativas a despesas de saúde, formação e educação, pensões de alimentos, apoio domiciliário e lares para pessoas idosas ou com deficiência – em suma, despesas essenciais do contribuinte ou do agregado familiar, que diminuem o respetivo rendimento disponível e, portanto, a sua capacidade contributiva.

Ao analisarmos as características do IRS no contexto dos princípios norteadores dos impostos, podemos afirmar que a existência de um determinado nível de personalização é condição essencial para que o IRS dê cumprimento ao princípio da igualdade tributária e, em particular, ao princípio da capacidade contributiva.

Recorde-se que o artigo 104º nº 1 da CRP determina que o imposto sobre o rendimento pessoal tenha em conta "as necessidades e os rendimentos do agregado familiar". Também o artigo 6º, nº 1 da LGT alude à personalização do imposto, determinando – embora sem valor reforçado – que a tributação direta tenha em conta: "a) A necessidade de a pessoa singular e o agregado familiar a que pertença disporem de rendimentos e bens necessários a uma existência digna; b) A situação patrimonial, incluindo os legítimos encargos, do agregado familiar; c) A doença, velhice ou outros casos de redução da capacidade contributiva do sujeito passivo".

Sem prejuízo da aludida importância da personalização do IRS, deveria ter-se em conta, *de iure condendo*, que o aumento da personalização de um imposto pode também acarretar desvantagens. Raramente um imposto fortemente personalizado é um imposto simples. A personalização do imposto e, designadamente, a multiplicação de deduções à coleta, apesar de reforçarem a justiça no caso concreto, podem, em contrapartida, aumentar significativamente a complexidade da aplicação e controlo desse imposto[56]. Sobretudo, importa ter bem claro que a personalização do IRS

[56] Conforme refere Saldanha Sanches, "a questão do grau de personalização é controversa: a possibilidade de fazer abatimentos (deduções pessoais, na linguagem tradicional da tributação do rendimento) à matéria coletável ou à coleta é menos indiscutível do que a necessidade

não deve ser vista como uma espécie de sucedâneo para os mecanismos de proteção social que se revelem necessários.

No que respeita ao IRS em vigor, importa salientar o facto de, não obstante a sua caracterização como um imposto pessoal, o IRS se assemelhar, nalguns aspetos do seu regime, a um imposto real. É o que sucede com as taxas liberatórias do artigo 71º do CIRS e com as taxas especiais do artigo 72º do mesmo código, nas quais os elementos personalizantes do imposto não têm aplicação – exceto quando o sujeito passivo residente opte pelo englobamento dos rendimentos em princípio sujeitos a tais taxas, nos casos em que tal opção é legalmente admitida[57].

4.3. Imposto de base cedular

Não obstante a sua natureza de imposto único sobre o rendimento pessoal, o IRS tem uma base cedular – reminiscência, ainda, da estrutura de tributação das pessoas singulares anterior à reforma fiscal de 1988/1989 – que se encontra bem patente na tipificação dos rendimentos tributáveis com recurso a (atualmente) seis categorias de rendimento, baseadas na respetiva fonte geradora[58].

das deduções de natureza objetiva (custos suportados para a obtenção do rendimento), uma vez que há uma complexa ponderação entre o grau de personalização a atribuir ao imposto (com as diferenciações horizontais da capacidade contributiva que a lei deverá reconhecer) e a necessidade de não complicar demasiado o imposto". In J. L. Saldanha Sanches, *Manual de Direito Fiscal,* cit., p. 289.

[57] Cfr. os artigos 71º, nº 8 e 72º, nº 13, ambos do CIRS, nos quais se encontra prevista a possibilidade de os sujeitos passivos residentes optarem pelo englobamento de determinados rendimentos, cujo regime geral é o da sujeição a taxas liberatórias ou a taxas especiais, respetivamente. Também o artigo 22º, nº 3, alínea b) e nº 5 do CIRS se referem ao exercício da opção pelo englobamento. Nos termos desta última disposição, quando o sujeito passivo exerça a opção pelo englobamento fica, por esse facto, obrigado a englobar a totalidade dos rendimentos da mesma categoria.

[58] A opção do legislador fiscal em assentar o IRS numa base ou conceção cedular não foi isenta de críticas. Por exemplo, Saldanha Sanches refere que "entre as várias formas possíveis para construir o conceito de rendimento, o legislador fiscal da reforma de 1989 optou pela conceção cedular", afirmando de seguida que "não foi uma escolha feliz". O autor justifica a sua crítica sustentando que a "dicotomia conceptual "árvore e frutos" é uma específica tradição inglesa incessantemente corrigida pela *statute law* e pela jurisprudência. Entre os vários modelos disponíveis era o mais marcado pelo arcaísmo e por isso o menos adequado para uma reforma fiscal que pretendia ser renovadora". In José Luís Saldanha Sanches, «Conceito de rendimento do IRS», cit., p. 36.

A aludida conceção cedular revela-se não apenas ao nível da incidência real, com a tipificação das aludidas categorias de rendimento, mas também da existência, no Código do IRS, de regimes distintos para a determinação do rendimento líquido dessas categorias de rendimento, designadamente com a previsão de deduções específicas para cada uma delas.

Apesar desta base cedular, visando o IRS proceder a uma tributação de carácter global dos rendimentos das pessoas singulares, os rendimentos de algumas das categorias são objeto de englobamento e, a partir dessa fase do processo de liquidação do imposto, sujeitos às taxas gerais do Código do IRS e a um único conjunto de regras tributárias referentes às deduções à coleta.

Desta forma, como veremos mais adiante, entendemos que o que compromete o carácter unitário do IRS não é a sua conceção de base cedular, mas sim a contraposição entre rendimentos sujeitos a englobamento obrigatório e rendimentos excluídos de tal englobamento (sujeitos a tributação a taxas liberatórias ou a taxas especiais de tributação autónoma), com as profundas diferenças que caracterizam os regimes de tributação aplicáveis a um caso e a outro.

4.4. Imposto periódico

O IRS é um imposto periódico ou de base temporal, caracterizado pela formação sucessiva do facto tributário objeto da previsão legal[59]. Este apenas se encontra plenamente consolidado, para efeitos tributários, no fim do período de tributação. Assim, a formação completa da obrigação tributária resulta de uma sucessão de factos ligados pelo decurso de um determinado período de tempo, por regra, anual.

O artigo 1º, nº 1 do CIRS deixa bem claro este caráter periódico, ao referir que o IRS "incide sobre o valor anual dos rendimentos das categorias" que compõem a incidência do IRS.

Todavia, apesar da qualificação do IRS como um imposto periódico, podem ser nele autonomizados os diversos momentos de formação da obrigação tributária, como sejam o recebimento, em determinado momento, de um rendimento predial ou a obtenção de um ganho com a alienação

[59] Embora, conforme veremos mais adiante, seja de admitir a existência no IRS de factos tributários de formação instantânea, por exemplo no caso das mais-valias, conforme nos parece resultar do disposto no artigo 10º, nº 3 do CIRS, ou dos rendimentos sujeitos às taxas liberatórias do artigo 71º do mesmo código.

onerosa de um bem imóvel em determinada data. Tal autonomização permite, designadamente, a realização de uma retenção na fonte sobre um rendimento predial que seja pago ou colocado à disposição do contribuinte em cada mês (apesar de a tributação em sede de IRS incidir sobre o valor anual destes rendimentos), e a quantificação do ganho ou da perda apurados com a alienação onerosa de um bem imóvel em certa data, tendo em conta os respetivos valores de aquisição e de realização (não obstante a tributação em IRS respeitar ao "saldo apurado entre as mais-valias e as menos-valias realizadas no mesmo ano"[60]).

Aliás, relativamente às mais-valias, há que ter em consideração o disposto no artigo 10º, nº 3 do CIRS, nos termos do qual "os ganhos consideram-se obtidos no momento da prática dos atos previstos", por exemplo no caso da alienação onerosa de direitos reais sobre bens imóveis. Deste modo, conforme decorre da norma de incidência, o facto tributário verifica-se no momento da alienação onerosa de cada imóvel, sendo um facto tributário de formação instantânea – apesar de a norma de determinação de rendimento coletável, o artigo 43º, nº 1 do CIRS, prever a tributação do saldo apurado entre as diversas mais-valias e menos-valias que tenham sido apuradas no mesmo ano.

A ocorrência do facto tributário no momento da alienação onerosa de cada imóvel é relevante, especialmente para efeitos da análise acerca da existência de uma retroatividade autêntica (proibida constitucionalmente) ou de uma mera retrospetividade (em geral, considerada admissível), por exemplo nas situações em que se verifique uma alteração da lei fiscal durante o ano, e em que tal alteração legislativa ocorra já após uma alienação onerosa geradora de uma mais-valia, embora ainda antes do final do ano em causa e, portanto, antes da consolidação do saldo anual final entre mais e menos-valias[61].

Pensamos que seria de concluir pela existência de retroatividade autêntica, proibida constitucionalmente, no caso de uma situação como a descrita no parágrafo anterior, ou seja, se a lei fiscal, entrando em vigor em data posterior à da alienação onerosa do bem imóvel geradora da mais-valia

[60] Nos termos do artigo 43º nº 1 do CIRS.

[61] Para uma abordagem aprofundada sobre as questões da retroatividade e da sua proibição no âmbito do IRS, *vide* Sónia Martins Reis, «Proibição da retroatividade da lei fiscal no contexto do IRS», in Paula Rosado Pereira (Coord.) – *Temas de IRS – Princípios Constitucionais, Tributação e Garantias*, Almedina, Coimbra, 2020, pp. 81-138.

(portanto, após a ocorrência do facto tributário), viesse agravar o regime de tributação deste tipo de mais-valias e pretendesse produzir efeitos desde o início do ano, aplicando-se assim a todas as mais-valias obtidas no ano em causa (ou seja, ao saldo anual).

Aliás, a recente jurisprudência do Supremo Tribunal Administrativo ("STA") em matéria de aplicação da lei fiscal no tempo, relativamente às mais-valias, vai neste mesmo sentido[62].

Importa, por fim, salientar que, não obstante o IRS ser um imposto periódico, ele também integra regimes especiais com características idênticas às dos impostos de obrigação única. É, por exemplo, o caso dos pagamentos definitivos de imposto no contexto da aplicação das taxas liberatórias de retenção na fonte previstas no artigo 71º do CIRS.

4.5. Imposto único (mas não unitário)

O IRS tem a natureza de imposto único ou imposto sintético, ou seja, incide sobre o rendimento global da pessoa singular.

A sua introdução permitiu, precisamente, ultrapassar o sistema de tributação cedular do rendimento vigente até à reforma de 1988/89, caracterizado pela dispersão da tributação do rendimento das pessoas singulares por diversos impostos, consoante a fonte das várias parcelas de rendimento apuradas pelo mesmo sujeito passivo.

[62] Trata-se de jurisprudência relativa, fundamentalmente, às mais-valias decorrentes da alienação onerosa de valores mobiliários, na sequência da profunda alteração do respetivo regime tributário, operada pela Lei nº 15/2010, de 26 de julho. Contudo, as grandes linhas orientadoras desta jurisprudência são, a nosso ver, plenamente válidas também para as mais-valias imobiliárias, designadamente pelo facto de o artigo 10º, nº 3 do CIRS, ao determinar que a obtenção dos ganhos deve considerar-se verificada no momento da prática dos atos geradores de tais ganhos, o fazer de modo que abarca as mais-valias tanto mobiliárias como imobiliárias. Quanto à recente jurisprudência do STA em matéria de mais-valias mobiliárias e de aplicação da lei fiscal no tempo, cfr., por todos, o Acórdão do STA nº 5/2017, de 7 de junho de 2017, proferido no Processo nº 1471/14. Trata-se de um acórdão de uniformização de jurisprudência, no qual, seguindo-se a mesma fundamentação de jurisprudência anterior do STA, o tribunal afirma que "consideramos que o facto tributário se reporta ao momento em que se realizam as mais-valias, ou, por outras palavras, o facto tributário que as origina e conforma nasce e esgota-se no preciso momento (autónomo e completo) da alienação e coetânea realização das mais-valias, sendo, por isso, um facto tributário instantâneo, e não um facto tributário complexo de formação sucessiva ao longo de um ano". Refere-se, ainda, no mesmo acórdão do STA, que a "operação de agregação entre as mais-valias e as menos-valias não tem a virtualidade de alterar ou transmutar a natureza dos factos tributários subjacentes".

A unicidade do IRS concretiza-se através da tributação do rendimento global do sujeito passivo num único imposto, não obstante as diversas origens que as várias parcelas do rendimento possam ter. Esta característica do IRS permite alcançar uma maior personalização do imposto, um crescimento da eficiência na tributação das pessoas singulares e uma simplificação do próprio sistema fiscal português, em comparação com o sistema vigente anteriormente.

A opção por um imposto único ou sintético, como o IRS, revela-se fundamental para a existência de uma tributação de acordo com a capacidade contributiva do sujeito passivo, através da consideração do rendimento global de cada sujeito passivo (ou agregado familiar, no caso de opção pela tributação conjunta de casados ou unidos de facto).

Apesar da sua natureza sintética, o IRS não prescinde, contudo, de uma base analítica ou cedular na estruturação do seu regime. Assim, o IRS define a sua incidência real ou objetiva com recurso a diversas categorias de rendimento, organizadas em função da proveniência ou da natureza dos rendimentos. Também ao nível da determinação do rendimento coletável se mantém, no IRS, essa perspetiva analítica, com a consagração de regras distintas para cada categoria de rendimento, em função da respetiva natureza, no que toca ao processo de determinação do rendimento líquido.

A aludida estruturação do IRS por categorias de rendimentos não prejudica, todavia, a sua natureza de imposto único ou sintético[63]. Efetivamente, o IRS visa proceder a uma tributação de carácter global dos rendimentos das pessoas singulares, e após a fase analítica do cálculo do imposto, na qual são aplicáveis regras específicas para cada categoria de rendimento (v.g. as relativas à definição da incidência real e às deduções específicas de cada categoria), segue-se uma fase sintética, caracterizada pela aplicação de um único conjunto de regras fiscais (v.g. a aplicação do quociente conjugal, se tiver havido opção pela tributação conjunta de casados ou unidos de facto, a sujeição a uma única tabela de taxas gerais progressivas e as deduções à coleta, tudo isto no caso dos rendimentos sujeitos a englobamento).

Sem prejuízo do referido supra, impõe-se uma reflexão crítica sobre o tema da unicidade do IRS[64].

[63] Também neste sentido, José Guilherme Xavier de Basto, *IRS – Incidência Real e Determinação dos Rendimentos Líquidos*, cit., pp. 24 – 25.

[64] Teixeira Ribeiro procedeu a uma reflexão sobre esta matéria ainda antes da reforma fiscal de 1988/89, que deu origem ao IRS. A análise do autor centrou-se nas diretrizes, trazidas pela

Não obstante ser um imposto único, que visa proceder a uma tributação de carácter global dos rendimentos das pessoas singulares, poderá dizer-se que o IRS consagra uma tributação unitária destes rendimentos?

Se considerarmos que a existência de uma tributação unitária pressupõe a tributação da generalidade dos rendimentos líquidos do sujeito passivo de acordo com um mesmo figurino e uma mesma filosofia de imposto, não efetuando distinções entre os diferentes tipos de rendimento e sujeitando-os a uma mesma taxa ou tabela de taxas, então o IRS português não é, efetivamente, um imposto unitário.

Apesar de o IRS ser um imposto único – um único imposto incidente sobre todos os rendimentos do sujeito passivo pessoa singular, um único

Constituição de 1976, relativamente aos grandes problemas a resolver pela iminente reforma fiscal. Neste contexto, a propósito do imposto sobre o rendimento pessoal, sustenta o autor que a Constituição, ao afirmar no então artigo 107º, nº 1 que o imposto sobre o rendimento será único, "não dá uma resposta cabal", pois "falta ainda saber se o imposto será verdadeiramente único ou só será único formalmente". Afirma também que "se for verdadeiramente único, terá de incidir com a mesma taxa sobre cada montante de rendimento; se for apenas formalmente, poderá incidir sobra cada montante de rendimento com taxas diversas". Baseando-se na primitiva redação do nº 3 do artigo 107º da Constituição, Teixeira Ribeiro, conclui que o imposto sobre o rendimento pessoal previsto na CRP "só era único formalmente" e que a CRP "permite a discriminação qualitativa dos rendimentos" no contexto de tal imposto. O próprio autor expõe, nos seguintes termos, o raciocínio do qual extraiu as aludidas conclusões: "É que esse nº 3 mandava ter em conta no imposto sobre as sucessões e doações a transmissão por herança dos frutos do trabalho. E arrazoávamos assim: decerto que se pretende que os rendimentos do trabalho sejam mais levemente tributados na sua transmissão por morte do que os rendimentos do capital; por conseguinte, não pode deixar de pretender-se que os rendimentos do trabalho também sejam mais levemente tributados na sua aquisição em vida; ora, para isso, é preciso que o imposto de rendimento pessoal faça a discriminação qualitativa dos rendimentos e, portanto, seja um imposto só formalmente único". Apesar da eliminação do referido ponto do nº 3 do artigo 107º da CRP, na primeira revisão constitucional, Teixeira Ribeiro entendeu que a CRP "continuava a exigir a discriminação a favor dos rendimentos do trabalho, uma vez que não fora por a Assembleia da República discordar dessa discriminação que ela alterara a leitura do nº 3 do artigo 107º, e sim por reconhecer a impossibilidade prática da sua execução. Ainda, porém, que não se aceite tal ponto de vista, isto é, ainda que se entenda ter deixado de ser exigência constitucional a discriminação a favor dos rendimentos do trabalho, ainda assim, parece não poder deixar de admitir-se que a Constituição, embora já não a exija, permite a discriminação qualitativa dos rendimentos. Na verdade, se a exigia antes da revisão, é porque a discriminação não repugnava à índole do imposto único; ora, nada houve na revisão que contendesse com essa índole; portanto, o imposto de rendimento pessoal continua a só formalmente ser único". In J. J. Teixeira Ribeiro, «As opções fiscais da Constituição», cit., pp. 91-93.

código contendo as regras de tributação, uma estrutura normativa conducente a um ato de liquidação de imposto – torna-se evidente que o IRS não procede a uma tributação de todos os tipos de rendimento do sujeito passivo pessoa singular em termos similares. O CIRS não consagra, portanto, uma tributação unitária[65].

Pelo contrário, no que diz respeito à tributação de sujeitos passivos residentes, coexistem no CIRS dois grandes figurinos de tributação, inspirados em filosofias e princípios bastante distintos, e conducentes a resultados práticos completamente diferentes:

i) A tributação por via do englobamento, nos termos da qual rendimentos líquidos de diversas categorias são adicionados e assim convertidos num rendimento global. As taxas de imposto aplicáveis são as taxas gerais progressivas, previstas no artigo 68º do CIRS, que vão dos 14,50% aos 48% – efeito que se agrava quando há lugar à aplicação da taxa adicional de solidariedade prevista no artigo 68º-A do CIRS, com taxas de 2,5% e 5%. O regime de englobamento beneficia de elementos de personalização do imposto, como sejam o quociente conjugal (quando aplicável) e as deduções à coleta.

ii) Contrapõe-se-lhe a tributação às taxas liberatórias do artigo 71º ou às taxas especiais do artigo 72º, ambos do CIRS – cuja aplicação exclui os rendimentos em apreço do regime de englobamento, exceto por opção do contribuinte residente[66]. Tanto as taxas liberatórias como as especiais são, para a maioria dos rendimentos obtidos por residentes aos quais são aplicáveis, de 28%. Dão lugar, portanto, a uma tributação proporcional, frequentemente mais moderada do que aquela que resultaria da aplicação das taxas gerais progressivas do IRS. Trata-se, todavia, de uma tributação com característi-

[65] Este entendimento é partilhado pela generalidade da doutrina. Veja-se, a título de exemplo, Rui Duarte Morais. O autor sustenta que "na realidade, o IRS não logrou uma real concretização da perspetiva unitária da tributação, uma vez que os residentes nunca tiveram a totalidade dos seus rendimentos sujeita a um esquema racional de progressividade, em consonância com a respetiva capacidade contributiva". In Rui Duarte Morais, *Sobre o IRS*, 3ª ed., Almedina, Coimbra, 2014 (reimpresso em 2016), p. 7.

[66] Ressalva-se a existência de uma previsão, no artigo 72º, nº 14 do CIRS, referente a um tipo de mais-valias mobiliárias sujeitas a um regime de englobamento obrigatório. Este regime, com um âmbito de aplicação bastante restrito, foi introduzido pela Lei nº 12/2022, de 27 de junho (Lei do Orçamento do Estado para 2022).

cas reais, na qual não estão presentes os elementos personalizantes fundamentais do imposto nem as deduções à coleta[67].

Esta bipartição encontra-se presente de forma bastante notória, por exemplo, na fiscalidade do imobiliário. Neste campo, os rendimentos prediais são sujeitos a tributação à taxa especial de tributação autónoma de 28%, prevista no artigo 72º, nº 1, alínea e) do CIRS, ao passo que as mais-valias imobiliárias, quando obtidas por sujeitos passivos residentes, são de englobamento obrigatório, sendo-lhes aplicáveis as taxas gerais progressivas de IRS do artigo 68º deste código[68].

A versão inicial do CIRS padecia já desta desconformidade relativamente a um figurino de tributação unitária, situação que tem vindo a agravar-se através das sucessivas alterações a que o CIRS tem vindo a ser sujeito, ao longo dos anos[69].

Mais uma vez, a fiscalidade do imobiliário apresenta-nos um exemplo paradigmático deste tipo de alterações. A tributação dos rendimentos prediais auferidos por sujeitos passivos residentes efetuou-se, desde o início da vigência do CIRS até ao final de 2012, segundo o regime do englobamento obrigatório. Todavia, a partir de 2013, inclusive, os rendimentos prediais auferidos por residentes foram excluídos do englobamento obrigatório,

[67] Sem preocupações de exaustividade, refira-se que, na redação atualmente em vigor do CIRS, e no que diz respeito aos sujeitos passivos residentes, estão sujeitos a taxas liberatórias os rendimentos de capitais e a taxas especiais as mais-valias mobiliárias (com exceção da situação prevista no artigo 72, nº 14 do CIRS) e os rendimentos prediais.

[68] Relativamente às mais-valias imobiliárias, deve ter-se em conta que apenas existe sujeição a tributação se o saldo anual, apurado tendo em conta as mais e as menos valias de determinado ano, for positivo, e também que o aludido saldo, no caso de sujeitos passivos residentes, é considerado para efeitos de tributação em apenas metade do seu valor, respetivamente nos termos do nº 1 e do nº 2, alínea b) do artigo 43º do CIRS.

[69] Conforme foi apontado pelo *Grupo para o Estudo da Política Fiscal – Competitividade, Eficiência e Justiça do Sistema Fiscal*, "o IRS, apesar de se reclamar, desde sempre, do modelo *da tributação unificada ou compreensiva*, não logrou – tendo por referência as características da unicidade e da progressividade que devem informá-lo, nos termos do nº 1 do artigo 104º da Constituição da República Portuguesa – uma real concretização da perspetiva unitária da tributação, nem na sua versão originária, nem na sua posterior evolução". Cfr. MINISTÉRIO DAS FINANÇAS – SECRETARIA DE ESTADO DOS ASSUNTOS FISCAIS, *Relatório do Grupo para o Estudo da Política Fiscal – Competitividade, Eficiência e Justiça do Sistema Fiscal*, com coordenação geral de António Carlos dos Santos e António M. Ferreira Martins, de 3 de outubro de 2009, Centro de Estudos Fiscais, Lisboa, 2009, p. 197.

passando a ser tributados a uma taxa especial (atualmente de 28%), por força das alterações introduzidas no CIRS pela Lei nº 66-B/2012, de 31 de dezembro (Lei do Orçamento do Estado para 2013).

A saída dos rendimentos prediais do regime de englobamento obrigatória e de taxas progressivas, com a correspondente passagem destes rendimentos para a tributação proporcional a taxas especiais, veio aprofundar a semi-dualização do IRS e afastar este imposto, mais ainda, de um hipotético modelo de tributação unitária. Com efeito, com a sujeição dos rendimentos prediais a taxas proporcionais, o IRS pende mais ainda para um tipo de tributação distinto daquilo a que podemos chamar o seu "modelo de base ou de referência"[70], caracterizado pelo englobamento dos rendimentos, por taxas progressivas e pela presença de elementos personalizantes no imposto, designadamente a dedução de despesas pessoais ou familiares configuradas como deduções à coleta.

Com o abandono do regime de englobamento obrigatório pelos rendimentos prediais verifica-se, pois, que a tributação dos residentes a taxas progressivas no IRS se torna ainda mais restrita, limitada aos rendimentos do trabalho (dependente e independente) e pensões, e a parte dos incrementos patrimoniais (com destaque para as mais-valias imobiliárias).

Será que, no IRS, aquilo que inicialmente era a exceção (a tributação fora do englobamento, a taxas proporcionais e em termos mais próximos da tributação real do que da tributação pessoal) se torna cada vez mais a regra?

Entretanto, por força da Lei nº 12/2022, de 27 de junho (Lei do Orçamento do Estado para 2022), passa a prever-se no artigo 72º, nº 14 do CIRS uma situação particular de englobamento obrigatório de mais-valias decorrentes da alienação onerosa de partes sociais e de outros valores mobiliários[71]. Poderá entender-se que este novo regime – ao subtrair as mais-valias

[70] Nos termos do artigo 104º, nº 1 da CRP, "o imposto sobre o rendimento pessoal visa a diminuição das desigualdades e será único e progressivo, tendo em conta as necessidades e os rendimentos do agregado familiar".

[71] Esta situação de englobamento obrigatório aplica-se a mais-valias decorrentes da alienação onerosa de partes sociais e de outros valores mobiliários quando resultem de ativos detidos por um período inferior a 365 dias e o sujeito passivo tenha um rendimento coletável, incluindo este saldo, igual ou superior ao valor do último escalão das taxas gerais de IRS previstas no artigo 68º do CIRS. Reunidas estas condições, as mais-valias mobiliárias em apreço ficam excluídas do regime de tributação autónoma às taxas especiais previstas no artigo 72º, passando a estar sujeitas a englobamento obrigatório, nos termos do artigo 72º, nº 14 do CIRS. O regime em causa aplica-se aos rendimentos auferidos a partir de 1 de janeiro de

mobiliárias em causa da tributação a taxas especiais, para as submeter às taxas gerais de IRS – constitui um primeiro passo no sentido da atenuação da semi-dualização do IRS, mediante a concentração de rendimentos no âmbito do regime de englobamento obrigatório (com aplicação das taxas gerais de IRS)? O âmbito de aplicação do regime previsto no artigo 72º, nº 14 do CIRS é, por ora, extremamente restrito. E não se sabe se o regime em apreço é um primeiro passo no sentido da passagem de um conjunto amplo de rendimentos para o regime de englobamento ou, pelo contrário, apenas uma medida isolada. Face ao exposto, afigura-se-nos prematuro extrair do regime em apreço qualquer conclusão sobre a evolução do IRS.

O sistema semi-dual é, ainda assim, dotado de algum equilíbrio e coesão pela existência de uma "ponte" entre os dois regimes, assegurada pela **opção pelo englobamento** que é conferida aos sujeitos passivos residentes, relativamente à generalidade dos rendimentos sujeitos a taxas liberatórias ou especiais[72].

Usando a tipologia de sistemas de tributação da OCDE, J. G. Xavier de Basto classifica o IRS como um sistema semi-dual, o qual se caracteriza por "acentuadas diferenças no tratamento tributário dos vários tipos de rendimento" e no qual "a maior parte dos rendimentos de capital recebe tratamento preferencial através da aplicação de taxas proporcionais mais baixas do que as taxas progressivas, aproximando-se [...] do modelo dual"[73].

Num sistema semi-dual, em termos gerais, não são aplicadas às diversas categorias de rendimentos as mesmas taxas de tributação. Os rendimentos de capitais e as mais-valias mobiliárias são, habitualmente, sujeitos a um tratamento fiscal preferencial, caracterizado por uma tributação a taxas proporcionais, em geral mais baixas do que as taxas de imposto progressivas aplicáveis aos rendimentos de outra natureza.

Perante um sistema deste tipo e, concretamente, em relação ao IRS, suscitam-se questões acerca da sua conformidade ou desconformidade com os princípios da igualdade e da capacidade contributiva.

2023 (conforme previsto nas disposições transitórias do artigo 280º, nº 7 da Lei nº 12/2022, de 27 de junho).

[72] Sem prejuízo da insuficiência da opção pelo englobamento para a resolução de alguns dos problemas de que o IRS padece, em termos de falta de respeito por um princípio de igualdade horizontal entre contribuintes, conforme detalharemos mais adiante.

[73] In José Guilherme Xavier de Basto, *IRS – Incidência Real e Determinação dos Rendimentos Líquidos*, cit., pp. 32-33.

Em primeiro lugar, não é assegurada uma igualdade horizontal na tributação, uma vez que contribuintes com idêntica capacidade contributiva podem ser tributados de forma bastante distinta, e sujeitos a níveis de tributação díspares, se tal capacidade contributiva for revelada mediante a obtenção de diferentes tipos de rendimento.

A situação é agravada pelo facto de os rendimentos que se encontram sujeitos a taxas liberatórias e a taxas especiais – taxas proporcionais, significativamente inferiores à taxa marginal máxima aplicável aos rendimentos sujeitos a englobamento – serem os rendimentos de capitais, os prediais e as mais-valias mobiliárias, ou seja, rendimentos que são mais frequentes e de valor mais significativo nos contribuintes com uma capacidade contributiva superior. Esta situação permite afirmar que o atual IRS, com o seu sistema semi-dual, apresenta características de regressividade.

O regime previsto no artigo 72º nº 14 do CIRS[74], introduzido no CIRS pela Lei nº 12/2022, de 27 de junho (Lei do Orçamento do Estado para 2022), parece ter o propósito de agravar a tributação das mais-valias mobiliárias especulativas auferidas por sujeitos passivos com uma elevada capacidade contributiva. Contudo, trata-se ainda de uma medida com um âmbito de aplicação extremamente restrito, pelo que o seu contributo efetivo para a diminuição das características regressivas do IRS é bastante modesto.

Perante a previsão constitucional de um imposto sobre o rendimento pessoal único e progressivo, suscitaram-se, logo numa fase inicial do IRS, dúvidas acerca da constitucionalidade do sistema de tributação adotado por este imposto. O Tribunal Constitucional, chamado a pronunciar-se, fê-lo no Acórdão nº 57/95, de 16 de fevereiro. Todavia, acabou por não analisar a questão de fundo suscitada, para tal invocando argumentos de natureza formal.

Abordaremos no ponto subsequente, a propósito da progressividade do imposto, alguns dos fundamentos que têm permitido sustentar a admissibilidade do sistema semi-dual do IRS, não obstante as incongruências

[74] Este regime sujeita a englobamento obrigatório as mais-valias decorrentes da alienação onerosa de partes sociais e de outros valores mobiliários, quando resultem de ativos detidos por um período inferior a 365 dias e o sujeito passivo tenha um rendimento coletável, incluindo este saldo, igual ou superior ao valor do último escalão das taxas gerais de IRS previstas no artigo 68º do CIRS. Preenchidas estas condições (muito específicas e de aplicação bastante restrita), as mais-valias mobiliárias ficam excluídas do regime de tributação autónoma às taxas especiais previstas no artigo 72º do CIRS, passando a ser de englobamento obrigatório.

com o paradigma constitucional de um imposto único e progressivo que são evidenciadas por diversos aspetos do seu regime.

4.6. Imposto progressivo

O IRS é um imposto progressivo, aumentando o nível de tributação do contribuinte à medida que aumenta o próprio rendimento coletável. O referido aumento do nível de tributação resulta não apenas do facto de as taxas gerais de IRS serem taxas progressivas por escalões[75], mas ainda de outras características do imposto, designadamente ao nível do funcionamento e limites das deduções à coleta.

No âmbito das taxas de imposto progressivas, à medida que aumenta o rendimento coletável dos contribuintes, verifica-se um aumento mais do que proporcional do imposto pago por eles, em virtude da subida da própria taxa de imposto aplicável. Por outras palavras, à medida que aumenta o rendimento, é crescente a respetiva parcela que é afeta ao pagamento do imposto[76].

Um dos grandes debates existentes em torno da tributação do rendimento das pessoas singulares, com um alcance tanto teórico como político e ideológico, prende-se, precisamente, com a opção entre uma tributação progressiva e uma tributação proporcional. Parte da doutrina conclui que o princípio da capacidade contributiva não impõe a existência de taxas de tributação progressivas, uma vez que as taxas proporcionais já redundam

[75] As taxas de imposto progressivas contrapõem-se às taxas regressivas e às taxas proporcionais. Nas taxas regressivas, a taxa de imposto diminui à medida que aumenta o rendimento coletável. Por seu turno, nas taxas proporcionais, a taxa de imposto é uniforme, não variando em função do valor do rendimento coletável.

[76] O fundamento da progressividade começou por ser procurado no raciocínio marginalista, ou seja, na ideia de uma utilidade marginal decrescente do rendimento auferido. Cada unidade adicional de rendimento possuiria, para o contribuinte que a obtinha, uma utilidade menor do que a anterior. O imposto progressivo encontraria, portanto, justificação na ideia de permitir atingir uma igualdade de sacrifício entre os contribuintes, uma vez que, àqueles que têm maior rendimento, poderá ser retirada uma percentagem maior desse mesmo rendimento para o pagamento do imposto, com um sacrifício comparável ao que ocorre com a aplicação de uma percentagem menor de tributação aos contribuintes que tenham um rendimento inferior. Em contrapartida, segundo os cânones do raciocínio marginalista, num imposto proporcional, a percentagem uniforme de rendimento que seja absorvida pelo pagamento de imposto implica, para os contribuintes com rendimentos inferiores, um sacrifício maior do que para aqueles que têm um rendimento mais elevado. Mais recentemente, a progressividade tem vindo a ser justificada simplesmente como uma decorrência do Estado social de Direito.

no pagamento de impostos mais elevados por parte dos sujeitos passivos com maior força económica[77]. As taxas de tributações proporcionais já asseguram, assim, a igualdade vertical entre contribuintes, bem como o cabal cumprimento do princípio da capacidade contributiva.

Deste modo, a existência de impostos progressivos nos sistemas fiscais atuais baseia-se em motivos de natureza extrafiscal, ligados a uma ideia de Estado Social, que torna o imposto um elemento ativo na prossecução de objetivos de proteção social e de justiça distributiva.

No que diz respeito ao IRS, apesar de este ser caracterizado como um imposto progressivo – com taxas progressivas por escalões, previstas no artigo 68º do CIRS –, importa salientar o facto de coexistirem nele regimes de tributação proporcional, concretizados na aplicação de taxas liberatórias, especiais e de tributação autónoma, previstas nos artigos 71º, 72º e 73º do CIRS, respetivamente.

Relativamente às taxas liberatórias, consagradas já na versão inicial do Código do IRS, suscitou-se a discussão sobre a respetiva constitucionalidade, atento o facto de a CRP determinar a existência de um imposto sobre o rendimento pessoal de carácter único e progressivo, e que tivesse em conta as necessidades e rendimentos do agregado familiar. Colocou-se, assim, em dúvida a admissibilidade de taxas liberatórias (proporcionais) no seio de um imposto de carácter progressivo. Estava, igualmente, em causa a eventual violação que a existência das taxas liberatórias representaria para a unicidade e a personalização do imposto, previstas constitucionalmente.

O Tribunal Constitucional, chamado a pronunciar-se sobre a constitucionalidade das taxas liberatórias em sede de IRS, acabou, conforme referimos no ponto anterior, a propósito das dúvidas acerca da unicidade do imposto, por não dar uma resposta à questão de fundo, invocando um argumento de índole formal[78].

[77] Neste sentido, cfr., por todos, José Casalta Nabais, *O Dever Fundamental de Pagar Impostos – Contributo para a Compreensão Constitucional do Estado Fiscal Contemporâneo*, cit., p. 454. Segundo este autor, "o princípio jurídico-constitucional da capacidade contributiva reclama, a nosso ver, impostos proporcionais e não impostos progressivos, imputando-se a progressividade de algum ou alguns impostos ou mesmo do sistema fiscal, quando exigida, a outros princípios ou preceitos constitucionais que, expressa ou implicitamente, se pronunciem nesse sentido".

[78] Cfr. Acórdão nº 57/95, de 16 de fevereiro, do Tribunal Constitucional.

Face ao regime atualmente em vigor, a opção pelo englobamento prevista para os residentes no artigo 71º nº 8 e no artigo 72º nº 13, ambos do CIRS, respetivamente para as situações de taxas liberatórias e de taxas especiais, modera as dúvidas acerca da constitucionalidade dos aludidos regimes. Com efeito, mediante o exercício da opção pelo englobamento dos rendimentos que em princípio estariam sujeitos a taxas liberatórias ou a taxas especiais de tributação, o sujeito passivo vê esses rendimentos tributados às taxas progressivas do artigo 68º do CIRS, assegurando igualmente a aplicação, no contexto do regime do englobamento, das características personalizantes do imposto, como sejam a aplicação do quociente conjugal, no caso de sujeitos passivos casados ou unidos de facto que tenham optado pela tributação conjunta, e das deduções à coleta relativas a encargos de natureza pessoal e familiar.

Poderá, em todo o caso, invocar-se ainda a subsistência de uma violação ao princípio da igualdade horizontal e ao princípio da capacidade contributiva, atento o facto de à mesma capacidade contributiva (entenda-se, ao mesmo valor de rendimento líquido) poder corresponder uma tributação completamente diferente, consoante tal capacidade contributiva seja expressa em rendimentos do trabalho (dependente ou independente), de pensões ou em mais-valias imobiliárias, num caso, ou em rendimentos de capitais, prediais ou em mais-valias mobiliárias em geral, noutro – estando os rendimentos do primeiro grupo potencialmente sujeitos a uma tributação significativamente mais elevada, atenta a diferença das taxas aplicáveis, sem que exista, nesse caso, qualquer opção legal dos contribuintes que permita evitar tal efeito.

O regime de opção pelo englobamento consagrado no CIRS, apesar de permitir trazer algum equilíbrio e coesão ao imposto, é, assim, insuficiente para a resolução de todos os problemas de que o IRS padece em termos de falta de respeito por um princípio de igualdade horizontal entre contribuintes, dada a inexistência de um regime de "*opting out*" para os contribuintes prejudicados pela obrigatoriedade de englobamento existente ao nível dos rendimentos das categoria A, B e H, e ainda de parte dos incrementos patrimoniais da categoria G.

O facto de os rendimentos de capitais e as mais-valias mobiliárias assumirem, em princípio, maior relevo nos rendimentos dos contribuintes com uma capacidade económica mais elevada (e que, portanto, se situariam nos escalões mais elevados de tributação), permite admitir que as taxas liberatórias e especiais que tributam estes tipos de rendimentos tenham, com frequência, um efeito regressivo, conforme se apontou já.

Perante os diversos problemas de compatibilização do sistema semi-dual do IRS com o princípio da igualdade, sobretudo na sua vertente da igualdade horizontal, bem como com o princípio da capacidade contributiva; e ainda face às incongruências com o paradigma constitucional de um imposto único e progressivo, que são evidenciadas por diversos aspetos do regime do IRS – como é possível ao IRS subsistir, ainda assim, com o seu modelo semi-dual?

A persistência do modelo semi-dual do IRS deve-se, essencialmente, ao princípio da praticabilidade que, nas palavras de Casalta Nabais, "conduz à exclusão não só das soluções impossíveis de levar à prática mas também das soluções economicamente insustentáveis"[79]. Afirma ainda o autor que, do princípio da praticabilidade "decorre, designadamente, que os limites da tributação, mormente os limites materiais, não possam ser levados tão longe quanto, *prima facie*, seria defensável"[80].

Deste modo, por força do aludido princípio, torna-se admissível que determinados tipos de rendimentos obtidos por sujeitos passivos residentes se encontrem excluídos de englobamento em sede de IRS, seguindo um regime fiscal significativamente diferente.

A subsistência da disparidade de tributação entre diferentes tipos de rendimento – característica dos sistemas de tributação semi-dual, como o português – encontra, assim, justificação no princípio da praticabilidade, mais concretamente na necessidade de assegurar ao sistema fiscal alguma competitividade em termos internacionais, especialmente no que diz respeito aos tipos de rendimento mais facilmente deslocalizáveis, ou seja, os rendimentos de capitais e as mais-valias mobiliárias.

O mundo atual, pautado pela globalização e pela facilidade de deslocalização dos capitais, impõe uma tributação dos rendimentos de capitais e das mais-valias mobiliárias a taxas mais baixas e fora do contexto das taxas progressivas de tributação, independentemente da capacidade contributiva do contribuinte titular desses rendimentos. Com efeito, os capitais deslocalizam-se muito mais facilmente do que os rendimentos do trabalho dependente, e mesmo do que os rendimentos empresariais e profissionais.

[79] In José Casalta Nabais, *Direito Fiscal*, cit., p. 165.

[80] In José Casalta Nabais, *Direito Fiscal*, cit., p. 165.

Assim, razões de concorrência fiscal impõem um tratamento fiscal mais favorável dos rendimentos de capitais e das mais-valias mobiliárias face a outros tipos de rendimentos, como os derivados do trabalho ou de pensões. A aludida diferenciação visa, conforme foi já referido, salvaguardar a competitividade fiscal do país em termos internacionais, tanto para efeitos de retenção do capital e dos investimentos dos residentes, como para efeitos da atração de capital e investimentos de não residentes.

Este quadro apresenta-se como inevitável, perante o risco de fuga de capitais e investimentos do território nacional, atraídos por Estados com taxas de tributação mais baixas dos capitais. Tal situação implicaria uma redução da base tributária do IRS relativamente a rendimentos relacionados com o capital, o que poderia originar uma pressão ainda maior sobre os restantes rendimentos, em termos de arrecadação tributária, se não fossem encontradas alternativas viáveis de compensação através de outros tributos.

Perante as apontadas dificuldades, o quadro vigente perpetua injustiças ao nível de uma excessiva oneração fiscal do trabalho e das pensões, face a um tratamento fiscal mais moderado de rendimentos ligados ao capital. A tributação em sede de IRS continua, assim, a incidir mais fortemente sobre os rendimentos dotados de menor mobilidade, não obstante o prejuízo que daqui resulta para um adequado cumprimento de um princípio de igualdade em matéria tributária, designadamente na perspetiva da igualdade horizontal e da capacidade contributiva. Conforme foi já referido, uma capacidade contributiva revelada através de rendimentos de capitais ou de mais-valias mobiliárias em geral é beneficiada com uma tributação efetiva potencialmente bastante inferior àquela que onera igual capacidade contributiva revelada através de rendimentos do trabalho ou de pensões. Esta situação afigura-se, em si mesma, desconforme com o princípio da igualdade horizontal em matéria de tributação. Recorde-se, contudo, a necessidade, salientada por Casalta Nabais, de conciliar os limites materiais da tributação – v.g. o princípio da igualdade e os seus corolários em matéria tributária – com o princípio da praticabilidade[81].

Quanto aos rendimentos derivados do imobiliário, em particular no que diz respeito aos rendimentos prediais, note-se que, estando em causa rendas de imóveis localizados em território português, o rendimento seria

[81] Cfr. José Casalta Nabais, *Direito Fiscal*, cit., p. 165.

sempre considerado obtido em Portugal, nos termos do artigo 18º, nº 1, alínea h) do CIRS. Todavia, uma tributação dos rendimentos prediais a taxas elevadas seria um elemento de desincentivo dos potenciais investidores, em particular quando se comparasse este investimento e a sua tributação com a que é aplicável aos rendimentos de capitais. Esta foi uma das razões determinantes da opção legislativa pelo afastamento dos rendimentos prediais do âmbito do englobamento obrigatório.

Relativamente às mais-valias imobiliárias obtidas por sujeitos passivos residentes, a tributação potencialmente mais elevada destes rendimentos obrigatoriamente englobados e sujeitos às taxas gerais progressivas do IRS é atenuado pelo facto de o montante de mais-valias imobiliárias (já deduzidas, em termos de apuramento do saldo anual, das menos-valias imobiliárias apuradas no mesmo ano) ser considerado para efeitos de tributação em apenas metade do seu valor[82].

4.7. Imposto direto

O IRS é um imposto direto, na medida em que, nos termos do regime legalmente previsto, se verifica uma coincidência entre o sujeito passivo contribuinte e a pessoa que deve suportar o encargo económico do imposto. O regime jurídico não prevê a repercussão do encargo do imposto sobre terceiros, distintos do titular do rendimento[83].

5. Estrutura e processo de liquidação do IRS

O IRS estrutura-se em torno das seguintes categorias de rendimento, previstas no artigo 1º, nº 1 do respetivo código:

Categoria A – Rendimentos do trabalho dependente;
Categoria B – Rendimentos empresariais e profissionais[84];

[82] Nos termos do artigo 43º, nº 2, alínea b) do CIRS.

[83] Apesar da existência de múltiplos critérios para a distinção entre impostos diretos e impostos indiretos, o critério determinante tem sido o da existência ou não de repercussão tributária, prevista legalmente para os impostos indiretos e não incluída no funcionamento dos impostos sobre o rendimento (diretos). Nos impostos sobre o rendimento, mesmo que ocasionalmente o encargo do imposto seja objeto de repercussão, tal constituirá um fenómeno económico, não enquadrado na estrutura do imposto.

[84] A atual categoria B – Rendimentos empresariais e profissionais resulta da aglutinação de três categorias de rendimento previstas na versão inicial do CIRS: categoria B – Rendimentos do trabalho independente, categoria C – Rendimentos comerciais e industriais e categoria

Categoria E - Rendimentos de capitais;
Categoria F - Rendimentos prediais;
Categoria G - Incrementos patrimoniais[85];
Categoria H - Pensões.

A conceção cedular do IRS - patente na tipificação do rendimento tributável com recurso a seis categorias de rendimento e, ainda, na existência de regimes distintos para a determinação do rendimento coletável nas diversas categorias, designadamente com a previsão de deduções específicas para cada uma delas (com algumas exceções) - determina a existência de uma fase analítica no IRS.

Contudo, visando o IRS proceder a uma tributação de carácter global dos rendimentos das pessoas singulares, os rendimentos de diversas das categorias são objeto de englobamento, dando assim lugar à fase sintética do IRS.

Deste modo, podem identificar-se, no processo de liquidação do IRS, uma **fase analítica**, na qual são aplicáveis regras específicas para cada categoria de rendimento, e uma **fase sintética**, caracterizada pela aplicação de um único conjunto de regras fiscais[86].

No âmbito da fase analítica do imposto, cabe, em primeiro lugar, enquadrar os rendimentos apurados pelo sujeito passivo nas categorias de rendimentos previstas no CIRS, aferindo a sua sujeição a tributação ou não (artigos 2º e seguintes do CIRS).

Após a qualificação do rendimento, cumpre subtrair ao rendimento bruto de cada categoria o valor correspondente às deduções específicas que para ela se encontrem previstas no CIRS e que sejam aplicáveis ao caso concreto. Isto nas categorias para as quais o CIRS preveja deduções específicas, e nos termos e com os limites aí estabelecidos (artigos 25º e

D - Rendimentos agrícolas. Constatando-se a existência de similitudes relevantes, ao nível dos aspetos essenciais, entre os rendimentos das três categorias, o legislador fiscal optou por aglutinar os rendimentos das antigas categorias B, C e D na atual categoria B.

[85] A versão inicial do CIRS apresentava uma categoria G - Mais-valias, que veio posteriormente a alargar-se a outras realidades, designadamente aos acréscimos patrimoniais não justificados, e a assumir a designação de categoria G - Incrementos patrimoniais. As mais-valias ficaram integradas nesta categoria.

[86] Cfr. Paula Rosado Pereira, *Estudos Sobre IRS: Rendimentos de Capitais e Mais-Valias*, Almedina, Coimbra, 2005, pp. 12-13.

seguintes do CIRS)[87]. Apura-se, assim, o rendimento líquido tributável de cada categoria.

Há, ainda, nas categorias B, F e G, lugar à dedução de perdas de anos anteriores (artigo 55º do CIRS).

Os rendimentos líquidos das várias categorias, auferidos por sujeitos passivos residentes, são, subsequentemente, objeto de englobamento, nos termos previstos no artigo 22º do CIRS. Estão excluídos do regime de englobamento obrigatório de rendimentos aqueles que se encontram sujeitos às taxas liberatórias do artigo 71º do CIRS ou às taxas especiais de tributação autónoma do artigo 72º do CIRS[88]. Os rendimentos que não estão abrangidos pelo englobamento obrigatório podem, contudo, quando obtidos por residentes, ser objeto de englobamento opcional (artigos 71º, nº 8 e 72º, nº 13 do CIRS)[89].

Mediante o englobamento – obrigatório e/ou opcional – apura-se o rendimento global líquido ou rendimento coletável do sujeito passivo. Passa-se, assim, da fase analítica para a fase sintética do imposto.

Na fase sintética, cessa a distinção entre várias categorias de rendimentos, aplicando-se um único conjunto de regras fiscais. Ao rendimento coletável são aplicadas as taxas gerais progressivas de IRS, previstas no artigo 68º do CIRS[90], apurando-se assim a coleta.

No caso de sujeitos passivos casados[91] ou unidos de facto que optem pela tributação conjunta dos rendimentos, têm lugar, antes e após a aplicação

[87] Note-se que na categoria E – Rendimentos de capitais não há deduções específicas, pelo que o rendimento tributável da categoria corresponde ao rendimento bruto.

[88] Importa, todavia, salientar a existência de uma situação de englobamento obrigatório prevista no artigo 72º nº 14 do CIRS. Trata-se das mais-valias decorrentes da alienação onerosa de partes sociais e de outros valores mobiliários, quando resultem de ativos detidos por um período inferior a 365 dias e o sujeito passivo tenha um rendimento coletável, incluindo este saldo, igual ou superior ao valor do último escalão das taxas gerais de IRS previstas no artigo 68º do CIRS. Reunidas estas condições, as mais-valias mobiliárias em apreço ficam excluídas do regime de tributação autónoma às taxas especiais previstas no artigo 72º, passando a estar sujeitas a englobamento obrigatório, nos termos do artigo 72º nº 14 do CIRS. Este regime foi introduzido no CIRS pela Lei nº 12/2022, de 27 de junho.

[89] No caso de opção pelo englobamento, o sujeito passivo fica obrigado a englobar a totalidade dos rendimentos da mesma categoria (artigo 22º, nº 5 do CIRS).

[90] E, para os rendimentos mais elevados, também a taxa adicional de solidariedade, prevista no artigo 68º-A do CIRS.

[91] E não separados judicialmente de pessoas e bens.

das taxas gerais progressivas de IRS, as operações inerentes ao regime do quociente conjugal (artigo 69º do CIRS).

Posteriormente, ao valor da coleta são efetuadas as deduções à coleta (nos termos e com os limites fixados nos artigos 78º e seguintes do CIRS), apurando-se o valor do imposto final.

Considerando os valores de imposto que o sujeito passivo já tenha pago ao longo do ano, a título de retenções na fonte com a natureza de adiantamento por conta do imposto devido em termos finais ou a título de pagamentos por conta, este poderá ter ainda imposto a pagar ou, pelo contrário, reembolso de imposto a receber[92]. Efetivamente, tanto as referidas retenções na fonte como os pagamentos por conta são deduzidos à coleta do IRS e, quando superiores ao imposto devido, conferem direito ao reembolso da diferença (artigo 78º, nºs 2 e 3 do CIRS).

[92] Para uma visão histórica dos reembolsos no IRS, cfr. Manuel Faustino, «A evolução dos reembolsos no IRS: Uma perspetiva jurídico-financeira», *in* AAVV, *15 Anos da Reforma Fiscal de 1988/89 – Jornadas de Homenagem ao Professor Doutor Pitta e Cunha*, Almedina, Coimbra, 2005, pp. 107-120. O autor efetua uma análise detalhada acerca dos reembolsos de IRS entre 1989 e 2003.

Processo de liquidação do IRS

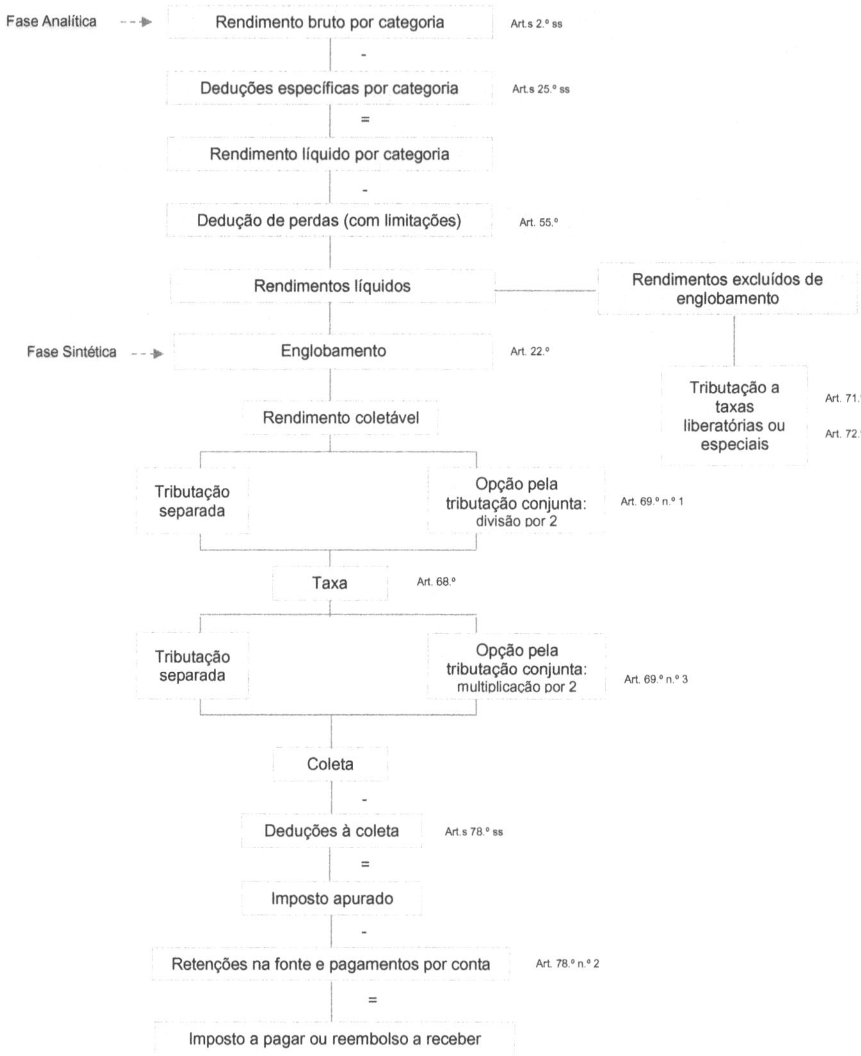

6. Incidência pessoal e estatutos de residência no IRS

6.1. Enquadramento

São sujeitos passivos de IRS as pessoas singulares que residam em território português e as que, embora aí não residindo, obtenham rendimentos considerados como obtidos em território português (artigo 13º, nº 1 do CIRS).

Temos, portanto, no IRS, uma distinção essencial entre sujeitos passivos residentes e sujeitos passivos não residentes.

A residência é, a par da fonte do rendimento, um dos elementos de conexão que definem os termos da aplicação da lei fiscal no espaço, quando nos encontramos perante situações com um elemento internacional relevante.

Reportando-nos ao já aludido artigo 13º, nº 1 do CIRS, a tributação em Portugal dos rendimentos obtidos por pessoas singulares que residam em território português reflete o elemento de conexão "residência", ao passo que a tributação dos não residentes quanto aos rendimentos considerados como obtidos em território português concretiza a aplicação do elemento de conexão "fonte".

6.2. Critérios de residência

A definição de residência em território português é dada pelo artigo 16º do CIRS, prevendo-se que sejam residentes em território português as pessoas que, no ano a que respeitam os rendimentos:

a) Hajam nele permanecido mais de 183 dias, seguidos ou interpolados, em qualquer período de 12 meses com início ou fim no ano em causa;
b) Tendo permanecido por menos tempo, aí disponham, num qualquer dia do período referido na alínea anterior, de habitação em condições que façam supor intenção atual de a manter e ocupar como residência habitual[93].

Conforme refere Rui Duarte Morais, "a condição de residente supõe, por regra, a presença física, real ou presumida, no território de um determinado Estado, a implicar uma ligação económica (mesmo que só ao nível

[93] Existem ainda, no artigo 16º do CIRS, regras de residência específicas. Uma delas é aplicável a tripulantes de navios ou aeronaves que estejam ao serviço de entidades com residência, sede ou direção efetiva em território português. Outra é dirigida a indivíduos que desempenhem no estrangeiro funções ou comissões de carácter público, ao serviço do Estado português.

do consumo) e um certo grau de integração social (participação na vida da comunidade e, portanto, o desfrute dos bens e serviços proporcionados por esse Estado)"[94].

As regras de determinação da residência dos indivíduos foram alteradas com a mais recente reforma do IRS, aprovada pela Lei nº 82-E/2014, de 31 de dezembro, no sentido da introdução da residência fiscal parcial[95].

Até à entrada em vigor das alterações introduzidas pela reforma do IRS, em 1 de janeiro de 2015, a residência fiscal das pessoas singulares era definida para todo o ano fiscal. Após 2015, inclusive, um sujeito passivo pode – no ano de chegada a território português ou no ano de partida deste território – ser residente apenas durante parte do ano e não residente na restante parte. Passou, portanto, a admitir-se, relativamente ao mesmo sujeito passivo, a existência sucessiva de dois estatutos de residência (residente e não residente) no mesmo ano. Deste modo, é admitida a residência fiscal em território português durante apenas uma parte do ano – ou seja, a designada residência fiscal parcial[96].

A residência fiscal é sempre aferida em relação a cada sujeito passivo, mesmo nos casos em que exista agregado familiar, tendo deixado de vigorar, a partir de 1 de janeiro de 2015, o regime anteriormente existente de residência por atração[97]. Esta foi outra das alterações trazidas pela reforma do IRS de 2014.

No que respeita a situações às quais sejam aplicáveis Convenções para Evitar a Dupla Tributação e Prevenir a Evasão Fiscal em Matéria de Impostos Sobre o Rendimento (adiante, abreviadamente "CDTs"), importa ter em

[94] In Rui Duarte Morais, *Sobre o IRS*, cit., p. 11.

[95] Sobre as razões determinantes para a introdução da residência fiscal parcial no CIRS, cfr. Comissão para a Reforma do Imposto sobre o Rendimentos das Pessoas Singulares – 2014, *Projeto da Reforma do IRS*, setembro de 2014, pp. 49-50.

[96] Para uma abordagem aprofundada sobre o regime de residência fiscal parcial português, bem como para uma visão de direito comparado sobre este tipo de regime, *vide* Pedro Roma, *Residência Fiscal Parcial em IRS*, Almedina, Coimbra, 2018.

[97] Nos termos do regime de residência por atração, eram sempre havidas como residentes em território português as pessoas que constituíam o agregado familiar, desde que naquele residisse qualquer das pessoas a quem incumbia a direção do mesmo. A residência por atração podia ser afastada pelo cônjuge que não permanecesse 183 dias em território português no ano fiscal em causa, desde que efetuasse prova da inexistência de uma ligação entre a maior parte das suas atividades económicas e o território português, caso em que seria sujeito a tributação como não residente relativamente aos rendimentos que eventualmente obtivesse em território português.

linha de conta que, apesar de as CDTs aceitarem a definição de residência efetuada pela legislação de cada Estado, em caso de conflito positivo de residência (ou seja, quando a mesma pessoa singular seja considerada residente para efeitos fiscais em mais do que um Estado, por força da legislação interna desses mesmos Estados), a resolução da questão cabe à CDT que seja aplicável. Esta, na sequência de diversos "critérios de desempate"[98], determinará a qualificação da pessoa singular como residente para efeitos fiscais em apenas um dos Estados contratantes da Convenção.

6.3. Âmbito de sujeição ao IRS de residentes e não residentes

Para além de corresponder, como vimos, a um dos elementos de conexão para a aplicação da lei fiscal no espaço, a residência é também um conceito essencial para determinar o âmbito de sujeição pessoal ao IRS, uma vez que este tende a ser bastante distinto para residentes e não residentes.

Relativamente aos residentes, o IRS incide sobre a totalidade dos seus rendimentos, incluindo os obtidos fora de território português (artigo 15º, nº 1 do CIRS). Os residentes encontram-se, portanto, sujeitos a um princípio da universalidade ou da tributação universal ou ilimitada pelo Estado da residência. Assim, podem ser tributados em Portugal todos os rendimentos obtidos por um residente, independentemente do local onde tais rendimentos sejam obtidos.

Excetuam-se, todavia, os casos em que, sendo aplicável uma CDT celebrada entre Portugal (no caso, Estado da residência) e o Estado da fonte do rendimento, esta atribua ao Estado da fonte competência exclusiva para a tributação do tipo de rendimento em apreço[99]. Nesta situação, atenta a prevalência da CDT sobre a lei interna portuguesa, seria afastada a tributação do rendimento em causa em Portugal (Estado da residência do beneficiário do rendimento).

Em contrapartida, um não residente – pessoa singular que não preencha nenhum dos critérios de residência fiscal previstos no artigo 16º do CIRS – encontra-se sujeito a IRS unicamente quanto aos rendimentos obtidos em território português (artigo 15º, nº 2 do CIRS). Os não residentes

[98] *Vide* o artigo 4º, nº 2 do Modelo de Convenção Fiscal sobre o Rendimento e o Património da OCDE (adiante, abreviadamente "MC OCDE"), que indica os aludidos "critérios de desempate" e a sequência da sua utilização, em termos seguidos de perto pela maioria das CDTs portuguesas.

[99] O que sucede apenas em situações muito restritas, nos termos do MC OCDE.

são tributados ao abrigo do elemento de conexão fonte do rendimento. O artigo 18º elenca os rendimentos que se consideram obtidos em território português e que, como tal, podem ser tributados em sede de IRS mesmo quando auferidos por um não residente.

Importa ter em linha de conta que, no caso de um não residente em território português, quando seja residente num Estado com o qual Portugal tenha celebrado uma CDT que seja aplicável à situação em apreço, haverá que determinar se a CDT permite ao Estado da fonte (na situação agora considerada, Portugal) tributar e se tal tributação é sujeita a limites. Prevalecendo as CDTs sobre a lei interna, no contexto do ordenamento jurídico-tributário português, Portugal não poderá tributar, não obstante o disposto no artigo 15º, nº 2 e no artigo 18º, ambos do CIRS, caso a CDT determine, no contexto da repartição aí efetuada do poder de tributar entre os Estados contratantes, que certo tipo de rendimento apenas é tributável no Estado da residência[100].

6.4. Residentes noutro Estado membro da UE

O CIRS não se limita, atualmente, em termos de estatutos de residência, à dicotomia entre residentes e não residentes. Encontram-se, igualmente, previstos no CIRS os seguintes estatutos de residência:

i) Residentes noutro Estado membro da UE ou do EEE; e
ii) Residentes não habituais.

Comecemos pelo primeiro dos aludidos estatutos de residência.

Os residentes noutro Estado membro da UE ou do EEE (neste último caso, desde que exista intercâmbio de informação em matéria fiscal com esse Estado) são sujeitos passivos não residentes em território português, mas que se distinguem dos demais não residentes pelo facto de beneficiarem

[100] Nalguns casos, as CDTs não atribuem ao Estado da fonte o poder de tributar determinados tipos de rendimento – por exemplo, lucros obtidos por um não residente que não disponha nesse Estado de estabelecimento estável ao qual tais rendimentos sejam imputáveis. Cfr. artigo 7º, nº 1 do MC OCDE. Há também rendimentos cuja tributação no Estado da fonte é limitada, nos termos das CDTs – por exemplo, dividendos e juros, que se encontram sujeitos a limitações no que diz respeito às taxas máximas de tributação que lhes podem ser aplicadas no Estado da fonte. Cfr. artigos 10º e 11º do MC OCDE. Sobre esta matéria, vide Paula Rosado Pereira, *Convenções sobre Dupla Tributação no Atual Direito Fiscal Internacional*, 2ª ed., Almedina, Coimbra, 2022.

da proteção do Direito Europeu. Tal proteção concretiza-se através da existência no CIRS de regimes específicos, de carácter opcional, para este tipo de sujeitos passivos. Os regimes em apreço visam assegurar que o tratamento fiscal em Portugal destes não residentes especiais é conforme com os princípios de não discriminação e com as liberdades de circulação vigentes na UE e extensíveis ao EEE – nomeadamente, não desincentivando o exercício destas liberdades em virtude de lhes corresponder um tratamento fiscal desvantajoso.

Um dos aludidos regimes específicos encontra-se previsto no artigo 17º-A do CIRS, permitindo aos residentes noutro Estado membro da UE ou do EEE – desde que os rendimentos por si obtidos em território português representem, pelo menos, 90% da totalidade dos seus rendimentos relativos ao ano em causa, incluindo os obtidos fora deste território – que optem por um regime de tributação segundo as regras aplicáveis aos sujeitos passivos residentes, embora com algumas adaptações.

Também os artigos 71º, nºs 10 e seguintes, e 72º, nºs 15 e 16, ambos do CIRS, estabelecem regimes opcionais para os residentes noutro Estado membro da UE ou do EEE, que lhes permitem aceder, para determinados rendimentos, a um regime de tributação mais próximo do dos residentes em território português, caso entendam que a tributação a uma taxa liberatória ou a uma taxa especial de tributação autónoma lhes é prejudicial.

6.5. Residentes não habituais

6.5.1. Enquadramento do regime fiscal dos residentes não habituais

O outro estatuto de residência previsto no CIRS é o dos residentes não habituais[101]. Na realidade, são sujeitos passivos residentes, com determinadas características e que beneficiam de um regime fiscal específico.

A figura do residente não habitual foi criada pelo Código Fiscal do Investimento, aprovado pelo Decreto-Lei nº 249/2009, de 23 de setembro, com o intuito de atrair para Portugal determinadas categorias de não residentes, designadamente profissionais qualificados em atividades de elevado valor acrescentado, que contribuíssem para o processo de desenvolvimento e modernização da economia portuguesa; e, ainda, indivíduos de património elevado (*high net worth individuals*) e pensionistas estrangei-

[101] Sobre o regime dos residentes não habituais, cfr., entre outros, Ricardo da Palma Borges / Pedro Ribeiro de Sousa, «O novo regime fiscal dos residentes não habituais», *Fiscalidade*, nº 40, 2009, pp. 5-57.

ros, que contribuíssem para o acréscimo do consumo e permitissem a elevação das receitas tributárias do Estado, designadamente ao nível do IMT, do IMI e do IVA. Este regime procurou aumentar a competitividade fiscal do Estado português em termos de atração do referido perfil de indivíduos, rivalizando com regimes análogos vigentes noutros Estados.

O fator utilizado para a atração dos referidos indivíduos assentou na concessão de um regime fiscal favorável, em sede de IRS, relativamente a determinados rendimentos por estes auferidos.

O enquadramento geral do regime fiscal dos residentes não habituais, incluindo as condições de acesso ao mesmo, encontra-se, atualmente, previsto no artigo 16º, nºs 8 a 12 do CIRS.

O residente não habitual tem que ser residente em Portugal para efeitos fiscais, de acordo com os critérios previstos nas alíneas a) ou b) do nº 1 do artigo 16º do CIRS, e não pode ter sido residente fiscal em território português em qualquer dos cinco anos anteriores.

A inscrição como residente não habitual tem que ser solicitada, por via eletrónica, posteriormente à inscrição como residente em Portugal, até 31 de março, inclusive, do ano seguinte àquele em que a pessoa em causa se torne residente.

O residente não habitual adquire o direito a ser tributado como tal por um período de 10 anos consecutivos a partir do ano, inclusive, da sua inscrição como residente em Portugal. A manutenção desse direito depende de o sujeito passivo ser considerado residente em território português em cada um desses anos.

O sujeito passivo que deixe de ser residente em território português durante um ou mais anos, dentro do período dos 10 anos de regime, vê suspenso o seu direito a ser tributado como residente não habitual. Pode retomar esse direito a partir do ano, inclusive, em que volte a ser residente para efeitos fiscais em Portugal, gozando o direito durante os anos remanescentes do período de 10 anos. Significa isto que não há prolongamento do período de 10 anos inicialmente concedido e que se verifica a perda dos anos de direito que não foram gozados em virtude da não residência.

6.5.2. Rendimentos obtidos em território português

Relativamente aos rendimentos obtidos em território português, a vantagem fiscal atribuída pelo regime dos residentes não habituais centra-se nos rendimentos da categoria A (rendimentos do trabalho dependente) e nos da categoria B (rendimentos empresariais e profissionais) auferidos em atividades de elevado valor acrescentado, com carácter científico, artístico ou técnico, constantes da Portaria nº 12/2010, de 7 de janeiro, com as alterações introduzidas pela Portaria nº 230/2019, de 23 de julho[102]. Estes rendimentos são tributados à taxa especial de tributação autónoma de 20%, prevista no artigo 72º, nº 10 do CIRS. Ficam, portanto, excluídos do regime de englobamento obrigatório que se aplica aos rendimentos das categorias A e B obtidos por sujeitos passivos residentes, em termos gerais.

O regime de tributação autónoma à taxa especial de IRS de 20%, aplicável aos residentes não habituais, revela-se, em geral, bastante atrativo, em comparação com as taxas gerais de IRS, que podem ascender aos 48% (ainda acrescidas, no caso dos rendimentos mais elevados, pelas taxas adicionais de solidariedade de 2,5% e 5%). Todavia, caso assim não seja no caso concreto, o sujeito passivo residente não habitual pode optar pelo englobamento dos rendimentos que, nos termos do artigo 72º, nº 10 do CIRS,

[102] A Portaria nº 230/2019, de 23 de julho, adotou um modelo de tabela de atividades de elevado valor acrescentado assente na correspondência direta destas com os códigos da Classificação Portuguesa de Profissões (CPP). Abandonou-se, portanto, o modelo subjacente à anterior tabela de atividades de elevado valor acrescentado, prevista na redação inicial da Portaria nº 12/2010, de 7 de janeiro, que se baseava, ainda que sem correspondência direta, nos códigos de atividades económicas (CAE). Para além desta mudança de metodologia, a nova tabela reflete ainda uma revisão de prioridades, ao nível das atividades selecionadas. Conforme referido na Portaria, houve a preocupação de trazer, para o elenco de atividades previsto na nova tabela, as atividades e competências especializadas suscetíveis de terem um maior contributo para a economia e para o mercado de trabalho nacionais, em particular nos casos em que se verificam dificuldades de recrutamento para esse tipo de funções.
A Portaria nº 230/2019 prevê um conjunto de regras destinadas a assegurar um regime transitório, no que toca à substituição do elenco de atividades de elevado valor acrescentado. Prevê-se, a este nível, que a nova tabela de atividades de elevado valor acrescentado, introduzida pela Portaria nº 230/2019, não é aplicável aos seguintes sujeitos passivos:
a) Sujeitos passivos que a 1 de janeiro de 2020 já se encontrem inscritos como residentes não habituais, ainda que o estatuto de residente não habitual se encontre suspenso nos termos do nº 12 do artigo 16º do CIRS;
b) Sujeitos passivos cujos pedidos de inscrição se encontrem pendentes a 1 de janeiro de 2020 ou que solicitem essa inscrição, nos termos do nº 10 do artigo 16º do CIRS, até 31 de março de 2020, com efeitos ao ano de 2019.
Encontra-se também previsto que, não obstante o disposto supra, aos sujeitos passivos aí previstos é igualmente aplicável a tabela de atividades de elevado valor acrescentado com as alterações introduzidas pela Portaria nº 230/2019, enquanto não estiver esgotado o respetivo período a que se refere o nº 9 do artigo 16º do CIRS.

ficariam sujeitos à referida taxa especial de tributação autónoma de 20% (cfr. artigo 72º, nº 13 do CIRS).

De forma a adaptar as retenções na fonte, incidentes sobre rendimentos auferidos por residentes não habituais em atividades de elevado valor acrescentado, ao regime de tributação desses rendimentos, o CIRS prevê o seguinte:

i) No caso de remunerações mensalmente pagas ou postas à disposição de residentes não habituais em território português que sejam rendimentos da categoria A, a retenção na fonte deve ser efetuada à taxa de 20% (artigo 99º, nº 8 do CIRS);
ii) No caso de rendimentos da categoria B auferidos por residentes não habituais em território português, a retenção na fonte deve ser efetuada também à taxa de 20% (artigo 101º, nº 1, alínea d) do CIRS).

Em contrapartida, os restantes rendimentos obtidos em território nacional pelos residentes não habituais encontram-se sujeitos ao mesmo regime de tributação que é aplicável aos demais residentes em território português, ou seja, ao regime geral. Tal sucede, portanto, com os seguintes rendimentos:

i) Rendimentos de outras categorias para além da A e da B; e
ii) Rendimentos das categorias A e B auferidos em atividades que não sejam de elevado valor acrescentado, visto não constarem da Portaria nº 12/2010 (com as alterações introduzidas pela Portaria nº 230/2019, de 23 de julho).

6.5.3. Rendimentos obtidos no estrangeiro

No que toca aos rendimentos obtidos no estrangeiro pelo residente não habitual, importa salientar diversos aspetos.

Em primeiro lugar, cabe recordar que os residentes não habituais são sujeitos passivos residentes em território português. Como tal, aplica-se-lhes o disposto no artigo 15º, nº 1 do CIRS, ou seja, o IRS incide sobre a totalidade dos seus rendimentos, incluindo os obtidos no estrangeiro.

Todavia, o sujeito passivo residente pode beneficiar, em Portugal, dos mecanismos de eliminação da dupla tributação jurídica internacional[103]

[103] Constitui dupla tributação jurídica internacional "a incidência, em mais do que um Estado, (i) de impostos equiparáveis, relativamente (ii) ao mesmo sujeito passivo, (iii) ao mesmo facto

previstos no artigo 81º do CIRS, relativamente aos rendimentos obtidos no estrangeiro.

Apesar de o método previsto no artigo 81º do CIRS para a eliminação da dupla tributação jurídica internacional ser, em termos gerais, o *método da imputação normal*, no caso dos sujeitos passivos residentes não habituais é aplicável – relativamente aos rendimentos por estes obtidos no estrangeiro, mas apenas quando se verifiquem as condições previstas nos nºs 4 e 5 do artigo 81º do CIRS – o *método da isenção.*

As condições exigidas para que o método da isenção seja aplicável aos rendimentos obtidos no estrangeiro pelos residentes não habituais não são idênticas para todas as categorias de rendimentos, exigindo, assim, uma análise detalhada de cada um dos casos previstos no artigo 81º do CIRS.

No que respeita aos rendimentos da **categoria A** obtidos no estrangeiro[104], o método da isenção aplica-se desde que se verifique uma das seguintes condições (artigo 81º, nº 4 do CIRS):

i) Os rendimentos *sejam tributados* no Estado onde são obtidos, em conformidade com CDT celebrada por Portugal com esse Estado; ou
ii) *Sejam tributados* no outro país, território ou região, nos casos em que não exista CDT celebrada por Portugal, desde que os rendimentos não sejam de considerar obtidos em território português, pelos critérios do artigo 18º, nº 1 do CIRS.

A aplicação do método da isenção relativamente a rendimentos da categoria A obtidos no estrangeiro depende, portanto, da sua *tributação efetiva*

gerador de imposto, e (iv) ao mesmo período de tributação do rendimento. Entende-se que são impostos equiparáveis os impostos vigentes em vários Estados que, embora podendo ter denominações distintas, tenham uma natureza semelhante". Refira-se, ainda, que a dupla tributação internacional pressupõe "a existência de uma situação tributária internacional, ou seja, uma situação que tem conexão com os ordenamentos jurídico-tributários de diferentes Estados e, adicionalmente, a relevância da conexão com o ordenamento jurídico-tributário de cada Estado, para efeitos de incidência, de acordo com a respetiva lei tributária". In PAULA ROSADO PEREIRA, *Convenções sobre Dupla Tributação no Atual Direito Fiscal Internacional*, cit., p. 21.

104 A obtenção de rendimentos da categoria A com origem no estrangeiro, por parte de residentes não habituais em Portugal, é mais comum do que pareceria à primeira vista. Destacam-se, pela sua frequência e pelos elevados valores frequentemente envolvidos, as situações em que o indivíduo, já residente não habitual em território português, recebe ainda parte (ou mesmo a totalidade) de uma indemnização pela cessação de contrato de trabalho paga por entidade do seu país de origem.

no Estado onde foram obtidos – contrariamente ao que sucede com os rendimentos das categorias B (com serviços de elevado valor acrescentado), E, F e G, nos quais, conforme veremos de seguida, basta que os rendimentos em apreço *possam ser tributados* no Estado onde são obtidos (mesmo que não o sejam efetivamente).

Quanto aos rendimentos obtidos no estrangeiro que sejam da **categoria B**, auferidos em atividades de prestação de serviços de elevado valor acrescentado constantes da Portaria nº 12/2010 (com as alterações introduzidas pela Portaria nº 230/2019, de 23 de julho)[105], bem como rendimentos das **categorias E** (rendimentos de capitais), **F** (rendimentos prediais) e **G** (incrementos patrimoniais – mais-valias), o método da isenção aplica-se desde que se verifique uma das seguintes condições (artigo 81º, nº 5 do CIRS):

i) Os rendimentos *possam ser tributados* no Estado onde são obtidos, em conformidade com CDT celebrada por Portugal com esse Estado; ou
ii) *Possam ser tributados* no outro país, território ou região, em conformidade com o MC OCDE, interpretado de acordo com as observações e reservas formuladas por Portugal, nos casos em que não exista CDT com Portugal, desde que aqueles não constem da lista de "paraísos fiscais" da Portaria nº 150/2004, de 13 de fevereiro, alterada pela Portaria nº 309-A/2020, de 31 de dezembro, e desde que os rendimentos em causa não sejam de considerar obtidos em território português, pelos critérios do artigo 18º do CIRS.

Para a aplicação do método da isenção relativamente a rendimentos das categorias B (com serviços de elevado valor acrescentado), E, F e G obtidos no estrangeiro, não se exige, portanto, a sua tributação efetiva no Estado onde foram obtidos.

A condição prevista no artigo 81º, nº 5 do CIRS consiste apenas em os rendimentos em causa *poderem ser tributados* no Estado onde são obtidos, em conformidade com a CDT aplicável à situação ou com o MC OCDE, caso não haja CDT aplicável. Desta forma, o método da isenção é aplicável em Portugal, mesmo que o rendimento não seja efetivamente tributado no Estado onde é obtido – v.g. porque a legislação interna desse Estado não

[105] Ou rendimentos da categoria B provenientes da propriedade intelectual ou industrial, ou ainda da prestação de informações respeitantes a uma experiência adquirida no sector industrial, comercial ou científico.

tem uma norma de incidência que permita tributar esse rendimento[106], ou porque o rendimento é isento de imposto nesse Estado.

Quanto aos rendimentos da **categoria H** (pensões) obtidos no estrangeiro por um residente não habitual, o respetivo regime fiscal sofreu uma significativa alteração, por força da Lei nº 2/2020, de 31 de março (Lei do Orçamento do Estado para 2020), relativamente ao enquadramento tributário inicial da situação.

Nos termos do regime atualmente em vigor, os rendimentos líquidos de pensões[107] obtidos por sujeitos passivos residentes não habituais, quando sejam de fonte estrangeira, são tributados à taxa especial de IRS de 10 % (cfr. artigo 72º, nº 12 do CIRS)[108].

Este regime de tributação é aplicável na parte em que as pensões em causa, quando tenham origem em contribuições, não tenham gerado uma dedução para efeitos do nº 2 do artigo 25º do CIRS; e desde que as pensões, pelos critérios previstos no nº 1 do artigo 18º, não sejam de considerar rendimentos obtidos em território português.

O regime atual surgiu, em grande medida, como reação a um clima de descontentamento político e social, tanto a nível nacional como internacional, com o enquadramento fiscal anteriormente aplicável aos rendimentos de pensões, de fonte estrangeira, obtidos por residentes não habituais.

No regime antigo, estas pensões[109] beneficiavam do método da isenção previsto no artigo 81º do CIRS, desde que se verificasse uma das seguintes condições (regime previsto no nº 6 do artigo 81º do CIRS, entretanto revogado pela Lei nº 2/2020[110]):

[106] A CDT – no contexto da repartição do poder de tributar entre os Estados contratantes – pode determinar que certo tipo de rendimento *pode ser tributado* no Estado da fonte. Contudo, conforme é sabido, a CDT não cria incidência. Assim, a tributação não ocorre efetivamente a não ser que a lei interna do Estado da fonte contenha uma norma de incidência que preveja a tributação do rendimento em causa. Sobre esta matéria, vide Paula Rosado Pereira, *Convenções sobre Dupla Tributação no Atual Direito Fiscal Internacional*, cit., p. 146.

[107] Incluindo os da categoria H e os previstos na alínea d) do n.º 1 e subalíneas 3) e 11) da alínea b) do n.º 3 do artigo 2.º do CIRS.

[108] Embora possam ser englobados por opção dos respetivos titulares.

[109] Na parte em que as mesmas, quando tivessem origem em contribuições, não tivessem gerado uma dedução para efeitos do nº 2 do artigo 25º do CIRS.

[110] Apesar de o nº 6 do artigo 81º do CIRS se encontrar revogado, o regime aí previsto pode continuar a ser aplicado em determinadas situações, por força do regime transitório consagrado no artigo 329º, nº 2 da Lei nº 2/2020.

i) Os rendimentos fossem tributados no Estado onde eram obtidos, em conformidade com CDT celebrada por Portugal com esse Estado; ou

ii) Não fossem de considerar obtidos em território português, de acordo com os critérios previstos no nº 1 do artigo 18º do CIRS.

Ora, nos termos do artigo 18º, nº 1, alínea l) do CIRS, consideram-se obtidas em território português as pensões devidas por entidade que nele tenha residência, sede, direção efetiva ou estabelecimento estável a que deva imputar-se o pagamento. Desta forma, por regra, as pensões provenientes do estrangeiro não são de considerar como obtidas em território português, de acordo com os critérios do artigo 18º do CIRS.

Conclui-se, assim, que a generalidade das pensões obtidas no estrangeiro facilmente preenchia a segunda condição referida supra e, como tal, beneficiava da aplicação do método da isenção em Portugal, ao abrigo do regime antigo.

Com frequência, ocorria mesmo uma situação de dupla não tributação das pensões obtidas no estrangeiro pelos residentes não habituais, quando a CDT celebrada entre Portugal e o Estado onde a pensão era obtida atribuía o poder de tributar pensões (ou, pelo menos, certo tipo de pensões) exclusivamente ao Estado da residência do sujeito passivo – que, no caso em análise, era Portugal. Nestas circunstâncias, a pensão não era tributada em nenhum dos Estados. A ocorrência desta situação de dupla não tributação das pensões provenientes de alguns países foi, durante a vigência do tratamento fiscal previsto no nº 6 do artigo 81º do CIRS (entretanto revogado pela Lei nº 2/2020, de 31 de março), um dos elementos que contribuiu para o significativo número de reformados e pensionistas atraídos para Portugal, no âmbito do regime dos residentes não habituais.

Voltando à análise de aspetos mais gerais do atual regime fiscal dos residentes não habituais, cumpre referir que o **método de eliminação da dupla tributação jurídica internacional** especificamente previsto para os residentes não habituais – o método de isenção previsto nos nºs 4 e 5 do artigo 81º do CIRS – é um *método de isenção com progressividade*[111].

[111] No *método da isenção com progressividade*, "o rendimento de fonte estrangeira, embora isento, é tomado em consideração, conjuntamente com os de fonte interna, na determinação da taxa de imposto aplicável, no Estado da residência, ao resto do rendimento global do sujeito passivo". In PAULA ROSADO PEREIRA, *Convenções sobre Dupla Tributação no Atual Direito Fiscal Internacional*, cit., p. 212.

Com efeito, os rendimentos auferidos no estrangeiro por residentes não habituais em território português, que se encontrem isentos por força das aludidas disposições legais, são obrigatoriamente englobados, para efeitos de determinação da taxa a aplicar aos restantes rendimentos[112] – cfr. artigo 81º, nº 7 do CIRS.

Os residentes não habituais podem, todavia, relativamente aos rendimentos isentos nos termos dos nºs 4 e 5 do artigo 81º do CIRS, optar pela aplicação do *método do crédito de imposto* (artigo 81º, nº 8 do CIRS).

Por fim, importa analisar o regime aplicável aos rendimentos obtidos no estrangeiro por residente não habitual, quando não se qualifiquem para a aplicação do método da isenção[113].

Neste caso, os rendimentos em apreço, obtidos no estrangeiro, ficam sujeitos a tributação em território português, de acordo com as regras gerais aplicáveis a cada categoria de rendimento.

Note-se, todavia, que se forem rendimentos das categorias A ou B auferidos em atividades de elevado valor acrescentado, com carácter científico, artístico ou técnico, constantes da Portaria nº 12/2010 (com as alterações introduzidas pela Portaria nº 230/2019, de 23 de julho), eles são tributados à taxa especial de tributação autónoma de 20%, prevista no artigo 72º, nº 10 do CIRS, mesmo tratando-se de rendimentos obtidos no estrangeiro.

Ainda em relação aos rendimentos obtidos no estrangeiro por residente não habitual, quando não se qualifiquem para a aplicação do método da isenção, a dupla tributação jurídica internacional que exista poderá ser eliminada mediante a aplicação do método da imputação normal (através do crédito de imposto), previsto no artigo 81º, nº 1 do CIRS, nos termos gerais aplicáveis aos sujeitos passivos residentes. Assim, quando, no caso concreto, não estejam preenchidas as condições para a aplicação do método da isenção, pode aplicar-se o método geral de eliminação da dupla tributação jurídica internacional previsto no CIRS, uma vez que os residentes não habituais são ainda sujeitos passivos residentes.

[112] Com exceção dos previstos no artigo 72º, nº 1, alíneas c) a e), nºs 2 a 5, e nº 10.

[113] O que pode suceder em virtude de não se encontrar preenchida nenhuma das condições alternativas de que os nºs 4 e 5 do artigo 81º do CIRS fazem depender a aplicação do método da isenção; ou porque a situação em apreço nem sequer se encontra prevista em nenhum dos referidos números do artigo 81º do CIRS, como é o caso dos rendimentos da categoria B auferidos no estrangeiro em atividades de prestação de serviços que não são de elevado valor acrescentado.

6.6. Ex-residentes

A Lei nº 71/2018, de 31 de dezembro (Lei do Orçamento do Estado para 2019) aditou ao CIRS o artigo 12º-A, no qual se prevê um regime fiscal aplicável a ex-residentes. Este regime fiscal, integrado no denominado "Programa Regressar", destina-se essencialmente a incentivar o regresso de emigrantes. O âmbito temporal originariamente previsto para a vigência do regime foi alargado pela Lei nº 12/2022, de 27 de junho (Lei do Orçamento do Estado para 2022).

O regime fiscal destinado a ex-residentes aplica-se aos sujeitos passivos que, tornando-se fiscalmente residentes, nos termos dos nºs 1 e 2 do artigo 16º do CIRS, num dos anos compreendidos entre 2019 e 2023 inclusive, preencham os seguintes requisitos (artigo 12º-A, nº 1 do CIRS):

a) Não tenham sido considerados residentes em território português em qualquer dos três anos anteriores;
b) Tenham sido residentes em território português antes de 31 de dezembro de 2015, no caso dos sujeitos passivos que se tornem fiscalmente residentes em 2019 ou 2020, e antes de 31 de dezembro de 2017, 2018 e 2019, no caso dos sujeitos passivos que se tornem fiscalmente residentes em 2021, 2022 ou 2023, respetivamente;
c) Tenham a sua situação tributária regularizada.

O benefício associado ao regime fiscal de ex-residentes consiste na exclusão de tributação de 50% dos rendimentos do trabalho dependente e dos rendimentos empresariais e profissionais dos sujeitos passivos que a ele acedam.

De modo a adaptar as retenções na fonte ao regime de tributação em apreço, as retenções aplicáveis aos rendimentos que beneficiem do regime do artigo 12º-A do CIRS, nos anos em que este vigore, embora sendo efetuadas às taxas de retenção que resultem do despacho previsto no artigo 99º-F e no artigo 101º do CIRS, devem incidir apenas sobre metade dos rendimentos pagos ou colocados à disposição[114].

O regime de ex-residentes aplica-se aos rendimentos auferidos no primeiro ano em que o sujeito passivo reúna os requisitos previstos no nº 1 do artigo 12-A do CIRS e nos quatro anos seguintes. Trata-se de um regime

[114] Cfr. artigo 280º, nº 2 da Lei nº 12/2022, de 27 de junho (Lei do Orçamento do Estado para 2022).

com um carácter temporário, prevendo-se que cesse a sua vigência após a produção de todos os seus efeitos em relação aos sujeitos passivos que apenas venham a preencher os respetivos requisitos em 2023.

Verificando-se uma sobreposição parcial entre o regime fiscal aplicável a ex-residentes e o regime dos residentes não habituais – tanto ao nível dos sujeitos passivos que se podem qualificar para a aplicação de um e de outro regime, como ao nível das vantagens fiscais proporcionadas por cada um deles – o artigo 12º-A, nº 2 do CIRS determina que não podem beneficiar do regime fiscal em apreço sujeitos passivos ex-residentes que tenham solicitado a sua inscrição como residentes não habituais.

Todavia, tendo o âmbito temporal originariamente previsto para a vigência do regime sido alargado apenas com a Lei nº 12/2022, de 27 de junho (Lei do Orçamento do Estado para 2022), no sentido de incluir os sujeitos passivos que se tenham tornado ou tornem fiscalmente residentes em 2021, 2022 ou 2023, poderão alguns destes sujeitos passivos ter já solicitado a sua inscrição como residentes não habituais, pelo facto de, à data do seu regresso, em 2021, não existir ainda base legal que lhes permitisse beneficiar do regime fiscal relativo a ex-residentes.

Para solucionar este e outros problemas do regime, a Lei do Orçamento do Estado para 2022 prevê, no seu artigo 280º, um conjunto de disposições transitórias referentes ao regime dos ex-residentes previsto no artigo 12º-A do CIRS.

Foi também publicado o Ofício Circulado nº 20243, de 30 de junho de 2022, referente ao "Regime fiscal dos ex-residentes para os anos de 2021, 2022 e 2023 – Artigo 12º-A do Código do IRS e normas transitórias para o ano 2021 – Lei do OE 2022", destinado a divulgar o entendimento da Autoridade Tributária e Aduaneira (adiante, "AT") sobre as principais questões que, previsivelmente, se colocarão em virtude dos ajustamentos sofridos pelo regime dos ex-residentes.

7. Outras situações – IRS Jovem

O regime conhecido como "IRS Jovem" começou por estar previsto no artigo 2º-B do CIRS[115]. O aludido regime foi posteriormente alargado pela Lei nº 12/2022, de 27 de junho (Lei do Orçamento do Estado para 2022),

[115] Artigo aditado ao CIRS pela Lei nº 2/2020, de 31 de março (Lei do Orçamento do Estado para 2020).

que para tal revogou o artigo 2º-B e, em sua substituição, aditou ao CIRS o artigo 12º-B – Isenção de rendimentos das categorias A e B.

O regime previsto no artigo 12º-B abarca os rendimentos do trabalho dependente e os rendimentos empresariais e profissionais, auferidos por sujeito passivo com idade entre os 18 e os 26 anos que não seja considerado dependente. Os referidos rendimentos ficam parcialmente isentos de IRS, nos 5 primeiros anos de obtenção de rendimentos do trabalho após o ano da conclusão de ciclo de estudos igual ou superior ao nível 4 do Quadro Nacional de Qualificações. No caso do ciclo de estudos concluído corresponder ao nível 8 do Quadro Nacional de Qualificações, a idade de opção pelo regime em apreço é alargada até aos 30 anos, inclusive.

A aplicação do regime depende do exercício de opção, a efetuar na declaração anual de rendimentos Modelo 3 de IRS.

A nível temporal, a isenção parcial prevista no artigo 12º-B é aplicada no primeiro ano da obtenção de rendimentos após a conclusão do ciclo de estudos e nos quatro anos seguintes, desde que a opção seja exercida até à idade máxima referida supra. Também pode ser aplicada em anos seguidos ou interpolados, desde que a idade máxima do sujeito passivo não ultrapasse os 35 anos, inclusive.

A isenção em causa é de 30% nos dois primeiros anos, de 20 % nos dois anos seguintes e de 10 % no último ano, com os limites de 7,5 vezes o valor do IAS[116], 5 vezes o valor do IAS e 2,5 vezes o valor do IAS, respetivamente.

O sujeito passivo só pode beneficiar da isenção prevista no regime uma vez. Cabe ainda referir que os rendimentos isentos se encontram sujeitos a englobamento, para efeitos da determinação da taxa a aplicar aos restantes rendimentos.

A retenção na fonte incide apenas sobre a parte dos rendimentos que não esteja isenta nos termos do artigo 12º-B. Todavia, no caso de rendimentos da categoria A, a taxa de retenção aplicável é a prevista para o valor total desses rendimentos, incluindo os isentos, de acordo com as tabelas de retenção aprovadas anualmente para esta categoria de rendimentos. A taxa assim determinada é aplicada apenas à parte dos rendimentos que não esteja isenta, consoante o ano, após a conclusão de um ciclo de estudos a que se refere a isenção (artigo 99º-F, nº 4 do CIRS[117]).

[116] Em 2022, o valor do IAS é de € 443,20, nos termos da Portaria nº 294/2021, de 13 de dezembro.

[117] Com a redação introduzida pela Lei nº 12/2022, de 27 de junho (Lei do Orçamento do Estado para 2022).

Nos termos da disposição transitória prevista no artigo 280º, nº 5, da Lei nº 12/2022, de 27 de junho (Lei do Orçamento do Estado para 2022), o regime previsto no artigo 12º-B do CIRS, aditado por esta lei, aplica-se apenas aos sujeitos passivos cujo primeiro ano de obtenção de rendimentos, após a conclusão de um ciclo de estudos, seja o ano de 2022 ou posterior.

Quanto aos sujeitos passivos que tenham optado pelo regime previsto no artigo 2º-B do CIRS (agora revogado) relativamente aos rendimentos auferidos em 2020 e 2021, podem beneficiar do regime estabelecido no artigo 12º-B do mesmo código, com as necessárias adaptações, pelo período remanescente.

PARTE II

CATEGORIAS DE RENDIMENTOS – INCIDÊNCIA REAL, DETERMINAÇÃO DO RENDIMENTO TRIBUTÁVEL E REGIME DE TRIBUTAÇÃO DE CADA CATEGORIA

Capítulo I
Rendimentos do trabalho dependente
- Categoria A -

1. Incidência real

1.1. Origem dos rendimentos do trabalho dependente

Os rendimentos do trabalho dependente correspondem à categoria A do IRS.

Consideram-se rendimentos do trabalho dependente, nos termos do artigo 2º, nº 1 do CIRS, todas as remunerações pagas ou postas à disposição do seu titular, com origem num conjunto de situações relacionadas com o trabalho. Passamos a referi-las, usando a terminologia presente no artigo 2º, nº 1, alíneas a) a d) e, também, no nº 3, alínea a) do CIRS.

1) *Trabalho por conta de outrem prestado ao abrigo de um contrato individual de trabalho ou de outro a ele legalmente equiparado*

Os contratos de trabalho e os contratos equiparados a contratos de trabalho, previstos no Código do Trabalho, constituem a fonte por excelência de rendimentos do trabalho dependente.

2) *Trabalho prestado ao abrigo de contrato de aquisição de serviços ou outro de idêntica natureza, sob a autoridade e direção da pessoa ou entidade que ocupa a posição de sujeito ativo na relação jurídica dele resultante*

Apesar de os contratos de aquisição de serviços darem, em princípio, lugar ao pagamento de rendimentos da categoria B, caso o contrato em apreço envolva a autoridade ou direção da pessoa que ocupa a posição de sujeito ativo (o "adquirente dos serviços"), ele aproxima-se das situações de trabalho por conta de outrem. Nestes termos, em concretização do princípio da prevalência da substância sobre a forma, a situação em apreço é integrada nos rendimentos do trabalho dependente[118].

A aferição da existência ou não de autoridade e direção, nas situações de prestação de serviços, deve ser realizada em cada caso concreto. Alguns dos elementos reveladores da autoridade e direção, que justificam a assimilação da remuneração auferida pela prestação de serviços a um rendimento do trabalho dependente, são a obrigatoriedade de o sujeito passivo prestar os serviços nas instalações da empresa, o facto de se encontrar sujeito a horários de trabalho, ter direito ao gozo de apenas um determinado número de dias de férias ou, ainda, sofrer uma redução da autonomia e da liberdade que normalmente caracterizariam o exercício das funções em causa como trabalhador independente, ficando obrigado a seguir as instruções específicas do adquirente dos serviços.

É frequente a existência de situações de prestação de serviços em que existe, efetivamente, autoridade ou direção do adquirente dos serviços. Em grande parte dos casos, estamos perante situações nas quais o adquirente dos serviços atua como uma verdadeira "entidade patronal", mas não deseja vincular-se às obrigações e limites impostos às entidades patronais pela legislação laboral, destinados à proteção dos trabalhadores, nem assumir as obrigações de pagamento de contribuições para a segurança social associadas à celebração de um contrato individual de trabalho ou contrato equiparado. O próprio Estado, no âmbito da administração pública, recorre por vezes a este expediente, por vários tipos de motivos.

3) *Exercício de função, serviço ou cargo públicos*

Os rendimentos dos funcionários públicos podem não decorrer de um contrato individual de trabalho nem de outro contrato a este legalmente equiparado. Todavia, a natureza dos rendimentos do trabalho obtidos por funcionários públicos e por titulares de órgãos de soberania é equivalente, em termos económicos, à dos rendimentos decorrentes de um contrato

[118] Note-se que estamos aqui perante uma situação totalmente distinta daquela que se encontra prevista no artigo 28º, nº 8 do CIRS. Neste último caso, há uma prestação de serviços na qual não se verifica a existência de autoridade e direção da pessoa que ocupa a posição de sujeito ativo – e cujas remunerações, portanto, não são consideradas como rendimentos do trabalho dependente –, mas o sujeito passivo pode, em cada ano, quando a prestação de serviços é efetuada a uma única entidade, optar pela tributação de acordo com as regras consagradas para a categoria A.

individual de trabalho, motivo pelo qual o legislador fiscal optou pela inclusão daqueles rendimentos na categoria A e pela sujeição ao correspondente regime fiscal.

4) *Situações de pré-reforma, pré-aposentação ou reserva*[119]

Verifica-se, nestas situações, uma modificação da situação laboral do titular do rendimento, podendo mesmo não existir obrigação de prestação efetiva de trabalho. Contudo, o legislador fiscal optou pela inclusão na categoria A das remunerações recebidas, evitando a sujeição ao regime da categoria H de remunerações auferidas por um titular que ainda não se encontra em situação de reforma[120].

5) *Remunerações dos membros dos órgãos estatutários das pessoas coletivas e entidades equiparadas (com exceção dos que neles participem como revisores oficiais de contas)*

A proximidade existente, em termos económicos, entre as remunerações dos membros dos órgãos estatutários das pessoas coletivas e as remunerações do trabalho por conta de outrem, prestado ao abrigo de um contrato individual de trabalho, justifica que também as primeiras sejam incluídas na categoria A.

Esta inclusão na categoria A não abrange os revisores oficiais de contas que, nessa qualidade, integrem os órgãos estatutários, uma vez que se trata de profissionais independentes.

1.2. Remunerações tributáveis

O artigo 2º, nº 2 do CIRS, embora sem definir "remuneração", efetua uma enumeração bastante ampla dos principais tipos de pagamentos e prestações que constituem rendimentos do trabalho dependente.

[119] O artigo 2º, nº 1, alínea d) do CIRS prevê também as situações de "prestações atribuídas, não importa a que título, antes de verificados os requisitos exigidos nos regimes obrigatórios de segurança social aplicáveis para a passagem à situação de reforma, ou, mesmo que não subsista o contrato de trabalho, se mostrem subordinadas à condição de serem devidas até que tais requisitos se verifiquem, ainda que, em qualquer dos casos anteriormente previstos, sejam devidas por fundos de pensões ou outras entidades, que se substituam à entidade originariamente devedora".

[120] Note-se que o enquadramento fiscal em causa tem variado. Os montantes auferidos por contratos de pré-reforma celebrados até 31 de dezembro de 2000, e cujos pagamentos tenham sido iniciados até essa data, são tributados segundo o regime da categoria H.

A norma procura integrar na categoria A todos os rendimentos que, de alguma forma, sejam recebidos em contrapartida do trabalho dependente – ou das situações assimiladas que se encontram previstas nas diversas alíneas do nº 1 do artigo 2º e na alínea a) do nº 3 do mesmo artigo do CIRS –, exceto se forem expressamente excluídas do âmbito de incidência pela lei.

As remunerações provenientes do trabalho, que integram a incidência da categoria A, compreendem, designadamente, ordenados, salários, vencimentos, gratificações, percentagens, comissões, participações, subsídios ou prémios, senhas de presença, emolumentos, participações em multas e outras remunerações acessórias, ainda que periódicas, fixas ou variáveis, de natureza contratual ou não (artigo 2º, nº 2 do CIRS).

Trata-se de uma enumeração meramente exemplificativa, sendo tributáveis como rendimentos da categoria A todos os tipos de remuneração derivados do trabalho, independentemente da sua denominação ou da forma como sejam atribuídos (e, portanto, mesmo que não especificamente previstos no nº 2 do artigo 2º do CIRS).

Sendo as remunerações do trabalho dependente um campo tão heterogéneo – tendo em conta os distintos setores de atividade e níveis de sofisticação das entidades empregadoras, por um lado, e a evolução constante ao nível das remunerações acessórias que são atribuídas aos trabalhadores, por outro – está inteiramente posta de parte qualquer tentativa de um elenco taxativo de tipos de remuneração. De resto, tal opção abriria a porta à evasão fiscal, dada a grande facilidade de se contornar a norma de incidência mediante a atribuição, às remunerações do trabalho, de nomes distintos dos previstos como rendimentos tributáveis. Acresce o facto de a exigência de uma tipicidade taxativa nas normas de incidência tributária ter sido, há já largos anos, abandonada pela generalidade da doutrina[121].

A incidência da categoria A abarca as remunerações em dinheiro ou em espécie, sendo ainda de referir que assenta num conceito de remuneração mais amplo do que o do Direito do Trabalho.

O nº 3 do artigo 2º do CIRS desenvolve e concretiza a incidência prevista em termos gerais nos nºs 1 e 2 do mesmo artigo, ilustrando com algum detalhe as principais situações de rendimentos do trabalho dependente.

[121] Sobre o princípio da tipicidade fiscal, cfr., entre outros, ANA PAULA DOURADO, *Direito Fiscal – Lições*, cit., pp. 119-121 e pp. 143 ss.

Apesar da existência de críticas ao excessivo pormenor do nº 3 do artigo 2º do CIRS[122] – e sem discordarmos da pertinência de algumas dessas críticas, em termos teóricos e de técnica legislativa – consideramos que o nº 3 do artigo 2º do CIRS tem, apesar de tudo, em termos práticos, as seguintes vantagens:

i) Contribuir para a certeza e segurança jurídica dos contribuintes, através de uma maior previsibilidade relativamente aos abonos e benefícios que devem ser sujeitos a tributação; e

ii) Por outro lado, ao reduzir significativamente o campo de potenciais dúvidas acerca da incidência de IRS sobre os diversos abonos e benefícios previstos nesta disposição legal, fomentar a sua tributação efetiva pelas entidades pagadoras, contribuindo, assim, para uma aplicação mais homogénea das regras gerais de incidência da categoria A, previstas nos nºs 1 e 2 do artigo 2º do CIRS.

A maior homogeneidade na aplicação das regras de incidência, por parte das entidades pagadoras de rendimentos do trabalho dependente, revela-se fundamental para assegurar a igualdade horizontal e vertical entre os contribuintes que auferem rendimentos deste tipo.

Naturalmente que, tratando-se de uma enumeração com um alcance exemplificativo[123], o facto de determinada remuneração ou certo benefício não se encontrarem expressamente previstos no artigo 2º, nº 3 do CIRS não exclui a sua tributação como rendimento do trabalho dependente. A conclusão acerca da respetiva tributação (ou não) deve assentar na interpretação conjugada das várias regras previstas no artigo 2º do CIRS que traçam o âmbito de incidência da categoria A, designadamente das regras mais gerais de incidência dos nºs 1 e 2 do referido artigo.

1.3. Momento relevante para a sujeição a tributação

Relativamente ao momento a partir do qual ficam sujeitos a tributação os rendimentos da categoria A, recorde-se que, nos termos do artigo 2º,

[122] Nomeadamente porque a lei é, por essência, geral e abstrata, não devendo converter-se num extenso elenco de situações concretas.

[123] Este alcance exemplificativo da enumeração contida nas diversas alíneas e parágrafos do nº 3 do artigo 2º resulta claramente da sua articulação com as regras de incidência dos nºs 1 e 2 do artigo 2º. Está ainda bem patente, relativamente às remunerações acessórias, na redação da parte final da alínea b), do nº 3 do artigo 2º.

nº 1 do CIRS, se consideram rendimentos do trabalho dependente todas as remunerações "pagas ou postas à disposição do seu titular". Assim, os rendimentos da categoria A ficam sujeitos a tributação desde o momento em que sejam pagos ou postos à disposição do seu titular, não obstando à tributação o facto de este não os ter efetivamente recebido, por motivo de mora sua no recebimento do pagamento devido.

1.4. Remunerações acessórias e remunerações em espécie

No contexto das diversas formas de remuneração tributáveis, importa destacar as remunerações acessórias, que, conforme previsto no artigo 2º, nº 3, alínea b) do CIRS, compreendem todos os direitos, benefícios ou regalias não incluídos na remuneração principal[124].

As remunerações acessórias constituem rendimento do trabalho dependente desde que preencham os seguintes requisitos (artigo 2º, nº 3, alínea b) do CIRS):

i) Sejam auferidas devido à prestação de trabalho ou em conexão com esta; e

ii) Constituam para o respetivo beneficiário uma vantagem económica.

Com vista ao reforço da incidência ao nível das remunerações acessórias, para além da previsão geral acima mencionada, o legislador fiscal optou por incluir, também, uma referência expressa às vantagens acessórias mais relevantes ou mais frequentes, procurando colmatar, desde logo, potenciais dúvidas acerca da respetiva sujeição a tributação.

Destacamos algumas das remunerações acessórias elencadas, a título exemplificativo, nos diversos parágrafos do artigo 2º, nº 3, alínea b) do CIRS:

[124] Tal como salienta J. G. Xavier de Basto, "há que tributar estas remunerações acessórias, sob pena de se incentivar a evasão através da sua proliferação, embora sejam conhecidas as dificuldades de conseguir soluções equilibradas e exequíveis neste campo. Dificuldades que são [...], por um lado, de definição, e, por outro, de avaliação, umas e outras suscetíveis de, relativamente a certas remunerações, fazerem considerar como solução a abstenção de as tributar em sede de imposto pessoal, "tributando-as" ao nível da empresa que as paga (quer não considerando dedutíveis os custos incorridos no seu pagamento, quer impondo a sua tributação autónoma, quer ambas as coisas)". In José Guilherme Xavier de Basto, *IRS – Incidência Real e Determinação dos Rendimentos Líquidos*, cit., p. 64. Cfr., também, Maria dos Prazeres Rito Lousa, «Aspetos gerais relativos à tributação das vantagens acessórias», *Ciência e Técnica Fiscal*, nº 374, 1994, pp. 7 ss.

i) Os subsídios de residência ou a utilização de casa de habitação fornecida pela entidade patronal;
ii) Os empréstimos sem juros ou a taxa de juro inferior à de referência para o tipo de operação em causa;
iii) A utilização pessoal pelo trabalhador de viatura automóvel que gera encargos para a entidade patronal, existindo acordo escrito entre o trabalhador e a entidade patronal sobre a imputação àquele da referida viatura automóvel;
iv) A aquisição pelo trabalhador, por preço inferior ao valor de mercado, de viatura que tenha originado encargos para a entidade patronal;
v) Importâncias despendidas pela entidade patronal com viagens e estadas de turismo e similares, não conexas com as funções exercidas pelo trabalhador ao serviço da mesma entidade;
vi) Ganhos derivados de planos de opções, de subscrição, de atribuição ou outros de efeito equivalente, sobre valores mobiliários ou direitos equiparados, criados em benefício de trabalhadores (*stock option plans*);
vii) Importâncias despendidas, obrigatória ou facultativamente, pela entidade patronal, com seguros e operações do ramo "vida", contribuições para fundos de pensões, fundos de poupança-reforma ou quaisquer regimes complementares de segurança social, desde que constituam direitos adquiridos e individualizados dos respetivos beneficiários, ou que sejam por estes objeto de resgate, adiantamento, remição ou qualquer outra forma de antecipação da correspondente disponibilidade[125].

A escolha das remunerações acessórias a incluir na norma fiscal e a formulação de definições rigorosas relativamente às mesmas constituem desafios significativos para o legislador fiscal.

Por um lado, devido à grande diversidade de tipos de remunerações acessórias conferidas pelas entidades empregadoras aos seus trabalhadores. Acresce, ainda, que a evolução a este nível é constante, com o contínuo

[125] Para uma abordagem aprofundada desta temática, efetuando uma ligação esclarecedora entre os aspetos fiscais e as questões de seguros, *vide* Luís Poças, «O ciclo do prémio de seguro e o IRS: Entre a dedução à coleta e a tributação na categoria A», in Paula Rosado Pereira (Coord.) – *Temas de IRS – Princípios Constitucionais, Tributação e Garantias*, Almedina, Coimbra, 2020, pp. 141-226.

aparecimento de novos tipos de remunerações acessórias, algumas de grande complexidade.

Por outro lado, porque as remunerações acessórias são um domínio da categoria A particularmente exposto a procedimentos evasivos. Ora, a inclusão na norma fiscal de alguns tipos de remunerações acessórias é comummente interpretada, no mercado de trabalho, seja por desconhecimento ou por conveniência, como indicativa da não sujeição a tributação em sede de IRS dos tipos de remunerações acessórias não especificamente previstos na norma[126].

Muitas das remunerações acessórias são remunerações em espécie, ou seja, não correspondem a um pagamento ou colocação à disposição de numerário, mas sim à oferta de um bem, à atribuição do direito à utilização pessoal de um bem que seja da propriedade da entidade patronal ou que gere encargos para esta, ou, ainda, à atribuição ao trabalhador de outro tipo de direito ou benefício que constitua para este uma vantagem económica.

No caso das remunerações acessórias que sejam atribuídas em espécie é necessário recorrer ao artigo 24º do CIRS, para efeitos da determinação da respetiva equivalência pecuniária, nos termos das regras aí previstas.

Uma dificuldade que surge frequentemente prende-se com a distinção, no caso concreto, entre remunerações em espécie – efetivas *vantagens económicas para o trabalhador*, cuja atribuição deve ser tributada no âmbito da categoria A – e outro tipo de situações que, preenchidos determinados requisitos, não devem ser tributadas em IRS, tais como:

i) Instrumentos de trabalho proporcionados ao trabalhador;
ii) Ofertas conformes aos usos sociais e comerciais; ou
iii) Realizações de utilidade social.

Passamos a analisar cada uma das situações.

i) Instrumentos de trabalho proporcionados ao trabalhador

Os *instrumentos de trabalho proporcionados ao trabalhador*[127] podem revestir a forma de atribuição de bens ou pagamento de serviços, uns e outros utilizados pelo trabalhador no contexto das suas funções, e custeados pela entidade empregadora.

[126] Interpretação que se revela errónea, pelos motivos e nos termos que foram referidos supra.

[127] Rui Duarte Morais alude a "vantagens inerentes às condições de trabalho". Cfr. Rui Duarte Morais, *Sobre o IRS*, cit., p. 58.

A dificuldade de distinção prática entre aquilo que constitui um rendimento do trabalho dependente e o que corresponde a *instrumentos de trabalho proporcionados ao trabalhador* assenta no facto de, muito frequentemente, os bens ou serviços proporcionados ao trabalhador serem passíveis de uma dupla utilização – tanto como instrumentos de trabalho, como para fins pessoais.

Refira-se, por exemplo, a utilização ilimitada de uma viatura automóvel, a atribuição do uso de um computador ou de um telemóvel, relativamente aos quais todas as despesas são custeadas pela entidade empregadora. Exemplos também bastante comuns correspondem ao pagamento, pela entidade empregadora, de quotas de associações profissionais ou similares.

O fator distintivo entre as situações abrangidas e as não abrangidas por tributação em sede de IRS deve basear-se numa comparação, efetuada para cada caso concreto, entre as vantagens que daí resultam para a entidade patronal e para o trabalhador[128].

Adotando uma abordagem sistemática quanto às situações de eventuais remunerações acessórias, entendemos que se deveria excluir o carácter de vantagem económica para o trabalhador (e, portanto, concluir pela não sujeição a IRS) quando se verifique, relativamente aos bens que lhe sejam atribuídos pela entidade patronal, o preenchimento cumulativo dos seguintes requisitos:

a) Os bens em causa sejam utilizados exclusiva ou principalmente para o exercício das funções profissionais daquele trabalhador;
b) A utilização redunde numa maior vantagem para a entidade patronal do que para o trabalhador; e
c) A utilização para fins pessoais, se existir, deve ter um carácter claramente secundário.

Em contrapartida, nas situações que não preencham algum dos requisitos propostos, considera-se existir uma vantagem económica para o trabalhador, tributável em IRS como remuneração acessória.

Nos exemplos dados supra, uma viatura automóvel, um computador ou um telemóvel devem ser considerados como um instrumento de trabalho – não constituindo remunerações em espécie e, portanto, não devendo

[128] Neste sentido, cfr. Rui Duarte Morais, *Sobre o IRS*, cit., pp. 57-58.

dar lugar a tributação em sede de IRS na esfera do trabalhador – caso se encontrem cumulativamente preenchidos os requisitos acima indicados.

ii) Ofertas conformes aos usos sociais e comerciais

É comum que as entidades patronais ofereçam aos seus trabalhadores presentes de aniversário ou cabazes de Natal[129], ou presentes de Natal aos filhos dos trabalhadores, por exemplo. Consideramos que tais presentes não devem ser tratados como uma remuneração em espécie – não devendo, portanto, ser tributados em sede de IRS, na esfera do trabalhador que os recebe –, desde que, pelo seu valor e pelas circunstâncias da oferta, se possa concluir que não têm um carácter remuneratório e que constituem meras ofertas conformes aos usos sociais[130].

Também é frequente a entrega aos trabalhadores de *merchandising* – bens de divulgação e promoção da empresa ou de marcas/produtos associados à empresa ou a outras empresas do grupo (v.g. camisolas, blusões, bonés, bolas, *pens*, tapetes de rato, etc.). Nesse caso, desde que a oferta não tenha um valor económico elevado[131], deveria ser considerada uma oferta conforme aos usos comerciais e, portanto, não uma remuneração em espécie para efeitos de IRS[132].

Naturalmente que, neste campo, cada situação deve ser analisada de acordo com as circunstâncias do caso concreto, tendo em consideração os princípios que norteiam o IRS e, também, critérios de razoabilidade.

iii) Realizações de utilidade social

As realizações de utilidade social podem corresponder à utilização e fruição, pelos trabalhadores e/ou pelos seus familiares, de estruturas de

[129] Sobre este ponto, cfr., por exemplo, o Acórdão do TCAS, da 2ª secção – Contencioso Tributário, de 3 de novembro de 2010, referente ao Processo 04017/10.

[130] Note-se, a este propósito, que seria um equívoco tentar resolver a questão afirmando, simplesmente, que se estava perante uma "oferta" e que, portanto, era uma questão de Imposto do Selo e não de IRS. Com efeito, sendo tal "oferta" realizada pela entidade patronal, é sempre necessário começar por questionar se esta tem realmente um carácter de liberalidade e dirimir se pode ou não ser qualificada como uma remuneração em espécie, para efeitos de IRS.

[131] Na falta de previsão legal de um limite para efeitos de IRS, poderia, eventualmente, atender-se ao limite de valor unitário dos bens para oferta, previsto para efeitos de IVA, nos termos do qual não há lugar à liquidação de IVA nas ofertas de bens com um valor unitário inferior ou igual a € 50 (artigo 3º, nº 7 do Código do IVA).

[132] É de considerar, a este propósito, o que foi dito supra, relativamente à inadequação de, simplesmente, remeter a questão para o Imposto do Selo.

utilidade social ou de lazer mantidas pela entidade patronal, tais como creches, latários, jardins de infância, escolas, cantinas, bibliotecas ou instalações desportivas.

Desde que observados os critérios estabelecidos no artigo 43º do CIRC (dos quais se destaca o carácter geral da atribuição dos benefícios em causa, ou seja, a sua concretização a favor da generalidade dos trabalhadores da entidade patronal), a utilização e fruição das estruturas em apreço fica excluída de tributação em sede de IRS, nos termos do artigo 2º-A, nº 1, alínea b) do CIRS.

1.5. Indemnização pela cessação do contrato de trabalho

1.5.1. Enquadramento e delimitação subjetiva

As indemnizações recebidas pela cessação de contratos de trabalho, ou de outros contratos subjacentes à obtenção de rendimentos do trabalho dependente, são tributáveis apenas na parte que exceda um determinado limite de não sujeição.

Estas indemnizações beneficiam, portanto, de uma exclusão de tributação, com um limite máximo calculado nos termos do artigo 2º, nº 4, alínea b) do CIRS. Note-se, contudo, que a exclusão de tributação depende do preenchimento de determinadas condições, resultantes do aludido preceito e também da sua articulação com o disposto nos nºs 5, 6 e 7 do artigo 2º do CIRS. Estes aspetos do regime serão objeto de análise mais adiante.

Ao consagrar esta exclusão de tributação, o legislador fiscal foi sensível às questões sociais e pessoais que, com frequência, fragilizam a situação do trabalhador e do seu agregado familiar aquando da cessação do contrato de trabalho ou equivalente. Sendo as taxas de IRS progressivas, a tributação da indemnização pela cessação do contrato de trabalho nos termos gerais da categoria A, pela totalidade do seu montante, redundaria num encargo fiscal assinalável e na consequente perda de parte relevante da "almofada financeira" que poderá ajudar o sujeito passivo a enfrentar a perda do emprego. Em particular num sujeito ou agregado familiar com pouca poupança acumulada, a indemnização recebida pode ser crucial para que se continue a assegurar o pagamento das despesas quotidianas, até que surja uma nova oportunidade de emprego. Noutros casos, o montante recebido pode revelar-se fundamental para o lançamento de um negócio próprio.

Todavia, não beneficiam da exclusão de tributação em sede de IRS os gestores públicos, administradores ou gerentes de pessoa coletiva, bem com os representantes de estabelecimento estável de entidade não residente, relativamente às indemnizações auferidas pela cessação dos respetivos contratos. Na parte que diga respeito ao exercício das funções em apreço, as indemnizações auferidas por estes sujeitos passivos são tributáveis pela sua totalidade, nos termos do artigo 2º, nº 4, alínea a) do CIRS.

Assim, a indemnização que seja paga a um gestor público, administrador ou gerente é tributada pela totalidade, na parte que corresponda ao exercício das funções de gestão acima referidas. Essa parte da indemnização não beneficia de exclusão de tributação em sede de IRS, conforme resulta do disposto no artigo 2º, nº 4, alínea a) do CIRS.

Em contrapartida, a parte da indemnização, recebida por um gestor público, administrador ou gerente, que se refira à sua antiguidade no exercício de funções distintas das de gestão (v.g. responsável financeiro ou comercial, funcionário administrativo ou técnico, etc.) beneficia de não sujeição a tributação nos termos e dentro dos limites previstos no artigo 2º, nº 4, alínea b) do CIRS.

Com efeito, não seria consentâneo com o regime em vigor nem com as suas finalidades que alguém que foi, por hipótese, diretor comercial durante 10 anos e, antes disso, funcionário administrativo durante os 12 anos iniciais da sua carreira numa dada empresa, visse tributada a totalidade da indemnização recebida pela cessação do contrato gerador de rendimentos do trabalho dependente, apenas pelo facto de ser gerente nessa mesma empresa à data da cessação.

1.5.2. Limite máximo da exclusão de tributação

Conforme previsto no artigo 2º, nº 4, alínea b) do CIRS, a tributação incide apenas sobre a parte das importâncias auferidas em virtude da cessação que exceda o montante correspondente ao valor médio das remunerações regulares com carácter de retribuição sujeitas a imposto, auferidas nos últimos 12 meses, multiplicado pelo número de anos ou fração de antiguidade ou de exercício de funções na entidade devedora.

Este cálculo permite, assim, apurar o limite máximo da exclusão de tributação em apreço, para além do qual a indemnização fica sujeita a tributação em sede de IRS.

Note-se que, conforme foi já referido, não beneficiam da não sujeição a IRS os gestores públicos, administradores ou gerentes de pessoa coletiva, bem com os representantes de estabelecimento estável de entidade não residente, relativamente às indemnizações auferidas pela cessação dos respetivos contratos (artigo 2º, nº 4, alínea a) do CIRS).

Voltando ao artigo 2º, nº 4, alínea b) do CIRS, o valor de indemnização sujeito a tributação nos termos aí previstos é calculado com base na seguinte fórmula:

$$VT = VA - (N \times RR \text{ últimos 12 meses} / 12) > 0$$

VT: Valor tributável
VA: Valor auferido de indemnização
N: Número de anos ou fração de antiguidade ou de exercício de funções
RR: Remunerações regulares com carácter de retribuição sujeitas a imposto

Em determinadas situações, a fórmula em apreço pode suscitar dúvidas e problemas de aplicação relativamente a vários dos seus elementos. As dúvidas podem surgir, por exemplo, em relação aos seguintes conceitos:

i) Remunerações regulares com carácter de retribuição;
ii) Remunerações sujeitas a imposto;
iii) Remunerações auferidas nos últimos 12 meses;
iv) Antiguidade na entidade devedora.

Assim, cumpre dedicar alguma atenção a cada um dos referidos elementos da fórmula prevista no artigo 2º, nº 4, alínea b) do CIRS, analisando os principais problemas que se suscitam a seu propósito e as soluções que se nos afiguram mais adequadas.

1.5.2.1. Remunerações regulares com carácter de retribuição

A fórmula que permite apurar o limite máximo da exclusão de tributação, relativamente à compensação pela cessação do contrato de trabalho, apenas tem em linha de conta as remunerações regulares com carácter de retribuição.

Há, portanto, relativamente às remunerações auferidas pelo trabalhador nos últimos 12 meses, que aferir o preenchimento ou não destas duas condições – a **regularidade** e o **carácter de retribuição** – de forma a incluí-las ou não na fórmula em apreço.

Assim, não são consideradas, para efeitos do cálculo do limite da exclusão de tributação em causa, as remunerações auferidas pelo trabalhador nos últimos 12 meses que não tenham um carácter regular.

Por outro lado, o cálculo em apreço também não toma em consideração as remunerações auferidas pelo trabalhador que não tenham carácter de retribuição, ou seja, aquelas cuja finalidade seja outra que não a retribuição pelo trabalho desenvolvido pelo funcionário. A título de exemplo, refiram-se os abonos para falhas, cujo intuito não é retributivo, mas sim o de cobrir o risco incorrido pelo trabalhador que, no âmbito das suas funções, lida com numerário.

No que diz respeito à regularidade, importa salientar que, perante a multiplicidade e heterogeneidade de remunerações do trabalho dependente, é, com frequência, difícil apurar se uma determinada remuneração é ou não regular. Impõe-se, assim, o aprofundamento da questão da regularidade ou irregularidade das remunerações, uma vez que as remunerações irregulares não são tidas em consideração no âmbito do cálculo do limite máximo da compensação pela cessação do contrato de trabalho que fica excluído de tributação em sede de IRS.

Embora sendo essencial uma análise casuística, que tenha também em conta o disposto no contrato de trabalho, tenderão a constituir remunerações regulares, designadamente, a remuneração base, a isenção de horário de trabalho, o excesso do subsídio de refeição relativamente ao limite não tributável, diuturnidades, subsídios relativos à categoria profissional, subsídio de risco (ou outros subsídios referentes à natureza do trabalho prestado), subsídio de turnos (ou outros subsídios referentes à forma como o trabalho é prestado), gratificações regulares e periódicas (que não tenha carácter liberatório, mas podendo estar ligadas ao desempenho do trabalhador) e todas as demais prestações que constituam uma contrapartida direta e periódica do trabalho dependente[133].

Em contrapartida, dada a respetiva natureza e os pressupostos legais da sua atribuição, deverá entender-se que não constituem remunerações regulares, por exemplo, o pagamento de trabalho extraordinário, as ajudas de custo ou os abonos pontuais para despesas de transporte (mesmo que venham a estar parcialmente, ou até totalmente, sujeitos a imposto).

[133] Relativamente aos conceitos de "remunerações regulares" e de "retribuição", cfr. MANUEL FAUSTINO, «Sobre o sentido e alcance da nova redação do artigo 2º, nº 4, do Código do IRS - A tributação das importâncias recebidas por cessação do vínculo contratual com a entidade patronal», *Fiscalidade* nºs 13/14, janeiro – abril de 2003, pp. 12 ss.

1.5.2.2. Remunerações sujeitas a imposto

Tal como foi oportunamente referido, a fórmula a que nos vimos reportando toma em consideração o valor médio das remunerações (regulares com carácter de retribuição) sujeitas a imposto.

Apesar de a lei não dizer expressamente qual o imposto a que se refere tal sujeição, parece depreender-se do contexto da norma estar em causa a sujeição a IRS.

Mas deverá o artigo 2º, nº 4, alínea b) do CIRS ser interpretado no sentido de a sujeição a imposto da retribuição ter de ser, apenas e necessariamente, uma sujeição a IRS? Ou poderá tratar-se, alternativamente, de uma sujeição a outro tributo sobre o rendimento, vigente noutra jurisdição?

Suscita-se, deste modo, a questão de saber se devem considerar-se, para efeitos da fórmula em apreço, apenas as remunerações sujeitas a imposto em Portugal ou também as remunerações sujeitas a imposto no estrangeiro, desde que auferidas ao serviço da mesma entidade patronal (ou entidade a ela equiparada[134], como uma sucursal ou filial) e nos últimos 12 meses.

Parece existir uma certa conexão entre a exclusão de tributação da indemnização, por um lado, e a sujeição a tributação das remunerações sobre as quais assenta o cálculo do limite máximo da exclusão em apreço, por outro, em virtude de a base de cálculo da exclusão de tributação da indemnização assentar na média das remunerações dos últimos 12 meses *sujeitas a imposto* (afastando, portanto, desse cálculo as remunerações não sujeitas).

Contudo, essa aparente conexão não pode sobrepor-se ao disposto no Direito Europeu, a cujos princípios e normas o Estado português se encontra vinculado. Desta forma, entendemos que devem ser tidas em conta, para efeitos da fórmula em causa, pelo menos as remunerações sujeitas a tributação noutro Estado membro da UE ou do EEE – desde que auferidas ao serviço da mesma entidade patronal ou de outra entidade que a ela seja equiparada, de acordo com o previsto no artigo 2º, nº 10 do CIRS. Afigura-se-nos que o contrário equivaleria a uma violação do princípio da livre circulação de trabalhadores consagrado no Direito Europeu.

A título ilustrativo, refira-se que uma situação deste tipo pode ocorrer quando um trabalhador, sem deixar de ser residente para efeitos fiscais em Portugal, tenha sido destacado por um determinado período de tempo –

[134] Cfr. artigo 2º, nº 10 do CIRS.

compreendido nos 12 meses anteriores à cessação do contrato de trabalho – para outro Estado membro da UE ou do EEE, aí recebendo remunerações pagas por uma filial ou sucursal local da sua entidade empregadora, e sujeitas a tributação nesse outro Estado. Pode, também, ocorrer quando o trabalhador venha para Portugal, por hipótese, 6 meses antes da cessação do contrato de trabalho, sendo que nos 6 meses anteriores era residente noutro Estado membro da UE ou do EEE, onde auferia remunerações, aí tributadas[135], e pagas por uma filial ou sucursal local da entidade empregadora portuguesa.

1.5.2.3. Remunerações auferidas nos últimos 12 meses

Uma vez que o cálculo do valor da indemnização pela cessação do contrato de trabalho excluída de tributação depende do "valor médio das remunerações regulares com carácter de retribuição sujeitas a imposto, *auferidas nos últimos 12 meses*", podem suscitar-se dúvidas quando nesse espaço de 12 meses existam um ou mais períodos de tempo sem recebimento pelo trabalhador de "remunerações regulares com carácter de retribuição sujeitas a imposto".

Tal situação ocorre, por exemplo, no caso de interrupções por motivos de baixa, licença parental, licenças sem vencimento ou outras situações análogas, quando ocorram total ou parcialmente durante o período de 12 meses anterior à cessação do contrato de trabalho (período que serve de referência ao cálculo do limite da exclusão de imposto). Com efeito, as remunerações auferidas durante os períodos de baixa, licença parental ou outras situações análogas não constituem "remunerações com carácter de retribuição sujeitas a imposto".

Perante uma situação deste tipo, devem considerar-se, para efeitos da fórmula prevista no artigo 2º, nº 4, alínea b) do CIRS, os últimos 12 meses de remuneração efetiva. Cabe, portanto, desconsiderar os períodos de baixa, licença parental, licenças sem vencimento ou outras situações análogas, e retroagir para meses anteriores, até à existência de 12 meses de remuneração efetiva, com carácter de retribuição e sujeita a imposto.

A referida solução é, aliás, a que tem vindo a ser aceite pela AT. Veja-se, a este propósito, a Ficha Doutrinária da AT referente ao Processo 5448/10,

[135] Devendo ter-se em conta o disposto na CDT celebrada entre Portugal e esse outro Estado, que ao caso seja aplicável, relativamente à repartição entre os Estados contratantes do poder de tributar as aludidas remunerações do trabalho dependente.

com despacho concordante do Subdiretor-Geral, de 25 de outubro de 2010, na qual se refere que "no caso de um trabalhador que esteja numa situação de licença sem vencimento à data da cessação do contrato individual de trabalho, para efeitos do cálculo do limite de exclusão da tributação, a que se refere a alínea b) do nº 4 do artigo 2º, devem ser considerados os últimos 12 meses de remuneração efetiva".

Entendimento idêntico deve prevalecer relativamente a situações de baixa, de licença parental ou outras similares, nas quais o trabalhador aufira montantes que não devam ser qualificados como remunerações com carácter de retribuição sujeitas a imposto.

1.5.2.4. Conceito de antiguidade na entidade devedora

O conceito de "antiguidade" no exercício de funções revela-se fundamental para efeitos do cálculo do limite da exclusão de tributação, tal como se encontra prevista no artigo 2º, nº 4, alínea b) do CIRS.

Todavia, apesar da importância do conceito de "antiguidade" ao nível do cálculo das partes sujeita e não sujeita a IRS, da compensação pela cessação do contrato de trabalho, este conceito não se encontra previsto no CIRS. Podem, assim, suscitar-se dúvidas acerca da contagem da antiguidade, para efeitos fiscais.

Na prática, o problema torna-se ainda mais complexo caso o trabalhador tenha transitado de uma outra unidade económica para a atual entidade patronal, com a qual está a cessar o vínculo laboral; caso, em momento anterior ao início do exercício das suas funções na atual entidade patronal, tenha já trabalhado para outra empresa do mesmo grupo ou para entidade a partir da qual foi transferido para a aludida entidade patronal; ou caso, por algum motivo, lhe tenha sido reconhecida pela entidade patronal cessante uma antiguidade superior à correspondente ao tempo de serviço nessa mesma entidade.

Questiona-se qual deverá ser, nesses casos, a antiguidade a tomar em consideração para efeitos do cálculo da parte da indemnização excluída de tributação em IRS.

A este respeito, importa aludir ao artigo 11º, nº 2 da LGT, nos termos do qual "sempre que, nas normas fiscais, se empreguem termos próprios de outros ramos de direito, devem os mesmos ser interpretados no mesmo sentido daquele que aí têm, salvo se outro decorrer diretamente da lei". Desta forma, perante a inexistência de um conceito de "antiguidade" especificamente previsto ou definido no âmbito do direito fiscal – e, em particular, no âmbito do CIRS –, deve recorrer-se ao conceito de "antiguidade" que decorre do direito do trabalho.

Todavia, mesmo perante esta conclusão, suscitam-se novas dúvidas. O artigo 2º, nº 4, alínea b) do CIRS refere-se ao "número de anos ou fração de antiguidade ou de exercício de funções na entidade devedora" (sublinhado nosso).

Significará isto que, para efeitos do cálculo da parte da indemnização pela cessação do contrato de trabalho excluída de tributação, a antiguidade a considerar tem necessariamente de ter-se verificado na esfera da entidade que paga tal indemnização (por regra, a entidade patronal com a qual cessa o contrato de trabalho)? E isto, mesmo que o conceito de "antiguidade" do direito do trabalho permita, em determinadas circunstâncias, abarcar o tempo de serviço prestado a outras empresas / entidades patronais?

Pensamos que a resposta a estas duas questões é negativa. A interpretação do artigo 2º, nº 4, alínea b) do CIRS deve, a nosso ver, seguir o conceito de "antiguidade" decorrente da legislação e da jurisprudência laborais, designadamente ao nível das situações nas quais se admita a contagem do tempo de serviço prestado a outras empresas / entidades patronais.

Efetivamente, uma posição contrária redundaria na negação da própria essência do artigo 11º, nº 2 da LGT. Até porque – aludindo à indicação de "salvo se outro [sentido] decorrer diretamente da lei", prevista na parte final do nº 2 do artigo 11º da LGT – não nos parece que, do CIRS, decorra diretamente outro sentido de antiguidade, distinto do resultante do direito do trabalho. A referência do artigo 2º, nº 4, alínea b) do CIRS à antiguidade na entidade devedora – visto ser concretizada com recurso ao direito do trabalho – não deve excluir, a nosso ver, situações em que a antiguidade noutras empresas seja equiparada, por este ramo do direito, à antiguidade na entidade patronal.

Sobre este ponto específico, e no mesmo sentido que defendemos supra, veja-se o Acórdão do TCAS, de 11 de maio de 2004, proferido no Processo nº 06002/01[136].

Neste Acórdão, começa por salientar-se que "o direito laboral prevê um conceito amplo de antiguidade ao permitir que seja tomado em linha

[136] O Acórdão foi proferido pela secção de contencioso tributário, sendo relatora Dulce Manuel Neto.

de conta o tempo de serviço e a categoria já alcançados noutras entidades patronais", para se afirmar posteriormente que "nada sugere ou indica que o conceito de "antiguidade" contido no nº 4 do artigo 2º do CIRS não tenha sido usado em toda a sua amplitude, que não possa ter em conta o tempo de serviço (antiguidade) alcançado noutra empresa desde que tal tenha sido expressamente estipulado no contrato laboral pela entidade devedora"[137]. Afirma-se, ainda, que "não resultando da lei que esse conceito[138] se refira restritamente ao tempo de serviço na entidade devedora da compensação pela cessação do contrato de trabalho, e nada justificando uma interpretação restritiva da norma de incidência, aquela noção mais lata de antiguidade deve ser aceite para o cálculo da importância sujeita a tributação em sede de IRS"[139/140].

Quanto à perspetiva da AT, veja-se, por exemplo, a Ficha Doutrinária referente ao Processo 1818/10, com despacho concordante do Substituto Legal do Diretor-Geral, de 10 de outubro de 2010, sobre o Assunto: Enquadramento fiscal de contagem de antiguidade para efeitos de tributação das compensações.

Na aludida Ficha Doutrinária, a AT parece sustentar uma posição restritiva, relativamente ao conceito de antiguidade para efeitos do artigo 2º, nº 4 do CIRS, ao afirmar que "exigindo a lei fiscal, específica e expressamente, que a antiguidade a contabilizar seja a antiguidade na entidade devedora da compensação por cessação de contrato de trabalho, não é de ponderar na aplicação do nº 4 do artigo 2º do CIRS, a antiguidade em anterior entidade empregadora, mesmo que o trabalhador e a nova entidade patronal tenham acordado ser de considerá-la em eventuais «compensações»"[141]. Contudo, analisado o conteúdo da Ficha Doutrinária em termos globais, conclui-se existir, pelo menos relativamente a algumas situações, uma certa proximidade entre as posições da AT e do Acórdão do TCAS referido supra.

137 In Acórdão do TCAS de 11 de maio de 2004, proferido no Processo nº 06002/01.

138 O Acórdão alude ao conceito de "antiguidade" contido no nº 4 do artigo 2º do CIRS.

139 In Acórdão do TCAS de 11 de maio de 2004, proferido no Processo nº 06002/01.

140 Cfr. também o Acórdão do TCAS de 21 de setembro de 2010, proferido no Processo nº 03748/10, no qual se refere que "não tendo o legislador fiscal, ele próprio, definido para este efeito, o conceito de antiguidade do trabalhador, temos de nos socorrer do conteúdo desse conceito tal como vigora no direito laboral".

141 In Ficha Doutrinária referente ao Processo 1818/10, com despacho concordante de 10 de outubro de 2010.

Com efeito, parece-nos que o sentido útil da aludida afirmação inicial, contida na Ficha Doutrinária, deve ser o do afastamento, para efeitos de IRS, da relevância da antiguidade em anterior entidade empregadora apenas quando esta decorra *somente* de acordo entre o trabalhador e a entidade patronal na qual se dá a cessação do contrato de trabalho (e não decorra do previsto no direito do trabalho).

Assim, a nosso ver, a doutrina administrativa emanada da AT, expressa na citada Ficha Doutrinária, acaba por admitir que sejam, ainda, considerados anos de antiguidade os referentes a serviços prestados noutras entidades. Admite-o, em primeiro lugar, quando tenha "ocorrido mudança (jurídica) de entidade empregadora dentro do grupo (por celebração de contrato de trabalho com outra empresa do mesmo)", e fá-lo "atendendo à equiparação legal entre entidade patronal – definida esta como entidade pagadora dos rendimentos – e qualquer outra entidade que com ela esteja em relação de domínio ou de grupo"[142]. A AT conclui, portanto, que "tal «transferência» do trabalhador não obsta a que, na aplicação do nº 4 do artigo 2º do CIRS, à compensação auferida por cessação do contrato do trabalho sejam considerados os anos de antiguidade em ambas as entidades"[143].

Cabe salientar o facto de este primeiro alargamento da antiguidade admitido pela AT parecer – ao aludir à "equiparação legal entre entidade patronal [...] e qualquer outra entidade que com ela esteja em relação de domínio ou de grupo" – fundamentar-se no alargamento subjetivo do conceito de entidade patronal, previsto no artigo 2º, nº 10 do CIRS[144], e não propriamente num "conceito amplo de antiguidade"[145] propugnado pelo direito do trabalho.

Todavia, na aludida Ficha Doutrinária referente ao Processo 1818/10, a AT acaba por aceitar a contagem dos anos de antiguidade relativos à

[142] In Ficha Doutrinária referente ao Processo 1818/10, com despacho concordante de 10 de outubro de 2010.

[143] In Ficha Doutrinária referente ao Processo 1818/10, com despacho concordante de 10 de outubro de 2010.

[144] Nos termos do artigo 2º, nº 10 do CIRS, "considera-se entidade patronal toda a que pague ou coloque à disposição remunerações que, nos termos deste artigo, constituam rendimentos de trabalho dependente, sendo a ela equiparada qualquer outra entidade que com ela esteja em relação de grupo, domínio ou simples participação, independentemente da respetiva localização geográfica".

[145] Este último, a base invocada pelo Acórdão do TCAS de 11 de maio de 2004, proferido no Processo nº 06002/01, conforme referido supra.

prestação de serviços em mais do que uma entidade (e, portanto, não apenas a antiguidade na entidade devedora da compensação por cessação do contrato de trabalho), com base na legislação laboral à data em vigor, nos seguintes casos:

a) "Transmissão, por qualquer título, da titularidade da empresa, ou estabelecimento ou ainda de parte de empresa ou estabelecimento que constitua uma unidade económica"; e

b) "Transmissão, cessão ou reversão da exploração de empresa, estabelecimento ou unidade económica".

O fundamento apresentado pela AT para tal aceitação prende-se com o entendimento de que "o trabalhador continuou a exercer funções na mesma «unidade económica», bem como [...] que, apesar da mudança de entidade patronal ocorrida, os contratos de trabalho, em substância e por determinação legal, se mantiveram"[146].

Por fim, quanto à expressão "multiplicado pelo número de anos ou *fração* de antiguidade" contida no artigo 2º, nº 4, alínea b) do CIRS, note-se que qualquer fração de antiguidade equivale a mais um ano. Assim, uma antiguidade (ou período de exercício de funções na entidade devedora) de 15 anos e um mês equivale a 16, para efeitos da fórmula prevista na referida disposição legal.

1.5.3. Indemnização que integre remunerações em espécie

Apesar de, na maior parte das situações, as indemnizações recebidas pela cessação de contratos de trabalho corresponderem ao pagamento de um determinado valor em numerário, pode também suceder que estas tenham uma componente em numerário e outra em espécie. Tal ocorre, por exemplo, quando, em virtude da cessação do contrato de trabalho, seja pago ao trabalhador um determinado valor em numerário e lhe seja também entregue a viatura da empresa que utilizava no exercício das suas funções (e / ou que utilizava para fins pessoais).

O artigo 2º, nº 4 do CIRS, tanto no seu corpo como na alínea b), refere-se a "importâncias" ("importância auferidas" e "importâncias [que] serão tributadas", respetivamente). Todavia, não nos parece que os elementos

[146] In Ficha Doutrinária referente ao Processo 1818/10, com despacho concordante de 10 de outubro de 2010.

em espécie sejam de excluir do âmbito dos rendimentos auferidos no contexto da cessação do contrato de trabalho, se esses valores em espécie integrarem a compensação pela cessação do contrato em causa. Desta forma, consideramos que a exclusão de tributação consagrada no artigo 2º, nº 4, alínea b) do CIRS, com o limite aí previsto, deverá abarcar o conjunto dos elementos que integrem a compensação pela cessação do contrato de trabalho, sejam eles em numerário ou em espécie. Naturalmente que, para os elementos em espécie, deve recorrer-se ao disposto no artigo 24º do CIRS a fim de fazer a respetiva equivalência pecuniária, ou seja, definir o valor do rendimento em espécie[147].

Retomando o exemplo referido supra, a viatura que faça parte da indemnização pela cessação do contrato de trabalho recebida pelo trabalhador tem um valor pecuniário definido de acordo com os nºs 6 e 7 do artigo 24º do CIRS[148]. Se esse valor for de € 15.000, por hipótese, e o trabalhador receber ainda um montante em numerário de € 40.000, há que ter em consideração ambos os elementos para efeitos da aplicação do limite de não tributação decorrente do artigo 2º, nº 4, alínea b) do CIRS.

A compensação pela cessação do contrato de trabalho tem, neste caso, um valor global de € 55.000. Assim, caso o aludido limite de exclusão de tributação seja de € 50.000, o IRS incide sobre o excesso, ou seja, sobre € 5.000.

Esta situação leva-nos, ainda, a uma outra questão, que se prende com a retenção na fonte. Estando os rendimentos em espécie excluídos de retenção na fonte, nos termos do artigo 99º, nº 1, alínea a) do CIRS, deveria o

[147] Por exemplo, nos termos do artigo 24º, nº 1, alínea e) do CIRS, o valor do rendimento em espécie é, em muitos casos, o valor de mercado, em condições de concorrência, do bem ou direito em causa.

[148] Nos termos do nº 6 do artigo 24º do CIRS, o valor da aquisição da viatura pelo trabalhador corresponde, para efeitos de IRS, à diferença positiva entre o respetivo valor de mercado e o somatório dos rendimentos anuais tributados como rendimentos decorrentes da atribuição do uso com a importância paga a título de preço de aquisição (se qualquer destes dois últimos elementos se verificar, na situação em apreço). No caso de uma viatura entregue ao trabalhador no contexto da cessação do contrato de trabalho – sem que ele tivesse, no passado, sido tributado pela respetiva utilização pessoal nos termos do artigo 2º, nº 3, alínea b), parágrafo 9 do CIRS, e sem que tenha pago qualquer montante pela aquisição da viatura – o valor do rendimento corresponde, tão somente, ao valor de mercado da viatura. De acordo com o nº 6 do artigo 24º do CIRS, o valor de mercado da viatura corresponde à diferença entre o valor de aquisição desta pela empresa e o produto desse valor pelo coeficiente de desvalorização acumulado constante de tabela aprovada por Portaria do Ministro das Finanças.

referido excesso de € 5.000, sujeito a IRS, ser imputado ao pagamento em numerário (caso em que estaria sujeito a retenção na fonte) ou à atribuição da viatura ao trabalhador (esta última, um rendimento em espécie, e como tal excluída de retenção na fonte)?

Na ausência de tratamento legal deste aspeto, pensamos que a atitude mais prudente, na perspetiva da empresa pagadora, seria a de se guiar pela primeira opção ou, então, por um raciocínio de *pro rata* que tivesse em conta as grandezas relativas do rendimento em numerário e em espécie, para efeitos da definição das partes sujeita e não sujeita a retenção na fonte, relativamente à parcela dos € 5.000. Isto, sem prejuízo de todo o valor dos € 5.000 estar sujeito a IRS, conforme referido supra. Note-se, neste contexto, que a retenção na fonte sobre rendimentos do trabalho dependente auferidos por sujeitos passivos residentes constitui apenas um adiantamento por conta do imposto devido em termos finais.

Por fim, refira-se que o exposto supra pressupõe a aceitação, para efeitos fiscais, de um conceito abrangente de compensação pela cessação do contrato de trabalho, suscetível de abarcar montantes em numerário e também elementos em espécie, desde que relativamente a ambos haja um fim indemnizatório na sua atribuição.

Note-se, contudo, que em nenhum dos casos (numerário ou espécie) podemos estar perante direitos vencidos durante o contrato de trabalho – designadamente remunerações por trabalho prestado, férias, subsídios de férias e de Natal –, dado o expresso afastamento destes direitos do campo de aplicação do regime previsto no artigo 2º, nº 4 do CIRS (cfr. artigo 2º, nº 6 do mesmo Código).

1.5.4. Afastamento da exclusão de tributação em caso de novo vínculo

Importa salientar o facto de a exclusão de tributação prevista no artigo 2º, nº 4, alínea b) ser afastada nas situações referidas no próprio nº 4, alínea b) *in fine* e, ainda, nos nºs 5 e 7 do artigo 2º do CIRS.

Deste modo, o trabalhador deixa de beneficiar da exclusão de tributação em apreço[149] – ficando sujeitas a tributação pela totalidade as importâncias

[149] De acordo com Manuel Faustino, temos uma condição impeditiva na situação referida em iii) infra e uma condição extintiva nas situações referidas em i) e ii). Cfr. MANUEL FAUSTINO, «A tributação do rendimento das pessoas singulares», in JOÃO RICARDO CATARINO / VASCO BRANCO GUIMARÃES (Coord.), *Lições de Fiscalidade – Volume I – Princípios Gerais e Fiscalidade Interna*, 5ª ed., Almedina, Coimbra, 2017, pp. 225-227.

recebidas a título de indemnização pela cessação do contrato gerador de rendimentos da categoria A – quando:

i) Nos 24 meses seguintes, seja criado um novo vínculo profissional ou empresarial, independentemente da sua natureza, com a mesma entidade (artigo 2º, nº 4, alínea b) *in fine* do CIRS);

ii) Também nos 24 meses seguintes, seja estabelecido, com a entidade com a qual cessaram as relações laborais, um novo vínculo empresarial, sob a forma de relações comerciais ou de prestação de serviços, por sociedade ou outra entidade em que, pelo menos, 50 % do seu capital seja detido, isoladamente ou em conjunto com algum dos elementos do respetivo agregado familiar, pelo beneficiário ou por uma pluralidade de beneficiários das importâncias recebidas – exceto se as referidas relações comerciais ou de prestação de serviços representarem menos de 50% das vendas ou prestações de serviços efetuadas no exercício (artigo 2º, nº 5 do CIRS);

iii) O sujeito passivo tenha beneficiado, nos últimos cinco anos, da não tributação total ou parcial prevista no nº 4 do artigo 2º (artigo 2º, nº 7 do CIRS).

As referidas situações de afastamento da exclusão de tributação (total ou parcial) prevista no nº 4 do artigo 2º do CIRS visam evitar o aproveitamento abusivo do regime em apreço. Sem a respetiva previsão legal, estaria aberta a porta à ocorrência de cessações do contrato de trabalho, pouco depois seguidas da renovação do vínculo com a mesma empresa ou outra do grupo, permitindo assim a realização de pagamentos (de carácter remuneratório) aos trabalhadores com exclusão de tributação em IRS, a cobro do pagamento de uma indemnização pela cessação do contrato de trabalho.

A este propósito, cabe trazer à colação o alargamento subjetivo previsto no artigo 2º, nº 10 do CIRS relativamente ao conceito de entidade patronal[150], que permite afastar a exclusão de tributação – ficando sujeitas a tributação pela totalidade as importâncias recebidas a título de indemni-

[150] Nos termos do artigo 2º, nº 10 do CIRS, "considera-se entidade patronal toda a que pague ou coloque à disposição remunerações que, nos termos deste artigo, constituam rendimentos de trabalho dependente, sendo a ela equiparada qualquer outra entidade que com ela esteja em relação de grupo, domínio ou simples participação, independentemente da respetiva localização geográfica".

zação pela cessação do contrato de trabalho – mesmo que o novo vínculo profissional ou empresarial não seja criado com a antiga entidade patronal, mas sim com outra empresa do grupo.

Ainda a respeito da criação de novos vínculos, refira-se que, por vezes, as empresas cessem o contrato de trabalho com um trabalhador – reduzindo, assim, um posto de trabalho – e "externalizem" a função em causa, contratando um prestador de serviços para o efeito. Ocasionalmente, o prestador de serviços contratado pode ser, precisamente, o antigo trabalhador – que passa, assim, a assegurar em *outsorcing* a totalidade ou parte das tarefas que tinha anteriormente à cessação. Mediante este procedimento, a empresa assegura a continuidade de tarefas auxiliares e de apoio à atividade da empresa – como a informática ou o processamento de salários, por exemplo –, com recurso a profissionais que já conhecem bem a realidade da empresa, mas reduz o número de postos de trabalho e os custos fixos com salários (por vezes, em resposta a pressões da estrutura acionista).

Ora, do ponto de vista fiscal, o prestador de serviços em causa está, nestes casos, a estabelecer um novo vínculo profissional ou empresarial com a antiga entidade patronal (ou, eventualmente, com outra empresa do grupo) – o que, ocorrendo dentro dos 24 meses seguintes ao momento da cessação do contrato de trabalho, o faz perder o direito à exclusão de tributação em sede de IRS da indemnização recebida pela cessação do contrato de trabalho (ou de parte dela, atento o respetivo limite de valor).

1.5.5. Direitos vencidos durante os contratos

O limite previsto no artigo 2º, nº 4, alínea b) do CIRS ter vindo, ao longo do tempo, a permitir a exclusão de tributação de um valor de indemnização pela cessação do contrato de trabalho superior ao valor mínimo de indemnização a atribuir aos trabalhadores, nos termos da legislação laboral[151]. Este facto tem estado na origem de frequentes tentativas de "aproveitamento total" ou "esgotamento" desse limite de não sujeição a IRS.

Desta forma, quando a indemnização a atribuir ao trabalhador, no caso concreto, é de valor inferior ao limite máximo da exclusão fiscal, calculada nos termos do artigo 2º, nº 4, alínea b) do CIRS, são comuns as tentati-

[151] Isto, apesar das diversas alterações levadas a cabo tanto ao nível do limite fiscal de exclusão de tributação como do enquadramento laboral da indemnização pela cessação do contrato de trabalho.

vas para incluir na aludida indemnização outros valores que o trabalhador ainda tenha direito a receber (v.g. os montantes correspondentes ao último mês de salário ainda não recebido ou os valores relativos a subsídio de férias e de Natal a que ainda tenha direito).

Todavia, o CIRS recusa expressamente este tipo de aplicação, a elementos da remuneração do trabalhador, da exclusão de tributação em sede de IRS que se encontra prevista para a indemnização.

A exclusão de tributação da indemnização pela cessação do contrato de trabalho, prevista no nº 4 do artigo 2º do CIRS, não é aplicável às importâncias relativas aos direitos vencidos durante os contratos ou situações em causa, designadamente remunerações por trabalho prestado, férias, subsídios de férias e de Natal (artigo 2º, nº 6 do CIRS). Assim, as referidas importâncias devem ser tributadas pela totalidade, não se inserindo no valor de indemnização excluído de tributação.

Mesmo no caso de se atribuir ao trabalhador um valor global de compensação pela cessação do contrato – que inclua tanto a indemnização propriamente dita, como as retribuições já vencidas ou aquelas a que o trabalhador ainda tenha direito –, afigura-se-nos contrário à lei fiscal o procedimento de excluir de tributação, até ao limite previsto no artigo 2º, nº 4, alínea b) do CIRS, esse valor global, quando aí se inclua a totalidade ou parte dos montantes referentes a remunerações por trabalho prestado, férias e subsídios que tenham sido integrados na aludida compensação global.

1.5.6. Pagamentos da indemnização diferidos no tempo ou fracionados

Importa referir que nem sempre o pagamento da indemnização pela cessação do contrato de trabalho é efetuado no momento da cessação (ou em data próxima desta) e de uma só vez.

Com alguma frequência, o pagamento da indemnização em causa é diferido no tempo ou mesmo realizado de forma fracionada. Tal pode suceder, designadamente, em virtude de constrangimentos financeiros da entidade patronal.

Assim, pode existir um único pagamento da indemnização pela cessação do contrato de trabalho, mas que seja realizado em momento posterior àquela – por vezes, meses mais tarde. Noutros casos, o pagamento da indemnização pode ser fracionado, sendo realizados diversos pagamentos, ao longo de vários meses ou mesmo anos.

Relativamente ao pagamento fracionado de uma indemnização pela cessação do contrato de trabalho, decorrente de acordo de revogação celebrado entre o trabalhador e a entidade patronal, veja-se o Acórdão do STA de 29 de novembro de 2006, proferido no Processo 0827/06. É aí referido que "o facto tributário surge por referência aos momentos em que ocorrem os fluxos financeiros – de pagamento ou de colocação – e não se encontra exclusivamente indexado à correspondente fonte geradora". Afirma-se ainda, no mesmo Acórdão, que "o que conta é o momento em que se obtém o rendimento ou a utilização do rendimento, pois só aí é que existe capacidade contributiva". E que, portanto, "acordada entre o contribuinte e a sua entidade patronal a cessação do contrato de trabalho entre ambos, obrigando-se ela a pagar-lhe determinadas quantias ao longo de vários anos, a lei a aplicar, para efeitos de imposto sobre o rendimento das pessoas singulares, é a vigente em cada um dos anos em que houve recebimentos em cumprimento de tal acordo"[152]. No mesmo sentido, veja-se também o Acórdão do STA de 27 de junho de 2012, proferido no Processo 032/10.

Nas situações de pagamento diferido e fracionado de uma indemnização pela cessação do contrato de trabalho podem, assim, suscitar-se questões delicadas ao nível da aplicação da lei fiscal no tempo. Estas revelam-se de extrema importância prática caso, por exemplo, se verifique, em qualquer dos anos ao longo dos quais se prolonga o pagamento fracionado da indemnização, uma alteração do regime fiscal aplicável à dita indemnização. Tal pode suceder, por hipótese, caso a legislação fiscal seja alterada no sentido da redução do limite de exclusão de tributação destas indemnizações em sede de IRS. Esta redução iria, em princípio, aplicar-se ao enquadramento fiscal dos pagamentos de frações da indemnização pela cessação do contrato de trabalho posteriores à dita alteração legislativa – podendo levar à tributação em sede de IRS de valores que, nos termos da redação da lei fiscal em vigor à data da cessação do contrato de trabalho, se encontrariam ainda abrangidos pela exclusão de tributação.

1.5.7. Distinção face à remuneração por obrigação de não concorrência

Embora as indemnizações pela cessação do contrato de trabalho e as importâncias relativas à assunção de obrigações de não concorrência sejam, por vezes, atribuídas ao trabalhador cessante no mesmo contexto, importa

[152] In Acórdão do STA de 29 de novembro de 2006, proferido no Processo 0827/06.

distinguir as duas situações. A nível fiscal, o enquadramento de uma e de outra é bastante distinto. Vejamos em maior pormenor.

No âmbito de algumas situações de cessação do contrato de trabalho – sobretudo tratando-se de funções comerciais ou de atividades caracterizadas pela utilização de tecnologia ou de *know-how* com elevado valor – pode ser convencionado o pagamento, ao trabalhador cujo contrato de trabalho cessa, de determinados montantes pela assunção do que comummente é designado como uma obrigação de não concorrência. Esse pagamento pode ser mensal e prolongar-se por um certo período após a cessação do contrato de trabalho.

O recebimento das importâncias em apreço impõe ao sujeito passivo uma obrigação de se abster do exercício de certa atividade – de trabalho dependente, ou empresarial ou profissional –, em determinado contexto (obrigação de *non facere*).

Em termos fiscais, as importâncias auferidas em virtude da assunção de obrigações de não concorrência, independentemente da respetiva fonte ou título, são consideradas um incremento patrimonial em sede de IRS, sendo um rendimento tributável da categoria G, nos termos do artigo 9º, nº 1, alínea c) do CIRS[153].

Trata-se, portanto, de uma situação que não se encontra abrangida pelas normas de incidência do rendimento do trabalho dependente (categoria A) – contrariamente ao que sucede com as indemnizações pela cessação do contrato de trabalho que, conforme vimos, constituem um rendimento da categoria A, previsto no artigo 2º, nº 4 do CIRS.

1.6. Alargamentos subjetivos e seu impacto ao nível da incidência real

O CIRS efetua um alargamento subjetivo tanto ao nível da figura da entidade patronal como da figura do sujeito passivo dos benefícios, com o propósito de evitar a subtração abusiva de remunerações relacionadas com o trabalho dependente ao campo de incidência tributária da categoria A.

Nos termos do artigo 2º, nº 10 do CIRS, considera-se entidade patronal toda a que pague ou coloque à disposição remunerações que constituam rendimentos de trabalho dependente, sendo a ela equiparada qualquer outra entidade que com ela esteja em relação de grupo, domínio ou simples participação, independentemente da respetiva localização geográfica.

[153] *Vide*, sobre esta matéria, Parte II (capítulo V / ponto 6.2) da presente obra, referente ao tratamento fiscal das importâncias auferidas pela assunção de obrigações de não concorrência.

Deste modo, constitui rendimento do trabalho dependente, nos termos gerais, uma remuneração ou benefício que seja atribuído ao trabalhador, não pela empresa que em termos jurídicos é a sua entidade patronal, mas por outra entidade do respetivo grupo (v.g. a casa-mãe), mesmo que localizada no estrangeiro.

Por outro lado, no âmbito das remunerações acessórias, consideram-se rendimentos do trabalho do sujeito passivo os benefícios ou regalias atribuídos pela respetiva entidade patronal a qualquer outra pessoa do seu agregado familiar ou que a ele esteja ligado por vínculo de parentesco ou afinidade até ao 3º grau da linha colateral, ao qual se equipara a relação de cada um dos unidos de facto com os parentes do outro (artigo 2º, nº 11 do CIRS). Desta forma, assegura-se a tributação enquanto rendimento do trabalho dependente, na esfera do trabalhador, de quaisquer montantes ou benefícios concedidos aos respetivos familiares.

1.7. Rendimentos excluídos de tributação e isenções

A delimitação negativa da incidência da categoria A encontra-se prevista nalgumas das disposições do artigo 2º e, sobretudo, no artigo 2º-A. Ambas as referidas disposições do CIRS determinam a exclusão de tributação de alguns montantes ou benefícios auferidos em virtude do trabalho.

Começando pelo artigo 2º do CIRS, alguns dos rendimentos aí previstos como integrando a incidência da categoria A podem, em determinadas circunstâncias e dentro de certos limites, ficar excluídos de tributação.

Diversas das exclusões de tributação consagradas assentam em motivos de proteção e apoio social. Refiram-se, por exemplo: os abonos de família; os subsídios de refeição; as contribuições da entidade patronal para seguros e operações do ramo "Vida", fundos de pensões, fundos de poupança-reforma ou quaisquer regimes complementares de segurança social (artigo 2º, nº 3, alínea b), parágrafos 1), 2) e 3) do CIRS).

Noutros casos, igualmente previstos no artigo 2º do CIRS, a não sujeição a imposto de verbas atribuídas ao trabalhador justifica-se pelo facto de aquelas não consubstanciarem um verdadeiro rendimento, mas apenas o reembolso ou compensação de despesas incorridas pelo trabalhador em prol da entidade patronal. É o caso, por exemplo, das ajudas de custo[154],

[154] Para uma análise sobre o regime fiscal das ajudas de custo, cfr. João Ricardo Catarino, «Ainda a propósito do regime substantivo e fiscal das ajudas de custo», *Revista de Finanças Públicas e Direito Fiscal*, nº 3, 2009, pp. 277-293.

das importâncias auferidas pela utilização de automóvel próprio ao serviço da entidade patronal e das verbas entregues ao trabalhador pelas despesas de deslocação, viagens ou representação (artigo 2º, nº 3, alínea d) do CIRS). A não sujeição a tributação das duas primeiras verbas depende da observância dos pressupostos da sua atribuição aos servidores do Estado e, no caso da última verba, da prestação de contas até ao termo do exercício, de modo a evitar situações abusivas de não tributação. Por último, também no caso dos abonos para falhas (artigo 2º, nº 3, alínea c) do CIRS) não existe um verdadeiro rendimento.

Em grande parte dos casos de exclusão de tributação previstos no artigo 2º do CIRS, a não sujeição do abono a IRS apresenta limites quantitativos máximos, sendo o valor excedente tributado como rendimento de trabalho dependente. A limitação quantitativa pode decorrer da aplicação dos limites legais estabelecidos para o tipo de abono, dos limites previstos para a atribuição de idênticas prestações aos servidores do Estado ou de limites consagrados no próprio artigo 2º do CIRS.

A reforma do IRS de 2014 aditou ao código deste imposto o artigo 2º-A, expressamente dedicado à delimitação negativa dos rendimentos da categoria A. Este preceito legal logrou autonomizar, num artigo próprio, algumas das delimitações negativas de incidência da categoria A com um carácter mais estrutural, umas já existentes e outras introduzidas pela reforma.

Deste modo, o artigo 2º-A do CIRS prevê, no seu nº 1, um conjunto de situações que, apesar de corresponderem a montantes ou benefícios recebidos pelo trabalhador em virtude do seu trabalho, não são objeto de tributação como rendimentos do trabalho dependente. As razões subjacentes a tal exclusão de tributação prendem-se com a natureza específica da prestação e, na maioria dos casos, com as finalidades sociais prosseguidas através da atribuição de tais montantes ou benefícios ao trabalhador.

São as seguintes as exclusões de tributação consagradas pelo artigo 2º-A do CIRS:

i) Prestações efetuadas pelas entidades patronais para regimes obrigatórios de segurança social, ainda que de natureza privada, que visem assegurar exclusivamente benefícios em caso de reforma, invalidez ou sobrevivência;

ii) Benefícios imputáveis à utilização e fruição de realizações de utilidade social e de lazer mantidas pela entidade patronal (v.g. creches, latários, jardins de infância, escolas, cantinas, bibliotecas ou instalações desportivas), desde que observados os critérios estabelecidos no artigo 43º do CIRC (dos quais se destaca o carácter geral da atribuição dos benefícios em causa, ou seja, a sua concretização a favor da generalidade dos trabalhadores da entidade patronal);

iii) Benefícios referentes aos "vales infância" emitidos e atribuídos nas condições previstas no Decreto-Lei nº 26/99, de 28 de janeiro. Estes títulos, atribuídos aos trabalhadores pela entidade patronal, incorporam o direito a prestações de serviços de educação e de apoio à família para os filhos ou equiparados do trabalhador, com idade inferior a 7 anos, servindo para o pagamento de creches ou jardins de infância;

iv) Prestações relacionadas exclusivamente com ações de formação profissional dos trabalhadores, quer estas sejam ministradas pela entidade patronal, quer por organismos de direito público ou entidade reconhecida como tendo competência nos domínios da formação e reabilitação profissionais pelos ministérios competentes;

v) Importâncias suportadas pelas entidades patronais com a aquisição de passes sociais a favor dos seus trabalhadores, desde que a respetiva atribuição tenha carácter geral;

vi) Importâncias suportadas pelas entidades patronais com seguros de saúde ou doença em benefício dos seus trabalhadores ou respetivos familiares, desde que a atribuição tenha carácter geral;

vii) Importâncias suportadas pelas entidades patronais com encargos, indemnizações ou compensações, pagos no ano da deslocação, em dinheiro ou em espécie, devidos pela mudança do local de trabalho, quando este passe a situar-se a uma distância superior a 100 km do local de trabalho anterior, na parte que não exceda 10 % da remuneração anual, com o limite de € 4.200 por ano. Cada sujeito passivo apenas pode aproveitar desta exclusão uma vez em cada período de três anos. Esta medida visa facilitar a mobilidade dos trabalhadores;

viii) A percentagem dos rendimentos brutos da categoria A dos sujeitos passivos que se encontrem a desempenhar no estrangeiro funções ou comissões de carácter público, ao serviço do Estado português, fixada por despacho ministerial, determinada para cada país de exercício de funções e adequada a ter em conta a relação de paridade de poder de compra entre Portugal e esse país[155].

Também o artigo 12º do CIRS – Delimitação negativa de incidência, embora sendo uma norma transversal a todo o IRS, prevê, nos seus nºs 9 e 10, uma exclusão de tributação, até ao limite anual global de 5 vezes o valor do IAS, aplicável aos rendimentos da categoria A provenientes de contrato de trabalho (e também aos rendimentos da categoria B provenientes de contrato de prestação de serviços), obtidos por estudante considerado dependente, nos termos do artigo 13º, a frequentar estabelecimento de ensino integrado no sistema nacional de educação ou reconhecido como tendo fins análogos pelos ministérios competentes[156].

2. Deduções específicas

Ao rendimento bruto do trabalho dependente é subtraído o valor correspondente às deduções específicas da categoria A, previstas no artigo 25º do CIRS, de modo a apurar o rendimento líquido tributável desta categoria.

Nos termos do artigo 25º, nº 1, alínea a) do CIRS, aos rendimentos brutos da categoria A deduz-se, até à sua concorrência, e por cada titular que os tenha auferido, o montante de € 4.104. Trata-se de um valor standard, que não pressupõe qualquer encargo incorrido pelo trabalhador, e que foi estabelecido pelo legislador fiscal para que o apuramento do rendimento tributável da categoria A não fosse tão desfavorável ao contribuinte, quando comparado com o de outras categorias de rendimento (v.g. a categoria B), nas quais há um conjunto mais amplo de deduções.

O legislador fiscal procura, assim, compensar – ao menos parcialmente – o facto de as deduções específicas da categoria A serem de natureza bastante restrita, em virtude de assentarem numa conceção tradicional (e, com frequência, já desajustada da realidade) do trabalho dependente. Segundo esta conceção, o trabalhador não tem de suportar encargos relacionados com a obtenção do rendimento do trabalho dependente, uma vez que é a

[155] A exclusão de tributação desta percentagem dos rendimentos brutos da categoria A é aplicável apenas aos sujeitos passivos que não aufiram de abono isento ou não sujeito a IRS que corresponda também àquela finalidade.

[156] Esta exclusão de tributação foi introduzida no CIRS pela Lei nº 2/2020, de 31 de março (Lei do Orçamento do Estado para 2020).

entidade patronal que suporta todos os encargos necessários ao desenvolvimento da atividade do trabalhador.

O legislador fiscal admite, ainda assim, na categoria A, algumas deduções específicas relacionadas com encargos incorridos pelo trabalhador, embora de âmbito muito limitado.

Em primeiro lugar, refira-se que, se as contribuições obrigatórias para regimes de proteção social e para subsistemas legais de saúde excederem o valor de € 4.104 da dedução standard, a dedução é realizada pelo montante total dessas contribuições.

A dedução standard dos € 4.104 pode, ainda, ser elevada até 75 % de 12 vezes o valor do IAS, desde que a diferença resulte de quotizações para ordens profissionais suportadas pelo próprio sujeito passivo e indispensáveis ao exercício da respetiva atividade desenvolvida exclusivamente por conta de outrem.

Os rendimentos brutos da categoria A são também passíveis, até à sua concorrência, de dois outros tipos de dedução (artigo 25º, nº 1, alíneas b) e c) do CIRS):

i) Indemnizações pagas pelo trabalhador à sua entidade patronal por rescisão unilateral do contrato individual de trabalho sem aviso prévio, em resultado de sentença judicial ou de acordo judicialmente homologado, ou, nos restantes casos, indemnização de valor não superior à remuneração de base correspondente ao aviso prévio;

ii) Quotizações sindicais, na parte em que não constituam contrapartida de benefícios de saúde, educação, apoio à terceira idade, habitação, seguros ou segurança social, e desde que não excedam, em relação a cada sujeito passivo, 1% do rendimento bruto desta categoria, sendo majoradas em 50% do seu valor.

3. Regime de tributação

O rendimento líquido do trabalho dependente apurado por sujeitos passivos residentes é sujeito a englobamento obrigatório, nos termos do artigo 22º, nº 1 e nº 3, alínea b) *a contrario* do CIRS.

Há que ter em conta, todavia, a existência de algumas situações específicas de rendimentos do trabalho dependente obtidos por residentes que não seguem o regime de englobamento obrigatório. É o caso das gratificações auferidas pela prestação ou em razão da prestação de trabalho, quando não atribuídas pela entidade patronal (v.g. as vulgarmente designadas gorjetas e as gratificações obtidas pelos profissionais de banca dos casinos[157]), que, apesar de constituírem rendimentos da categoria A, são tributadas autonomamente, à taxa de 10%, nos termos do artigo 72º, nº 7 do CIRS.

Retomando a análise do regime do englobamento aplicável aos sujeitos passivos residentes em território português, ao rendimento global líquido deste decorrente são aplicadas as taxas gerais de IRS, previstas no artigo 68º do CIRS – taxas de imposto progressivas, por escalões.

Ao valor da coleta calculada mediante a aplicação das taxas gerais de IRS são efetuadas as deduções à coleta, nos termos previstos nos artigos 78º e seguintes de CIRS. Apura-se, assim, o valor do imposto final devido.

As retenções na fonte de IRS sofridas ao longo do ano, relativamente aos rendimentos do trabalho dependente auferidos por sujeitos passivos residentes, têm a natureza de adiantamento por conta do imposto devido em termos finais. O valor das aludidas retenções na fonte é dedutível à coleta (após as restantes deduções), nos termos previstos no artigo 78º, nºs 2 e 3 do CIRS, apurando-se então se o sujeito passivo tem ainda imposto a pagar ou se, pelo contrário, tem direito ao reembolso do excesso de imposto já pago, no caso de o valor das retenções sofridas exceder o valor do imposto final devido[158].

No caso dos residentes não habituais em território português, os rendimentos líquidos da categoria A por estes auferidos em atividades de elevado valor acrescentado, definidas na Portaria nº 12/2010, de 7 de janeiro (com as alterações introduzidas pela Portaria nº 230/2019, de 23 de julho), encontram-se excluídos do regime de englobamento obrigatório. São sujeitos à taxa especial de tributação autónoma de 20%, nos termos do artigo 72º, nº 10 do CIRS. Estes rendimentos podem ser englobados por opção do sujeito passivo residente não habitual (artigo 72º, nº 13 do CIRS).

[157] Para uma análise sobre o enquadramento fiscal deste tipo de remunerações, cfr. MÁRIO PATINHA ANTÃO, «Tributação das gratificações a profissionais de banca dos casinos», *Fisco*, nº 95/96, 2001, pp. 63-75.

[158] Quando tiverem ocorrido pagamentos por conta na categoria A, estes também são dedutíveis à coleta, nos termos e com os efeitos previstos no artigo 78º, nºs 2 e 3 do CIRS, tal como explicitado para as retenções na fonte. Todavia, a ocorrência de pagamentos por conta na categoria A é rara. Com efeito, o artigo 102º, nº 8 do CIRS prevê a sua realização pelos titulares de rendimentos das várias categorias, em termos opcionais, apenas no caso de as entidades devedoras dos rendimentos em causa não se encontrarem abrangidas pela obrigação de efetuar as retenções na fonte previstas no CIRS.

Por seu turno, os rendimentos do trabalho dependente auferidos por sujeitos passivos não residentes em território português encontram-se excluídos do regime de englobamento (artigo 22º, nº 3, alínea a) do CIRS). Os sujeitos passivos não residentes têm os seus rendimentos do trabalho dependente, obtidos em território português, tributados por retenção na fonte a título definitivo, à taxa liberatória de 25% (artigo 71º, nº 4, alínea a) do CIRS). Há, no entanto, no caso de sujeitos passivos não residentes em território português, mas que sejam residentes noutro Estado membro da UE ou do EEE[159], que ter em conta a existência no CIRS de regimes que, nalguns aspetos, se aproximam do regime de englobamento opcional. É o caso dos regimes opcionais previstos no artigo 71º, nºs 10 a 15 do CIRS e, em especial, no artigo 17º-A do CIRS.

4. Retenções na fonte

As entidades devedoras de rendimentos do trabalho dependente são obrigadas a reter o imposto no momento do seu pagamento ou colocação à disposição dos respetivos titulares, mediante a dedução das importâncias correspondentes à aplicação das taxas de retenção legalmente previstas (artigo 99º, nº 1, alínea a) do CIRS)[160].

As retenções na fonte incidentes sobre os rendimentos do trabalho dependente auferidos por residentes em território português têm a natureza de um adiantamento por conta do IRS devido em termos finais[161].

Encontram-se excluídos de retenção na fonte os rendimentos em espécie e, ainda, as gratificações auferidas pela prestação ou em razão da prestação do trabalho, quando não atribuídas pela respetiva entidade patronal (o quc abarca as vulgarmente designadas gorjetas). Contudo, ambos os tipos de remuneração podem ser sujeitos a retenção na fonte, mediante pedido do respetivo titular (artigo 99º-C, nº 3 do CIRS).

Os rendimentos do trabalho relativos a atividades exercidas no estrangeiro, auferidos por pessoas singulares residentes em território português, ficam também dispensados de retenção na fonte, desde que sejam sujeitos

[159] No caso dos residentes em Estado membro do EEE, desde que exista intercâmbio de informações em matéria fiscal.

[160] Para uma abordagem geral sobre a questão das retenções na fonte em IRS, cfr. MANUEL FAUSTINO, *O Dever de Retenção na Fonte*, Áreas Editora, Lisboa, 2003.

[161] Este último, liquidado pela AT no ano seguinte àquele a que o imposto diz respeito.

a tributação efetiva no país da fonte, em imposto similar ao IRS (artigo 99º, nº 5 do CIRS).

A retenção de IRS é efetuada sobre as remunerações mensalmente pagas ou postas à disposição dos seus titulares, mediante a aplicação das taxas que lhes correspondam, constantes da respetiva tabela. Considera-se remuneração mensal o montante pago a título de remuneração fixa, acrescido de quaisquer outras importâncias que tenham a natureza de rendimentos de trabalho dependente, tal como são definidos no artigo 2º (artigo 99º-C, nºs 1 e 2 do CIRS).

Os subsídios de férias e de Natal são sempre objeto de retenção autónoma, não podendo, para o cálculo do imposto a reter, ser adicionados às remunerações dos meses em que são pagos ou postos à disposição. Quando os aludidos subsídios forem pagos fracionadamente, deve ser retido, em cada pagamento, a parte proporcional do imposto calculado nos termos referidos (artigo 99º-C, nºs 5 e 6 do CIRS).

Também a remuneração relativa a trabalho suplementar e as remunerações relativas a anos anteriores àquele em que são pagas ou colocadas à disposição do sujeito passivo são sempre objeto de retenção autónoma, não podendo, para o cálculo do imposto a reter, ser adicionadas às remunerações dos meses em que são pagas ou postas à disposição (artigo 99º-C, nº 5 do CIRS).

Contudo, nos termos do artigo 99º-C, nº 8 do CIRS[162], a taxa de retenção na fonte a aplicar à remuneração relativa a trabalho suplementar é a que corresponder à *remuneração mensal do trabalho dependente* referente ao mês em que aquela é paga ou colocada à disposição. Para a interpretação deste preceito, recorde-se que, nos termos do nº 2 do mesmo artigo, a *remuneração mensal* é definida como "o montante pago a título de remuneração fixa, acrescido de quaisquer outras importâncias que tenham a natureza de rendimentos de trabalho dependente, tal como são definidos no artigo 2º [do CIRS]". Parece-nos, portanto, que, se no mês de fevereiro, por hipótese, forem pagos ao trabalhador a remuneração fixa, um prémio e uma comissão, a taxa de retenção na fonte que for aplicada ao conjunto destas remunerações do trabalho dependente é também aquela que deve ser aplicada para efetuar a retenção autónoma que incide sobre a remuneração relativa a trabalho suplementar.

[162] O nº 8 foi introduzido no artigo 99º-C do CIRS pela Lei nº 71/2018, de 31 de dezembro (Lei do Orçamento do Estado para 2019).

As taxas de retenção na fonte aplicáveis às remunerações do trabalho dependente constam de tabelas, aprovadas anualmente por despacho do Ministro das Finanças. As tabelas de retenção são progressivas, tendo em conta o valor da remuneração mensal auferida e a situação pessoal e familiar do titular dos rendimentos (artigo 99º-B do CIRS). As aludidas tabelas atendem, designadamente, ao estado civil e ao número de dependentes a cargo do sujeito passivo.

Quanto às tabelas respeitantes a "casado, único titular", estas aplicam-se aos rendimentos auferidos por titulares casados e não separados judicialmente de pessoas e bens, quando apenas um dos cônjuges aufira rendimentos englobáveis, ou, auferindo-os ambos, o rendimento de um deles seja igual ou superior a 95 % do rendimento englobado.

De forma a disporem dos elementos necessários à correta realização da retenção na fonte, as entidades devedoras de rendimentos do trabalho dependente são obrigadas, antes de efetuarem o primeiro pagamento ou colocação à disposição, a solicitar ao sujeito passivo os dados relativos à sua situação pessoal e familiar. Por seu turno, os titulares dos rendimentos do trabalho dependente estão obrigados a facultar esta informação à entidade devedora dos rendimentos.

Todavia, importa ter em conta que, no caso específico de remunerações do trabalho dependente que compreendam, exclusivamente, montantes variáveis, a retenção na fonte – a efetuar pela entidade que pague ou coloque à disposição tais remunerações, no momento em que o faça – é realizada segundo a tabela de taxas de retenção na fonte prevista no artigo 100º, nº 1 do CIRS para remunerações não fixas.

As retenções na fonte efetuadas devem, em geral, ser entregues até ao dia 20 do mês seguinte àquele em que foram deduzidas.

Os titulares de rendimentos da categoria A podem optar pela retenção do IRS mediante taxa inteira superior à que lhes é legalmente aplicável, mediante declaração para o efeito, a apresentar à entidade pagadora dos rendimentos.

No âmbito do regime especial de que beneficiam os residentes não habituais, as remunerações mensais integradas na categoria A que estes aufiram em território português, desde que referentes às atividades de elevado valor acrescentado previstas na Portaria nº 12/2010, de 7 de janeiro (com as alterações introduzidas pela Portaria nº 230/2019, de 23 de julho), são sujeitas a retenção na fonte à taxa de 20% (artigo 99º, nº 8 do CIRS).

Esta retenção tem a natureza de um adiantamento por conta do imposto devido em termos finais (à taxa especial de tributação autónoma, também de 20%, prevista no artigo 72º, nº 10 do CIRS).

Por fim, os rendimentos do trabalho dependente obtidos, em território português, por sujeitos passivos não residentes são tributados por retenção na fonte a título definitivo, à taxa liberatória de 25% (artigo 71º, nº 4, alínea a) do CIRS)[163].

5. Pagamentos por conta opcionais

O artigo 102º, nº 8 do CIRS admite a realização de pagamentos por conta pelos titulares de rendimentos da categoria A, mas apenas em termos opcionais e numa situação bastante específica.

Esta disposição legal começou por prever os pagamentos por conta opcionais apenas para as categorias A e H. Todavia, por força da Lei nº 2/2020, de 31 de março (Lei do Orçamento do Estado para 2020), o regime foi alargado a todas as categorias de rendimentos.

A realização dos pagamentos por conta tem cabimento legal apenas no caso de as entidades devedoras dos rendimentos não se encontrarem abrangidas pela obrigação de efetuar as retenções na fonte previstas no artigo 99º do CIRS. Neste caso, os titulares dos rendimentos podem, querendo, efetuar pagamentos por conta do imposto devido a final, desde que o montante de cada entrega seja igual ou superior a € 50.

Trata-se, portanto, de uma situação residual, que ocorre, por exemplo, no caso de entidades devedoras de rendimentos do trabalho dependente que, embora realizando pagamentos a pessoas singulares residentes, sejam elas próprias entidades não residentes e sem estabelecimento estável em território português (e, portanto, não vinculadas pelas obrigações de retenção na fonte previstas na lei portuguesa). Nestas situações, os titulares dos

[163] Note-se, contudo, que os rendimentos do trabalho dependente mensalmente pagos ou colocados à disposição dos respetivos titulares, sujeitos passivos não residentes, não são objeto de qualquer retenção na fonte até ao valor da retribuição mínima mensal garantida, quando os mesmos resultem de trabalho prestado a uma única entidade, aplicando-se a taxa de 25% apenas à parte que exceda esse valor. Para tal efeito, o titular dos rendimentos deve comunicar à entidade devedora, através de declaração escrita, que não auferiu ou aufere o mesmo tipo de rendimentos de outras entidades residentes em território português ou de estabelecimentos estáveis de entidades não residentes neste território. Esta exclusão de retenção na fonte encontra-se prevista nos nºs 5 e 6 do artigo 71º do CIRS, introduzidos pela Lei nº 71/2018, de 31 de dezembro (Lei do Orçamento do Estado para 2019).

rendimentos da categoria A, não sofrendo retenções na fonte, teriam de pagar no ano seguinte todo o imposto devido quanto aos rendimentos em causa, após o recebimento da liquidação de IRS efetuada pela AT. Alguns dos aludidos sujeitos passivos poderão, em termos de gestão das suas finanças pessoais, optar por realizar pagamentos por conta do imposto, no próprio ano em que recebem os aludidos rendimentos, em vez de terem de suportar todo o encargo fiscal num determinado momento do ano seguinte.

Capítulo II
Rendimentos empresariais e profissionais
– Categoria B –

1. Enquadramento dos rendimentos empresariais e profissionais

A atual categoria B – Rendimentos empresariais e profissionais resulta da aglutinação de três categorias de rendimento previstas na versão inicial do CIRS: categoria B – Rendimentos do trabalho independente, categoria C – Rendimentos comerciais e industriais e categoria D – Rendimentos agrícolas.

Constatando-se a existência de similitudes relevantes, ao nível dos aspetos essenciais, entre os rendimentos das três categorias, o legislador fiscal optou por aglutinar os rendimentos das antigas categorias B, C e D na atual categoria B.

Trata-se de uma categoria que, pelo facto de atrair a si rendimentos que, pela respetiva natureza, pertenceriam a outras categorias do CIRS, bem como por ter diversos regimes de determinação do rendimento coletável, impõe uma análise cuidadosa da sua delimitação face a outras categorias de rendimentos e dos contornos do regime tributário aplicável.

2. Delimitação da incidência real

2.1. Rendimentos empresariais e profissionais

A categoria B integra os seguintes rendimentos empresariais e profissionais auferidos por pessoas singulares (artigo 3º, nºs 1 e 2 do CIRS):

i) Os decorrentes do exercício de qualquer atividade comercial, industrial, agrícola, silvícola ou pecuária;

ii) Os auferidos no exercício, por conta própria, de qualquer atividade de prestação de serviços, incluindo as de carácter científico, artístico ou técnico, qualquer que seja a sua natureza, ainda que conexa com atividades mencionadas na alínea anterior;

iii) Os provenientes da propriedade intelectual ou industrial ou da prestação de informações respeitantes a uma experiência adquirida no sector industrial, comercial ou científico (também conhecida por "*know-how*")[164], quando auferidos pelo seu titular originário;

iv) As importâncias auferidas, a título de indemnização, conexas com a atividade exercida, nomeadamente a sua redução, suspensão e cessação, assim como pela mudança do local de respetivo exercício;

v) As importâncias relativas à cessão temporária de exploração de estabelecimento;

vi) Os subsídios ou subvenções no âmbito do exercício de atividade comercial, industrial, agrícola, silvícola ou pecuária, ou do exercício por conta própria de qualquer atividade de prestação de serviços;

vii) Os provenientes da prática de atos isolados referentes ao exercício de atividade comercial, industrial, agrícola, silvícola ou pecuária ou ao exercício, por conta própria, de qualquer atividade de prestação de serviços.

Os rendimentos provenientes de atos isolados são os que não resultam de uma prática previsível ou reiterada (artigo 3º, nº 3 do CIRS). A repetição de atos do mesmo tipo num determinado ano retira-lhes o carácter de ato isolado.

No que diz respeito ao conceito de atividades comerciais e industriais, consideram-se como tais, nos termos do artigo 4º do CIRS, designadamente, as seguintes: compra e venda; fabricação; pesca; explorações mineiras e outras indústrias extrativas; transportes; construção civil; urbanísticas e exploração de loteamentos; atividades hoteleiras e similares, restauração e bebidas, bem como a venda ou exploração do direito real de habitação periódica; agências de viagens e de turismo; artesanato; atividades agrícolas e pecuárias não conexas com a exploração da terra ou em que esta tenha carácter manifestamente acessório; atividades agrícolas, silvícolas e

[164] De acordo com o artigo 3º, nº 5 do CIRS, consideram-se como provenientes da propriedade intelectual os direitos de autor e direitos conexos.

pecuárias integradas noutras de natureza comercial ou industrial; arrendamento, quando haja opção pela tributação no âmbito da categoria B.

2.2. Poder de atração da categoria B

Em resultado do poder de atração conferido à categoria B, no CIRS, consideram-se ainda rendimentos desta categoria (artigo 3º, nº 2 do CIRS):

a) Os rendimentos prediais imputáveis a atividades geradoras de rendimentos empresariais e profissionais.
Assim, se o imóvel arrendado integrar os ativos afetos a uma atividade empresarial ou profissional, as respetivas rendas constituem um rendimento da categoria B, e não da F.

b) Os rendimentos de capitais imputáveis a atividades geradoras de rendimentos empresariais e profissionais.
Deste modo, os juros de contas bancárias ou de aplicações de tesouraria referentes a uma atividade empresarial ou profissional exercida por pessoa singular constituem um rendimento da categoria B, e não da E.

c) As mais-valias apuradas no âmbito das atividades geradoras de rendimentos empresariais e profissionais, definidas nos termos do artigo 46º do CIRC, designadamente as resultantes da transferência para o património particular dos empresários de quaisquer bens, com exceção dos bens imóveis, afetos ao ativo da empresa e, bem assim, os outros ganhos ou perdas que, não se encontrando nessas condições, decorram das operações referidas no artigo 10º, nº 1 do CIRS, quando imputáveis a atividades geradoras de rendimentos empresariais e profissionais.

Face ao exposto, caso os rendimentos prediais, os rendimentos de capitais ou as mais-valias sejam imputáveis a atividades geradoras de rendimentos empresariais e profissionais ou apurados nesse âmbito, tais rendimentos não são tributados nos termos aplicáveis às categorias F, E ou G, respetivamente, sendo-o antes nos termos da categoria B.

Significa isto que, não obstante preencherem as condições de incidência das categorias F, E ou G, caso as rendas, os juros ou as mais-valias referidas, a título de exemplo, sejam imputáveis a atividades empresariais e profissionais – de acordo com o previsto no artigo 3º, nº 2, alíneas a), b) ou c) do CIRS –, tais rendimentos são "atraídos" para a categoria B ou por esta absorvidos. São, portanto, tributados nos termos da categoria B, e não da categoria que *a priori* integrariam, em virtude das suas características e natureza.

O poder de atração da categoria B corresponde a um enquadramento imperativo, no caso de se verificar alguma das circunstâncias previstas nas alíneas a), b) ou c) do artigo 3º, nº 2 do CIRS. A categoria B prevalece, assim, sobre as categorias F, E e G, nos casos em apreço.

2.3. Opção pela tributação das rendas na categoria B

Apesar de os rendimentos prediais, quando auferidos por locadores pessoas singulares, constituírem normalmente um rendimento tributável no âmbito da categoria F do IRS – Rendimentos prediais –, o sujeito passivo pode optar pela tributação dos rendimentos em causa no âmbito da categoria B, nos termos previstos no artigo 4º, nº 1, alínea n) e no artigo 8º, nº 1 *in fine*, ambos do CIRS[165].

O artigo 4º, nº 1, alínea n) do CIRS, para além de prever a aludida opção, passou a incluir expressamente o arrendamento no elenco das atividades comerciais e industriais. Por seu turno, o artigo 8º, nº 1 do CIRS, ao estabelecer a norma de incidência da categoria F, qualifica como rendimentos prediais as rendas pagas ou colocadas à disposição dos respetivos titulares, *"quando estes não optarem pela sua tributação no âmbito da categoria B"*.

A possibilidade de os sujeitos passivos optarem pela tributação dos rendimentos derivados do arrendamento no âmbito da categoria B foi introduzida pela Lei nº 82-E/2014, de 31 de dezembro (Lei da Reforma do IRS). Assim, desde 2015, o sujeito passivo tem a possibilidade, relativamente aos rendimentos gerados pelo arrendamento, de optar pela tributação no âmbito da categoria F ou da categoria B. Esta opção é livremente realizada pelo sujeito passivo, sem dependência do preenchimento de qualquer tipo de métrica ou teste de substância que vise aferir a natureza verdadeiramente empresarial do rendimento em causa.

A opção pela tributação dos rendimentos prediais na categoria B deve ser realizada na declaração de início de atividade ou na declaração de alterações, conforme o nº 5 do artigo 4º do CIRS.

[165] Efetuamos aqui apenas uma breve referência à opção pela tributação das rendas na categoria B. Optámos por enquadrar o tratamento mais detalhado deste regime na Parte II (capítulo IV / pontos 8.2 e 8.3, com os respetivos sub-pontos) do presente trabalho, logo a seguir à abordagem dos Rendimentos Prediais – Categoria F, de modo a facilitar uma comparação dos dois regimes possíveis de tributação das rendas.

Importa salientar o facto de o exercício da opção pela tributação dos rendimentos prediais no âmbito da categoria B envolver a afetação dos imóveis objeto do arrendamento a uma atividade empresarial exercida em nome individual pelo seu proprietário[166].

Efetivamente, nos termos do artigo 29º, nº 1 do CIRS, na determinação do rendimento da categoria B só são considerados proveitos e custos os relativos a bens ou valores que façam parte do ativo da empresa individual do sujeito passivo ou que estejam afetos às atividades empresariais e profissionais por ele desenvolvidas. Deste modo, o enquadramento na categoria B dos rendimentos prediais, bem como dos gastos que lhes estão associados, pressupõe que o imóvel gerador das rendas seja objeto de afetação aos ativos de uma atividade empresarial ou profissional[167] tributada no âmbito dessa mesma categoria B.

A afetação dos imóveis ao ativo empresarial do sujeito passivo, para efeitos da opção pela tributação dos rendimentos prediais no âmbito da categoria B – bem como uma eventual reversão dessa opção, com o correspondente retorno dos imóveis ao património particular do sujeito passivo –, encontram-se, atualmente, mais facilitadas do ponto de vista fiscal do que há anos atrás.

Com efeito, graças às alterações introduzidas no CIRS pela Lei nº 75-B/2020, de 31 de dezembro (Lei do Orçamento do Estado para 2021):

i) A afetação de bens imóveis do património particular do sujeito passivo à sua atividade empresarial e profissional exercida em nome individual deixa de integrar a norma de incidência das mais-valias, pois a previsão referente a esse tipo de afetação passa a excecionar os bens imóveis (cfr. nova redação do artigo 10º, nº 1, alíneas a) e i) do CIRS); e

ii) A transferência de bens imóveis, que estavam afetos ao ativo de uma atividade empresarial ou profissional, para o património particular do mesmo sujeito passivo, deixa de integrar a norma de incidência dos rendimentos empresariais e profissionais, dado que a previsão referente a esse tipo de transferência passa a excecionar os bens imóveis (cfr. nova redação do artigo 3º, nº 2, alínea c) do CIRS).

[166] Implica, igualmente, a abertura da atividade de arrendamento.

[167] Atividade exercida em nome individual pelo proprietário do bem imóvel.

As referidas alterações de regime fiscal, trazidas pela Lei nº 75-B/2020, de 31 de dezembro, vêm, aliás, no sentido do que já vínhamos preconizando há algum tempo. Isto porque o regime anteriormente vigente[168] merecia várias críticas. Para além de ser de duvidosa compatibilidade com os princípios da capacidade contributiva e da tributação do rendimento real[169], podia, em determinadas circunstâncias, ter consequências gravosas

[168] Por uma questão de clareza e de facilidade de referência, para leitores menos familiarizados com o tema, incluímos infra os traços essenciais do regime anteriormente vigente. Nos termos do **regime anterior** (i.e., o **previsto no CIRS até à entrada em vigor das alterações introduzidas pela Lei nº 75-B/2020, de 31 de dezembro**), tanto a afetação dos imóveis ao ativo empresarial do sujeito passivo, para efeitos da opção pela tributação dos rendimentos prediais no âmbito da categoria B, como uma eventual reversão dessa opção, com o correspondente retorno dos imóveis ao património particular do sujeito passivo, tinham consequências fiscais relevantes. Vejamos:
Caso o imóvel afeto às atividades empresariais e profissionais proviesse do património particular do sujeito passivo, a respetiva afetação aos ativos empresariais ou profissionais gerava uma mais-valia suspensa (artigo 10º, nº1, alínea a) e nº 3, alínea b) do CIRS, na sua antiga redação). Por seu turno, uma transferência do imóvel do património empresarial novamente para o património particular do empresário constituía uma mais-valia, tributável no âmbito da categoria B, nos termos do artigo 3º, nº 2, alínea c) do CIRS. Com o fator agravante de não se tratar de uma mais-valia suspensa (ao contrário do que sucedia no percurso oposto, ou seja, na transferência do imóvel do património particular para o património empresarial do seu titular).
Contudo, conforme decorria do artigo 3º, nº 9 do CIRS, na sua antiga redação, no caso de um imóvel que se encontrasse afeto ao ativo empresarial, desde que se tratasse de um imóvel habitacional, a sua afetação à obtenção de rendimentos da categoria F não era considerada uma transferência para o património particular do empresário e, consequentemente, não preenchia a norma de incidência do artigo 3º, nº 2, alínea c) do CIRS, na sua antiga redação. Nestas condições, portanto, a diferente afetação do imóvel já não originava um rendimento empresarial e profissional.
Esta exceção tinha sido introduzida pela Lei nº 42/2016, de 28 de dezembro (Lei do Orçamento do Estado para 2017), e veio, na altura, facilitar significativamente a reversão da opção pela tributação das rendas na categoria B. Graças ao disposto no artigo 3º, nº 9 do CIRS, quando estivesse em causa um imóvel habitacional, o sujeito passivo podia abandonar o regime de tributação das rendas na categoria B e voltar a ser tributado pelas rendas no âmbito da categoria F, sem para tal incorrer nos encargos fiscais associados à obtenção de um rendimento empresarial e profissional (que existiria, *grosso modo*, se tivesse havido uma valorização do imóvel entre a data da sua afetação à atividade empresarial sujeita à categoria B e a data da sua desafetação da mesma.
Nas referidas circunstâncias – de afetação de um imóvel habitacional à obtenção de rendimentos da categoria F –, também a mais-valia inicial, referente ao primeiro momento, de saída do imóvel do património particular e sua afetação ao património empresarial, continuava suspensa, graças ao disposto no artigo 10º, nº 3, alínea b) *in fine* do CIRS, na sua antiga redação.

[169] Cfr. o ponto 3.3.4 da Parte I da presente obra, onde esta temática é analisada em maior detalhe.

para os sujeitos passivos que decidissem alterar o enquadramento dos seus rendimentos prediais ou de rendimentos relacionados com a atividade de alojamento local. Face aos últimos ajustamentos introduzidos ao regime anterior, tal sucedia, principalmente, nos casos de desafetação do património empresarial (com transferência para o património particular) de imóvel não habitacional e/ou que deixasse de estar arrendado.

2.4. Propriedade intelectual ou industrial – Repartição da incidência entre várias categorias

Os rendimentos decorrentes da propriedade intelectual ou industrial ou de uma experiência adquirida no sector comercial, industrial ou científico (sendo tal experiência também designada por *know-how*) podem integrar-se nas categorias de rendimentos B (Rendimentos empresariais e profissionais), E (Rendimentos de capitais) ou G (Incrementos patrimoniais), consoante sejam ou não obtidos pelo seu titular originário e se trate de alienação ou de mera cessão temporária dos direitos em causa.

No caso de obtenção do rendimento pelo titular originário dos direitos (o autor, criador ou inventor), incluem-se na categoria B quer os rendimentos resultantes da alienação quer os decorrentes da cessão temporária da propriedade intelectual ou industrial ou da prestação de informações respeitantes a uma experiência adquirida no sector industrial, comercial ou científico (artigo 3º, nº 1, alínea c) do CIRS).

No caso de serem auferidos por alguém que não seja o autor ou titular originário dos direitos, os rendimentos decorrentes da cessão ou utilização temporária de direitos da propriedade intelectual ou industrial integram-se na categoria E (artigo 5º, nº 2, alínea m) do CIRS), ao passo que os resultantes da alienação onerosa dos aludidos direitos ou do *know-how* constituem mais-valias, integrando-se na categoria G (artigo 10º, nº 1, alínea c) do CIRS).

3. Momento relevante para a sujeição a tributação

Os rendimentos da categoria B ficam sujeitos a tributação, nos termos estabelecidos no artigo 3º, nº 6 do CIRS:

i) Desde o momento em que, para efeitos de IVA, seja obrigatória a emissão de fatura ou documento equivalente; ou

ii) Não sendo obrigatória a sua emissão, desde o momento do pagamento ou colocação à disposição dos respetivos titulares, sem prejuízo da aplicação do disposto no artigo 18º do CIRC, sempre que o rendimento seja determinado com base na contabilidade.

4. Determinação do rendimento tributável da categoria B

4.1. Enquadramento geral

A determinação do rendimento tributável da categoria B pode ser efetuada de acordo com vários regimes, dependendo da situação concreta e, nalguns casos, das opções do sujeito passivo.

São os seguintes os regimes legalmente previstos para este efeito:

i) Contabilidade organizada (artigos 32º e 33º do CIRS)

ii) Regime simplificado de tributação (artigo 31º do CIRS)

iii) Atos isolados (artigo 30º do CIRS)
Consoante o valor dos rendimentos obtidos através do ato isolado, são aplicáveis os coeficientes previstos para o regime simplificado ou, com as devidas adaptações, as regras aplicáveis no regime de contabilidade organizada[170].

iv) Opção pela tributação segundo as regras da categoria A (artigo 28º, nº 8 do CIRS)
A aplicação deste regime é admissível apenas se os rendimentos auferidos pelo sujeito passivo resultarem de serviços prestados a uma única entidade.

v) Imputação especial (artigo 20º do CIRS)

No que diz respeito aos dois regimes principais (contabilidade organizada ou regime simplificado), o enquadramento do sujeito passivo num ou noutro é feito segundo as regras estabelecidas no artigo 28º do CIRS.

A determinação do rendimento tributável da categoria B é efetuada através da contabilidade organizada, se tal for o regime aplicável ao sujeito passivo em resultado do disposto no artigo 28º, nº 2 do CIRS, ou se o sujeito passivo tiver optado por esse regime. Nestes casos, no âmbito da categoria B com contabilidade organizada, o sujeito passivo pode deduzir fiscalmente os gastos e perdas incorridos ou suportados para obter ou garantir os rendimentos sujeitos a imposto, nos termos do artigo 23º do CIRC (cfr. a remissão prevista no artigo 32º do CIRS). Note-se, porém,

[170] Embora os sujeitos passivos que pratiquem atos isolados estejam dispensados de ter contabilidade organizada propriamente dita, por referência a esses atos (artigo 30º, nº 1 do CIRS).

que na determinação do rendimento tributável da categoria B só são considerados rendimentos e encargos os que forem relativos a bens ou valores que façam parte do ativo da empresa individual do sujeito passivo ou que estejam afetos às atividades empresariais e profissionais por ele desenvolvidas (artigo 29º, nº 1 do CIRS).

Em contrapartida, se o sujeito passivo não estiver obrigado à manutenção de contabilidade organizada no âmbito da categoria B do IRS, nem por ela tiver optado, ele fica sujeito ao regime simplificado da categoria B, abordado no ponto seguinte.

4.2. Regime simplificado

O regime simplificado de determinação dos rendimentos empresariais e profissionais, previsto no artigo 31º do CIRS, foi introduzido pela Lei nº 30-G/2000, de 29 de dezembro.

Ficam abrangidos pelo regime simplificado os sujeitos passivos que, no exercício da sua atividade, não tenham ultrapassado no período de tributação imediatamente anterior um montante anual ilíquido de rendimento da categoria B de € 200.000, nem tenham optado pela determinação dos rendimentos com base na contabilidade (artigo 28º, nºs 2 e 3 do CIRS).

No âmbito do regime simplificado, a determinação do rendimento tributável é feita através da aplicação, a cada um dos diversos tipos de rendimento que integram a categoria B, do coeficiente que lhe corresponda. Os diversos coeficientes estão previstos nas várias alíneas do artigo 31º, nº 1 do CIRS.

A Lei nº 114/2017, de 29 de dezembro (Lei do Orçamento do Estado para 2018) introduziu profundas alterações ao funcionamento do regime simplificado. Nos termos do nº 13 do artigo 31º do CIRS, com a redação prevista na referida Lei, "a dedução ao rendimento que decorre da aplicação dos coeficientes previstos nas alíneas b) e c) do nº 1 está parcialmente condicionada à verificação de despesas e encargos efetivamente suportados, acrescendo ao rendimento tributável apurado nos termos dos números anteriores a diferença positiva entre 15% dos rendimentos brutos das prestações de serviços previstas naquelas alíneas e o somatório" de um conjunto de importâncias elencadas nas seis alíneas do nº 13 do artigo 31º do CIRS.

Significam estas alterações que, na prática, se altera parcialmente a natureza do regime simplificado anteriormente existente, no âmbito do qual havia uma presunção legal de determinado percentual de despesas, sem necessidade da respetiva realização efetiva ou comprovação documental pelo sujeito passivo. Esta alteração do regime fiscal irá, provavelmente, agravar o nível de tributação dos rendimentos obtidos por um número significativo de sujeitos passivos com rendimentos da categoria B afetados pelas novas normas, em cuja atividade o volume de despesas e encargos efetivamente suportados seja diminuto.

5. Dedução de perdas

Quando for apurado um resultado líquido negativo na categoria B com contabilidade organizada, a perda em causa é reportável para os anos seguintes, nos termos do artigo 55º do CIRS.

No caso dos sujeitos passivos enquadrados no regime simplificado, não há lugar ao apuramento de prejuízos. Contudo, estes sujeitos passivos podem deduzir os prejuízos fiscais que eventualmente tenham apurado em períodos anteriores àquele em que se iniciou a aplicação do regime simplificado (artigo 55º, nº 4 do CIRS).

Nos termos do artigo 55º, nº 1, alínea a) do CIRS, o resultado líquido negativo apurado na categoria B é reportável, de harmonia com a parte aplicável do artigo 52º do CIRC, aos 12 anos seguintes àquele a que respeita[171]. Assim, as perdas apuradas no âmbito da categoria B são dedutíveis, nos 12 anos seguintes, aos resultados líquidos positivos da mesma categoria, mas a dedução a efetuar em cada um dos períodos de tributação não pode exceder o montante correspondente a 70% do respetivo resultado líquido positivo da categoria B, nos termos previstos no artigo 52º, nº 2 do CIRC.

Não fica, todavia, prejudicada a dedução da parte das perdas que não tenha sido deduzida devido ao limite dos 70%, uma vez que poderá ser deduzida, nas mesmas condições, até ao final do período de dedução dos 12 anos seguintes ao do apuramento da perda.

6. Regime de tributação

6.1. Traços gerais do regime

O rendimento tributável da categoria B obtido por sujeitos passivos residentes – quer seja apurado através da contabilidade organizada, quer nos

[171] O prazo de 12 anos para o reporte das perdas da categoria B foi consagrado pela Lei nº 83-C/2013, de 31 de dezembro (Lei do Orçamento do Estado para 2014). Este prazo aplica-se às perdas apuradas após 1 de janeiro de 2014.

termos do regime simplificado – é objeto de englobamento obrigatório, conforme resulta do artigo 22º, nº 1 e nº 3, alínea b) *a contrario* do CIRS[172].

O rendimento global líquido – integrando os rendimentos da categoria B e, ainda, os rendimentos de outras categorias englobados obrigatória ou facultativamente – é tributado às taxas gerais progressivas de IRS, previstas no artigo 68º do CIRS.

Ao valor da coleta calculada mediante a aplicação das taxas gerais de IRS são efetuadas as deduções à coleta, nos termos previstos nos artigos 78º e seguintes de CIRS.

As retenções na fonte de IRS sofridas ao longo do ano na categoria B, bem como os pagamentos por conta efetuados pelo sujeito passivo, têm a natureza de adiantamento por conta do imposto devido em termos finais.

O valor das aludidas retenções na fonte e pagamentos por conta[173] é dedutível à coleta (após as restantes deduções), nos termos previstos no artigo 78º, nºs 2 e 3 do CIRS, apurando-se então se o sujeito passivo tem ainda imposto a pagar ou se, pelo contrário, tem direito ao reembolso do excesso de imposto já pago, no caso de o valor das retenções sofridas exceder o valor do imposto final devido.

No caso dos residentes não habituais em território português, os rendimentos líquidos da categoria B por estes auferidos em atividades de elevado valor acrescentado, com carácter científico, artístico ou técnico, definidas na Portaria nº 12/2010, de 7 de janeiro (com as alterações introduzidas pela Portaria nº 230/2019, de 23 de julho), encontram-se excluídos do regime de englobamento obrigatório. São sujeitos à taxa especial de tributação autónoma de 20%, nos termos do artigo 72º, nº 10 do CIRS. Estes rendimentos podem ser englobados por opção do sujeito passivo residente não habitual (artigo 72º, nº 13 do CIRS).

Por seu turno, os rendimentos da categoria B auferidos por sujeitos passivos não residentes em território português encontram-se excluídos do regime de englobamento (artigo 22º, nº 3, alínea a) do CIRS). Os sujeitos passivos não residentes têm os seus rendimentos empresariais e profissionais obtidos em território português – ainda que decorrentes de atos isolados –, tributados por retenção na fonte a título definitivo, à taxa liberatória de 25% (artigo 71º, nº 4, alínea a) do CIRS).

[172] Para o regime simplificado, cfr. ainda o artigo 31º, nº 3 do CIRS.

[173] Quando os pagamentos por conta forem devidos pelo titular de rendimentos da categoria B, nos termos previstos no artigo 102º do CIRS.

Há, no entanto, no caso de sujeitos passivos não residentes em território português, mas que sejam residentes noutro Estado membro da UE ou do EEE[174], que ter em conta a existência no CIRS de regimes que, nalguns aspetos, se aproximam do regime de englobamento opcional. É o caso dos regimes opcionais previstos no artigo 71º, nºs 10 a 15 do CIRS e, em especial, no artigo 17º-A do CIRS.

6.2. Particularidades

Conforme foi já referido, quando o sujeito passivo venda imóveis que sejam ativos afetos a uma atividade geradora de rendimentos empresariais e profissionais, o ganho que resulte dessas operações não segue o regime da categoria G – Incrementos Patrimoniais, mas sim o regime da categoria B – Rendimentos empresariais e profissionais.

Da integração destes ganhos, relativos a bens imóveis, no âmbito da categoria B, resulta a impossibilidade de beneficiarem da tributação em apenas 50% do seu valor, nos termos do artigo 43º, nº 2, alínea b) do CIRS, uma vez que esta regra é aplicável apenas no âmbito da categoria G, e não da B.

Nestes termos, as mais-valias relativas a imóveis que sejam tributadas no âmbito da categoria B são consideradas em 100% do seu valor.

Referindo, agora, uma particularidade da tributação dos rendimentos da propriedade intelectual na categoria B, importa salientar que, quando estes rendimentos são auferidos por titulares de direitos de autor ou conexos que sejam os titulares originários[175], residentes em território português, os rendimentos em apreço são considerados no englobamento do IRS apenas por 50% do seu valor, líquido de outros benefícios (artigo 58º do EBF). Os outros 50% não são sujeitos a tributação. No entanto, a importância a excluir do englobamento não pode exceder € 10.000.

O benefício fiscal previsto no artigo 58º do EBF aplica-se aos rendimentos provenientes da propriedade literária, artística e científica – incluindo os provenientes da alienação de obras de arte de exemplar único e os provenientes das obras de divulgação pedagógica e científica. Em contrapartida, excluem-se do regime em questão os rendimentos provenientes de

[174] No caso dos residentes em Estado membro do EEE, desde que exista intercâmbio de informações em matéria fiscal.

[175] Ou seja, os próprios autores ou criadores.

obras escritas sem carácter literário, artístico ou científico, obras de arquitetura e obras publicitárias.

A vigência do artigo 58º do EBF tem vindo a ser sucessivamente prorrogada. Todavia, a última prorrogação legalmente estabelecida é até 31 de dezembro de 2021. O que significa que (exceto se o Governo vier ainda a renovar o regime para 2022) o benefício fiscal previsto no artigo 58º do EBF caducou a 1 de janeiro de 2022, passando a tributação dos rendimentos da propriedade intelectual na categoria B a ocorrer nos termos gerais.

7. Retenções na fonte

As retenções na fonte sobre rendimentos da categoria B, auferidos por residentes, são efetuadas mediante a aplicação das taxas previstas no artigo 101º, nº 1, alíneas a), b) e c) do CIRS, consoante o tipo de rendimento empresarial ou profissional de que se trate.

Em virtude do poder de atração da categoria B, ela integra também rendimentos que, pela sua natureza, seriam rendimentos de capitais ou prediais – categorias de rendimentos com as suas próprias regras de retenção na fonte. Neste contexto, dispõe o artigo 101º, nº 9 do CIRS que os rendimentos de capitais ou prediais auferidos no âmbito do exercício de atividades empresariais e profissionais estão sujeitos a retenção nos termos do nº 1 do mesmo artigo. Concluímos que esta disposição – apesar de, quando analisada em maior detalhe, se revelar algo equívoca[176] – deve ser interpretada no sentido de sujeitar os rendimentos em apreço a retenção na fonte às taxas que lhes corresponderiam na categoria E ou F. No caso dos rendimentos de capitais, todavia, a retenção efetuada à taxa do artigo 71º do CIRS deixa de ter natureza definitiva, passando a assumir a natureza de retenção por conta do imposto devido em termos finais (artigo 101º, nº 10 do CIRS).

No caso dos residentes não habituais em território português, os rendimentos da categoria B por estes auferidos em atividades de elevado valor acrescentado, definidas na Portaria nº 12/2010, de 7 de janeiro (com as alterações introduzidas pela Portaria nº 230/2019, de 23 de julho), encontram-se sujeitos a retenção na fonte à taxa de 20%, nos termos do artigo 101º, nº 1, alínea d) do CIRS.

[176] Para uma análise detalhada das dúvidas que podem levantar-se a propósito do artigo 101º, nº 9 do CIRS, no que diz respeito à retenção na fonte aplicável aos rendimentos prediais integrados na categoria B, *vide* o referido na Parte II (capítulo IV / ponto 8.3.5) da presente obra.

As retenções na fonte sobre rendimentos da categoria B auferidos por residentes e por residentes não habituais são, em ambos os casos, retenções por conta do imposto devido em termos finais.

Importa salientar que há um número significativo de situações nas quais os rendimentos da categoria B não são sujeitos a retenção na fonte.

Em primeiro lugar, porque há rendimentos da categoria B para os quais, em virtude das suas características, a lei não prevê sujeição a retenção na fonte. É o caso, por exemplo, dos rendimentos derivados do exercício de atividades comerciais ou industriais (v.g. as centradas na venda de bens), para os quais o artigo 101º do CIRS não prevê sujeição a retenção na fonte.

Em segundo lugar, porque nas situações de retenção do artigo 101º do CIRS a entidade devedora dos rendimentos apenas se encontra obrigada a reter o imposto caso disponha ou deva dispor de contabilidade organizada. A lei assume, a este propósito, que quem tem, ou deveria ter, contabilidade organizada terá também a estrutura e as condições adequadas à realização das retenções na fonte e sua entrega ao Estado.

Em virtude desta regra, um grande número de titulares de rendimentos da categoria B não é sujeito a retenção na fonte, ou é-o somente em relação a uma parcela dos rendimentos da categoria B auferidos. A ausência de retenção na fonte ocorre sempre que a entidade devedora dos rendimentos (o "cliente" do profissional liberal ou do empresário em nome individual) não disponha nem deva dispor de contabilidade organizada.

Assim, por exemplo, no caso de um advogado:

i) Nos serviços por este prestados a uma sociedade comercial, a sociedade deve proceder a retenção na fonte no respetivo pagamento[177] (visto a sociedade comercial dispor ou ser obrigada a dispor de contabilidade organizada).

ii) O mesmo no caso dos serviços prestados pelo advogado a outros profissionais liberais (v.g. um dentista ou um médico com consultórios particulares, necessitados de apoio jurídico no âmbito das suas atividades profissionais), desde que estes disponham ou devam dispor

[177] Exceto se a situação se enquadrar nalguma dispensa de retenção na fonte específica, como, por exemplo, a prevista no artigo 101º-B, nº 1, alínea a) do CIRS – aplicável quando o titular dos rendimentos preveja auferir, na categoria de rendimentos em causa, um montante anual inferior ao fixado no nº 1 do artigo 53º do Código do IVA (atualmente, € 10.000).

de contabilidade organizada. Neste caso, devem efetuar retenção na fonte no pagamento dos serviços ao advogado.

iii) Em contrapartida, nos serviços prestados a indivíduos, relativos à esfera pessoal destes, ou prestados a profissionais liberais que não disponham nem estejam obrigados a dispor de contabilidade organizada, a lei não impõe a esses indivíduos qualquer obrigação de efetuar retenções na fonte no pagamento dos aludidos serviços ao advogado.

Note-se que, em qualquer das situações equacionadas, o facto de o próprio advogado ter ou não contabilidade organizada em nada influencia a sua sujeição a retenção na fonte ou a ausência desta. A contabilidade organizada que é, aqui, determinante é a da entidade devedora dos rendimentos (os "clientes" do advogado, nas situações descritas).

Por último, quanto aos sujeitos passivos não residentes, os rendimentos da categoria B por estes obtidos em território português são sujeitos a retenção na fonte a título definitivo, à taxa liberatória de 25% (artigo 71º, nº 4, alínea a) do CIRS)[178/179].

8. Pagamentos por conta

Os titulares de rendimentos da categoria B podem ficar obrigados à realização de pagamentos por conta, nos termos do artigo 102º do CIRS. Esta disposição legal integra uma fórmula com base na qual a AT define quais os contribuintes que deverão efetuar pagamentos por conta e qual o montante total desses pagamentos.

[178] Note-se, contudo, que os rendimentos empresariais e profissionais mensalmente pagos ou colocados à disposição dos respetivos titulares, sujeitos passivos não residentes, não são objeto de qualquer retenção na fonte até ao valor da retribuição mínima mensal garantida, quando os mesmos resultem de serviços prestados a uma única entidade, aplicando-se a taxa de 25% apenas à parte que exceda esse valor. Para tal efeito, o titular dos rendimentos deve comunicar à entidade devedora, através de declaração escrita, que não auferiu ou aufere o mesmo tipo de rendimentos de outras entidades residentes em território português ou de estabelecimentos estáveis de entidades não residentes neste território. Esta exclusão de retenção na fonte encontra-se prevista nos nºs 5 e 6 do artigo 71º do CIRS, introduzidos pela Lei nº 71/2018, de 31 de dezembro (Lei do Orçamento do Estado para 2019).

[179] No que diz respeito às particularidades da retenção na fonte aplicável aos rendimentos prediais auferidos no âmbito do exercício de atividades empresariais e profissionais por sujeitos passivos não residentes, *vide* o referido na Parte II (capítulo IV / ponto 8.3.5) da presente obra.

Os pagamentos por conta devem ser efetuados em três prestações anuais, pagas até ao dia 20 dos meses de julho, setembro e dezembro do ano em causa. Contrariamente às retenções na fonte, os pagamentos por conta não constituem um mecanismo de substituição tributária, pois são realizados pelo próprio contribuinte. É a ele que cabe entregar esta antecipação de pagamento de imposto ao Estado.

Trata-se de uma forma de aproximação temporal entre o momento dos factos tributários e a entrada do imposto nos cofres do Estado, visto os pagamentos por conta serem efetuados no próprio ano a que o imposto se refere, constituindo um adiantamento por conta do imposto devido em termos finais.

Em geral, a forma principal de adiantamento por conta do imposto devido em termos finais são as retenções na fonte. Contudo, na categoria B, como vimos no ponto anterior, há um conjunto de situações nas quais o titular de rendimentos da categoria B não é sujeito a retenções na fonte ou é-o apenas em relação a uma parcela dos rendimentos auferidos.

A insuficiência das retenções na fonte para cobrir uma parte substancial do imposto que previsivelmente será devido pelo sujeito passivo, relativamente ao ano em curso, é suprida mediante a realização dos pagamentos por conta. Com efeito, a aludida insuficiência de retenções é revelada pela fórmula prevista no artigo 102º, nº 2 do CIRS[180], levando à notificação do contribuinte para a realização dos pagamentos por conta.

[180] Embora a fórmula de cálculo se baseie nos valores do penúltimo ano, o que pode originar distorções, no caso de o valor ou as características dos rendimentos da categoria B auferidos pelo sujeito passivo terem sofrido alterações relevantes, quando comparados os rendimentos do penúltimo ano com os do ano da notificação para realização dos pagamentos por conta. Os valores tidos em conta na fórmula do artigo 102º, nº 2 do CIRS são os seguintes: valor da coleta, total de retenções sofridas na categoria B, rendimento líquido positivo desta categoria e rendimento líquido total.

Capítulo III
Rendimentos de capitais
- Categoria E -

1. Enquadramento dos rendimentos de capitais

Os rendimentos de capitais, que constituem a categoria E do IRS, correspondem, fundamentalmente, aos frutos e demais vantagens económicas procedentes, direta ou indiretamente, de elementos patrimoniais, bens, direitos ou situações jurídicas, de natureza mobiliária (artigo 5º, nº 1 do CIRS).

Esta noção de rendimentos de capitais foi aditada ao artigo 5º do CIRS pela Lei nº 30-G/2000, de 29 de dezembro. Em conjunto com o elenco exemplificativo de rendimentos de capitais, previsto no nº 2 do mesmo artigo, traça uma regra de incidência bastante ampla e que tende a abranger qualquer situação de rendimentos derivados de bens ou direitos mobiliários, desde que não sejam tributados noutra categoria.

Conforme refere Saldanha Sanches, "toda a categoria E assenta num rendimento prototípico para esta categoria: o juro. E por isso tinha como base o rendimento periódico, que deriva de um outro direito ou de um certo ativo financeiro, podendo ser recebido sem que isso afete a substância do bem que o produz"[181].

No âmbito da reforma do IRS de 2014, a categoria E foi objeto de uma reestruturação do seu âmbito de incidência, o que conduziu à introdução de alterações ao nível das suas fronteiras com a categoria G.

[181] In José Luís Saldanha Sanches, «Conceito de rendimento do IRS», cit., p. 60.

A categoria E de rendimentos apresenta algumas particularidades. Desde logo, a de não admitir deduções específicas para efeitos da determinação do rendimento coletável – contrariamente ao que sucede com a generalidade das outras categorias de rendimentos[182]. Deste modo, o rendimento bruto da categoria E é logo tomado como rendimento coletável, visto não ser admissível para efeitos fiscais a dedução de quaisquer gastos inerentes à obtenção dos rendimentos.

Também não se prevê, na categoria E, o apuramento de um resultado líquido negativo reportável para anos subsequentes. A categoria E está ausente do artigo 55º do CIRS, relativo à dedução de perdas mediante reporte para anos subsequentes.

Tanto a inexistência de deduções específicas na categoria E, como a consequente falta de reconhecimento de perdas na mesma categoria, para efeitos fiscais, resultam de uma visão simplificada dos rendimentos de capitais. Todavia, esta visão revela-se já desajustada da realidade, bastante complexa e multifacetada, dos produtos e investimentos financeiros geradores de rendimentos de capitais.

2. Delimitação da incidência real

2.1. Conceito de rendimentos de capitais

Nos termos do artigo 5º, nº 1 do CIRS, "consideram-se rendimentos de capitais os frutos e demais vantagens económicas, qualquer que seja a sua natureza ou denominação, sejam pecuniários ou em espécie, procedentes, direta ou indiretamente, de elementos patrimoniais, bens, direitos ou situações jurídicas, de natureza mobiliária, bem como da respetiva modificação, transmissão ou cessação, com exceção dos ganhos e outros rendimentos tributados noutras categorias".

Esta definição geral de rendimentos de capitais, inexistente na versão original do CIRS, foi aditada ao artigo 5º pela Lei nº 30-G/2000, de 29 de dezembro[183]. Antecede o elenco não taxativo de rendimentos de capitais

[182] Note-se que, nos termos do artigo 42º do CIRS, também os rendimentos qualificados como incrementos patrimoniais não beneficiam de quaisquer deduções, sem prejuízo das regras particulares de cálculo das mais e menos-valias (que, nos termos próprios desse cálculo, admitem a dedução das despesas e encargos previstos no artigo 51º, nº 1 do CIRS).

[183] Anteriormente à publicação da Lei nº 30-G/2000, a regra de incidência centrava-se na enumeração do que se considerava rendimento de capitais, não incluindo qualquer noção geral.

sujeitos a IRS, contido nas diversas alíneas do nº 2 (e também no nº 3) do artigo 5º do CIRS.

A incidência que decorre do artigo 5º, nºs 1 e 2 do CIRS é suficientemente ampla para abarcar qualquer situação de rendimentos derivados de bens ou direitos mobiliários, desde que não sejam tributados noutra categoria.

Em suma, o modo de tipificação dos rendimentos de capitais seguido no CIRS procura fazer face a uma realidade em que os contratos subjacentes à obtenção dos rendimentos em causa são múltiplos, extremamente variados, em muitos casos atípicos, por vezes de extrema complexidade, e em contínua evolução. Todos os dias surgem novos "produtos financeiros", frequentemente bastante sofisticados.

O legislador fiscal procurou salvaguardar a tributação dos rendimentos em apreço mediante uma tipificação tão ampla quanto possível. Para tal, conjugou uma definição geral de rendimentos de capitais com uma enumeração exemplificativa dos mesmos, tentando alcançar o equilíbrio viável entre o combate à elisão fiscal, por um lado, e a previsibilidade por parte dos contribuintes relativamente aos rendimentos tributáveis neste campo, por outro.

Também merecedora de atenção, é a caracterização dos rendimentos de capitais como "frutos" e "vantagens económicas". Esta caracterização encontra-se bem patente na letra dos nºs 1 e 2 do artigo 5º do CIRS. Os rendimentos de capitais assentam, portanto, na figura dos "frutos civis"[184].

Desta forma, o rendimento de capitais corresponde a um rendimento periódico, cujo recebimento não prejudica a substância do bem, direito ou situação jurídica, de natureza mobiliária, que está na origem do rendimento.

Segundo Rui Duarte Morais, "há rendimentos de capitais [...] quando uma coisa deva ser havida por capital (património, bens, direitos ou situações jurídicas de natureza mobiliária) e produza vantagens económicas sem que tal implique para o respetivo titular a perda dessa *fonte*. Havendo alienação da fonte, o ganho obtido constituirá, em princípio, uma mais-valia"[185].

[184] Nos termos do artigo 212º, nº 1 do Código Civil, "diz-se fruto de uma coisa tudo o que ela produz periodicamente, sem prejuízo da sua substância". Por seu turno, o nº 2 do mesmo artigo define frutos civis como "as rendas ou interesses que a coisa produz em consequência de uma relação jurídica".

[185] In Rui Duarte Morais, *Sobre o IRS*, cit., p. 96.

Deste modo, a obtenção de rendimentos de capitais não pressupõe a renúncia a ganhos futuros, dado não implicar a alienação da fonte produtiva dos rendimentos[186].

2.2. Delimitação face a outras categorias de rendimento

A distinção entre rendimentos de capitais e rendimentos de outras categorias (em particular os rendimentos empresariais e profissionais e as mais-valias) nem sempre se afigura simples. Por este motivo, importa dedicarmos alguma atenção aos critérios distintivos e às situações de fronteira entre as aludidas categorias de rendimentos.

Os rendimentos que integram a categoria E tendem a ser "rendimentos passivos", que o seu titular aufere sem recorrer a uma atividade destinada à sua obtenção. Esta característica contribui para os distinguir dos rendimentos da categoria B, por natureza "rendimentos ativos", derivados do exercício de uma atividade empresarial ou profissional destinada à respetiva obtenção (normalmente, mediante o uso estruturado de um conjunto de meios disponíveis para o efeito e / ou do trabalho do próprio titular dos rendimentos).

Conforme refere J. G. Xavier de Basto, "os rendimentos de capitais típicos exigem só a titularidade de um ativo mobiliário, de cuja cessão temporária ou aplicação resultam os rendimentos, sem apelar para qualquer "engenho" ou "ordenação por conta própria" [...]. Trata-se, em geral, de rendimentos típicos do "*sleeping partner*", do capitalista passivo, cujo paradigma são os juros e os lucros distribuídos"[187].

Em contrapartida, se os rendimentos previstos no artigo 5º do CIRS como rendimentos de capitais forem obtidos no âmbito de uma atividade empresarial e profissional, estes serão considerados como rendimentos da categoria B, e já não da categoria E. Trata-se de uma das manifestações do "poder de atração" da categoria B, que converte em rendimentos desta categoria os que, em virtude da sua substância, preenchiam as normas de incidência de outras categorias – no caso vertente, da categoria E. Em termos legais, a definição de rendimentos de capitais prevista no nº 1 do artigo 5º do CIRS exclui os ganhos e outros rendimentos tributados nou-

[186] Cfr. J. L. Saldanha Sanches, «Conceito de rendimento do IRS», cit., p. 61.

[187] In José Guilherme Xavier de Basto, *IRS – Incidência Real e Determinação dos Rendimentos Líquidos*, cit., pp. 226-227.

tras categorias, enquanto que o artigo 3º, nº 2, alínea b) do CIRS atrai para a categoria B os rendimentos de capitais imputáveis a atividades geradoras de rendimentos empresariais e profissionais – dando, assim, origem à tributação dos rendimentos em causa na categoria B, e não na E.

Em suma, a parte final do nº 1 do artigo 5º do CIRS permite afastar da categoria E ganhos ou rendimentos que, embora podendo integrar a definição de rendimentos de capitais do artigo 5º, nº 1 ou algum dos casos enumerados nas alíneas do artigo 5º, nº 2 do CIRS, sejam tributados noutras categorias de rendimento.

No que diz respeito a rendimentos de capitais e mais-valias (integrados nas categorias E e G, respetivamente), estes partilham a característica de serem, habitualmente, "rendimentos passivos".

A distinção entre estas duas categorias de rendimentos assenta, a nosso ver, fundamentalmente no facto de os rendimentos de capitais corresponderem a um "rendimento-produto", ao passo que as mais-valias concretizam uma conceção de "rendimento-acréscimo" moderada pelo princípio da realização.

Acresce que os rendimentos de capitais são, em muitos casos, obtidos em períodos sucessivos, com uma certa regularidade. Veja-se, a este propósito, o que sucede com grande parte dos juros e lucros distribuídos – os rendimentos de capitais mais paradigmáticos. Em contrapartida, as mais-valias tendem a ser rendimentos ocasionais e fortuitos.

Aprofundando estes critérios, recorde-se que os rendimentos de capitais são caracterizados pelo CIRS como "frutos" e "vantagens económicas"[188], cujo recebimento não prejudica a substância do bem, direito ou situação jurídica, de natureza mobiliária, que produziu tais rendimentos. A obtenção de rendimentos de capitais não pressupõe, portanto, a alienação nem a perda da fonte produtiva desses rendimentos, pelo que não inviabiliza a continuidade da obtenção de ganhos produzidos pela mesma fonte, no futuro.

Temos assim presentes, nos rendimentos de capitais, as características de um "rendimento-produto", cuja obtenção não prejudica a substância da respetiva fonte, e que frequentemente assume um carácter regular.

Utilizando a metáfora dos frutos e da árvore, se a perceção dos frutos implicar, para o titular do direito aos mesmos, a perda da árvore que os

[188] Cfr. artigo 5º, nºs 1 e 2 do CIRS.

produziu (ou um prejuízo para a sua substância), então, em princípio, não estaremos perante uma situação de rendimentos de capitais, mas sim de mais-valias.

Conforme foi dito, as mais-valias concretizam uma conceção de "rendimento-acréscimo" moderada pelo princípio da realização. Elas assentam no aumento do valor patrimonial de um determinado ativo, mas a sua obtenção depende da transmissão onerosa desse mesmo ativo – dada a opção do CIRS pelo princípio da realização, que determina a exclusão de tributação das mais-valias potenciais ou latentes.

Desta forma, a obtenção da mais-valia implica, para o seu titular, prescindir da manutenção da fonte produtiva, bem como dos ganhos que esta poderia continuar a produzir no futuro. Distingue-se, assim, dos rendimentos de capitais, que não envolvem a alienação nem a perda de substância da fonte produtiva – permitindo, portanto, a continuidade da obtenção de ganhos produzidos pela mesma fonte, no futuro.

Note-se, todavia, que nalguns casos a distinção entre rendimentos de capitais e mais-valias está longe de ser simples. Para tal contribuem a grande complexidade e a sofisticação de que se revestem muitos produtos financeiros, atualmente.

A própria lei dá azo a algumas dificuldades de distinção entre os rendimentos das categorias E e G. Refira-se, por exemplo, o artigo 5º, nº 1 do CIRS, quando, ao definir rendimentos de capitais, alude à "transmissão ou cessação" de "direitos ou situações jurídicas, de natureza mobiliária"[189].

A este propósito, secundamos a posição de Saldanha Sanches, ao concluir que "quando houver "transmissão ou cessação" só continuaremos a estar perante um rendimento de capital e não uma mais-valia se esta transmissão ou cessação não implicar a perda dessa mesma fonte produtiva"[190].

A complexidade da destrinça entre rendimentos de capitais e mais-valias – associada ao intuito de manter a coerência com o critério segundo o qual o primeiro tipo de rendimentos não implica a perda da respetiva fonte produtiva – levou a que se procedesse, no contexto da reforma do IRS de 2014, a um reajustamento da incidência das categorias E e G.

[189] Saldanha Sanches considera que a lei está, neste caso, a "obscurecer a linha distintiva" entre os rendimentos de capitais e as mais-valias. Cfr. José Luís Saldanha Sanches, «Conceito de rendimento do IRS», cit., p. 60.

[190] In José Luís Saldanha Sanches, «Conceito de rendimento do IRS», cit., p. 60.

Assim, nos termos da Lei nº 82-E/2014, de 31 de dezembro (Lei da Reforma do IRS), alguns rendimentos que, anteriormente à aludida reforma, eram considerados como rendimentos da categoria E, foram integrados na categoria G. O motivo da transferência prendeu-se com o facto de os rendimentos em apreço terem uma natureza mais próxima da das mais-valias do que da dos rendimentos de capitais, visto a sua obtenção implicar a extinção da fonte geradora do rendimento ou a perda do direito à mesma.

No âmbito da aludida reestruturação das normas de incidência das categorias E e G, passaram a ser tributados como mais-valias (incluídas na categoria G), e não como rendimentos de capitais, os rendimentos provenientes de:

i) Reembolso de obrigações e outros títulos de dívida;
ii) Resgate de unidades de participação em fundos de investimento e a liquidação destes fundos;
iii) Cessão onerosa de créditos, prestações acessórias e prestações suplementares.

2.3. Factos geradores de rendimentos de capitais

Após uma definição geral de rendimentos de capitais, contida no nº 1 do artigo 5º do CIRS, o nº 2 do mesmo artigo enumera, de forma exemplificativa, os rendimentos que devem considerar-se integrados na categoria E.

Referimo-los, seguidamente, procedendo à sua sistematização de acordo com o tipo de facto gerador do rendimento[191]:

i) Juros e outras formas de remuneração provenientes de contratos
- Os juros e outras formas de remuneração decorrentes de contratos de mútuo[192], abertura de crédito[193], reporte[194] e outros que

[191] Sistematização já seguida em Paula Rosado Pereira, *Estudos Sobre IRS: Rendimentos de Capitais e Mais-Valias*, cit., pp. 17-21.

[192] Mútuo é o contrato pelo qual uma das partes empresta à outra dinheiro ou outra coisa fungível, ficando a segunda obrigada a restituir outro tanto do mesmo género e qualidade (artigo 1142º do Código Civil). O juro corresponde à retribuição do mútuo, quando as partes convencionem o respetivo pagamento, nos termos do artigo 1145º do Código Civil.

[193] A abertura de crédito é um contrato atípico, ou seja, não corresponde a um tipo contratual expressamente regulado pela lei. Mediante a abertura de crédito, uma das partes (a creditante), geralmente uma instituição de crédito, obriga-se a conceder à outra (a creditada) crédito até

proporcionem, a título oneroso, a disponibilidade temporária de dinheiro ou outras coisas fungíveis (nº 2, alínea a));

- Os juros e outras formas de remuneração derivadas de depósitos à ordem ou a prazo em instituições financeiras, bem como de certificados de depósitos e de contas de títulos com garantia de preço ou de outras operações similares ou afins (nº 2, alínea b));
- Os juros e outras formas de remuneração de suprimentos[195], abonos ou adiantamentos de capital feitos pelos sócios à sociedade[196] (nº 2, alínea d));
- O saldo dos juros apurado em contrato de conta-corrente[197] (nº 2, alínea f));

determinado limite, nas condições entre elas estabelecidas, podendo a creditada decidir se, quando e em que termos, vai utilizar o crédito colocado à sua disposição.

[194] O reporte, contrato previsto no artigo 477º do Código Comercial, é constituído pela compra, a dinheiro de contado, de títulos de crédito negociáveis e pela revenda simultânea de títulos da mesma espécie, a termo, mas por preço determinado, sendo a compra e a revenda feitas à mesma pessoa. É condição essencial à validade do reporte a entrega real dos títulos.

[195] Suprimento é o contrato, previsto no artigo 243º do Código das Sociedades Comerciais, pelo qual o sócio empresta à sociedade dinheiro ou outra coisa fungível, ficando aquela obrigada a restituir outro tanto do mesmo género e qualidade, ou pelo qual o sócio convenciona com a sociedade o diferimento do vencimento de créditos seus sobre ela, desde que, em qualquer dos casos, o crédito tenha carácter de permanência. Constitui índice do carácter de permanência a estipulação de um prazo de reembolso superior a um ano, ou a não utilização da faculdade de exigir o reembolso devido pela sociedade durante um ano, contado da constituição do crédito, quer não tenha sido estipulado prazo, quer tenha sido convencionado prazo inferior.

[196] Estes abonos ou adiantamentos feitos pelos sócios à sociedade podem referir-se, nomeadamente, às prestações acessórias realizadas pelos sócios que vençam juros (artigos 209º e 287º do Código das Sociedades Comerciais). No que diz respeito às prestações suplementares, previstas no artigo 210º do Código das Sociedades Comerciais, estas não vencem juros, pelo que não são suscetíveis de originar rendimentos de capitais.

[197] Conta corrente é o contrato pelo qual as partes se obrigam a lançar a crédito e a débito os valores que entregam reciprocamente no âmbito de uma relação de negócios, exigindo apenas o respetivo saldo final apurado na data do seu encerramento (artigo 344º do Código Comercial). Um dos efeitos do contrato de conta corrente consiste no vencimento de juros das quantias creditadas em conta corrente a cargo do debitado, desde o dia do efetivo recebimento (artigo 346º nº 5º do Código Comercial). No fim do prazo fixado pelo contrato há lugar ao encerramento da conta corrente e à consequente liquidação do saldo, vencendo o saldo final juros a partir da data da liquidação (artigo 348º do Código Comercial). Saliente-se que, conforme decorre da alínea f), do nº 2 do artigo 5º do CIRS, é apenas o saldo dos juros apurado em contrato de conta-corrente, no fim do ano ou no encerramento do contrato, se anterior, que fica sujeito a imposto, e não cada lançamento de juros.

ii) Juros e outras formas de remuneração provenientes de instrumentos de aplicação financeira

- Os juros, prémios de amortização ou de reembolso e outras formas de remuneração de títulos da dívida pública[198], obrigações[199], títulos de participação[200], certificados de consignação[201], obrigações de caixa ou outros títulos análogos, emitidos por entidades públicas ou privadas, e demais instrumentos de aplicação financeira, designadamente letras, livranças[202] e outros títulos de crédito negociáveis[203], enquanto utilizados como tais (nº 2, alínea c));
- Os rendimentos distribuídos das unidades de participação em fundos de investimento[204] (nº 2, alínea j));

198 Os títulos de dívida pública revestem diversas formas, podendo ser caracterizados como documentos, emitidos pelo Estado, que titulam empréstimos contraídos por este junto de particulares, remunerados mediante o pagamento aos seus detentores de juros, prémios de amortização ou reembolso.

199 As obrigações são valores mobiliários que titulam empréstimos contraídos por sociedades comerciais ou por entidades públicas, atribuindo aos seus detentores o direito à amortização do capital mutuado, bem como ao recebimento de juros ou qualquer outra forma de remuneração estabelecida. Os artigos 348º e seguintes do Código das Sociedades Comerciais estabelecem o regime aplicável à emissão de obrigações pelas sociedades comerciais.

200 Títulos de participação são os títulos de crédito representativos de empréstimos contraídos por empresas públicas ou por sociedades anónimas de capitais maioritariamente públicos junto de particulares. Estes títulos atribuem aos seus detentores o direito a uma remuneração anual mista, que integra uma parte fixa e uma parte variável calculada em função dos resultados ou do volume de negócios da empresa emitente.

201 Os certificados de consignação são títulos representativos de fundos que sejam afetos a investimentos específicos (fundos consignados). Atribuem aos seus titulares o direito ao reembolso do capital e a uma remuneração variável, calculada em função dos resultados dos investimentos específicos aos quais os fundos foram consignados.

202 As letras são títulos de crédito que contêm uma ordem de pagamento de uma quantia determinada. Por seu turno, as livranças são títulos de crédito que contêm uma promessa de pagamento de uma quantia determinada.

203 Trata-se de uma cláusula residual, na qual se podem incluir, designadamente, as obrigações hipotecárias e os títulos de dívida de curto prazo.

204 As unidades de participação são as parcelas, de características idênticas entre si, nas quais se divide o património de um fundo de investimento. Os fundos de investimento são organismos de investimento coletivo, constituindo patrimónios autónomos de valores mobiliários ou de bens imóveis (no caso dos fundos de investimento mobiliário e dos fundos de investimento imobiliário, respetivamente). Tais patrimónios autónomos pertencem a uma pluralidade de pessoas singulares ou coletivas (os participantes).

- A remuneração decorrente de certificados que garantam ao titular o direito a receber um valor mínimo superior ao valor de subscrição (nº 2, alínea r));

iii) Lucros e outros rendimentos decorrentes de participações sociais ou rendimentos similares

- Os juros e outras formas de remuneração devidos pelo facto de os sócios não levantarem os lucros ou remunerações colocados à sua disposição (nº 2, alínea e));
- Os lucros e reservas colocados à disposição dos associados ou titulares e adiantamentos por conta de lucros (com exclusão daqueles a que se refere o artigo 20º do CIRS, ou seja, aqueles que são objeto de imputação especial aos sócios ou membros de entidades abrangidas pelo regime de transparência fiscal, previsto no artigo 6º do CIRC) (nº 2, alínea h));
- O valor atribuído aos associados na amortização de partes sociais sem redução de capital (nº 2, alínea i));
- Os rendimentos auferidos pelo associado na associação em participação[205] e na associação à quota[206] (nº 2, alínea l));

iv) Rendimentos relativos a propriedade intelectual, industrial ou know-how

- Os rendimentos provenientes de contratos que tenham por objeto a cessão ou utilização temporária de direitos da propriedade intelectual ou industrial ou a prestação de informações respeitantes a uma experiência adquirida no setor industrial, comercial ou científico, quando não auferidos pelo respetivo

[205] O contrato de associação em participação corresponde à associação de uma pessoa (associado) a uma atividade económica exercida por outra (associante), ficando a primeira a participar nos lucros ou nos lucros e perdas que desse exercício resultarem para a segunda. O rendimento que é sujeito a tributação como rendimento de capitais corresponde aos lucros auferidos pelo associado em virtude da sua associação à atividade económica exercida pelo associante.

[206] A associação à quota é um contrato atípico pelo qual o sócio de uma sociedade (associante) se obriga para com outra pessoa (associado) a prestar-lhe ou a terceiro uma parte convencionada ou a totalidade dos frutos futuros que adquira por virtude da sua participação social, em contrapartida de uma determinada prestação, imediata ou futura, do associado. Note-se que, de acordo com o disposto na parte final da alínea l), do nº 2 do artigo 5º do CIRS, na associação à quota são, ainda, considerados rendimentos de capitais os lucros e adiantamentos referidos na alínea h) e o valor atribuído na amortização de partes sociais sem redução de capital referido na alínea i), que sejam auferidos pelo associante depois de descontada a prestação por si devida ao associado.

autor ou titular originário[207], bem como os derivados de assistência técnica (nº 2, alínea m));

- Os rendimentos decorrentes do uso ou da concessão do uso de equipamento agrícola e industrial, comercial ou científico, quando não constituam rendimentos prediais[208], bem como os provenientes da cedência, esporádica ou continuada, de equipamentos e redes informáticas, incluindo transmissão de dados ou disponibilização de capacidade informática instalada em qualquer das suas formas possíveis (nº 2, alínea n));

v) Ganhos decorrentes de instrumentos financeiros derivados

- O ganho decorrente de operações de *swaps* de taxa de juro[209/210] (nº 2, alínea q));

vi) Outros

- Os juros ou quaisquer acréscimos de crédito pecuniário resultantes da dilação do respetivo vencimento ou de mora no seu pagamento, quer legais quer contratuais, embora com algumas exceções (nº 2, alínea g));

[207] Caso sejam auferidos pelo respetivo autor ou titular originário, constituem rendimentos da categoria B, nos termos do artigo 3º, nº 1, alínea c) do CIRS.

[208] Nos termos do artigo 8º, nº 2, alínea b) do CIRS, são assimilados a rendas – constituindo, portanto, rendimentos prediais – as importâncias relativas ao aluguer de maquinismos e mobiliários instalados no imóvel locado.

[209] Os *swaps* de taxa de juro são contratos nos quais "as duas partes decidem trocar as suas condições de acesso ao mercado financeiro, trocando pagamentos de juros, na mesma moeda, baseados em diferentes índices (ex.: taxa fixa vs. taxa variável) até um dado vencimento. Os juros são calculados com base num capital que, geralmente, não é trocado e que serve apenas como referência. Os pagamentos podem ser periódicos ou de prestação única; em dois sentidos ou apenas num, pela diferença líquida". "Do contrato resultarão, portanto, fluxos de pagamentos, nas datas acordadas, pelos valores brutos ou líquidos correspondentes que têm por base de cálculo a aplicação das taxas de juro acordadas a um capital meramente teórico". In Maria Teresa Veiga de Faria, «O regime fiscal de instrumentos financeiros derivados nos impostos sobre o rendimento», *Ciência e Técnica Fiscal*, nº 386, 1997, p. 134.

[210] Os ganhos decorrentes de operações de *swaps* cambiais, de *swaps* de taxa de juro e divisas e de operações cambiais a prazo chegaram também a integrar a norma de incidência da categoria E, até à reforma do IRS de 2014. Contudo, com a Lei nº 82-E/2014, de 31 de dezembro (Lei da Reforma do IRS), estes rendimentos passaram a ser considerados mais-valias. Encontram-se, atualmente, previstos no artigo 10º, nº 1, alínea e) do CIRS, referente a operações relativas a instrumentos financeiros derivados (disposição que exceciona, precisamente, os ganhos derivados de *swaps* de taxa de juro, que constituem rendimentos de capitais).

- Os juros que não se incluam em outras alíneas do artigo 5º, nº 2 do CIRS, lançados em quaisquer contas correntes (nº 2, alínea o));
- Quaisquer outros rendimentos derivados da simples aplicação de capitais (nº 2, alínea p));
- As indemnizações que visem compensar perdas de rendimentos desta categoria (nº 2, alínea s));
- Os montantes pagos ou colocados à disposição do sujeito passivo por estruturas fiduciárias, quando tais montantes não estejam associados à sua liquidação, revogação ou extinção, e não tenham sido já tributados nos termos do nº 3 do artigo 20º do CIRS, ou seja, por via da imputação especial aos sócios residentes de lucros obtidos por entidades localizadas noutros territórios e aí submetidas a um regime fiscal claramente mais favorável (nº 2, alínea t)).

Existe, ainda, um outro conjunto de rendimentos de capitais, ligado à área dos seguros do ramo "Vida". Este encontra-se previsto no artigo 5º, nº 3 do CIRS e respeita ao seguinte:

i) À diferença positiva entre os montantes pagos a título de resgate, adiantamento ou vencimento de seguros e operações do ramo "Vida" e os respetivos prémios pagos ou importâncias investidas; e

ii) À diferença positiva entre os montantes pagos a título de resgate, remição ou outra forma de antecipação de disponibilidade por fundos de pensões ou no âmbito de outros regimes complementares de segurança social e as respetivas contribuições pagas.

Neste tipo de rendimentos, quando o montante dos prémios, importâncias ou contribuições pagos na primeira metade da vigência dos contratos representar pelo menos 35% da totalidade daqueles, encontram-se previstas exclusões de tributação de parte do rendimento, aplicáveis a situações em que o resgate, adiantamento, remição ou outra forma de antecipação de disponibilidade, bem como o vencimento, ocorrerem após determinado número de anos de vigência do contrato[211].

[211] Para uma abordagem aprofundada e exaustiva sobre o regime fiscal dos rendimentos de capitais ligados à área dos seguros, cfr. Luís Poças, «A tributação dos rendimentos de

2.4. Presunções relativas a rendimentos de capitais

Apesar de a reforma fiscal de 1988/1989 se nortear pelo princípio da tributação do rendimento real, o legislador fiscal considerou não ser possível abdicar da adoção de algumas presunções relativamente aos rendimentos de capitais. Entre as razões subjacentes ao recurso a tais presunções, conta-se a dificuldade sentida pela AT, face à natureza específica dos rendimentos desta categoria, em assegurar a eficiência da tributação. As presunções desempenham a função de facilitar a prova da AT relativamente à existência de certos rendimentos e à respetiva quantificação[212].

Conforme referido mais adiante, é possibilitada a ilisão das presunções estabelecidas – o que se afigura absolutamente essencial para a constitucionalidade do regime em apreço.

São as seguintes as presunções estabelecidas no CIRS, relativamente a rendimentos da categoria E:

1) *Presunções relativas a letras e livranças*

O artigo 6º, nº 1 do CIRS consagra, na realidade, uma dupla presunção:

- Presume que as letras e livranças resultam de contratos de mútuo quando não provenham de transações comerciais; e
- Presume que assim sucede (ou seja, que as letras e livranças não provêm de transações comerciais) quando o credor originário não for comerciante.

Em suma, as letras e livranças cujo credor originário não seja comerciante são consideradas como títulos de colocação de capitais mutuados. O CIRS não se preocupa, portanto, em aferir a natureza comercial ou não da relação jurídica subjacente à letra ou livrança, bastando-se com a qualidade de não comerciante do credor originário ou sacador.

2) *Presunções relativas aos mútuos e aberturas de crédito*

O artigo 6º, nºs 2 e 3 do CIRS consagra diversas presunções relativas a mútuos e também a aberturas de crédito, suscetíveis de serem encadeadas:

capitais nos seguros e operações do ramo "Vida" e fundos de pensões», *Cadernos de Justiça Tributária*, nº 9, 2015, pp. 26-45.

[212] Cfr. Paula Rosado Pereira, *Estudos Sobre IRS: Rendimentos de Capitais e Mais-Valias*, cit., p. 40.

i) Presume-se que o depósito de capitais cuja restituição seja garantida por qualquer forma constitui um mútuo, excetuando os depósitos em instituições financeiras;

ii) Acresce a presunção de que os mútuos e as aberturas de crédito:
- São remunerados;
- À taxa de juro legal, se outra mais elevada não constar do título constitutivo ou não houver sido declarada (artigo 40º, nº 1 do CIRS);
- Começando o juro a vencer-se a partir da data do contrato de mútuo ou da data da utilização da abertura de crédito.

3) *Presunção relativa a lançamentos em conta corrente*

O artigo 6º, nº 4 do CIRS presume feitos a título de lucros ou adiantamento dos lucros os lançamentos em quaisquer contas correntes dos sócios, escrituradas nas sociedades comerciais ou civis sob forma comercial, quando não resultem de mútuos, da prestação de trabalho ou do exercício de cargos sociais.

Nos termos do artigo 73º da LGT, "as presunções consagradas nas normas de incidência tributária admitem sempre prova em contrário".

As presunções estabelecidas no artigo 6º e no artigo 40º, nº 1, ambos do CIRS, podem ser ilididas com base em (artigo 6º, nº 5 do CIRS):

- Decisão judicial;
- Ato administrativo (praticado por qualquer órgão ou agente da administração pública que intervenha na situação em apreço);
- Declaração do Banco de Portugal (quando ocorra a sua intervenção); ou
- Reconhecimento pela AT.

Para que se verifique a ilisão da presunção, é necessário que, por qualquer das formas acima referidas, se provem factos, condições ou taxas de juro distintos dos que resultariam da aplicação da presunção.

3. Juros contáveis e outros aspetos da incidência real

Alguns aspetos da incidência real, anteriormente enunciada, carecem de uma abordagem adicional, para efeitos de explicitação do seu regime.

Quanto aos juros, prémios de amortização ou de reembolso e outras formas de remuneração de títulos de dívida e demais instrumentos de aplicação financeira, previstos na alínea c), do nº 2 do artigo 5º do CIRS, importa ter em conta as situações de juros contáveis e de valor de reembolso que constitua remuneração – ambas dando origem a rendimentos de capitais.

As situações em apreço encontram-se previstas no artigo 5º, nº 5 do CIRS, nos termos do qual, para efeitos da alínea c), do nº 2 do mesmo artigo, se compreendem nos rendimentos de capitais:

- O quantitativo dos juros contáveis desde a data do último vencimento ou da emissão, primeira colocação ou endosso, se ainda não houver ocorrido qualquer vencimento, até à data em que ocorra alguma transmissão dos respetivos títulos; e ainda
- A diferença, pela parte correspondente àqueles períodos, entre o valor de reembolso e o preço de emissão, no caso de títulos cuja remuneração seja constituída, total ou parcialmente, por essa diferença.

Nas situações de tributação dos juros contáveis e da diferença entre o valor de reembolso e o preço de emissão dos títulos, nos termos previstos no nº 5 do artigo 5º do CIRS, o rendimento sujeito a imposto é o quantitativo que corresponder, em função da respetiva remuneração, ao período decorrido desde a data do último vencimento ou da emissão, primeira colocação ou endosso, se ainda não tiver ocorrido qualquer vencimento, até à data da transmissão dos correspondentes títulos (artigo 40º, nº 3 do CIRS).

Relativamente a uma outra questão – a delimitação do que deve integrar-se nas remunerações derivadas de depósitos à ordem ou a prazo, para efeitos da incidência real da categoria E –, o artigo 5º, nº 4 do CIRS considera como tal os ganhos, seja qual for a designação que lhes seja atribuída pelas partes, resultantes de contratos celebrados com instituições de crédito que titulem um depósito em numerário, a sua absoluta ou relativa indisponibilidade durante o prazo contratual e a garantia de rentabilidade assegurada, independentemente de esta se reportar ao câmbio da moeda[213].

Anteriormente à explicitação desta matéria no CIRS, a administração fiscal já tinha considerado, na Circular nº 11/95, de 3 de abril, que tanto

[213] O nº 4 do artigo 5º (originariamente, nº 4 do artigo 6º) foi aditado ao CIRS pela Lei nº 31/95, de 18 de agosto, tendo-lhe a referida lei conferido natureza interpretativa.

os juros como qualquer outra forma de remuneração derivada das referidas aplicações de divisas (cuja remuneração era, normalmente, justificada com base em ganhos cambiais, que coexistiam com uma taxa de juro anormalmente baixa) constituíam uma remuneração derivada de depósitos à ordem ou a prazo em instituições financeiras, prevista na alínea b), do nº 2 do artigo 5º do CIRS, uma vez que, em substância, se tratava de aplicações de capitais em depósitos bancários.

Passando à incidência relativa às operações de *swaps* de taxa de juro, cabe referir que o ganho sujeito a imposto é constituído pela diferença positiva entre os juros e, também, quando aplicável, pelos ganhos decorrentes dos pagamentos e recebimentos ocorridos em caso de cessão ou anulação do *swap* (artigo 5º, nº 6 do CIRS). Importa ter em conta que, por força do artigo 5º, nº 8 do CIRS, estando em causa instrumentos financeiros derivados, é aplicável, com as necessárias adaptações, para efeitos de IRS, o previsto no artigo 49º, nº 10 do CIRC. Este dispõe no sentido de que, se a substância de uma operação ou conjunto de operações diferir da sua forma, o momento, a fonte e a natureza dos pagamentos e recebimentos, rendimentos e gastos, decorrentes dessa operação, podem ser requalificados pela AT de modo a ter em conta essa substância. Trata-se de uma manifestação de um princípio geral, de direito fiscal, de prevalência da substância sobre a forma das operações.

Por último, refira-se que o artigo 5º, nº 2 do CIRS, ao enunciar (de forma exemplificativa) os rendimentos de capitais, refere-se, na alínea p), a quaisquer outros rendimentos derivados da simples aplicação de capitais. Trata-se de uma alínea com carácter residual, que espelha as dificuldades sentidas pelo legislador fiscal na tipificação dos rendimentos de capitais, face à constante evolução dos instrumentos financeiros disponíveis e ao princípio de autonomia da vontade ou da liberdade contratual. Pretende-se, assim, definir a incidência real de forma tão abrangente quanto possível, com o intuito de prevenir a elisão fiscal e de assegurar a tributação, no âmbito desta categoria, de quaisquer rendimentos derivados de novos instrumentos financeiros. Note-se, todavia, que é discutível a pertinência da referida alínea p) face à atual redação do artigo 5º do CIRS, uma vez que este já inclui, no seu nº 1, uma definição genérica e abrangente de rendimentos de capitais, a qual se conjuga com uma enunciação de rendimentos, patente no nº 2, que é meramente exemplificativa.

4. Momento relevante para a sujeição a tributação

Uma vez que os factos geradores de rendimentos de capitais são, regra geral, factos continuados, verifica-se a necessidade de os periodizar para efeitos de tributação. O artigo 7º do CIRS prevê, para os diversos tipos de rendimentos de capitais, o momento em que se verifica o facto tributário e em que ocorre, nos casos de substituição tributária, a correspondente obrigação de proceder à retenção na fonte do imposto.

Os rendimentos de capitais ficam sujeitos a tributação desde o momento em que se vencem, se presume o vencimento, são colocados à disposição do seu titular, são liquidados ou desde a data do apuramento do respetivo quantitativo[214], conforme os casos (artigo 7º, nº 1 do CIRS).

Veremos, seguidamente, qual o facto tributário relevante para cada tipo de rendimento de capitais, nos termos das diversas alíneas e parágrafos do artigo 7º, nº 3 do CIRS[215].

1) *Vencimento*

O **vencimento** é o momento no qual, em virtude do decurso do prazo, o credor adquire o direito de exigir do devedor o cumprimento da obrigação. Importa salientar que o vencimento opera o nascimento da obrigação de imposto, independentemente de o rendimento vencido ter ou não sido colocado pelo devedor à disposição do credor[216].

[214] Para uma abordagem detalhada relativamente à conceptualização destes factos / momentos relevantes para efeitos de sujeição a tributação, *vide* MANUEL FAUSTINO, *O Dever de Retenção na Fonte e Outros Deveres Autónomos de Cooperação em IRS*, Áreas Editora, Lisboa, 2003, pp. 44-50.

[215] Cfr. PAULA ROSADO PEREIRA, *Estudos Sobre IRS: Rendimentos de Capitais e Mais-Valias*, cit., pp. 44-51.

[216] Conforme salienta MANUEL FAUSTINO, *O Dever de Retenção na Fonte e Outros Deveres Autónomos de Cooperação em IRS*, cit., pp. 46-47: "Em situações não patológicas, ao vencimento segue-se normalmente o cumprimento da obrigação, pagando o devedor os rendimentos vencidos ao credor. Porém, em situações patológicas, constituído, pelo vencimento, o direito do credor aos rendimentos, subsiste, nos termos legais, a obrigação de imposto ainda que o devedor não cumpra a obrigação de pagamento ou colocação à disposição do rendimento". Sustenta o mesmo autor que "se o credor exigir judicialmente o seu crédito, parece poder defender-se que se suspende aí a relação de imposto (*ex vi* do disposto no artigo 62º que para o efeito deve ser interpretado de forma hábil), de tal modo que só após a respetiva decisão judicial aquela como que se reconstitui, ainda que em momento temporalmente distinto, pois aí a obrigação de imposto nasce, ao menos do ponto de vista teórico, com o trânsito em julgado da sentença que reconheça o crédito".

Ficam sujeitos a tributação desde o **momento do vencimento** os seguintes rendimentos:

- Os juros e outras formas de remuneração decorrentes de contratos de mútuo, abertura de crédito e outros que proporcionem, a título oneroso, a disponibilidade temporária de dinheiro ou outras coisas fungíveis (artigo 5º, nº 2, alínea a) do CIRS). Excetua-se o reporte, apesar de também previsto na referida alínea;
- Os juros e outras formas de remuneração de depósitos à ordem ou a prazo em instituições financeiras, bem como de certificados de depósitos e de contas de títulos com garantia de preço ou de outras operações similares ou afins (artigo 5º, nº 2, alínea b) do CIRS). Excetuam-se os reembolsos antecipados dos depósitos ou de certificados de depósitos;
- Os juros, os prémios de amortização ou de reembolso e as outras formas de remuneração de títulos da dívida pública, obrigações, títulos de participação, obrigações de caixa ou outros títulos análogos, e demais instrumentos de aplicação financeira (artigo 5º, nº 2, alínea c) do CIRS). Excetuam-se os certificados de consignação, apesar de também previsto na referida alínea;
- Os juros e outras formas de remuneração de suprimentos, abonos ou adiantamentos de capital feitos pelos sócios à sociedade (artigo 5º, nº 2, alínea d) do CIRS);
- Os juros e outras formas de remuneração devidos pelo facto de os sócios não levantarem os lucros ou remunerações colocados à sua disposição (artigo 5º, nº 2, alínea e) do CIRS);
- Os juros ou quaisquer acréscimos de crédito pecuniário resultantes da dilação do respetivo vencimento ou de mora no seu pagamento, quer sejam legais quer contratuais (artigo 5º, nº 2, alínea g) do CIRS);
- Operações de *swaps* de taxa de juro (artigo 5º, nº 2, alínea q) do CIRS), relativamente a juros vencidos durante o decurso da operação.

2) *Colocação à disposição*

Através da **colocação do rendimento à disposição** do credor, o devedor procede ao cumprimento da sua obrigação sem necessitar da colaboração daquele. O facto tributário verifica-se quando ocorre a colocação do rendimento à disposição do seu titular, podendo tal colocação à disposição assumir diversas formas, entre as quais o pagamento em numerário, o crédito numa conta bancária sem restrições à sua movimentação ou a transferência bancária.

Ficam sujeitos a tributação desde a **colocação à disposição** os seguintes rendimentos:

- Os lucros e reservas colocados à disposição dos associados ou titulares e adiantamentos por conta de lucros (artigo 5º, nº 2, alínea h) do CIRS);
- O valor atribuído aos associados na amortização de partes sociais sem redução de capital (artigo 5º, nº 2, alínea i) do CIRS);
- Os rendimentos distribuídos das unidades de participação em fundos de investimento (artigo 5º, nº 2, alínea j) do CIRS);
- Os rendimentos auferidos pelo associado na associação em participação e na associação à quota (artigo 5º, nº 2, alínea l) do CIRS);
- A remuneração decorrente de certificados que garantam ao titular o direito a receber um valor mínimo superior ao valor de subscrição (artigo 5º, nº 2, alínea r) do CIRS);
- Os rendimentos relativos a certificados de consignação.

3) *Apuramento do quantitativo*

Por **apuramento do quantitativo** pode entender-se o conjunto de operações algébricas destinadas ao apuramento de um montante de rendimento, ou a liquidação do rendimento, que assim se torna certo e exigível.

Ficam sujeitos a tributação desde o **apuramento do respetivo quantitativo** os seguintes rendimentos:

- Os rendimentos do contrato de reporte;
- Os juros, no caso de reembolso antecipado dos depósitos ou de certificados de depósitos;
- O saldo dos juros apurado em contrato de conta-corrente (artigo 5º, nº 2, alínea f) do CIRS);
- Os rendimentos provenientes de contratos que tenham por objeto a cessão ou utilização temporária de direitos da propriedade intelectual ou industrial ou a prestação de *know-how*, quando não auferidos pelo respetivo autor ou titular originário[217], bem como os derivados de assistência técnica (artigo 5º, nº 2, alínea m) do CIRS);

[217] Caso sejam auferidos pelo respetivo autor ou titular originário, constituem rendimentos da categoria B, nos termos do artigo 3º, nº 1, alínea c) do CIRS.

- Os rendimentos decorrentes do uso ou da concessão do uso de equipamento agrícola e industrial, comercial ou científico, quando não constituam rendimentos prediais[218], bem como os provenientes da cedência, esporádica ou continuada, de equipamentos e redes informáticas, incluindo transmissão de dados ou disponibilização de capacidade informática instalada em qualquer das suas formas possíveis (artigo 5º, nº 2, alínea n) do CIRS);
- Os juros que não se incluam nos pontos anteriores, lançados em quaisquer contas correntes (artigo 5º, nº 2, alínea o) do CIRS);
- Quaisquer outros rendimentos derivados da simples aplicação de capitais (artigo 5º, nº 2, alínea p) do CIRS).

4) *Momento da liquidação da operação*

Ficam sujeitos a tributação desde o **momento da liquidação da operação** os seguintes rendimentos:

- O ganho decorrente de operações de *swaps* de taxa de juro (artigo 5º, nº 2, alínea q) do CIRS). Contudo, os juros vencidos durante o decurso da operação ficam sujeitos a tributação desde o momento do vencimento.

5) *Momento da colocação à disposição ou apuramento do quantitativo*

Ficam sujeitos a tributação desde a **colocação dos rendimentos à disposição** dos seus titulares **ou o apuramento do respetivo quantitativo,** quando o titular do direito aos rendimentos opte por recebê-los sob a forma de renda, os seguintes rendimentos:

- Os rendimentos de seguros e operações do ramo "Vida", de fundos de pensões ou de outros regimes complementares de segurança social, sem prejuízo das exclusões parciais de tributação legalmente previstas (artigo 5º, nº 3 do CIRS).

6) *Data da transmissão*

Ficam sujeitos a tributação desde a **data da transmissão** (exceto quando esta se realize entre sujeitos passivos de IRS e não seja imputável ao exercício de uma atividade empresarial e profissional) os seguintes rendimentos:

[218] Nos termos do artigo 8º, nº 2, alínea b) do CIRS, são assimilados a rendas, constituindo, portanto, rendimentos prediais, as importâncias relativas ao aluguer de maquinismos e mobiliários instalados no imóvel locado.

- Os juros contáveis e a diferença entre o valor de reembolso e o preço de emissão dos títulos, nos termos em que são considerados rendimentos de capitais (artigo 5º, nº 5 do CIRS)[219].

Importa, ainda, ter em consideração as seguintes regras previstas no artigo 7º do CIRS:

- Tratando-se de mútuos, de depósitos e de aberturas de crédito, considera-se que os juros se vencem: (i) no caso de juros efetivos ou parcialmente presumidos, na data estipulada, ou, na sua ausência, na data do reembolso do capital; (ii) no caso de juros totalmente presumidos, em 31 de dezembro de cada ano ou na data do reembolso, se anterior (nº 2 do artigo 7º);
- As aberturas de crédito consideram-se utilizadas na totalidade sempre que, segundo as cláusulas do contrato, os levantamentos possam fazer-se independentemente de escritura ou instrumento notarial (nº 4 do artigo 7º);
- Os juros são contados dia a dia (nº 5 do artigo 7º).

5. Inexistência de deduções específicas e de dedução de perdas

A categoria E não admite deduções específicas para efeitos da determinação do rendimento coletável – contrariamente ao que sucede com a generalidade das outras categorias de rendimentos[220]. Deste modo, na categoria E, o rendimento bruto corresponde ao rendimento tributável, visto não ser admissível para efeitos fiscais a dedução de quaisquer gastos inerentes à obtenção dos rendimentos.

A opção do legislador fiscal pela inexistência de deduções específicas aos rendimentos de capitais parece basear-se no pressuposto de que, tratando-se de um rendimento passivo, a sua obtenção não implica que o

[219] Nos termos da previsão do artigo 5º, nº 5 do CIRS, "o quantitativo dos juros contáveis desde a data do último vencimento ou da emissão, primeira colocação ou endosso, se ainda não houver ocorrido qualquer vencimento, até à data em que ocorra alguma transmissão dos respetivos títulos, bem como a diferença, pela parte correspondente àqueles períodos, entre o valor de reembolso e o preço de emissão, no caso de títulos cuja remuneração seja constituída, total ou parcialmente, por essa diferença".

[220] Note-se que, nos termos do artigo 42º do CIRS, também os rendimentos qualificados como incrementos patrimoniais não beneficiam de quaisquer deduções, sem prejuízo das regras particulares de cálculo das mais e menos-valias (que, nos termos próprios desse cálculo, admitem a dedução das despesas e encargos previstos no artigo 51º, nº 1 do CIRS).

respetivo titular incorra em despesas para o efeito. Mais ainda, a natureza mobiliária dos bens e direitos que originam os rendimentos de capitais parece inculcar a ideia (nem sempre exata, na prática) da inexistência de encargos associados à obtenção do rendimento[221].

Também não se prevê, na categoria E, o apuramento de um resultado líquido negativo reportável para anos subsequentes. A categoria E está ausente do artigo 55º do CIRS, relativo à dedução de perdas mediante reporte para anos subsequentes.

6. Tributação dos rendimentos de capitais

6.1. Enquadramento e evolução da tributação

Desde a entrada em vigor do CIRS até ao final de 2014, a categoria E compreendia rendimentos de capitais sujeitos a retenção na fonte a taxas liberatórias (e, como tal, de englobamento meramente facultativo), a par de outros sujeitos a englobamento obrigatório, com retenção na fonte por conta do imposto devido em termos finais.

Este modelo misto, previsto na redação inicial do CIRS, resultou de um compromisso entre as propostas do Governo e da Comissão responsável pela reforma fiscal de 1988/1989. Com efeito, as respetivas posições, quanto à amplitude de aplicação das taxas liberatórias, não eram coincidentes. Enquanto que o Governo propugnava o completo afastamento da categoria E do âmbito da tributação mediante englobamento, a Comissão considerava aceitável um afastamento da regra do englobamento apenas para parte dos rendimentos da aludida categoria.

A aplicação de retenção na fonte a título liberatório constitui um sistema bastante simples e eficaz, do ponto de vista administrativo, tanto para as autoridades fiscais como para as instituições financeiras e para os contribuintes. Por estes motivos, veio a tornar-se no regime aplicável a todos os rendimentos de capitais, ultrapassando-se o modelo misto inicialmente previsto no CIRS[222].

[221] A este propósito, vale a pena comparar a situação com a dos rendimentos prediais integrados na categoria F – tradicionalmente vistos também como rendimentos passivos. Nos rendimentos prediais, é a natureza do bem subjacente à obtenção do rendimento – o prédio – que tornaria difícil, em termos hipotéticos, pôr em causa a existência de gastos inerentes à obtenção dos rendimentos e, consequentemente, a necessidade de admitir deduções específicas na categoria F.

[222] Para uma visão sobre alguns dos dilemas enfrentados pelo legislador fiscal e as posições assumidas por diversas comissões de reforma fiscal, relativamente à escolha entre regime de

Com a Lei nº 82-E/2014, de 31 de dezembro (Lei da Reforma do IRS), todos os rendimentos de capitais previstos no artigo 5º do CIRS passaram a ser tributados mediante taxas liberatórias, mesmo os obtidos por sujeitos passivos residentes em território português. Desta forma, o regime de englobamento obrigatório deixou de se aplicar no âmbito da categoria E.

6.2. Retenção na fonte liberatória

Os rendimentos de capitais obtidos em território português, tanto por residentes como por não residentes, estão sujeitos a retenção na fonte a título definitivo, a taxas liberatórias.

O regime de retenção na fonte a taxas liberatórias tem melhores condições para a sua aplicação no caso de rendimentos de capitais obtidos em território português, por residentes ou não residentes, pagos por ou através de entidades que aqui tenham sede, direção efetiva ou estabelecimento estável a que deva imputar-se o pagamento e que disponham ou devam dispor de contabilidade organizada (artigo 71º, nº 1, alínea a) do CIRS). A retenção é efetuada, neste caso, à taxa liberatória de 28%, quer os titulares do rendimento sejam residentes quer não residentes[223].

No caso de rendimentos devidos por entidades que não tenham em território português domicílio a que possa imputar-se o pagamento, apenas se prevê a retenção na fonte a título definitivo, à taxa liberatória de 28%, para os rendimentos de valores mobiliários pagos ou colocados à disposição dos respetivos titulares, residentes em território português, por intermédio de entidades que estejam mandatadas por devedores ou titulares ou ajam por conta de uns ou outros (artigo 71º, nº 1, alínea b) do CIRS)[224].

englobamento e taxas liberatórias, no que respeita à tributação dos rendimentos de capitais, cfr. Paula Rosado Pereira, *Estudos Sobre IRS: Rendimentos de Capitais e Mais-Valias*, cit., pp. 71-83.

[223] Tratando-se de rendimentos de capitais auferidos em território português por não residentes, importa ter em conta que os rendimentos incluídos no artigo 5º, nº 2, alíneas m) e n) do CIRS – respetivamente, cessão ou utilização temporária de direitos de propriedade intelectual ou industrial, ou uso ou concessão do uso de vários tipos de equipamento, obtidos em território português – são sujeitos a retenção na fonte à taxa liberatório de 25% (e não de 28%), nos termos do artigo 71º, nº 4, alínea b) do CIRS.

[224] Nas demais situações de rendimentos de capitais auferidos por residentes mas devidos por entidades sem domicílio em Portugal a que possa imputar-se o pagamento – nas quais não existem, portanto, condições para a realização da retenção na fonte a taxa liberatória –,

Importa salientar que, na hipótese de rendimentos de capitais que sejam tributados no âmbito da categoria B – em virtude de serem imputáveis a atividades empresariais e profissionais, nos termos do artigo 3º, nº 2, alínea b) do CIRS –, tal enquadramento não prejudica a retenção na fonte pela taxa prevista no artigo 71º do CIRS. Contudo, esta retenção na fonte, no caso de residentes, passa a ter a natureza de um adiantamento por conta do imposto devido em termos finais. Vejam-se, a este propósito, os nºs 9 e 10 do artigo 101º do CIRS[225].

O artigo 71º, nº 16 do CIRS prevê diversos casos de rendimentos de capitais tributados por retenção na fonte à taxa liberatória de 35%, com intuitos anti-abuso. Constitui também uma forma de, por via da retenção na fonte a taxa mais elevada, compensar a perda de arrecadação tributária a que, provavelmente, este tipo de situações dá origem.

Por fim, cabe salientar que existem situações de obtenção de rendimentos de capitais nas quais não é efetuada a retenção na fonte prevista no artigo 71º do CIRS. Tal sucede, designadamente, em virtude de a forma de obtenção desses rendimentos ou a sua proveniência não permitirem assegurar a realização da retenção. Nestes casos, em que os rendimentos de capitais não tenham sido sujeitos a retenção na fonte, aplica-se o disposto no artigo 72º, nº 1, alínea d) do CIRS, ou seja, há lugar a tributação autónoma à taxa especial de 28%.

É este o caso, por exemplo, de rendimentos de capitais auferidos por residentes, mas que são devidos por entidades sem domicílio em Portugal a que possa imputar-se o pagamento, e sem que haja em território português um agente pagador mandatado para a realização do pagamento em causa. Neste tipo de situações, vindo o pagamento do rendimento diretamente do estrangeiro, e não existindo em Portugal entidade que possa

o rendimento é tributado nos termos do artigo 72º, nº 1, alínea d) do CIRS, ou seja, mediante tributação autónoma a taxa especial (conforme detalhado mais adiante).

[225] Cabe notar que o referido nº 10 do artigo 101º do CIRS afirma, a propósito do imposto retido, que este tem, nos casos ali versados, uma "natureza de pagamento por conta". A expressão adotada pela lei é, a nosso ver, pouco feliz, dado poder suscitar confusões, aos menos familiarizados com o CIRS, entre a figura da retenção na fonte que constitui um adiantamento de pagamento por conta do imposto devido em termos finais (ou seja, substituição tributária parcial) – que é aquilo que está em causa no aludido artigo – e a figura dos verdadeiros pagamentos por conta, previstos no artigo 102º do CIRS (pagamentos efetuados pelo próprio sujeito passivo ao Estado, inteiramente distintos da substituição tributária e da retenção na fonte).

cumprir a função de substituto tributário, efetuando a retenção na fonte (v.g. agente pagador), o rendimento é tributado nos termos do artigo 72º, nº 1, alínea d) do CIRS – mediante tributação autónoma a taxa especial.

A taxa de tributação é a mesma – ou seja, 28% –, quer os rendimentos de capitais sejam tributados à taxa liberatória do artigo 71º, quer à taxa especial do artigo 72º, ambos do CIRS. O que difere é o modo de realização dessa tributação. No âmbito do artigo 71º do CIRS estamos perante uma retenção na fonte a taxa liberatória, realizada pelo substituto tributário, que entrega o imposto ao Estado. Em contrapartida, no âmbito do artigo 72º do CIRS é o próprio contribuinte direto, que auferiu o rendimento, que tem a obrigação de o declarar ao Estado e, na sequência da liquidação efetuada pela AT[226], realizar o pagamento do imposto.

6.3. Opção pelo englobamento

Os rendimentos de capitais obtidos em território português – quer sejam auferidos por sujeitos passivos residentes quer por não residentes –, ao estarem sujeitos a tributação às taxas liberatórias previstas no artigo 71º do CIRS, não são englobados, conforme decorre do artigo 22º, nº 3 do CIRS (alíneas a) e b), respetivamente para não residentes e para residentes).

A aplicação da taxa liberatória de retenção na fonte, como o próprio nome indica, "libera" o rendimento em causa de qualquer obrigação tributária adicional – quer a nível declarativo, quer de pagamento de imposto.

Todavia, é conferida aos titulares dos rendimentos de capitais, desde que sejam residentes em território português, a possibilidade de optarem pelo seu englobamento para efeitos de tributação (artigo 71º, nº 8 do CIRS).

A opção pelo englobamento é concedida aos sujeitos passivos, relativamente aos rendimentos de capitais, "desde que obtidos fora do âmbito do exercício de atividades empresariais e profissionais" (parte final do nº 6 do referido artigo). A razão de ser desta limitação prende-se com o facto de os rendimentos de capitais obtidos no âmbito do exercício de atividades empresariais e profissionais serem considerados rendimentos da categoria B, por força do "poder de atração" desta categoria (relativamente aos rendimentos de capitais, concretizado no artigo 3º, nº 2, alínea b) do CIRS).

[226] Liquidação efetuada em termos de tributação autónoma do rendimento em causa, nos termos do artigo 72º, nº 1, alínea d) do CIRS, exceto se o titular residente optar pelo respetivo englobamento, de acordo com o disposto no nº 12 do mesmo artigo.

Consequentemente, os rendimentos em causa são sujeitos a englobamento obrigatório, nos termos previstos para a categoria B, quando auferidos por residentes. Não faria, portanto, sentido que estas situações estivessem compreendidas no âmbito de aplicação da opção pelo englobamento prevista no artigo 71º, nº 8 do CIRS.

Também no caso dos rendimentos de capitais sujeitos a uma tributação autónoma a taxa especial, nos termos do artigo 72º, nº 1, alínea d) do CIRS, é possível ao titular residente em território português optar pelo englobamento, conforme previsto no nº 13 do mesmo artigo.

Caso o sujeito passivo exerça a opção pelo englobamento, fica obrigado a englobar a totalidade dos rendimentos da mesma categoria. Assim, o exercício da opção pelo englobamento terá de abranger a totalidade dos rendimentos de capitais auferidos pelo sujeito passivo (artigo 22º, nº 5 do CIRS).

Feita a opção pelo englobamento, a retenção na fonte que tiver sido efetuada assume a natureza de pagamento / adiantamento por conta do imposto devido a final (artigo 71º, nº 9 do CIRS).

Os sujeitos passivos residentes em território português que pretendam optar pelo englobamento, relativamente a rendimentos de quaisquer títulos nominativos ou ao portador e de juros de depósitos à ordem ou a prazo, têm, nos termos do artigo 119º, nº 3 do CIRS, que solicitar expressamente à entidade devedora / pagadora dos rendimentos a emissão do documento comprovativo das importâncias devidas no ano anterior, do imposto retido na fonte e das deduções a que eventualmente haja lugar.

Quanto aos rendimentos de capitais apurados por não residentes, o regime legal não prevê, em termos gerais, qualquer opção pelo englobamento dos mesmos. Tal situação é compreensível, visto a tributação global ter como pressuposto a capacidade contributiva global do sujeito passivo, a qual não é suscetível de aferição relativamente aos não residentes em território português.

Há, no entanto, no caso de sujeitos passivos não residentes em território português, mas que sejam residentes noutro Estado membro da UE ou do EEE, que ter em conta a existência no CIRS de regimes que, nalguns aspetos, se aproximam do regime de englobamento. É o caso do regime opcional previsto no artigo 71º, nºs 10 a 15 do CIRS.

7. Eliminação da dupla tributação económica

A dupla tributação económica ocorre quando o mesmo rendimento é tributado, em impostos com idêntica natureza, na esfera de sujeitos passivos distintos. Na distribuição de lucros por uma sociedade aos seus sócios (no campo em que nos situamos, sócios pessoas singulares) existe, normalmente, dupla tributação económica. Isto porque o mesmo rendimento em termos económicos (o lucro obtido pela sociedade) é primeiro tributado na esfera desta, em IRC; e depois é novamente tributado, na esfera dos sócios (em IRS, se estes forem pessoas singulares), na medida do lucro que lhes for distribuído[227].

A existência desta dupla sujeição a imposto do mesmo rendimento, na esfera de sujeitos passivos distintos, apresenta vários inconvenientes: o desencorajamento da estruturação jurídica das atividades empresariais através de um veículo societário, o desincentivo ao investimento em participações societárias, a perda de competitividade fiscal internacional da jurisdição que permite a subsistência desta dupla tributação.

Por estes motivos, é comum a previsão de mecanismos de eliminação ou de atenuação da dupla tributação económica.

O artigo 40º-A do CIRS consagra um mecanismo de atenuação da dupla tributação económica que corresponde a um englobamento parcial do rendimento em causa.

Este regime é aplicável na esfera de sujeitos passivos de IRS residentes em território português, relativamente aos lucros que lhes forem distribuídos por:

- Pessoas coletivas sujeitas e não isentas de IRC, com sede ou direção efetiva em território português (artigo 40º-A, nºs 1 e 2 do CIRS);
- Entidades residentes noutro Estado membro da UE ou do EEE[228] que preencham os requisitos e condições estabelecidos no artigo 2º da Diretiva nº 2011/96/UE, do Conselho, de 30 de novembro[229], rela-

[227] O problema da dupla tributação económica decorre, portanto, de uma opção de base do sistema fiscal pela tributação distinta e sucessiva de sociedades e sócios. Sobre esta problemática, cfr. Paula Rosado Pereira, *Convenções sobre Dupla Tributação no Atual Direito Fiscal Internacional*, cit., pp. 63-67.

[228] Desde que o Estado membro do EEE esteja vinculado a cooperação administrativa no domínio da fiscalidade equivalente à estabelecida no âmbito da UE.

[229] De acordo com tais requisitos e condições, a sociedade devedora dos lucros necessita de: (i) revestir uma das formas societárias enumeradas no anexo à Diretiva nº 2011/96/UE; (ii) ser

tiva ao regime fiscal comum aplicável às sociedades-mães e sociedades afiliadas de Estados membros diferentes (artigo 40º-A, nº 4 do CIRS)[230].

Nos termos do regime em apreço, os lucros recebidos são considerados em apenas 50% do seu valor, no caso de opção pelo englobamento[231]. Desta forma, se o sujeito passivo não optar pelo englobamento e, portanto, os lucros recebidos forem tributados através da taxa liberatória de 28%, a tributação incide sobre 100% do valor dos lucros que lhe forem distribuídos.

O regime de eliminação da dupla tributação económica previsto no artigo 40º-A, nºs 1 e 2 do CIRS é aplicável, com as necessárias adaptações, aos rendimentos que o associado aufira da associação à quota e da associação em participação, tendo os rendimentos distribuídos sido efetivamente tributados, bem como o valor atribuído aos associados na amortização de partes sociais sem redução de capital (artigo 40º-A, nº 3 do CIRS). Também neste caso o rendimento recebido é considerado em apenas 50% do seu valor, no caso de opção pelo englobamento.

No caso de lucros distribuídos por entidades residentes noutro Estado membro da UE ou do EEE, o sujeito passivo beneficiário dos mesmos deve

considerada como tendo domicílio fiscal em algum Estado membro da UE; (iii) estar sujeita, sem possibilidade de opção e sem dele se considerar isenta, a imposto sobre o rendimento das sociedades que vigore no Estado membro onde é residente.

[230] O regime inicialmente previsto era aplicável apenas aos lucros distribuídos por entidades residentes em território português. O alargamento do regime em causa a lucros distribuídos por entidade da UE foi introduzido pela Lei nº 55-B/2004, de 30 de dezembro (Lei do Orçamento do Estado para 2005), e relativamente a lucros distribuídos por entidade do EEE pela Lei nº 82-E/2014, de 31 de dezembro (Lei da Reforma do IRS).

[231] A versão inicial do CIRS previa um método de eliminação da dupla tributação económica distinto do englobamento parcial. O método então aplicável era o do crédito de imposto, mediante a dedução à coleta do IRS do titular dos lucros, se fosse residente, de uma determinada percentagem do montante de IRC pago pela sociedade, correspondente aos lucros que lhe fossem distribuídos. O aludido crédito de imposto, previsto no artigo 80º, nº 3 da versão inicial do CIRS, era calculado apenas sobre os lucros distribuídos que fossem englobados pelo seu titular. Conforme refere Rui Duarte Morais, "o atual sistema, além de mais simples, é mais *neutral*. O benefício decorrente do englobamento parcial é igual para todos os sujeitos passivos (não constitui rendimento coletável uma percentagem, fixa, dos dividendos auferidos), enquanto num sistema de *crédito de imposto* a "vantagem" (o valor da dedução à coleta do IRS) depende do montante de imposto pago pela sociedade que distribui os lucros". In Rui Duarte Morais, *Sobre o IRS*, cit., p. 107.

dispor de prova de que a entidade devedora cumpre os requisitos e condições estabelecidos no artigo 2º da Diretiva acima referida. Esta prova deve ser efetuada através de declaração confirmada e autenticada pelas autoridades fiscais competentes do Estado membro da UE ou do EEE de que é residente (artigo 40º-A, nº 5 do CIRS).

No caso de os rendimentos visados pelo artigo 40º-A do CIRS constituírem rendimentos da categoria B (em virtude do poder de atração desta categoria) e serem auferidos por sujeitos passivos enquadrados no regime de contabilidade organizada, o disposto no artigo 40º-A é-lhes aplicável, com as necessárias adaptações (artigo 39º-A do CIRS).

8. Benefícios fiscais

No contexto da tributação dos rendimentos de capitais, há que aferir da existência de benefícios fiscais que sejam aplicáveis ao tipo de rendimento em apreço. Com efeito, são variados os benefícios fiscais consagrados, no EBF ou em legislação avulsa, relativamente a diversos tipos de rendimentos de capitais.

9. Obrigações acessórias

Os sujeitos passivos que, no ano a que o imposto respeita, apenas tenham auferido rendimentos tributados pelas taxas previstas no artigo 71º do CIRS e não optem, quando legalmente permitido, pelo seu englobamento, ficam dispensados de apresentar a declaração anual de rendimentos (artigo 58º, nº 1, alínea a) do CIRS).

Esta dispensa de declaração não abrange os sujeitos passivos, casados ou unidos de facto, que optem pela tributação conjunta (artigo 58º, nº 3, alínea a) do CIRS).

Capítulo IV
Rendimentos prediais
– Categoria F –

1. Enquadramento dos rendimentos prediais

O CIRS considera rendimentos prediais as rendas dos prédios rústicos, urbanos e mistos pagas ou colocadas à disposição dos respetivos titulares (artigo 8º, nº 1 do CIRS), adotando um conceito de renda bastante amplo, conforme veremos mais adiante.

Os rendimentos prediais correspondem à categoria F. Todavia, podem ter de integrar-se na categoria B, em virtude do poder de atração desta categoria ou na sequência de opção exercida pelo contribuinte.

Podem apontar-se aos rendimentos prediais, em virtude do seu modo de obtenção e das suas características, algumas similitudes com rendimentos de outras categorias.

Por exemplo, os rendimentos prediais partilham com os rendimentos de capital a característica de serem rendimentos essencialmente derivados de uma aplicação de capital[232]. O fator capital tem vindo a ter, em geral, na

[232] Para Saldanha Sanches, "os rendimentos prediais têm a natureza *substancial* de rendimentos de capital – decorrem da aplicação de capital imobiliário –, mas contam com uma previsão normativa autónoma". In J. L. SALDANHA SANCHES, *Manual de Direito Fiscal*, cit., p. 314. Pela nossa parte, preferimos falar em similitudes dos rendimentos prediais com rendimentos de outras categorias. Com efeito, parece-nos excessivo afirmar que os rendimentos prediais têm a natureza substancial de rendimentos de capital, tendo em conta a proximidade que os rendimentos prediais têm, também, relativamente aos rendimentos empresariais e profissionais, e, ainda, as significativas diferenças de natureza existentes entre os elementos geradores de rendimentos de capitais e os prédios, que se encontram na origem dos rendimentos prediais. Salienta-se, desde logo, a contínua necessidade de manutenção e conservação destes últimos, geradora de despesas relevantes.

obtenção dos rendimentos prediais, um papel bastante mais relevante do que o fator trabalho (quer dependente, quer independente). Nos rendimentos prediais, a aplicação de capital é efetuada através de investimentos em imóveis, os quais constituem a fonte produtora de rendimento.

São precisamente as particularidades deste tipo de fonte produtora de rendimento – os imóveis – que justificam a plena autonomização da categoria dos rendimentos prediais, no âmbito da estrutura cedular adotada pelo CIRS, e a ausência de pontos de contacto significativos com o regime dos rendimentos de capitais. Com efeito, a adequação dos imóveis à produção de rendimentos envolve variadas despesas, designadamente de manutenção e conservação dos mesmos, que implicam a necessidade de dotar os rendimentos prediais de um regime de determinação do rendimento coletável bastante distinto do aplicável aos rendimentos de capitais.

Por outro lado, os rendimentos prediais aproximam-se dos rendimentos empresariais e profissionais. Em muitos casos, o arrendamento começa a assumir os contornos de uma atividade empresarial, em detrimento da "exploração passiva" de bens imóveis, que tradicionalmente consubstanciava.

A aludida proximidade entre as duas categorias de rendimentos concretiza-se, aliás, no próprio regime atualmente previsto no CIRS para os rendimentos prediais, nos termos do qual estes rendimentos, geralmente pertencentes à categoria F, podem também integrar-se na categoria B, quer em virtude do poder de atração desta categoria, quer na sequência de opção exercida pelo contribuinte.

Cabe também aludir ao facto de a tributação dos rendimentos prediais ter sido sujeita a importantes alterações, ao longo dos últimos anos.

Os rendimentos prediais auferidos por sujeitos passivos residentes foram tributados, desde o início da vigência do CIRS até ao final de 2012, segundo o regime do englobamento obrigatório. Todavia, a partir de 2013, inclusive, os rendimentos prediais de residentes foram excluídos do englobamento obrigatório, passando a ser tributados a uma taxa especial (atualmente de 28%), por força das alterações introduzidas no CIRS pela Lei nº 66-B/2012, de 31 de dezembro (Lei do Orçamento do Estado para 2013). O englobamento dos rendimentos prediais passou, então, a ser facultativo.

Esta alteração, pela sua importância, representou uma mudança de paradigma na tributação dos rendimentos prediais. Visou, designadamente, atrair investidores ao sector imobiliário, ao dotar os rendimentos prediais de um regime fiscal mais apelativo e ao procurar atingir uma maior neutralidade fiscal destes com os rendimentos de capitais e as mais--valias mobiliárias.

Posteriormente, a Lei nº 82-E/2014, de 31 de dezembro (Lei da Reforma do IRS) consagrou expressamente a possibilidade de os sujeitos passivos optarem pela tributação no âmbito da categoria B dos seus rendimentos derivados do arrendamento.

A mesma lei procedeu, também, a um alargamento significativo do universo das despesas dedutíveis aos rendimentos prediais.

Teremos oportunidade, em pontos subsequentes, de dedicar maior atenção a cada um destes aspetos.

2. Delimitação da incidência real

Conforme foi já referido, os rendimentos prediais derivam do pagamento ou colocação à disposição de rendas de prédios rústicos, urbanos e mistos (artigo 8º, nº1 do CIRS). Facilmente se percebe, assim, a importância das noções de prédio e de renda para efeitos da delimitação da incidência real da categoria F.

Um outro aspeto fundamental, para a delimitação da categoria dos rendimentos prediais, tem a ver com o abandono, por parte do IRS, da tributação das "rendas imputadas". Estas correspondiam ao valor da utilização dos prédios pelos respetivos proprietários, e a sua tributação encontrava--se prevista, anteriormente à reforma fiscal de 1988/89.

Passamos a desenvolver cada um destes aspetos.

2.1. Prédio

Apesar do relevo da noção de prédio para efeitos da delimitação da incidência da categoria F do IRS, é ao CIMI que temos de recorrer, para encontrarmos uma noção de prédio na legislação fiscal.

O artigo 2º, nº 1 do CIMI define prédio com base em três elementos[233]:

1) *Elemento físico:* uma fração de território, abrangendo águas, plantações, edifícios e construções de qualquer natureza nela incorporados ou assentes com carácter de permanência;

[233] Seguimos de perto a tripartição de elementos apontada em António Santos Rocha / Eduardo José Martins Brás, *Tributação do Património – IMI, IMT e Imposto do Selo (Anotados e Comentados)*, Almedina, Coimbra, 2015, p. 25.

2) *Elemento jurídico:* a pertença ao património de uma pessoa singular ou coletiva;
3) *Elemento económico:* algo que, em circunstâncias normais, tenha valor económico próprio (distinto do valor das coisas/materiais que o compõem)[234].

O CIRS, por seu turno, apesar de não conter uma noção geral de prédio, apresenta no seu artigo 8º, nº 3 as seguintes definições de vários tipos de prédios[235]:

i) Prédio rústico: uma parte delimitada do solo e as construções nele existentes que não tenham autonomia económica;
ii) Prédio urbano: qualquer edifício incorporado no solo e os terrenos que lhe sirvam de logradouro;
iii) Prédio misto: o que comporta parte rústica e parte urbana.

Uma característica da noção de prédio, tal como é definido na legislação fiscal, tem a ver com a permanência. A este propósito, o artigo 8º, nº 4 do CIRS refere que a noção de construção abarca também todo o bem móvel assente no mesmo local por um período superior a 12 meses.

Esta regra coincide com a do artigo 2º do CIMI, nos termos do qual os edifícios ou construções, ainda que móveis por natureza, são havidos como tendo carácter de permanência quando afetos a fins não transitórios – presumindo-se tal carácter de permanência quando os edifícios ou construções estiverem assentes no mesmo local por um período superior a um ano (artigo 2º, nºs 2 e 3 do CIMI). Tal pode suceder, por exemplo, com tendas utilizadas para festas ou banquetes, ou com antigos barcos ou

[234] Nos termos do artigo 2º, nº 1 do CIMI, prédio é "toda a fração de território, abrangendo as águas, plantações, edifícios e construções de qualquer natureza nela incorporados ou assentes, com carácter de permanência, desde que faça parte do património de uma pessoa singular ou coletiva e, em circunstâncias normais, tenha valor económico, bem como as águas, plantações, edifícios ou construções, nas circunstâncias anteriores, dotados de autonomia económica em relação ao terreno onde se encontrem implantados, embora situados numa fração de território que constitua parte integrante de um património diverso ou não tenha natureza patrimonial".

[235] Esta distinção tinha um papel relevante na versão inicial do CIRS, dadas as diferenças de regime que existiam, em termos de deduções específicas, em cada um dos casos. Apesar de tais diferenças de regime terem deixado de existir, o CIRS manteve as definições em causa.

carruagens de comboio que permanecem no mesmo local e funcionam como restaurantes ou bares.

Rui Duarte Morais põe em causa a necessidade da característica da permanência, na definição de prédio para efeitos de IRS, afirmando que "esta exigência de afetação a fins não transitórios se pode justificar para efeitos de incidência do IMI, mas já tal não acontece relativamente ao IRS: se uma realidade deste tipo gerar renda, esta deve ser sempre tributada"[236].

Não acompanhamos a posição do ilustre autor a este propósito. Efetivamente, parece-nos adequado que a definição de prédio para efeitos de IRS assente na característica da permanência, tal como decorre atualmente do previsto no artigo 8º, nº 4 do CIRS e no artigo 2º, nºs 2 e 3 do CIMI. Não vemos motivo para que a definição de prédio seja distinta para efeitos de IRS e de IMI, o que criaria uma complexidade ainda maior do que a já existente ao nível da definição de prédio no âmbito fiscal. De resto, serão raras e relativamente pouco representativas em termos económicos as situações de cedência do uso, por pessoas singulares, de bens qualificados como móveis em termos de Direito Civil, sem que se verifique o carácter de permanência que permite qualificar esses bens como prédios para efeitos de IRS e tributar neste imposto o rendimento derivado da sua cedência. Acresce, ainda, o facto de não ser taxativo o elenco de atividades comerciais e industriais previsto no artigo 4º do CIRS, pelo que os rendimentos gerados pelos bens móveis em apreço – mesmo que estes bens não estivessem assentes "no mesmo local por um período superior a 12 meses"[237], faltando, portanto, a característica da permanência – seriam rendimentos tributáveis no âmbito da categoria B do IRS, desde que obtidos no contexto de uma atividade com características empresariais. Seria, por exemplo, o caso de alguém que cedesse o uso de uma tenda para festas e banquetes que fosse sucessivamente montada e desmontada em locais distintos (por exemplo, em variados jardins privados ou quintas, cujos proprietários pretendessem aí realizar festas de casamento ou aniversário). O facto de a tenda não permanecer por um período superior a 12 meses no mesmo local e de, por outro lado, o IRS não prescindir da característica da permanência para a qualificação da tenda como prédio / construção, não impediria, neste tipo de casos, a tributação em sede de IRS dos rendimentos obtidos em virtude da cedência do uso deste bem móvel.

[236] In Rui Duarte Morais, *Sobre o IRS*, cit., p. 111.

[237] E, portanto, não fossem considerados "construções" nos termos do artigo 8º, nº 4 do CIRS.

2.2. Renda

Tal como a noção de prédio, também a noção de renda se revela essencial à definição da incidência tributária da categoria F.

A renda é uma prestação retributiva, periódica, através da qual o arrendatário cumpre a obrigação de pagar ao senhorio um preço pelo direito temporário de uso e fruição do imóvel arrendado. A renda é elemento constitutivo do contrato de arrendamento[238].

Todavia, para efeitos tributários, o Código do IRS adotou uma noção mais ampla de renda, patente no artigo 8º, nº 2, que abarca:

i) As importâncias auferidas pela cedência do uso do prédio ou de parte dele e pelos serviços relacionados com aquela cedência[239];
ii) As importâncias relativas ao aluguer de máquinas e mobiliário instalados no prédio arrendado;
iii) No caso de subarrendamento, a diferença positiva, auferida pelo sublocador, entre a renda por ele recebida do subarrendatário e a que ele próprio paga ao senhorio;
iv) As importâncias relativas à cedência do uso, total ou parcial, de bens imóveis para quaisquer fins especiais, designadamente publicidade[240];
v) As importâncias relativas à cedência do uso de partes comuns de prédios em regime de propriedade horizontal (Ex: arrendamento da casa da porteira; cedência onerosa de espaço na entrada de um prédio para a instalação de pequeno comércio);
vi) As importâncias relativas à constituição, a título oneroso, de direitos reais de gozo temporários, ainda que vitalícios, sobre prédios[241];
vii) As indemnizações que visem compensar perdas de rendimentos desta categoria[242];

[238] Cfr. artigos 1022º e 1023º do Código Civil.

[239] Veja-se o caso de um contrato de arrendamento que, para além da cedência do uso do prédio, inclua também serviços de limpeza do prédio arrendado. Considera-se rendimento predial não apenas a retribuição da cedência, mas também o pagamento dos serviços relacionados com a mesma.

[240] Situações bastante frequentes são a cedência de espaço num telhado ou terraço para instalação de anúncios luminosos ou a afixação de painéis publicitários nas paredes exteriores de um prédio.

[241] Está aqui em causa a constituição originária, pelo titular do direito real maior, de direitos reais menores.

[242] Alínea introduzida pela Lei nº 82-E/2014, de 31 de dezembro (Lei da Reforma do IRS).

viii) As importâncias relativas aos contratos de direito real de habitação duradoura[243].

Podemos concluir que esta noção mais ampla de renda, adotada pelo Código do IRS, abarca prestações retributivas que escapam já à qualificação legal de renda.

A norma de incidência de IRS relativa aos rendimentos prediais, apesar de inspirada no conceito de renda do Direito Civil, corresponde, na realidade, a uma criação autónoma do legislador fiscal, que engloba um conjunto de realidades distintas da renda civil[244].

Deste modo, o artigo 8º, nº 2 do CIRS dá origem à qualificação como rendimentos prediais não só das rendas propriamente ditas, mas também de outras prestações retributivas que já não pressupõem a existência de um arrendamento e se referem a realidades económicas distintas. Refiram-se, designadamente, as importâncias relativas à cedência do uso de bens imóveis para a colocação de anúncios ou painéis publicitários, previstas no artigo 8º, nº2, alínea d) do CIRS[245].

Por outro lado, e apesar de o artigo 8º, nº 2 do CIRS, a propósito das diversas aceções de renda, se referir sempre a "importâncias", pode também existir pagamento de rendas em espécie, e não necessariamente em dinheiro. Embora o pagamento em espécie seja, hoje em dia, pouco comum, ele poderá ainda ocorrer em situações como as de contratos de locação de prédios rústicos, cuja renda seja paga através da entrega ao proprietário do prédio de parte das colheitas.

[243] Alínea introduzida pela Lei nº 2/2020, de 31 de março (Lei do Orçamento do Estado para 2020).

[244] Saldanha Sanches fala de uma "ficção jurídica contida no nº2 do artigo 8º do Código do IRS, que determina que "*são havidas como rendas...*" uma série de realidades diferentes". In J. L. Saldanha Sanches, *Manual de Direito Fiscal*, cit., p. 315.

[245] Note-se que também outras disposições do CIRS, para além do artigo 8º, contribuem para a determinação do elenco de rendimentos sujeitos ao regime da categoria F. O artigo 28º, nº 14 do CIRS (com a redação introduzida pela Lei nº 42/2016, de 28 de dezembro – Lei do Orçamento do Estado para 2017) prevê que "os titulares de rendimentos da exploração de estabelecimentos de alojamento local na modalidade de moradia ou apartamento podem, a cada ano, optar pela tributação de acordo com as regras estabelecidas para a categoria F".

2.3. Exclusão da tributação das "rendas imputadas"

O artigo 8º, nº 1 do CIRS considera rendimentos prediais as rendas "pagas ou colocadas à disposição dos respetivos titulares".

Assim, apenas as rendas pagas ou colocadas à disposição constituem rendimento tributável em sede de IRS. A delimitação dos rendimentos prediais efetuada pelo CIRS exclui a tributação das "rendas imputadas".

As "rendas imputadas" correspondiam ao valor da utilização dos prédios pelos respetivos proprietários, e eram tributáveis em sede de Contribuição Predial, anteriormente à reforma fiscal de 1988/89. Nos termos do regime então vigente, eram considerados rendimentos prediais tributáveis, a par das rendas dos prédios arrendados, também o valor locativo dos prédios ocupados ou utilizados pelos seus proprietários ou usufrutuários.

O referido valor locativo era o valor da renda que poderia ser obtida pelo prédio em causa, em condições normais de mercado. Este mesmo valor era considerado como correspondente ao valor económico da "utilidade" extraída do prédio pelo seu proprietário ou usufrutuário, em virtude da respetiva ocupação ou utilização, ou seja, "a renda imputada".

Para J. G. Xavier de Basto, "a imposição da chamada renda imputada justifica-se por motivos de igualdade", tendo em conta que "quem utiliza casa própria evita pagar a renda que lhe seria exigida se não fosse proprietário do imóvel considerado". Afirma, ainda, o autor que "a tributação da renda imputada (*inputed rent*), além de ter bom fundamento, no plano equitativo, está na lógica da imposição do rendimento-acréscimo"[246].

Nesta matéria, não acompanhamos a opinião do ilustre autor. Do nosso ponto de vista, a tributação em sede de IRS apenas das rendas pagas ou colocadas à disposição do sujeito passivo constitui o regime mais coerente com os princípios da capacidade contributiva e da tributação do rendimento real, que norteiam o CIRS.

O próprio nº 11 de Preâmbulo ao CIRS afirma que deixou de se incluir na base de incidência dos rendimentos prediais o valor locativo ou a renda fundiária dos prédios não arrendados, "pois se visa tributar apenas os rendimentos realmente auferidos".

O CIRS, ao seguir o princípio da tributação do rendimento real, sujeita a tributação apenas os rendimentos que realmente foram auferidos pelo sujeito

[246] José Guilherme Xavier de Basto, *IRS – Incidência Real e Determinação dos Rendimentos Líquidos*, cit., p. 341.

passivo. O cumprimento deste princípio justifica plenamente, a nosso ver, o abandono da tributação em sede de IRS das "rendas imputadas", que constituíam um rendimento "ficcionado"[247] e não um rendimento real.

A própria conceção de rendimento-acréscimo acolhida no CIRS é, segundo entendemos, uma conceção mitigada pelo princípio da realização. Em consonância com esta conceção mitigada de rendimento acréscimo, o IRS, por regra, não tributa mais-valias potenciais ou latentes. Pela mesma ordem de motivos, consideramos que seria incoerente e contraditório que o IRS tributasse "rendas imputadas", que reconhecidamente não são um rendimento real e efetivo.

Por último, mesmo que se admita, com J. G. Xavier de Basto, a existência de uma ligação entre o abandono da tributação das "rendas imputadas" e a criação da Contribuição Autárquica[248] [249], consideramos que tal ligação não altera o problema de a tributação das "rendas imputadas" em sede de IRS se afigurar contrária ao princípio da tributação do rendimento real que norteia este imposto. Assim, mesmo que não se negue que o afastamento da tributação das "rendas imputadas" surge no contexto de um reajustamento da tributação dos rendimentos prediais e da tributação estática do património imobiliário, esta última destinada a resolver as dificuldades de financiamento das autarquias locais, tal circunstância em nada contribuiria, a nosso ver, para uma admissibilidade da tributação no âmbito do IRS de algo que não constitui um rendimento realmente auferido.

[247] Este rendimento "ficcionado" é, segundo entendemos, distinto de um rendimento determinado de forma presumida – o qual pode ter sido realmente auferido pelo sujeito passivo, tanto quanto se conseguiu aferir, ou seja, um "rendimento real presumido", na noção de Teixeira Ribeiro. Cfr. J. J. Teixeira Ribeiro, *Lições de Finanças Públicas*, 5ª ed., Coimbra Editora, Coimbra, 1997, pp. 306-307. Em sentido distinto, Ana Paula Dourado, para quem "rendimento real é o rendimento tributável que resulta da diferença entre proveitos e gastos e é apurado segundo métodos diretos, isto é, com base na contabilidade e outros deveres de declaração [...] do sujeito passivo, tal como exigido pelas leis fiscais". In Ana Paula Dourado, *Direito Fiscal – Lições*, cit., p. 214.

[248] A este propósito, *vide* o ponto seguinte do presente trabalho.

[249] J. G. Xavier de Basto afirma que "foram as circunstâncias particulares da Reforma de 89 que explicam o abandono da tributação, a título de imposto de rendimento, das "utilidades" auferidas pelos ocupantes de casa própria". Sustenta, ainda, que foi "o objetivo de não perturbar o financiamento das autarquias locais, que conduziu, à criação da contribuição autárquica (hoje, IMI) e à consequente retirada da incidência do IRS das "rendas imputadas". In JOSÉ Guilherme Xavier de Basto, *IRS – Incidência Real e Determinação dos Rendimentos Líquidos*, cit., p. 342.

2.4. Sobretributação dos rendimentos prediais

Um dos impostos cedulares que desapareceram em resultado da reforma fiscal de 1988/89 foi a Contribuição Predial, tendo os rendimentos prediais sido integrados no CIRS. Tal facto criou um problema ao nível do sistema de financiamento das autarquias locais, uma vez que a extinta Contribuição Predial constituía receita municipal.

A criação da Contribuição Autárquica (substituída pelo IMI em 1 de dezembro de 2003) – um imposto de tributação estática do património imobiliário – visou, designadamente, colmatar a aludida dificuldade de financiamento das autarquias locais. Todavia, o surgimento deste novo imposto, a par com a integração no âmbito da incidência do IRS das rendas pagas ou colocadas à disposição dos seus titulares, veio suscitar um novo problema.

Com efeito, após a reforma fiscal de 1988/89, a tributação das rendas dos prédios arrendados (em sede de IRS) passou a coexistir com a tributação do património (inicialmente em sede de Contribuição Autárquica, posteriormente em sede de IMI). Esta situação de sobreposição entre a tributação dos rendimentos prediais e a tributação patrimonial estática dos prédios arrendados, habitualmente designada como "sobretributação dos prédios arrendados", tem merecido variadas críticas[250].

Os prédios não arrendados não enfrentam este problema, pois deixaram de ser abrangidos pela tributação do rendimento (face à exclusão das "rendas imputadas" do âmbito de incidência real do IRS), passando a estar sujeitos apenas a tributação do património (Contribuição Autárquica, e posteriormente IMI).

Relativamente aos prédios arrendados, parece-nos que o regime atual, ao prever a dedutibilidade, em sede de IRS, do IMI pago, contribui para atenuar a aludida "sobretributação", mitigando o efeito da sobreposição entre a tributação dos rendimentos prediais e a tributação patrimonial estática dos prédios arrendados (atualmente, o IMI).

Importa, todavia, ter em conta que, conforme previsto no artigo 41º, nº 5 do CIRS, o IMI e o imposto do selo, pagos em determinado ano, apenas são

[250] Ainda na vigência da Contribuição Autárquica, Nuno de Sá Gomes criticou severamente a sobretributação predial existente no sistema fiscal à época, afirmando que esta se configurava como "quase confiscatória". Cfr. NUNO DE SÁ GOMES, «Alguns aspetos jurídicos e económicos controversos da sobretributação imobiliária, no sistema fiscal português», *Ciência e Técnica Fiscal*, nº 386, 1997, pp. 73-92 e p. 110.

dedutíveis aos rendimentos prediais brutos quando respeitem a prédio ou parte de prédio cujo rendimento seja objeto de tributação nesse ano fiscal.

3. Deduções específicas aos rendimentos prediais

3.1. Regime das deduções

No contexto da determinação do rendimento coletável em IRS, atualmente, os rendimentos prediais obtidos são objeto de dedução dos gastos efetivamente suportados e pagos pelo sujeito passivo para obter ou garantir tais rendimentos, de acordo com o previsto no artigo 41º do CIRS.

A dedutibilidade fiscal dos gastos relativos ao imóvel gerador de rendimentos prediais corresponde a uma concretização, no contexto do CIRS, do princípio da capacidade contributiva e, mais concretamente, do princípio da tributação do rendimento líquido, ao admitir-se a dedução dos encargos inerentes à obtenção do rendimento.

Todavia, o regime de determinação do rendimento líquido da categoria F, previsto no CIRS, passou por diversas fases até chegar à sua atual formulação.

Nos termos da redação inicial do CIRS, presumia-se, para os prédios urbanos, a existência de despesas de manutenção e de conservação do prédio correspondentes, respetivamente, a 15% e 20% do rendimento deste[251]. Contudo, o sujeito passivo poderia deduzir um valor mais elevado de despesas de manutenção e de conservação do prédio, desde que as comprovasse documentalmente.

Os sujeitos passivos titulares de rendimentos prediais de prédios urbanos beneficiavam, assim, de uma dedução por despesas presumidas, ou seja, uma dedução ao rendimento predial bruto que operava independente da realização ou comprovação documental de quaisquer despesas.

Fazendo um juízo acerca desde regime inicial de deduções específicas aos rendimentos prediais, previsto no CIRS, parece-nos criticável a desigualdade relativamente aos prédios rústicos, que não beneficiavam deste tipo de dedução garantida. Mas, acima de tudo, afigura-se-nos que a concessão de uma dedução por despesas de manutenção e de conservação presumidas – ou seja, a concessão de uma dedução ao rendimento predial, mesmo para os sujeitos passivos que não tivessem efetivamente suportado

[251] No caso dos prédios rústicos, só eram dedutíveis as despesas de manutenção e conservação documentalmente provadas.

qualquer despesa – teria, muito provavelmente, um efeito desincentivador relativamente à realização das despesas em causa.

Num campo delicado como este, com um grande número de prédios urbanos a carecerem de obras e de melhor manutenção, a dedução ao rendimento bruto apenas das despesas de manutenção e de conservação efetivamente incorridas parece-nos um regime bastante mais adequado. Sendo certo que a concessão de deduções fiscais que não dependam da efetiva realização e comprovação de despesas simplifica a aplicação e controlo do imposto[252], a dedução apenas de despesas efetivamente incorridas apresenta um efeito incentivador da realização das mesmas por parte dos sujeitos passivos, com um intuito de economia fiscal, que não deveria ser descurado – à época, tal como agora.

O sistema de dedução de despesas de manutenção e de conservação presumidas, relativamente aos prédios urbanos, foi posteriormente substituído por um sistema de dedução apenas das despesas, previstas na lei, que fossem efetivamente realizadas e suscetíveis de comprovação documental pelo sujeito passivo.

Durante esta nova fase, e até ao final de 2014, o artigo 41º do CIRS previa que – aos rendimentos brutos da categoria F provenientes de rendas dos diversos tipos de prédios, pagas ou colocadas à disposição dos respetivos titulares, bem como a outros rendimentos que, nos termos do artigo 8º do CIRS, eram considerados como rendas –, eram dedutíveis as despesas de manutenção e as despesas de conservação que incumbissem ao sujeito passivo, por ele fossem suportadas e provadas documentalmente[253]. Eram,

[252] Especialmente à época, dado que os meios técnicos hoje existentes automatizam e facilitam grandemente a dedução de despesas pelos contribuintes e, sobretudo, o respetivo controlo pela AT.

[253] Para Manuel Faustino, as despesas de conservação deveriam incluir "tudo o que diga respeito a despesas e encargos relacionados com obras no próprio imóvel e que se destinem a manter ou a repor o prédio com o seu nível normal de habitabilidade e, consequentemente, a garantirem, nesta ótica, a suscetibilidade de o prédio produzir rendimento, independentemente de lhe aumentarem ou não o seu período de vida útil, [...] não havendo que distinguir se se trata de obras de conservação ordinária ou obras de conservação extraordinária". Por seu turno, as despesas de manutenção deveriam, para o mesmo autor, integrar "um tipo de encargos que não têm propriamente que ver com despesas relativas a obras, seja de conservação, beneficiação ou de outra natureza, ou com o edifício em si mesmo, mas, quando muito, com certas partes integrantes, como os elevadores, escadas rolantes e monta-cargas. No mais, tratava-se de despesas com energia, com limpeza, aquecimento ou climatização, administração

ainda, dedutíveis o IMI e o Imposto do Selo da verba nº 28.1 da TGIS, então vigente, que incidissem sobre os prédios ou parte de prédios cujo rendimento fosse objeto de tributação no ano fiscal em causa.

O regime da dedução específica da categoria F foi sujeito a uma nova e significativa alteração com a mais recente reforma do IRS. Em resultado desta, o universo dos gastos dedutíveis aos rendimentos prediais, no âmbito da categoria F, registou um considerável alargamento a partir do ano de 2015, inclusive.

No seu trabalho sobre esta matéria, a Comissão para a Reforma do IRS de 2014 partiu do pressuposto de que existia uma sobretributação das rendas, em virtude, principalmente, de dois fatores: por um lado, "a cumulação da sujeição dos prédios arrendados a IMI com a sujeição a IRS das rendas"; e, por outro, "a reduzida consideração fiscal dos gastos implicados por esta atividade económica"[254]. Apontou, também, a existência de dificuldades de delimitação dos gastos relativos aos prédios para arrendamento, designadamente os referentes a despesas de conservação e manutenção.

Já anteriormente, a doutrina vinha criticando a sobretributação do património imobiliário arrendado, em virtude da sobreposição entre a tributação dos rendimentos prediais e a tributação estática dos prédios arrendados[255]. Aliás, esta questão foi já abordada no presente trabalho.

de propriedade horizontal, prémios de seguros ou taxas autárquicas. Ou seja, tratava-se de despesas conexas, não já com o imóvel enquanto tal, [...] mas com a manutenção e a garantia, a outro nível, também imprescindível, da sua habitabilidade / utilização para habitação ou qualquer outro fim para que a locação fosse lícita". Contudo, salienta o autor que "o conceito de despesas de manutenção se nos afigura ter um sentido muito mais amplo e abrangente do que aquele que habitualmente lhe é dado, sobretudo nas interpretações injustificadamente restritivas que, não raro, a Administração Fiscal dele parece fazer". In MANUEL FAUSTINO, «IRS: a categoria F (rendimentos prediais) revisitada», *Revista de Finanças Públicas e Direito Fiscal*, nº 3, 2008, p. 98 e pp. 100-101.

[254] *In* COMISSÃO PARA A REFORMA DO IMPOSTO SOBRE O RENDIMENTO DAS PESSOAS SINGULARES de 2014 – *Projeto da Reforma do IRS – Uma Reforma do IRS Orientada para a Simplificação, a Família e a Mobilidade Social*, setembro de 2014, p. 25. Disponível: https://www.portugal.gov.pt/media/1548208/20140930%20mf%20rel%20comissao%20reforma%20irs.pdf (consultado em 1 de fevereiro de 2018).

[255] Ainda na vigência da Contribuição Autárquica, Nuno de Sá Gomes criticou severamente a sobretributação predial existente no sistema fiscal à época, afirmando que esta se configurava como "quase confiscatória". Cfr. NUNO DE SÁ GOMES, «Alguns aspetos jurídicos e económicos controversos da sobretributação imobiliária, no sistema fiscal português», cit., pp. 73-92 e p. 110.

Igualmente, vinha a doutrina salientando a clara insuficiência da dedução de despesas de manutenção e de conservação dos prédios, nos termos previstos pelo regime vigente até ao final de 2014, perante a necessidade de incentivar a boa conservação e manutenção dos prédios e, ainda, perante a maior diversidade dos gastos que eram efetivamente suportados, pelos sujeitos passivos, com vista à obtenção dos rendimentos prediais[256].

Podia, inclusivamente, afirmar-se que se estava perante uma situação de violação do princípio da capacidade contributiva e do princípio da tributação do rendimento líquido, elementos estruturais do CIRS, uma vez que o regime então previsto no artigo 41º do CIRS, por ser bastante limitativo, não permitia a dedução fiscal de um conjunto de gastos inerentes à atividade de arrendamento e necessários à obtenção do correspondente rendimento[257].

Face a esta situação, que contribuía para a limitação da oferta de prédios para arrendamento, a Comissão para a Reforma do IRS de 2014 equacionou dois métodos alternativos de atenuação do problema:

1) O primeiro método consistia no estabelecimento de uma presunção de gastos, mediante a aplicação de um coeficiente fixo, que não dependeria do valor de gastos efetivamente suportados pelo sujeito passivo com a atividade de arrendamento (em termos similares aos que vigoram no regime simplificado da categoria B).
2) O outro correspondia ao método tradicional, assente na dedutibilidade de gastos efetivamente suportados e pagos pelo sujeito passivo, mas alargava significativamente o universo das deduções específicas consideradas para efeito de determinação do rendimento da categoria F (que, anteriormente à reforma do IRS, eram quase restritas, para além do IMI, às despesas de conservação e manutenção).

A principal vantagem do primeiro método consistia na simplificação por este trazida, evitando também as frequentes dúvidas e os litígios entre contribuintes e autoridade tributária relativamente à identificação das despesas dedutíveis. Todavia, este tipo de solução distanciava-se do princípio

[256] Cfr., entre outros, José Guilherme Xavier de Basto, *IRS – Incidência Real e Determinação dos Rendimentos Líquidos*, cit., p. 353; e Manuel Faustino, «IRS: a categoria F (rendimentos prediais) revisitada», cit., pp. 98-105.

[257] Neste sentido, cfr., designadamente, Rui Duarte Morais, *Sobre o IRS*, cit., pp. 114-115.

da tributação do rendimento real e poderia criar distorções e desigualdades entre contribuintes com níveis bastante díspares de despesas relacionadas com o arrendamento.

Após análise das duas alternativas, a Comissão optou por "admitir a dedução da maioria dos gastos que sejam efetivamente suportados e pagos pelo sujeito passivo para obter tais rendimentos. Esta ampliação das deduções específicas permitidas levou a que se tenham tomado algumas cautelas capazes de prevenir abusos que, de outro modo, certamente ocorreriam. Em primeiro lugar, mantém-se a necessidade de apresentação de documentos comprovativos das despesas que se pretende deduzir; em segundo lugar, propõe-se o estabelecimento da regra de que as perdas apenas podem ser deduzidas aos ganhos de cada prédio em concreto, mas com a consagração de um generoso prazo de reporte para futuro"[258].

O Projeto da Reforma do IRS, com o alargamento do universo dos gastos fiscalmente dedutíveis aos rendimentos prediais, e ainda com a introdução da opção de sujeitar este tipo de rendimentos a tributação segundo as regras da categoria B, visou acompanhar "as evidentes alterações que estão a acontecer no mercado do arrendamento e, mais, criar estímulos reais a uma maior oferta e, ainda, à recuperação de prédios que já estão ou vão passar a estar nesse mercado"[259].

Nos termos da atual redação do artigo 41º, nº 1 do CIRS, aos rendimentos brutos da categoria F deduzem-se, relativamente a cada prédio ou parte de prédio, todos os gastos efetivamente suportados e pagos pelo sujeito passivo para obter ou garantir tais rendimentos, com exceção dos gastos de natureza financeira, dos relativos a depreciações e dos relativos a mobiliário, eletrodomésticos e artigos de conforto ou decoração, bem como do adicional ao IMI.

Verifica-se, portanto, que o artigo 41º, nº 1 do CIRS, ao prever a dedutibilidade fiscal de "todos os gastos efetivamente suportados e pagos pelo sujeito passivo para obter ou garantir tais rendimentos" adotou uma regra geral de dedutibilidade de gastos idêntica à que vigora em sede de IRC

[258] *In* COMISSÃO PARA A REFORMA DO IMPOSTO SOBRE O RENDIMENTO DAS PESSOAS SINGULARES de 2014 – *Projeto da Reforma do IRS – Uma Reforma do IRS Orientada para a Simplificação, a Família e a Mobilidade Social*, setembro de 2014, cit., p. 25.

[259] *In* COMISSÃO PARA A REFORMA DO IMPOSTO SOBRE O RENDIMENTO DAS PESSOAS SINGULARES de 2014 – *Projeto da Reforma do IRS – Uma Reforma do IRS Orientada para a Simplificação, a Família e a Mobilidade Social*, setembro de 2014, cit., p. 25.

e se encontra consagrada no artigo 23º, nº 1 do respetivo código. A regra do artigo 41º, nº 1 do CIRS, contudo, exclui a dedução de alguns tipos de gastos, tornando-se assim mais limitada.

No que diz respeito aos gastos cuja dedução é excluída pela parte final do nº 1 do artigo 41º do CIRS, a respetiva dedução poderá, ainda assim, ser possível, caso o sujeito passivo opte pela tributação no âmbito da categoria B e fique enquadrado no regime de contabilidade organizada (porque o montante anual ilíquido do seu rendimento da categoria B o determine ou porque tenha optado pela contabilidade organizada, segundo o disposto no artigo 28º do CIRS). Neste caso, a dedutibilidade dos gastos em apreço será aferida segundo o disposto no artigo 23º, nº 1 do CIRC. A maior abrangência da regra de dedução de gastos proporcionada pelo CIRC pode, inclusivamente, ser um dos fatores determinantes da opção do sujeito passivo pela tributação no âmbito da categoria B e, dentro desta, da opção pela contabilidade organizada.

A dedutibilidade dos gastos segundo o artigo 41º do CIRS opera relativamente a cada prédio ou parte de prédio, de forma a permitir um melhor controlo, e vigora o princípio da comprovação documental dos gastos a deduzir.

No caso de prédios em regime de propriedade horizontal, o nº 2 do artigo 41º do CIRS permite a dedução, relativamente a cada fração autónoma ou parte de fração, dos encargos que, nos termos da lei, o condómino deva obrigatoriamente suportar e que sejam efetivamente pagos pelo sujeito passivo. Se o sujeito passivo detiver mais do que uma fração autónoma do mesmo prédio em regime de propriedade horizontal, os encargos referidos são imputados de acordo com a permilagem atribuída a cada fração ou parte de fração no título constitutivo da propriedade horizontal (artigo 41º, nº 3 do CIRS).

Prevê-se ainda que, caso o sujeito passivo arrende parte de prédio suscetível de utilização independente, os encargos a deduzir sejam imputados de acordo com o respetivo valor patrimonial tributário ou, na falta deste, na proporção da área utilizável de tal parte na área total utilizável do prédio.

O IMI e o Imposto do Selo, pagos em determinado ano, apenas são dedutíveis aos rendimentos prediais brutos quando respeitem a prédio ou parte de prédio cujo rendimento seja objeto de tributação nesse ano fiscal (artigo 41º, nº 5 do CIRS).

Quanto ao adicional ao IMI (AIMI), a parte final do nº 1 do artigo 41º do CIRS exclui a sua dedutibilidade aos rendimentos prediais brutos. Deste modo, o AIMI não integra as deduções a efetuar relativamente aos rendimentos prediais brutos, nos termos do artigo 41º, nº 1 do CIRS, contrariamente ao que sucede com o IMI. Em vez disso, o AIMI é *dedutível à coleta do IRS* dos sujeitos passivos que detenham rendimentos imputáveis a prédios urbanos sobre os quais incida, nos termos do artigo 135º-I do CIMI.

Com efeito, o artigo 135º-I do CIMI prevê a dedutibilidade do AIMI à coleta do IRS dos sujeitos passivos que detenham rendimentos imputáveis a prédios urbanos sobre os quais incida, até à concorrência:

i) Da parte da coleta do IRS proporcional aos rendimentos líquidos da categoria F, no caso de englobamento; ou
ii) Da coleta obtida por aplicação da taxa de 28% aos rendimentos prediais não englobados[260].

Retomando o assunto da dedutibilidade de gastos na categoria F, o alargamento do seu âmbito, trazido pela reforma do IRS, inclui a possibilidade, prevista no nº 7 do artigo 41º do CIRS, de serem deduzidos gastos suportados e pagos nos 24 meses anteriores ao início do arrendamento, relativos a obras de conservação e manutenção do prédio, desde que, entretanto, o imóvel não tenha sido utilizado para outro fim que não o arrendamento.

Por fim, uma questão de crucial importância no regime dos rendimentos prediais tem a ver com a admissibilidade das deduções previstas no artigo 41º do CIRS no âmbito do regime de tributação autónoma destes rendimentos. Por outras palavras, estará a dedução dos gastos previstos no artigo 41º dependente do englobamento dos rendimentos prediais?

A resposta a esta questão é, a nosso ver, negativa, pelos motivos que passamos a referir.

Quando o regime da tributação autónoma dos rendimentos prediais entrou em vigor, em 2013, suscitou-se a dúvida acerca da admissibilidade ou não da dedução das despesas referentes ao imóvel, no âmbito desde regime. Tal dúvida suscitou-se em virtude de a dedução de despesas tradicionalmente não estar presente no campo da tributação autónoma de rendimentos.

Todavia, o CIRS não exigia, em disposição alguma, o englobamento dos rendimentos prediais (que, em 2013, se tornou opcional) como condição

[260] Esta é uma taxa especial de tributação autónoma prevista no artigo 72º, nº 1, alínea e) do CIRS, que corresponde ao regime regra de tributação dos rendimentos prediais, uma vez que o englobamento dos rendimentos da categoria F é opcional.

para a dedução dos gastos. Pelo contrário, o próprio artigo 41º do CIRS referia-se, à data, à dedução de despesas "aos rendimentos brutos", e não aos rendimentos englobados[261].

Acresce que a inviabilidade da dedução de gastos – se porventura se verificasse – tiraria grande parte da atratividade e eficiência fiscais ao regime de tributação dos rendimentos prediais através de taxas especiais de tributação autónoma. O que não faria qualquer sentido, se pensarmos na intenção do legislador fiscal ao criar o regime em apreço. A sujeição dos rendimentos prediais a um regime de tributação autónoma, mediante a aplicação de uma taxa especial e a exclusão da obrigatoriedade do englobamento, visara, precisamente, tornar mais apelativo para os investidores o regime de tributação dos rendimentos prediais. O que se revelaria totalmente inviável, caso o regime de tributação autónoma excluísse a dedutibilidade dos gastos suportados para obter ou garantir os rendimentos prediais.

O direito à dedução dos gastos relacionados com o imóvel objeto de arrendamento não depende, pois, do exercício pelo sujeito passivo da opção pelo englobamento dos rendimentos prediais e da sujeição dos mesmos às taxas gerais progressivas de IRS previstas no artigo 68º do CIRS. Esta questão encontra-se já, a nosso ver, suficientemente clarificada.

3.2. A questão da sublocação

A sublocação constitui um caso particular, no que respeita à opção assumida pelo legislador fiscal quanto à definição do rendimento predial e, também, quanto às consequências de tal definição ao nível da dedução de gastos.

No caso da sublocação, estabelece o artigo 8º, nº 2, alínea c), conjugado com o nº 1 do mesmo artigo, ambos do CIRS, que o rendimento predial corresponde à "diferença, auferida pelo sublocador, entre a renda recebida do subarrendatário e a paga ao senhorio".

[261] Era a seguinte a redação do artigo 41º, nº 1 do CIRS, em vigor em 2013 (redação dada pela Lei nº 66-B/2012, de 31 de dezembro): "Aos rendimentos brutos referidos no artigo 8º deduzem-se as despesas de manutenção e de conservação que incumbam ao sujeito passivo, por ele sejam suportadas e se encontrem documentalmente provadas, bem como o imposto municipal sobre imóveis e imposto do selo que incide sobre o valor dos prédios ou parte de prédios cujo rendimento seja objeto de tributação no ano fiscal".

Apesar de o artigo em apreço não o referir expressamente, naturalmente que só faz sentido considerar "renda" e, portanto, objeto de incidência como rendimento predial, a diferença *positiva* entre a renda recebida e a renda paga pelo sublocador. Uma diferença *negativa* entre a renda recebida e a renda paga pelo sublocador equivale, para efeitos do artigo 8º, nº 2, alínea c) do CIRS, a uma ausência de rendimento predial na esfera do sublocador.

Na sequência desta opção, entendeu o legislador fiscal que não se justificaria que o sublocador beneficiasse de qualquer dedução. Assim, no caso de um rendimento predial derivado de uma situação de sublocação, não é admitida qualquer dedução (artigo 41º, nº 6 do CIRS). Desta forma, a diferença positiva entre a renda recebida do subarrendatário e a renda paga pelo sublocador ao senhorio constitui já o rendimento líquido do sublocador, não suscetível de quaisquer deduções.

Ao optar por este enquadramento da sublocação, o legislador fiscal terá, provavelmente, assumido que não é o sublocador que suporta os encargos relativos ao imóvel, mas sim o senhorio. Por outro lado, o facto de o rendimento predial corresponder apenas à diferença positiva, auferida pelo sublocador, entre a renda por ele recebida do subarrendatário e a renda que paga ao senhorio, acaba por consubstanciar, em termos práticos, uma "dedução". Alcança-se, no artigo 8º, nº 2, alínea c) do CIRS, por via da configuração limitada da incidência, um efeito prático análogo ao que teria a tributação da totalidade do valor da renda recebida pelo sublocador do subarrendatário, mas com dedução do encargo correspondente à renda por este paga ao senhorio.

É verdade que mesmo este regime seria suscetível de críticas, pois:

- Continuaria a não admitir a dedução de qualquer outro encargo eventualmente suportado pelo sublocador com o imóvel, para além da renda paga ao senhorio, mesmo que inerente e necessário ao subarrendamento; e,
- Em contrapartida, admitiria a dedução da totalidade do valor da renda paga pelo sublocador ao senhorio, mesmo que o sublocador apenas sublocasse parte do imóvel e, porventura, utilizasse ele próprio a outra parte do imóvel. Ora, neste caso, careceria de justificação a possibilidade de deduzir todo o valor da renda paga ao senhorio (levantando-se a questão de como calcular a parte dedutível e a não dedutível, se se quisesse aperfeiçoar o regime).

Contudo, e atenta a grande variedade de situações potencialmente existentes no caso do subarrendamento, afigura-se-nos admissível a opção seguida pelo legislador fiscal, ao tributar na esfera do sublocador apenas a diferença positiva entre a renda recebida e a renda paga, com exclusão de quaisquer deduções, pois trata-se de um regime que pauta pela simplicidade e pela facilidade de aplicação[262].

[262] Em sentido distinto, cfr. José Guilherme Xavier de Basto, *IRS – Incidência Real e Determinação dos Rendimentos Líquidos*, cit., pp. 345-348 e p. 351. Este autor tece variadas críticas ao regime, sustentando que a lei deveria ter considerado rendimento predial a totalidade do valor da renda da sublocação, independentemente do valor de renda pago pelo sublocador ao senhorio (mesmo que, em contrapartida, se admitisse a dedução de despesas de manutenção e conservação efetivamente suportadas pelo sublocador e comprovadas). O autor discorda, portanto, do tratamento da renda paga ao senhorio como um custo da sublocação – tratamento que parece estar subjacente ao regime em vigor, de tributação apenas da diferença positiva entre a renda recebida e a paga pelo sublocador. Entre as razões da discordância invocadas pelo autor, refira-se a de que a dedução da renda paga ao senhorio só se justificaria no âmbito de um subarrendamento que consubstanciasse uma atividade económica enquadrada na categoria B. Pela nossa parte, sem pôr em causa a justeza de muitas das observações e críticas do autor ao sistema vigente, não acompanhamos a sua recomendação de um regime que tribute, no âmbito da categoria F, a totalidade do valor da renda da sublocação, independentemente do valor de renda pago pelo sublocador ao senhorio. Apesar de ainda admitirmos um regime pautado pela não dedutibilidade, na tributação do subarrendamento, de outros gastos relacionadas com o imóvel que sejam, eventualmente, suportadas pelo sublocador – e admitimo-lo devido à complexidade que isso introduziria no regime –, parece-nos demasiado gravosa, e potencialmente violadora do princípio da tributação do rendimento líquido objetivo, a pura e simples tributação do subarrendamento pela totalidade do valor da renda recebida pela sublocação, sendo certo que a renda paga ao senhorio constitui um gasto efetivamente suportado e pago pelo sujeito passivo para obter o rendimento resultante do subarrendamento. Assim, a renda paga ao senhorio constitui um gasto cuja "dedução" ao rendimento é perfeitamente coerente com o espírito amplo do regime de deduções atualmente previsto no artigo 41º do CIRS. E que só não se encontra prevista no artigo 41º como dedução admissível porque resulta logo da norma de incidência do artigo 8º. Por estes motivos, o previsto no artigo 8º, nº 2, alínea c) do CIRS, relativamente à tributação do subarrendamento apenas pela diferença positiva entre a renda recebida e a paga pelo sublocador, parece-nos de admitir. Não negamos que, conforme sustenta J. G. Xavier de Basto, o regime possa envolver algumas desigualdades de tratamento entre arrendatários que procedem a subarrendamento e os que não o fazem (estes últimos, impedidos de deduzir a renda paga). Todavia, essa desigualdade parece-nos residual, uma vez que os sublocadores, em contrapartida da "dedução" da renda paga, são tributados pela diferença positiva entre o valor recebido pelo subarrendamento e a aludida "dedução" da renda paga ao senhorio. Ao passo que os restantes arrendatários, embora não podendo deduzir a renda paga, também não ficam sujeitos a qualquer tributação pela utilização própria do imóvel. Não negamos, igualmente, que o regime resultante do artigo 8º, nº 2, alínea c) do CIRS possa criar algumas distorções ou desigualdades nas situações de

De facto, perante a grande variedade de situações de subarrendamento, apenas um regime complexo e extremamente detalhado permitiria acautelar perfeitamente, em termos de incidência e de deduções, todas as especificidades dos vários casos – subarrendamento total ou parcial do imóvel arrendado, com ou sem utilização de parte do imóvel pelo próprio sublocador, e com ou sem despesas relativas ao imóvel suportadas por este. Ora, tal complexidade do regime – com os inerentes custos de cumprimento e de controlo, respetivamente para o contribuinte e para a AT – provavelmente não se justificaria, em termos de materialidade da diferença da arrecadação tributária segundo o regime existente e um possível regime mais complexo e detalhado.

Pelos mesmos motivos, também nos parece não existir uma violação do princípio da capacidade contributiva ou da tributação do rendimento líquido, tanto mais que qualquer destes princípios deve ser conjugado com o princípio da proporcionalidade.

4. Dedução de perdas

Tendo em conta o princípio da tributação do rendimento líquido seguido pelo IRS, nas categorias de rendimento que preveem deduções específicas, como é o caso da categoria F, é possível o apuramento de um resultado líquido negativo, quando tais deduções sejam, em determinado ano, de valor superior ao rendimento bruto.

O resultado líquido negativo da categoria F, apurado em determinado ano, só pode ser deduzido aos rendimentos líquidos positivos desta mesma categoria, apurados nos seis anos seguintes àquele a que respeita a perda[263]. É o que se encontra previsto no artigo 55º, nº 1, alínea b) do CIRS.

subarrendamento parcial do imóvel, nos quais existe a "dedução" da totalidade da renda paga ao senhorio. Todavia, a nosso ver, a opção legislativa contrária – pela tributação da totalidade da renda recebida pelo sublocador, nos casos de subarrendamento, quer total, quer parcial, do imóvel, sem a "dedução" que se encontra subjacente ao disposto no artigo 8º, nº 2, alínea c) – originaria distorções e desigualdades ainda mais graves. Tudo ponderado, parece-nos que o regime vigente acautela razoavelmente as situações em jogo, sem cair numa complexidade que, provavelmente, seria desnecessária face à materialidade das situações em causa e perante a inexistência de lesões aos princípios norteadores da tributação em sede de IRS, quando conjugados com o princípio da proporcionalidade.

[263] O prazo de reporte das perdas foi fixado em seis anos pela Lei nº 82-E/2014, de 31 de dezembro (Lei da Reforma do IRS), aplicando-se às perdas apuradas a partir do ano de 2015, inclusive.

Verifica-se, portanto, no contexto do IRS, uma impossibilidade de compensação entre ganhos e perdas apurados pelo sujeito passivo num mesmo ano, mas em diferentes categorias de rendimento. Significa isto que não existe uma comunicabilidade horizontal de perdas entre as categorias de rendimento do IRS. Deste modo, as perdas apuradas numa categoria de rendimentos apenas podem ser reportadas para os anos seguintes, nos termos legalmente previstos, para serem deduzidas aos rendimentos líquidos positivos da mesma categoria.

Prevê ainda o artigo 55º, nº 1 do CIRS que a dedução de perdas é efetuada relativamente a cada titular de rendimentos. Tal significa que as perdas também não são comunicáveis entre sujeitos passivos. As perdas apuradas por um titular de rendimentos não são dedutíveis aos rendimentos positivos de outro titular, mesmo que se trate de rendimentos da mesma categoria, e ainda que estejamos perante sujeitos passivos casados ou unidos de facto que tenham optado pelo regime de tributação conjunta.

A Lei nº 82-E/2014, de 31 de dezembro (Lei da Reforma do IRS) introduziu uma limitação ao reporte das perdas da categoria F, concretizada na introdução de um requisito de continuidade de geração de rendimentos desta categoria pelos prédios a que os gastos dizem respeito. Nos termos do artigo 55º, nº 8 do CIRS, o direito ao reporte do resultado líquido negativo da categoria F fica sem efeito quando os prédios a que os gastos digam respeito não gerem rendimentos desta mesma categoria em pelo menos 36 meses, seguidos ou interpolados, dos cinco anos subsequentes àquele em que os gastos foram incorridos.

Em termos de dedução de perdas, volta a suscitar-se uma questão similar à que foi analisada a propósito das deduções específicas da categoria F, quanto à articulação de tais deduções com o regime da tributação autónoma dos rendimentos prediais, introduzido em 2013.

Também ao nível das perdas se colocaram dúvidas acerca da sua dedutibilidade nos termos do artigo 55º do CIRS, caso o sujeito passivo permanecesse no regime de tributação autónoma dos rendimentos prediais. Estaria a dedução de perdas dependente do exercício da opção pelo englobamento dos rendimentos prediais?

A resposta a esta questão é também negativa, tal como no caso das deduções específicas.

O artigo 55º, nº 1, alínea b) do CIRS, que estabelece o regime da dedução de perdas da categoria F, não exige o englobamento dos rendimentos prediais como condição para o reporte de perdas. Tal conclusão parece-nos indubitável, atento o facto de o artigo 55º, nº 1, alínea d) do CIRS, pelo contrário, dispor expressamente que a dedução de perdas relativamente às mais-valias mobiliárias apuradas nos anos seguintes depende da opção do sujeito passivo pelo englobamento[264].

Desta forma, caso o legislador fiscal pretendesse que o reporte de perdas no âmbito da categoria F dependesse do exercício da opção pelo englobamento[265], tê-lo-ia dito, tal como fez relativamente às mais e menos-valias mobiliárias.

Para além deste argumento de teor literal, prevalecem igualmente, em prol da admissibilidade da dedução de perdas da categoria F no âmbito do regime de tributação autónoma dos rendimentos prediais, sem dependência do exercício da opção pelo englobamento, os argumentos já aduzidos a propósito da questão das deduções específicas.

Com efeito, a inviabilidade da dedução de perdas fora do regime de englobamento – se porventura se verificasse, o que não sucede – tiraria atratividade ao regime de tributação dos rendimentos prediais através de taxas especiais de tributação autónoma. Ora, isto não faria sentido, se pensarmos na intenção do legislador fiscal ao criar o regime em apreço. A sujeição dos rendimentos prediais a um regime de tributação autónoma, mediante a aplicação de uma taxa especial e a exclusão da obrigatoriedade do englobamento, visou tornar mais apelativo para os investidores o regime de tributação dos rendimentos prediais. Objetivo que sairia bastante prejudicado, caso o regime de tributação autónoma excluísse a dedução das perdas de anos anteriores fora do exercício da opção pelo englobamento.

5. Tributação autónoma a taxa especial

Conforme foi já referido, a redação originária do CIRS previa a sujeição obrigatória a englobamento dos rendimentos prediais auferidos por sujeitos passivos residentes. Os rendimentos da categoria F integravam-se, portanto, no regime de englobamento obrigatório, a par dos rendimentos das categorias A, B e H, bem como de parte dos rendimentos da categoria G (v.g. as mais-valias imobiliárias).

[264] Ou da existência de uma situação de englobamento obrigatório de mais-valias mobiliárias, a qual, por ora, se limita à situação prevista no artigo 72º, nº 14 do CIRS.

[265] Englobamento que teria de ocorrer, nesse caso, tanto no ano do apuramento da perda, como no ano em que o sujeito passivo quisesse beneficiar da dedução da mesma.

Os rendimentos prediais líquidos anuais eram somados aos rendimentos líquidos anuais de outras categorias, como o trabalho dependente ou as pensões, e desse englobamento resultava o rendimento coletável do sujeito passivo para o ano em causa. Tal rendimento coletável ficava sujeito às taxas gerais progressivas de IRS do artigo 68º do CIRS, e à coleta assim apurada caberia, depois, realizar as deduções à coleta, nos termos previstos nos artigos 78º e seguintes do CIRS.

Foi somente a partir de 2013, inclusive – com a entrada em vigor das alterações ao CIRS introduzidas pela Lei nº 66-B/2012, de 31 de dezembro (Lei do Orçamento do Estado para 2013) – que os rendimentos prediais de residentes foram excluídos do regime de englobamento obrigatório. Estes rendimentos passaram a seguir um regime de tributação autónoma, sendo-lhes aplicável a taxa especial prevista no artigo 72º, nº 1, alínea e) do CIRS – atualmente de 28%. O englobamento dos rendimentos prediais auferidos por residentes passou, então, a ser opcional.

A passagem de um regime de englobamento obrigatório para um regime de tributação autónoma a taxa especial, com opção pelo englobamento, representou uma significativa alteração de paradigma na tributação dos rendimentos da categoria F.

Entre as razões subjacentes a tal mudança, contou-se o objetivo de criar uma maior neutralidade fiscal entre os rendimentos de capitais e mais-valias mobiliárias, por um lado, e os rendimentos prediais, por outro, ao sujeitar uns e outros a um regime de tributação similar, caracterizado pela exclusão da obrigatoriedade do englobamento e pela sujeição a taxas proporcionais de 28%[266].

Ao dotar os rendimentos prediais de um regime fiscal mais apelativo e ao procurar atingir a referida neutralidade fiscal destes com os rendimentos tradicionalmente mais associados ao investimento de capital – os

[266] A situação de falta de neutralidade no tratamento fiscal de rendimentos prediais, por um lado, e de rendimentos de capitais e mais-valias mobiliárias, por outro, tinha já suscitado críticas relevantes por parte da doutrina. Por exemplo, Nuno de Sá Gomes considerava que a tributação dos rendimentos prediais, então obrigatoriamente sujeitos às taxas gerais do IRS, era discriminatória relativamente à tributação dos rendimentos de capitais e das mais-valias mobiliárias, ambos sujeitos a taxas proporcionais e mais moderadas do que as taxas gerais do IRS. Na sequência desta crítica, o autor reclamava o desagravamento fiscal dos rendimentos prediais. Cfr. Nuno de Sá Gomes, «Alguns aspetos jurídicos e económicos controversos da sobretributação imobiliária, no sistema fiscal português», cit., p. 77.

rendimentos de capitais e as mais-valias mobiliárias –, este novo regime fiscal visava atrair investidores ao sector imobiliário e contribuir para a revitalização do mercado do arrendamento.

No âmbito do regime regra da tributação autónoma, os rendimentos prediais não são somados aos rendimentos de outras categorias (daí tratar-se de uma tributação autónoma, e não de um regime de englobamento). Ao valor dos rendimentos prediais, já líquido das deduções de gastos previstas no artigo 41º do CIRS[267], é aplicada a taxa especial de tributação prevista no artigo 72º, nº 1, alínea e) do mesmo código – ou artigo 72º, nº 1, alínea b), no caso de não residentes –, atualmente de 28%.

Contudo, importa ter presente que a Lei nº 3/2019, de 9 de janeiro, introduziu um conjunto de reduções à aludida taxa especial de tributação autónoma aplicável aos rendimentos prediais, consoante a duração do contrato de arrendamento do qual estes decorram. Assim, de acordo com o previsto nos nºs 2 a 5 do artigo 72º do CIRS, com a redação introduzida pela Lei nº 3/2019, de 9 de janeiro (e já ajustada pelas Leis nº 119/2019, de 18 de setembro, e nº 2/2020, de 31 de março):

i) Nos contratos de arrendamento para habitação permanente com duração igual ou superior a dois anos e inferior a cinco anos, a redução da taxa especial de tributação autónoma é de dois pontos percentuais. Por cada renovação com igual duração, é aplicada uma redução de dois pontos percentuais, até ao limite de catorze pontos percentuais.

ii) Nos contratos de arrendamento para habitação permanente celebrados com duração igual ou superior a cinco anos e inferior a dez anos, a redução da taxa especial de tributação autónoma é de cinco pontos percentuais. Por cada renovação com igual duração, é aplicada uma redução de cinco pontos percentuais, até ao limite de catorze pontos percentuais.

iii) Nos contratos de arrendamento para habitação permanente com duração igual ou superior a dez anos e inferior a vinte anos, a redução da taxa especial de tributação autónoma é de catorze pontos percentuais.

[267] Uma vez que a realização das deduções previstas no artigo 41º do CIRS não depende do englobamento dos rendimentos prediais, aplicando-se igualmente no âmbito do regime de tributação autónoma a taxa especial.

iv) Nos contratos de arrendamento para habitação permanente com duração igual ou superior a vinte anos, a redução da taxa especial de tributação autónoma é de dezoito pontos percentuais.

Uma vez que estamos no âmbito de um regime de tributação autónoma, não há lugar às deduções à coleta dos artigos 78º e seguintes do CIRS.

Trata-se, como foi dito, de um regime de englobamento opcional para os residentes[268].

Aos sujeitos passivos residentes em território português é concedida, nos termos do artigo 72º, nº 13 do CIRS, uma opção pelo englobamento dos rendimentos prediais. Caso o sujeito passivo decida exercer a opção pelo englobamento relativamente a rendimentos da categoria F, fica obrigado a englobar a totalidade dos rendimentos dessa categoria, conforme é determinado pelo artigo 22º, nº 5 do CIRS, relativo ao englobamento[269].

Mediante o exercício da opção pelo englobamento dos rendimentos prediais, o sujeito passivo residente vê esses rendimentos tributados às taxas progressivas do artigo 68º do CIRS, assegurando igualmente a aplicação, no contexto do regime do englobamento, das características personalizantes do imposto, como sejam a aplicação do quociente conjugal, no caso de sujeitos passivos casados ou unidos de facto que tenham optado pela tributação conjunta, e das deduções à coleta relativas a encargos de natureza pessoal e familiar.

Relativamente a não residentes em território português que sejam indivíduos residentes noutro Estado membro da UE ou do EEE – neste último caso, desde que haja intercâmbio de informações em matéria fiscal – estes podem optar por ser tributados segundo as taxas gerais progressivas do artigo 68º do CIRS, nos mesmos termos que os residentes em território português (artigo 72º, nº 15 do CIRS). Caso seja exercida esta opção, para efeitos de determinação da taxa progressiva de IRS aplicável são conside-

[268] Note-se que, caso o sujeito passivo opte pela tributação das rendas no âmbito da categoria B, nos termos atualmente admissíveis, o rendimento em causa será tributado de acordo com as regras da categoria B, tornando-se, portanto, um rendimento de englobamento obrigatório.

[269] Anteriormente à reforma do IRS, o exercício da opção pelo englobamento obrigava o sujeito passivo a englobar todos os rendimentos por si auferidos que pertencessem a alguma das categorias de rendimento com um regime de englobamento facultativo. A partir de 2015, inclusive, o exercício desta opção obriga apenas ao englobamento dos rendimentos da mesma categoria.

rados todos os rendimentos obtidos pelo não residente, incluindo os obtidos fora de território português, nas mesmas condições que são aplicáveis aos residentes.

6. Retenção na fonte

Os rendimentos prediais encontram-se sujeitos a retenção na fonte apenas quando as rendas forem pagas por pessoa singular ou coletiva que disponha ou deva dispor de contabilidade organizada, conforme resulta do artigo 101º, nº 1 do CIRS.

Assim, um arrendamento para habitação não é, por regra, sujeito a retenção na fonte. Em contrapartida, um arrendamento feito por um profissional liberal que tenha ou deva ter contabilidade organizada ou por uma sociedade comercial, de um local para o desenvolvimento da respetiva atividade, encontra-se sujeito a retenção na fonte (exceto se alguma dispensa específica de retenção for aplicável à situação em apreço).

A retenção na fonte sobre os rendimentos prediais, quando deva existir, é realizada à taxa de 25%[270], nos termos do artigo 101º, nº 1, alínea e) do CIRS. Esta retenção tem a natureza de um adiantamento por conta do imposto devido em termos finais (ou seja, não é uma retenção liberatória).

A taxa de tributação final dos rendimentos da categoria F é a taxa especial de 28%, prevista no artigo 72º, nº 1, alínea e) do CIRS, no âmbito do regime regra de tributação autónoma. As taxas especiais do artigo 72º do CIRS asseguram a tributação final do rendimento, na sequência de uma liquidação de IRS efetuada pela AT[271], com base na declaração de IRS modelo 3 apresentada pelo sujeito passivo.

A tributação dos rendimentos prediais processa-se, assim, nos seguintes termos:

1) Há lugar a uma retenção na fonte à taxa de 25%, incidente sobre o rendimento predial bruto, efetuada pelo substituto tributário, ou seja, pela pessoa singular ou coletiva devedora das rendas, desde

[270] A taxa de retenção na fonte atualmente aplicável aos rendimentos prediais é substancialmente mais elevada do que aquela que vigorou até 2012 inclusive, que era de 16,5%

[271] A liquidação de IRS é efetuada em termos autónomos, ou seja, sem englobamento com os demais rendimentos do sujeito passivo – exceto se este optar pelo englobamento dos rendimentos prediais, situação em que a tributação final em sede de IRS já teria lugar relativamente ao rendimento coletável global, às taxas gerais do artigo 68º do CIRS.

que esta tenha ou deva ter contabilidade organizada. Esta retenção é um adiantamento por conta do imposto devido em termos finais.

2) Após o termo do ano fiscal, há lugar a uma tributação final à taxa especial de 28%, que incide sobre os rendimentos prediais já líquidos da dedução de gastos prevista no artigo 41º do CIRS. Caso tenha existido retenção na fonte e o valor retido exceda o valor de imposto devido a final, este excesso é reembolsado ao sujeito passivo.

No caso dos não residentes que obtenham rendimentos prediais em território português, o regime de retenção na fonte aplicável é o mesmo que para os residentes. Com efeito, para os não residentes, a retenção na fonte sobre os rendimentos prediais auferidos também não é uma retenção a taxa liberatória, de forma a permitir-lhes a dedução dos gastos previstos no artigo 41º do CIRS.

A retenção na fonte é dispensada nalgumas situações.

Designadamente, existe dispensa de retenção na fonte quando o titular do rendimento predial preveja auferir, na categoria F, um montante anual de rendimentos inferior a € 10.000[272]. Esta dispensa de retenção é facultativa. Os titulares de rendimentos prediais que dela queiram beneficiar devem exercer o direito mediante aposição, nos recibos de quitação das importâncias recebidas, da menção "*Sem retenção, nos* termos do nº 1 do artigo 101º-B do Código do IRS" (artigo 101º- B, nº 1, alínea a) e nº 2 do CIRS).

Note-se que a faculdade de dispensa de retenção:

i) Não pode ser exercida por titulares que, no ano anterior, tenham auferido rendimentos de montante igual ou superior ao aludido limite;

ii) Cessa no mês seguinte àquele em que tiver sido atingido tal limite.

7. Obrigações acessórias

Os titulares dos rendimentos da categoria F são obrigados, pelo artigo 115º, nº 5 do CIRS, a passar recibo de quitação, em modelo oficial, de todas as importâncias recebidas dos seus inquilinos, pelo pagamento das rendas referidas nas alíneas a) a e) do nº 2 do artigo 8º do CIRS, ainda que a título de caução, adiantamento ou reembolso de despesas; ou a entregar

[272] Valor previsto no artigo 53º, nº 1 do Código do IVA e aplicável por remissão.

à AT uma declaração de modelo oficial, que discrimine os rendimentos acima referidos, até ao dia 10 de fevereiro de cada ano, por referência ao ano anterior[273].

8. Rendimentos prediais enquadrados na categoria B

Apesar de os rendimentos prediais, quando auferidos por locadores pessoas singulares, constituírem normalmente um rendimento tributável no âmbito da categoria F do IRS – Rendimentos prediais –, estes são, em determinadas circunstâncias, tributados no âmbito da categoria B – Rendimentos empresariais e profissionais.

A integração na categoria B dos rendimentos prediais ocorre em dois casos distintos:

i) Se os rendimentos em causa forem imputáveis a atividades geradoras de rendimentos empresariais e profissionais, nos termos do artigo 3º, nº 2, alínea a) do CIRS. Tal sucede, por exemplo, em virtude de o imóvel arrendado integrar os ativos afetos a uma atividade geradora de rendimentos empresariais e profissionais.

ii) Se o sujeito passivo optar pela tributação dos rendimentos em causa no âmbito da categoria B, nos termos previstos no artigo 4º, nº 1, alínea n) e no artigo 8º, nº 1 *in fine*, ambos do CIRS.

Importa salientar que, enquanto a segunda alternativa de integração do rendimento em causa na categoria B consubstancia uma opção do sujeito passivo, tal como foi referido, a primeira alternativa corresponde a um enquadramento imperativo, no caso de se verificar a circunstância prevista no artigo 3º, nº 2, alínea a) do CIRS.

8.1. Poder de atração da categoria B

Conforme referido supra, as rendas[274] não são tributadas nos termos aplicáveis à categoria F do IRS – Rendimentos prediais, sendo-o nos termos da categoria B – Rendimentos empresariais e profissionais, caso sejam imputáveis a atividades geradoras de rendimentos empresariais e profissionais, nos termos do artigo 3º, nº 2, alínea a) do CIRS.

[273] Sobre a obrigatoriedade de emissão de recibos de renda eletrónicos, cfr. Liliana Ivone da Silva Pereira, *IRS: Aplicação Prática*, Ordem dos Contabilistas Certificados, Lisboa, 2016, pp. 191-200.

[274] No sentido amplo de "renda", previsto no artigo 8º, nº 2 do CIRS.

Assim, se o imóvel arrendado integrar os ativos afetos a uma atividade geradora de rendimentos empresariais e profissionais, as rendas constituirão um rendimento da categoria B, e não da F.

Este regime é imperativo, no caso de se verificarem as referidas circunstâncias, sendo uma concretização do "poder de atração da categoria B". Significa isto que, não obstante preencherem as condições de incidência da categoria F, caso os rendimentos prediais sejam imputáveis a atividades geradoras de rendimentos empresariais e profissionais, de acordo com o previsto no artigo 3º, nº 2, alínea a) do CIRS, eles são "atraídos" para a categoria B e tributados nos termos desta, deixando de integrar a categoria F. A categoria B prevalece, portanto, sobre a categoria F, nos casos em apreço.

8.2. Opção pela tributação na categoria B

8.2.1. Origens e linhas gerais

A possibilidade de os sujeitos passivos optarem pela tributação dos rendimentos derivados do arrendamento no âmbito da categoria B – Rendimentos empresariais e profissionais foi introduzida pela Lei nº 82-E/2014, de 31 de dezembro (Lei da Reforma do IRS).

O artigo 4º, nº 1, alínea n) do CIRS, para além de prever a aludida opção, passou a incluir expressamente o arrendamento no elenco das atividades comerciais e industriais. Por seu turno, o artigo 8º, nº 1 do CIRS, ao estabelecer a norma de incidência da categoria F, qualifica como rendimentos prediais as rendas pagas ou colocadas à disposição dos respetivos titulares, "*quando estes não optarem pela sua tributação no âmbito da categoria B*".

Importa referir que, anteriormente à entrada em vigor das alterações introduzidas pela Lei da Reforma do IRS de 2014, já existiam situações em que os sujeitos passivos, ao desenvolverem o arrendamento dos seus imóveis nos termos de uma genuína atividade empresarial, e incorrendo em despesas que não poderiam deduzir no âmbito da categoria F por não serem despesas de conservação e manutenção do imóvel locado – por exemplo, o pagamento da remuneração de um funcionário que se ocupasse de mostrar as casas a arrendar e do posterior atendimento corrente aos inquilinos, ou os custos inerentes à manutenção de um escritório ou de viaturas de serviço –, declaravam os correspondentes rendimentos, para efeitos de IRS, como rendimentos da categoria B[275]. Nesse caso, desde que dis-

[275] Esta posição era, aliás, perfeitamente legítima e legalmente admissível, para diversos autores. Manuel Faustino, por exemplo, admitia, no âmbito do regime fiscal anterior à reforma

pusessem de contabilidade organizada, já poderiam deduzir as referidas despesas, nos termos gerais do CIRC (operando por remissão do CIRS). Contudo, nalguns casos, esta situação gerava litígios com a AT, que contestava a inclusão na categoria B dos aludidos rendimentos da locação de imóveis e, consequentemente, desconsiderava as despesas que não pudessem integrar-se nas deduções da categoria F.

A inclusão do arrendamento no elenco das atividades comerciais e industriais, no CIRS, conjuntamente com a expressa concessão ao sujeito passivo do direito de optar pela tributação dos rendimentos derivados do arrendamento no âmbito da categoria B, permite evitar a continuação da ocorrência de litígios sobre a admissibilidade ou não da inclusão dos rendimentos prediais (tradicionalmente um rendimento passivo) no âmbito da categoria B, quando o sujeito passivo pretenda configurar o arrendamento como uma atividade empresarial e ter acesso ao mesmo regime de deduções fiscais que é aplicável a qualquer outra atividade comercial e industrial.

do IRS, que o arrendamento de imóveis efetuado por uma pessoa singular fosse configurado como uma atividade empresarial e que, consequentemente, os rendimentos obtidos com tal atividade fossem apurados e tributados de acordo com o regime aplicável à categoria B do IRS. Para o autor, não era aceitável que esta possibilidade de configuração jurídica do arrendamento sob a forma empresarial individual fosse negada aos sujeitos passivos de IRS, "com o argumento de que não se estaria perante uma verdadeira atividade económica, mas apenas perante a obtenção de uma das modalidades dos denominados «rendimentos passivos»". Os motivos para a ilegitimidade de tal negação foram explicitados pelo autor – a nosso ver, de forma bastante certeira – do seguinte modo: "Em primeiro lugar, por violação direta desse princípio, que emana da Constituição, da liberdade de configuração jurídica, devendo cada um poder exercer a atividade económica (empresarial ou profissional), e não podendo por isso sofrer qualquer tipo de discriminação, sob a forma jurídica que achar mais apropriada. Em segundo lugar, por violação do princípio da igualdade, pois conhecem-se ao nível societário inúmeras situações de «sociedades de fruição», desde as SGPS, às sociedades de simples administração de bens, ou seja, sociedades cujo núcleo central da sua atividade económica é constituído precisamente pela obtenção de «rendimentos passivos». E em terceiro lugar, porque o arrendamento de imóveis é, mesmo do ponto de vista substancial, qualificado como uma atividade económica. [...] Não existe, pois, qualquer razão material ou formal, de ordem legal ou outra, que impeça que uma pessoa singular afete, com as consequências fiscais que isso também implica, obviamente, os seus imóveis ao exercício de uma atividade económica de arrendamento em nome individual, passando por esse facto a obter rendimentos comerciais [...], sem que possamos considerar estar perante um esquema de planeamento fiscal abusivo. E, muito menos, que a Administração Fiscal (em nome de que poder o faria?) se oponha a que alguém apresente uma declaração de início de atividade com este objeto – arrendamento de imóveis próprios e subarrendamento de imóveis de terceiros". In Manuel Faustino, «IRS: a categoria F (rendimentos prediais) revisitada», cit., pp. 94-95.

Cabe salientar que, não obstante as razões que, primordialmente, estiveram na origem da introdução do regime de opção pela tributação de rendimentos prediais na categoria B, o exercício da opção por parte do contribuinte, nos termos do regime atualmente em vigor, não se encontra dependente do preenchimento de quaisquer condições demonstrativas da existência de uma atividade com características empresariais. Assim, a opção pela tributação no âmbito da categoria B pode ser exercida pelo sujeito passivo qualquer que seja o número de prédios arrendados e o valor do rendimento derivado do arrendamento, bem como independentemente do facto de o sujeito passivo ter ou não qualquer tipo de estrutura material ou humana, que desenvolva as tarefas ligadas ao arrendamento. O que vigora em sede de IRS, desde 2015, é uma opção entre tributar os rendimentos gerados pelo arrendamento no âmbito da categoria F ou da categoria B, que o sujeito passivo realiza livremente, sem dependência do preenchimento de qualquer tipo de métrica ou teste de substância que visasse aferir a natureza verdadeiramente empresarial do rendimento em causa.

Esta configuração do regime percebe-se melhor se recordarmos que entre os objetivos primordiais da reforma do IRS de 2014 se contavam a simplificação do imposto (quer na perspetiva do contribuinte, quer na da AT) e a redução de potencias conflitos entre estes. Ora, é fácil antever que a existência de qualquer tipo de requisito, que viesse condicionar a possibilidade de exercício, pelo sujeito passivo, da opção pela tributação na categoria B, envolveria a necessidade do respetivo controlo pela AT, com o correspondente dispêndio de meios materiais e humanos para esse fim. Representaria, também, um foco de potenciais conflitos entre contribuintes e AT.

Deste modo, a escolha do legislador pautou-se pela máxima simplicidade do regime, deixando nas mãos de cada sujeito passivo a ponderação acerca da conveniência ou não de optar pela tributação dos seus rendimentos prediais no âmbito da categoria B, dependendo das características da sua atividade de arrendamento.

A opção pela tributação dos rendimentos prediais na categoria B deve ser realizada na declaração de início de atividade ou na declaração de alterações, conforme o nº 5 do artigo 4º do CIRS.

O Código do IRS não prevê qualquer período mínimo durante o qual o sujeito passivo tenha que seguir o regime da categoria B, após o exercício da opção pela inclusão dos seus rendimentos do imobiliário nesta categoria. O sujeito passivo é livre de regressar ao enquadramento na categoria F.

8.2.2. Afetação e desafetação dos imóveis do património empresarial

O exercício da opção pela tributação dos rendimentos prediais no âmbito da categoria B envolve a afetação a uma atividade empresarial, exercida em nome individual pelo seu proprietário, dos imóveis objeto do arrendamento[276].

Efetivamente, nos termos do artigo 29º, nº 1 do CIRS, na determinação do rendimento da categoria B só são considerados proveitos e custos os relativos a bens ou valores que façam parte do ativo da empresa individual do sujeito passivo ou que estejam afetos às atividades empresariais e profissionais por ele desenvolvidas. Deste modo, o enquadramento na categoria B dos rendimentos prediais, bem como dos gastos que lhes estão associados, pressupõe que o imóvel gerador das rendas em causa seja objeto de afetação aos ativos de uma atividade empresarial ou profissional tributada no âmbito dessa categoria.

Em contrapartida, o abandono da opção pela categoria B, com o retorno da tributação dos rendimentos prediais ao âmbito da categoria F, implica a desafetação dos imóveis objeto do arrendamento do património empresarial e o seu regresso ao património particular do sujeito passivo.

O abandono do regime da categoria B e o correspondente regresso dos rendimentos prediais à categoria F era, até 2016 inclusive, suscetível de trazer consequências fiscais nefastas para o contribuinte, em resultado do tratamento fiscal que se encontrava associado à desafetação dos imóveis do património empresarial e ao seu regresso ao património particular do contribuinte. Tal desafetação poderia originar uma mais-valia tributável no âmbito da categoria B, nos termos da redação então em vigor do artigo 3º, nº 2, alínea c) do CIRS.

Todavia, o CIRS foi progressivamente atenuando o impacto fiscal associado à mudança do enquadramento de tributação das rendas (da categoria F para a B e, eventualmente, de volta à F). Conforme foi já referido, o aludido impacto fiscal decorria, essencialmente, da transferência dos imóveis arrendados entre diferentes esferas patrimoniais do mesmo sujeito passivo.

276 Implica, igualmente, a abertura da atividade de arrendamento.

Num primeiro momento, o nº 9 do artigo 3º do CIRS[277] veio obviar ao problema nas situações mais representativas. Quando se tratasse de um bem imóvel habitacional, e caso este fosse afeto à obtenção de rendimentos da categoria F, a desafetação do imóvel do campo da atividade empresarial sujeita à categoria B deixaria de originar, ela própria, um rendimento da categoria B. Ficava, deste modo, já facilitada a reversão da opção do contribuinte pela tributação dos rendimentos prediais na categoria B, com o correspondente retorno à tributação no âmbito da categoria F.

Posteriormente, mediante as alterações introduzidas no CIRS pela Lei nº 75-B/2020, de 31 de dezembro (Lei do Orçamento do Estado para 2021), atuou-se ao nível da raiz do problema. Como as afetações e desafetações dos imóveis a diferentes esferas patrimoniais do mesmo sujeito passivo deixam de constituir um facto tributário, é praticamente eliminado o impacto fiscal associado à alteração de opção do sujeito passivo, quanto à categoria de rendimento segundo a qual são tributados os seus rendimentos prediais.

Nos termos deste novo enquadramento fiscal:

i) A afetação de bens imóveis do património particular do sujeito passivo à sua atividade empresarial e profissional exercida em nome individual deixa de integrar a norma de incidência das mais-valias, pois a previsão referente a esse tipo de afetação passa a excecionar os bens imóveis (cfr. nova redação do artigo 10º, nº 1, alíneas a) e i) do CIRS); e

ii) A transferência de bens imóveis, que estavam afetos ao ativo de uma atividade empresarial ou profissional, para o património particular do mesmo sujeito passivo, deixa de integrar a norma de incidência dos rendimentos empresariais e profissionais, dado que a previsão referente a esse tipo de transferência passa a excecionar os bens imóveis (cfr. nova redação do artigo 3º, nº 2, alínea c) do CIRS).

[277] Com a redação introduzida pela Lei nº 42/2016, de 28 de dezembro (Lei do Orçamento do Estado para 2017). Note-se que o artigo 3º, nº 9 do CIRS foi posteriormente revogado, dada a solução mais abrangente que a Lei nº 75-B/2020, de 31 de dezembro, consagrou para o problema.

8.3. Regime fiscal dos rendimentos prediais integrados na categoria B

8.3.1. Determinação do rendimento tributável

Quando o sujeito passivo optar pela tributação dos rendimentos derivados do arrendamento no âmbito da categoria B, tais rendimentos passam, para múltiplos efeitos fiscais, a ser tratados como rendimentos desta categoria[278].

O enquadramento do sujeito passivo no regime de contabilidade organizada ou no regime simplificado será feito segundo as regras estabelecidas no artigo 28º do CIRS.

A determinação do rendimento tributável é efetuada através da contabilidade organizada, se este for o regime aplicável ao sujeito passivo. Neste caso, ao valor das rendas são deduzidos os gastos contabilizados, desde que sejam fiscalmente dedutíveis nos termos do CIRC (cfr. a remissão prevista no artigo 32º do CIRS).

Esta é uma vantagem fundamental da opção pela categoria B, desde que associada à manutenção de contabilidade organizada, uma vez que o campo dos gastos dedutíveis é mais amplo nos termos do CIRC do que mediante a aplicação das deduções admitidas pelo artigo 41º do CIRS.

Desde logo, no âmbito da categoria B com contabilidade organizada – contrariamente ao que sucede no âmbito da categoria F e do regime simplificado da categoria B – não se encontra excluída a dedutibilidade fiscal dos gastos de natureza financeira, dos relativos a depreciações e dos relativos a mobiliário, eletrodomésticos e artigos de conforto e decoração. O sujeito passivo que disponha de contabilidade organizada pode, portanto, deduzir fiscalmente todos os gastos e perdas incorridos ou suportados para obter ou garantir os rendimentos sujeitos a imposto, nos termos do artigo 23º do CIRC, incluindo os gastos de natureza financeira e as depreciações dos imóveis.

Em contrapartida, se o sujeito passivo não estiver obrigado à manutenção de contabilidade organizada no âmbito da categoria B do IRS, nem por ela tenha optado, ele fica sujeito ao regime simplificado da categoria B.

No âmbito do regime simplificado, a determinação do rendimento tributável é feita nos seguintes termos[279]:

[278] O mesmo se passa, naturalmente, com os rendimentos prediais integrados na categoria B em virtude do poder de atração desta.

[279] Tanto no caso da opção pela tributação dos rendimentos derivados do arrendamento no âmbito da categoria B, como no caso dos rendimentos prediais integrados na categoria B em virtude do poder de atração desta categoria.

1) Primeiro, há lugar ao apuramento do rendimento predial líquido, o qual é efetuado segundo as regras da categoria F, ou seja, mediante a aplicação aos rendimentos prediais brutos das deduções de gastos previstas no artigo 41º do CIRS (artigo 31º, nº 4 do CIRS).
2) Posteriormente, caso se chegue a um resultado positivo ao nível do rendimento predial líquido, o rendimento tributável é obtido através da aplicação a esse resultado positivo do coeficiente de 0,95 (artigo 31º, nº 1, alínea d) do CIRS). Existe, portanto, uma dedução adicional de 5% ao resultado positivo dos rendimentos prediais.

8.3.2. Dedução de perdas

Quando for apurado um resultado líquido negativo ao nível dos rendimentos prediais enquadrados no âmbito da categoria B, com contabilidade organizada, não há rendimento tributável. Pelo contrário, há uma perda a reportar para os anos seguintes, nos termos do artigo 55º do CIRS.

A dedução de perdas relacionadas com rendimentos prediais enquadrados no âmbito da categoria B, designadamente quando tal enquadramento resulta de opção do sujeito passivo pelo enquadramento da atividade de arrendamento nesta categoria, é realizada segundo o regime de dedução de perdas da categoria B.

No caso dos sujeitos passivos enquadrados no regime simplificado, estes apenas podem deduzir os prejuízos fiscais que eventualmente tenham apurado em períodos anteriores àquele em que se iniciou a aplicação deste regime (artigo 55º, nº 4 do CIRS).

Nos termos do artigo 55º, nº 1, alínea a) do CIRS, o resultado líquido negativo apurado na categoria B é reportável, de harmonia com a parte aplicável do artigo 52º do CIRC, aos 12 anos seguintes àquele a que respeita[280]. Assim, as perdas apuradas no âmbito da categoria B são dedutíveis, nos 12 anos seguintes, aos resultados líquidos positivos da mesma categoria, mas a dedução a efetuar em cada um dos períodos de tributação não pode exceder o montante correspondente a 70% do respetivo resultado líquido positivo da categoria B, nos termos previstos no artigo 52º, nº 2 do CIRC.

[280] O prazo de 12 anos para o reporte das perdas da categoria B foi consagrado pela Lei nº 83-C/2013, de 31 de dezembro (Lei do Orçamento do Estado para 2014). Este prazo aplica-se às perdas apuradas após 1 de janeiro de 2014.

Não fica, todavia, prejudicada a dedução da parte das perdas que não tenha sido deduzida devido ao limite dos 70%, uma vez que poderá ser deduzida, nas mesmas condições, até ao final do período de dedução dos 12 anos seguintes ao do apuramento da perda.

Recorde-se que o artigo 55º, nº 1, alínea b) do CIRS, que estabelece o regime da dedução de perdas da categoria F, não exige o englobamento dos rendimentos prediais como condição para o reporte de perdas. No âmbito da categoria B, esta questão não se coloca, uma vez que a categoria B se encontra sujeita a um regime de englobamento obrigatório.

8.3.3. Tributação dos residentes mediante englobamento

Quando o sujeito passivo residente tenha optado pela tributação das rendas no âmbito da categoria B, ou quando aufira rendimentos prediais sujeitos ao poder de atração desta categoria, o seu rendimento predial tributável – quer seja apurado através da contabilidade organizada, quer nos termos do regime simplificado – é objeto de englobamento, o qual é obrigatório na categoria B[281]. O rendimento é, consequentemente, tributado nos termos gerais, às taxas progressivas do artigo 68º do CIRS e beneficiando do efeito das deduções à coleta previstas nos artigos 78º e seguintes do mesmo código.

A opção pela tributação dos rendimentos derivados do arrendamento no âmbito da categoria B implica, assim, uma tributação bastante diferente da que ocorreria no âmbito da categoria F.

Recorde-se que os rendimentos da categoria F são tributados segundo um regime de tributação autónoma (e não de englobamento obrigatório), mediante a aplicação de uma taxa especial de 28% (e não das taxas gerais progressivas do IRS).

Desta forma, cada sujeito passivo deverá ponderar cuidadosamente as vantagens e as desvantagens de cada um dos regimes, tendo em conta a sua situação concreta, antes de exercer a opção pela tributação das rendas no âmbito da categoria B.

[281] Quanto à obrigatoriedade do englobamento no âmbito da categoria B, no caso de sujeitos passivos residentes, cfr. artigo 22º, nº 1 e também nº 3, alínea b) *a contrario* do CIRS. Para o regime simplificado, cfr. ainda o artigo 31º, nº 3 do CIRS.

8.3.4. Efeitos da integração na categoria B ao nível de uma venda do imóvel

Para além da diferente forma de cálculo do rendimento predial tributável (sobretudo no caso da contabilidade organizada) e de diferentes taxas de tributação final, a opção pela tributação dos rendimentos prediais no âmbito da categoria B envolve, ainda, uma outra consequência que deverá ser tida em consideração pelo sujeito passivo, antes de tomar uma decisão a este nível. No caso de opção pela tributação das rendas no âmbito da categoria B, os imóveis a arrendar tornam-se ativos afetos a uma atividade empresarial (o arrendamento) e, consequentemente, caso o sujeito passivo pretenda vendê-los, o ganho que resulte dessas operações não segue o regime da categoria G – Incrementos Patrimoniais, mas sim o regime da categoria B – Rendimentos empresariais e profissionais.

O mesmo sucede também com a venda dos imóveis afetos a outras atividades geradoras de rendimentos empresariais e profissionais, que não o arrendamento.

Com efeito, em virtude do poder de atração da categoria B, patente no artigo 3º, nº 2, alínea c) do CIRS, consideram-se rendimentos empresariais e profissionais as mais-valias apuradas no âmbito das atividades geradoras deste tipo de rendimentos, definidas nos termos do artigo 46º do CIRC, bem como os outros ganhos ou perdas decorrentes das operações referidas no nº 1 do artigo 10º do CIRS, quando imputáveis a atividades geradoras de rendimentos empresariais e profissionais.

Da integração destes ganhos, relativos a bens imóveis, no âmbito da categoria B, resulta a impossibilidade de beneficiarem da tributação em apenas 50% do seu valor, nos termos do artigo 43º, nº 2, alínea b) do CIRS, uma vez que esta regra é aplicável apenas no âmbito da categoria G, e não da B.

Desta forma, caso o sujeito passivo venda os imóveis que fazem parte dos ativos afetos à atividade de arrendamento geradora de rendimentos da categoria B, o ganho que eventualmente apure é um rendimento da categoria B, tributado em 100% do seu valor.

Importa aludir ao facto de que, com as alterações introduzidas pela Lei nº 75º-B/2020, de 31 de dezembro, a transferência para o património particular de bens imóveis afetos a uma atividade empresarial do sujeito passivo (tal como o arrendamento, por exemplo) não constitui um facto tributário (cfr. a redação atual do artigo 3º, nº 2, alínea c)).

Todavia, caso ocorra a transferência dos bens imóveis do património empresarial para o particular, há que ter em conta que os ganhos obtidos com a alienação onerosa de direitos reais sobre bens imóveis que tenham estado afetos à atividade empresarial e profissional do sujeito passivo são tributados de acordo com as regras da categoria B, caso a alienação ocorra antes de decorridos três anos após a transferência para o património particular do sujeito passivo (artigo 10º, nº 16 do CIRS, introduzido pela Lei nº 75-B/2020, de 31 de dezembro).

Assim, ocorrendo a venda de um bem imóvel que se encontra no património particular do sujeito passivo, mas que no passado esteve afeto a uma atividade empresarial e profissional por ele desenvolvida, o ganho obtido com a venda é tributado:

i) De acordo com as regras da categoria B, caso a venda ocorra antes de decorridos três anos após a transferência do bem imóvel para o património particular do sujeito passivo;
ii) De acordo com as regras da categoria G, caso a venda ocorra após estarem completados três anos sobre a transferência do bem imóvel para o património particular.

Trata-se de uma regra com um cariz anti-abusivo, que visa obviar à aplicação das regras da categoria G (designadamente, da tributação da mais-valia na venda do imóvel em apenas 50% do seu valor) no caso da venda de bens imóveis que há menos de três tiveram uma utilização empresarial ou profissional, mas foram transferidos para o património particular do sujeito passivo antes de serem vendidos.

Por último, notc-sc quc, para cfeitos da determinação das mais-valias sujeitas a imposto, o artigo 51º, nº 3 exclui a consideração dos encargos com a valorização de bens imóveis que tenham sido realizados durante o período em que tais imóveis permaneceram afetos à atividade empresarial e profissional.

8.3.5. Retenção na fonte

A opção pela tributação dos rendimentos prediais no âmbito da categoria B suscita algumas dúvidas relativamente ao regime de retenção na fonte que deverá, nesse caso, aplicar-se.

Segundo o artigo 101º, nº 9 do CIRS, estão sujeitos a retenção, nos termos do nº 1 do mesmo artigo, os rendimentos prediais auferidos no âmbito do exercício de atividades empresariais e profissionais.

Perante esta disposição, suscitam-se várias questões:

1) No caso de rendimentos prediais auferidos no âmbito do exercício de atividades empresariais e profissionais, como deve interpretar-se a remissão do artigo 101º, nº 9 do CIRS para o nº 1 do mesmo artigo? Mais concretamente, a realização da retenção nos termos do nº 1 do artigo 101º do CIRS significa uma retenção de acordo com o aí previsto para a categoria B, ou com o aí previsto para a categoria F?
2) E nas situações de opção pela tributação dos rendimentos prediais no âmbito da categoria B, relativamente às quais o artigo 101º, nº 9 do CIRS nada diz, a retenção na fonte deverá, ou não, ser também efetuada nos termos do nº 1 do artigo 101º do CIRS? Mesmo que se entenda que sim, volta a colocar-se a questão acima referida, quanto ao significado de tal remissão.

Relativamente à primeira questão – referente aos rendimentos prediais auferidos no âmbito do exercício de atividades empresariais e profissionais –, entendemos que a remissão do artigo 101º, nº 9 do CIRS, para o nº 1 do mesmo artigo, deverá interpretar-se como determinando a realização de retenção nos termos previstos no nº 1 do artigo 101º do CIRS *para os rendimentos da categoria F.*

Deste modo, os rendimentos prediais auferidos no âmbito do exercício de uma atividade empresarial e profissional devem ser sujeitos a retenção na fonte à taxa de 25%, nos termos previstos no artigo 101º, nº 1, alínea e) do CIRS, desde que sejam pagos por uma pessoa singular ou coletiva que disponha ou deva dispor de contabilidade organizada.

Afigura-se-nos que esta é a única interpretação do artigo 101º, nº 9 do CIRS que permite à norma em causa ter algum sentido útil.

Com efeito, se entendêssemos que a remissão do artigo 101º, nº 9 do CIRS para o nº 1 do mesmo artigo deveria interpretar-se como determinando a realização de retenção na fonte nos termos previstos no nº 1 do artigo 101º do CIRS *para os rendimentos da categoria B*, a regra do artigo 101º, nº 9 seria inaplicável, uma vez que:

- Apesar de o nº 1 do artigo 101º do CIRS prever taxas de retenção distintas para diversos tipos de rendimento pertencentes à categoria B, esta disposição não inclui qualquer referência expressa quer aos rendimentos prediais imputáveis a atividades geradoras de rendimentos empresariais e profissionais, quer ao artigo 3º, nº 2, alínea a) do CIRS, do qual resulta a atração destes rendimentos para a categoria B.

- E que o artigo 101º, nº 1 do CIRS também não prevê a sujeição a retenção na fonte dos rendimentos decorrentes do exercício de quaisquer atividades comerciais e industriais.

O arrendamento é, nos termos do artigo 4º, nº 1, alínea n) do CIRS, enquadrável como uma atividade comercial e industrial. Todavia, o artigo 101º, nº 1 do CIRS, ao prever as várias taxas de retenção na fonte, aplicáveis a diversas situações dentro da categoria B, nunca refere o artigo 3º, nº 1, alínea a) do mesmo código, relativo aos rendimentos decorrentes do exercício de atividades comerciais e industriais.

Não estando especificamente previstas nas regras de retenção do nº 1 do artigo 101º do CIRS, para as quais o nº 9 do mesmo artigo nos remete, nem as situações de rendimentos prediais imputáveis a atividades geradoras de rendimentos empresariais e profissionais, nem os rendimentos decorrentes do exercício de atividades comerciais e industriais, entendemos que se deverá procurar outra alternativa para dar algum sentido útil à regra do nº 9 do artigo 101º do CIRS.

Com efeito, não nos parece admissível uma interpretação que – perante a norma do nº 9 do artigo 101º do CIRS, que prevê claramente a sujeição a retenção na fonte, nos termos do nº 1 do mesmo artigo, dos rendimentos prediais auferidos no âmbito do exercício de atividades empresariais e profissionais –, conclua que, afinal, o legislador se esqueceu de incluir no nº 1 a anunciada regra de sujeição a retenção, face ao que as situações em apreço não seriam, afinal, sujeitas a retenção na fonte.

Entendemos que, se o legislador nos remeteu para o nº 1 do artigo 101º do CIRS, a regra de retenção na fonte aplicável aos rendimentos prediais auferidos no âmbito do exercício de atividades empresariais e profissionais há-de estar lá. Cabe procurá-la.

Regressamos, para este efeito, ao disposto no artigo 4º, nº 1, alínea n) do CIRS, nos termos do qual o arrendamento é considerado uma atividade comercial e industrial. A referência à realização da opção pela tributação no âmbito da categoria B – igualmente contida na aludida norma – constitui, a nosso ver, uma disposição com uma natureza procedimental e complementar. Por tal motivo, mesmo que não se verifique opção do sujeito passivo pela tributação no âmbito da categoria B, e as rendas sejam tributáveis na categoria B em virtude do poder de atração dessa categoria, continuam a ser rendimentos derivados do arrendamento.

Motivo pelo qual consideramos que a retenção na fonte dos rendimentos prediais auferidos no âmbito do exercício de atividades empresariais e profissionais deve realizar-se nos termos previstos para o arrendamento – o que leva à aplicação da taxa de retenção na fonte de 25%, prevista no artigo 101º, nº 1, alínea e) do CIRS.

A outra alternativa, que nos parece inadmissível, por contrariar frontalmente o previsto no nº 9 do artigo 101º do CIRS, seria a de a retenção na fonte não se fazer, em virtude de o artigo 101º, nº 1 do mesmo código não prever nenhuma regra específica de retenção para os rendimentos prediais auferidos no âmbito do exercício de atividades empresariais e profissionais.

Quanto à segunda questão – relativa à retenção na fonte nas situações de opção pela tributação dos rendimentos prediais no âmbito da categoria B –, não vemos motivo para que estas situações tenham um enquadramento jurídico, em termos de retenção na fonte, distinto do aplicável aos casos de rendimentos prediais auferidos no âmbito do exercício de atividades empresariais e profissionais, dada a proximidade das duas situações. Desta forma, entendemos que deverá aplicar-se, também para os casos em que o sujeito passivo opte pela tributação das rendas na categoria B, o mesmo regime acima referido, ou seja, a taxa de retenção na fonte de 25%, prevista no artigo 101º, nº 1, alínea e) do CIRS, por remissão do nº 9 do mesmo artigo[282].

Importa, por último, aferir o enquadramento aplicável, ao nível das retenções na fonte, relativamente aos sujeitos passivos não residentes.

Vimos já que, de acordo com o disposto no artigo 101º, nº 9 do CIRS, estão sujeitos a retenção, nos termos do nº 1 do mesmo artigo, os rendimentos prediais auferidos no âmbito do exercício de atividades empresariais e profissionais.

Sendo que esta regra não distingue entre sujeitos passivos residentes e não residentes, entendemos que deve aplicar-se também a estes últimos.

Deste modo, a retenção na fonte aplicável a sujeitos passivos não residentes, relativamente a rendimentos prediais integrados no âmbito da

[282] É, aliás, este o regime indicado para a situação em apreço, pelo Ofício Circulado nº 20.180, de 19 de agosto de 2015, do Gabinete da Subdiretora-Geral do IR e das Relações Internacionais, sobre o Assunto: Rendimentos Prediais – Atividade Arrendamento / Alojamento Local.

categoria B, designadamente por opção[283], deve seguir a regra do artigo 101º, nº 1, alínea e) do CIRS, ou seja, retenção a uma taxa de 25%, por conta do imposto devido em termos finais[284]. Quanto à tributação final, consideramos que esta deve ser efetuada mediante aplicação da taxa especial de tributação autónoma de 28%, prevista no artigo 72º, nº 1, alínea b) do CIRS, visto que esta é aplicável a outros rendimentos (que não mais-valias) auferidos por não residentes em território português que não sejam imputáveis a estabelecimento estável nele situado[285] e que não sejam sujeitos a retenção na fonte a taxas liberatórias.

Relativamente aos não residentes cujos rendimentos sejam imputáveis a um estabelecimento estável[286], novamente a retenção na fonte não tem natureza liberatória nem segue as regras do artigo 71º do CIRS. A retenção na fonte aplicável tem a natureza de adiantamento por conta do imposto devido a final, sendo efetuada à taxa de 25%, nos termos do artigo 101º, nº 1, alínea e) do CIRS. Quanto à tributação final, esta resulta da aplicação da taxa especial de tributação autónoma de 25%, prevista no artigo 72º, nº 6, alínea a) do CIRS.

[283] As normas referentes ao exercício da opção pela tributação dos rendimentos prediais no âmbito da categoria B, ou seja, o artigo 4º, nº 1, alínea n) e o artigo 8º, nº 1, ambos do CIRS, não incluem qualquer referência que faça depender o direito à aludida opção da residência do sujeito passivo. Parece-nos, portanto, de concluir pela admissibilidade do exercício à opção em causa também por sujeitos passivos não residentes.

[284] Entendemos, portanto, que não cabe aplicar à situação a retenção na fonte prevista no artigo 71º, nº 4, alínea a) do CIRS para os rendimentos empresariais e profissionais (ou seja, uma retenção a título definitivo, à taxa liberatória de 25%), uma vez que tal iria contra o disposto no artigo 101º, nº 9 do CIRS, que remete para os termos previstos no nº 1 do mesmo artigo a retenção na fonte sobre os rendimentos prediais auferidos no âmbito do exercício de atividades empresariais e profissionais.

[285] Relativamente aos sujeitos passivos não residentes, suscita-se a questão de saber se o imóvel arrendado constitui ou não, em si mesmo, um estabelecimento estável e, portanto, se o sujeito passivo não residente será sempre tratado como um não residente com estabelecimento estável em território português devido, simplesmente, à propriedade do imóvel arrendado. A questão é pertinente, dado o tratamento fiscal distinto que é aplicável a rendimentos auferidos por sujeitos passivos não residentes, conforme sejam ou não imputáveis a um estabelecimento estável localizado em território português.

[286] *Vide* nota anterior.

8.4. Tributação dos rendimentos do alojamento local

O regime jurídico da exploração dos estabelecimentos de alojamento local é regulado pelo Decreto-Lei nº 128/2014, de 29 de agosto, entretanto sujeito a diversas alterações.

O regime em apreço aplica-se somente aos estabelecimentos que não preenchem os requisitos necessários para serem considerados empreendimentos turísticos, nos termos do respetivo regime jurídico.

Os estabelecimentos de alojamento local podem revestir uma das seguintes modalidades: moradia, apartamento ou estabelecimento de hospedagem. Este último tipo de alojamento local pode, mediante o preenchimento de alguns requisitos legais, utilizar a denominação de *hostel*.

A exploração de estabelecimentos de alojamento local enquadra-se no exercício da atividade de prestação de serviços de alojamento, integrada no artigo 4º, nº 1, alínea h) do CIRS, dado que, para além do arrendamento do imóvel, inclui serviços complementares, como a limpeza e a receção.

Deste modo, os rendimentos obtidos diretamente da exploração de estabelecimentos de alojamento local enquadram-se na categoria B – independentemente de o imóvel onde opera o alojamento local ser da propriedade de quem procede à exploração, ser arrendado ou de ter sido objeto de uma cedência de exploração.

Em termos globais, o alojamento local pode envolver três situações distintas, com o correspondente tratamento fiscal:

1) No caso de o proprietário do estabelecimento de alojamento local ser o próprio titular da exploração, o rendimento por si auferido diretamente da exploração do mesmo é um rendimento da categoria B.
2) No caso de o proprietário do estabelecimento de alojamento local ser pessoa distinta do titular da exploração, o rendimento auferido pelo proprietário é um rendimento da categoria F (salvo se ele exercer opção pela tributação no âmbito da categoria B). O rendimento auferido pelo titular da exploração do estabelecimento de alojamento local é um rendimento da categoria B.
3) No caso de o proprietário do estabelecimento de alojamento local ser inicialmente o titular da exploração, mas posteriormente ceder tal exploração a outro titular, o rendimento auferido pelo cedente (proprietário e titular da exploração inicial) é um rendimento da

categoria B. O rendimento auferido pelo cessionário (titular da exploração) é igualmente um rendimento da categoria B[287].

Se os sujeitos passivos estiverem enquadrados no regime simplificado, o rendimento tributável da atividade de exploração de estabelecimentos de alojamento local, na modalidade de moradia ou apartamento, resulta da aplicação do coeficiente de 0,35 aos rendimentos obtidos, nos termos do artigo 31º, nº 1, alínea c) do CIRS[288]. O regime agrava-se mais ainda no caso de a moradia ou o apartamento estarem localizados em área de contenção, visto que, nos termos do artigo nº 31º, nº 1, alínea h), o coeficiente passa a ser de 0,50[289].

Ao rendimento derivado da exploração de estabelecimentos de hospedagem, em contrapartida, é aplicável o coeficiente de 0,15, previsto no artigo 31º, nº 1, alínea a) do CIRS[290].

Até 2016, era aplicado o coeficiente de 0,15 a todos os rendimentos derivados da exploração de estabelecimentos de alojamento local, consi-

[287] *Vide* o Ofício Circulado nº 20.180, de 19 de agosto de 2015, do Gabinete da Subdiretora-Geral do IR e das Relações Internacionais, sobre o Assunto: Rendimentos Prediais – Atividade Arrendamento / Alojamento Local.

[288] Relativamente ao coeficiente de 0,35, previsto no artigo 31º, nº 1, alínea c) do CIRS, importa salientar o facto de a Lei nº 114/2017, de 29 de dezembro (Lei do Orçamento do Estado para 2018), ter efetuado profundas alterações ao funcionamento do regime simplificado. Nos termos do nº 13 do artigo 31º do CIRS, introduzido pela referida Lei, "a dedução ao rendimento que decorre da aplicação dos coeficientes previstos nas alíneas b) e c) do nº 1 está parcialmente condicionada à verificação de despesas e encargos efetivamente suportados, acrescendo ao rendimento tributável apurado nos termos dos números anteriores a diferença positiva entre 15% dos rendimentos brutos das prestações de serviços previstas naquelas alíneas e o somatório" de um conjunto de importâncias elencadas nas seis alíneas do nº 13 do artigo 31º do CIRS. Significam estas alterações que, na prática, se altera parcialmente a natureza do regime simplificado anteriormente existente, no âmbito do qual havia uma presunção legal de determinado percentual de despesas, sem necessidade da respetiva realização efetiva ou comprovação documental pelo sujeito passivo. Esta alteração do regime fiscal irá, provavelmente, agravar o nível de tributação dos rendimentos derivados de parte dos estabelecimentos de alojamento local, nos quais o volume de despesas e encargos efetivamente suportados seja diminuto.

[289] Este agravamento foi introduzido pela Lei nº 2/2020, de 31 de março (Lei do Orçamento do Estado para 2020).

[290] A alínea a), do nº 1 do artigo 31º do CIRS não é afetada pelas alterações introduzidas pela Lei nº 114/2017, de 29 de dezembro (Lei do Orçamento do Estado para 2018), ao funcionamento do regime simplificado.

derados incluídos nas atividades hoteleiras e similares. Todavia, a partir de 2017, inclusive, a atividade de exploração de estabelecimentos de alojamento local na modalidade de moradia ou apartamento foi excluída do âmbito de aplicação deste coeficiente de 0,15, mantendo-se o mesmo apenas para os estabelecimentos de hospedagem.

Esta alteração representou um significativo aumento do nível de tributação dos rendimentos derivados da exploração de estabelecimentos de alojamento local na modalidade de moradia ou apartamento, aos quais passou a ser aplicável o coeficiente de 0,35 previsto no artigo 31º, nº 1, alínea c) do CIRS. A situação fiscal deste tipo de atividade é novamente agravada pela subida do coeficiente para 0,50, no caso de moradia ou apartamento localizados em área de contenção, conforme previsto no artigo nº 31º, nº 1, alínea h).

Para além do acréscimo de coeficientes, há ainda que ter em conta as consequências das modificações operadas pela Lei nº 114/2017, de 29 de dezembro (Lei do Orçamento do Estado para 2018), no que respeita ao funcionamento do regime simplificado para os casos do artigo 31º, nº 1, alínea c) do CIRS.

Tratando-se de sujeitos passivos enquadrados no regime da contabilidade organizada (obrigatoriamente ou por opção), o rendimento tributável é apurado de acordo com as regras do CIRC, com as necessárias adaptações, tendo ainda em conta as limitações à dedutibilidade de determinados gastos para efeitos fiscais, nos termos do artigo 33º do CIRS.

O titular da exploração do estabelecimento de alojamento local, se for também proprietário do imóvel onde a atividade é exercida, tem de afetar o imóvel em causa à atividade empresarial.

Por último, importa aludir ao facto de ter sido introduzida, com vigência a partir do início de 2017, a possibilidade de os titulares de rendimentos de alojamento local optarem pela tributação de acordo com as regras estabelecidas para a categoria F.

A opção pela tributação segundo as regras da categoria F pode ser feita para cada ano, e é realizada apenas aquando da entrega da declaração de IRS.

Para calcular o rendimento coletável seguem-se, neste caso, as regras previstas no artigo 41º do CIRS relativamente a encargos dedutíveis. Assim, são dedutíveis todos os gastos efetivamente suportados e pagos pelo sujeito passivo para obter ou garantir os rendimentos em causa, com exceção dos gastos de natureza financeira, dos relativos a depreciações e dos relativos a mobiliário, eletrodomésticos e artigos de conforto ou decoração, bem como do adicional ao IMI.

Outro fator a ter em conta na escolha prende-se com o facto de os rendimentos da categoria B serem de englobamento obrigatório, ficando sujeitos à aplicação das taxas gerais progressivas de IRS, previstas no artigo 68º do CIRS, ao passo que os rendimentos tributados de acordo com as regras da categoria F ficam sujeitos a uma taxa especial de tributação autónoma de 28%.

Capítulo V
Incrementos patrimoniais
- Categoria G -

1. Enquadramento dos incrementos patrimoniais

A categoria G de rendimentos, que na redação inicial do CIRS correspondia apenas às mais-valias, passou, por força da Lei nº 30-G/2000, de 29 de dezembro, a dizer respeito aos "Incrementos Patrimoniais"[291].

Na sequência da referida alteração, integram a categoria G de rendimentos os seguintes incrementos patrimoniais, previstos no artigo 9º do CIRS[292]:

i) As mais-valias;
ii) As indemnizações que visem a reparação de danos não patrimoniais (excetuadas as fixadas por decisão judicial ou arbitral ou resultantes

[291] Conforme notou Pitta e Cunha, e foi reiterado por Xavier de Basto, a designação escolhida pelo legislador fiscal para esta categoria do IRS revela-se inapropriada. Com efeito, todos os rendimentos constituem incrementos patrimoniais, na medida em que aumentam o valor do património do sujeito passivo, em resultado da entrada de novos ativos ou em consequência da valorização dos ativos já detidos. Assim, para os referidos autores, uma designação mais adequada da categoria G poderia ser a de "Outros Incrementos", o que, aliás, teria maior coerência com o carácter residual da categoria de rendimentos em causa. Cfr. Paulo de Pitta e Cunha, «Alterações na tributação do rendimento: reforma fiscal ou simples ajustamentos?», *Fisco*, nº 103/104, 2002, p. 5; José Guilherme Xavier de Basto, *IRS – Incidência Real e Determinação dos Rendimentos Líquidos*, cit., p. 359.

[292] Os incrementos patrimoniais introduzidos no CIRS pela Lei nº 30-G/2000, de 29 de dezembro, incluíam também os prémios de quaisquer lotarias, rifas e apostas mútuas, totoloto, jogos do loto e bingo, bem como as importâncias ou prémios atribuídos em quaisquer sorteios ou concursos, efetivamente pagos ou postos à disposição. Estes rendimentos derivados do jogo e de sorteios ou concursos foram, posteriormente, retirados do âmbito de incidência do IRS, passando a estar sujeitos a Imposto do Selo (cfr. verba 11 – Jogo, da TGIS).

de acordo homologado judicialmente), de danos emergentes não comprovados e de lucros cessantes, considerando-se como tais, neste último caso, apenas as que se destinem a ressarcir os benefícios líquidos deixados de obter em consequência da lesão;

iii) As importâncias auferidas em virtude da assunção de obrigações de não concorrência, independentemente da respetiva fonte ou título;

iv) Os acréscimos patrimoniais não justificados, determinados nos termos previstos nos artigos 87º, 88º ou 89º-A da Lei Geral Tributária;

v) As indemnizações devidas por renúncia onerosa a posições contratuais ou outros direitos inerentes a contratos relativos a bens imóveis[293].

Tanto as mais-valias como os demais rendimentos acima referidos integram a categoria G desde que não sejam considerados rendimentos de outras categorias. A categoria G assume, portanto, um carácter residual relativamente às demais categorias de rendimentos, tal como decorre da redação dos artigos 9º nº 1 e 10º nº 1 do CIRS.

2. Mais-valias – Incidência

2.1. Conceito de mais-valias

Tradicionalmente, uma mais-valia corresponde a uma valorização ocorrida em bens ou direitos, um ganho de carácter ocasional ou fortuito que se gera na esfera do proprietário alienante, sem que tal se verifique no contexto do desenvolvimento de uma atividade empresarial. Este ganho revela uma capacidade contributiva, o que justifica a respetiva sujeição a imposto.

Estamos perante ganhos que decorrem de uma valorização de bens com um carácter fortuito, motivada por circunstâncias ou forças exteriores, não dependente de uma atividade do sujeito passivo orientada para a obtenção do ganho. Tais circunstâncias originam a qualificação das mais-valias como "ganhos trazidos pelo vento" ou "*windfall gains*". Diversos autores aludem a esta terminologia[294].

[293] A atual redação do preceito (artigo 9º, nº 1, alínea e) do CIRS), introduzida pela Lei nº 3/2019, de 9 de janeiro, exceciona as indemnizações legalmente devidas pela denúncia de contratos de arrendamento sem termo, relativos a imóveis que constituam habitação permanente do sujeito passivo, nos casos previstos no artigo 1101º do Código Civil.

[294] Cfr., entre outros, Rui Duarte Morais, *Sobre o IRS*, cit., p. 130; Vítor Faveiro, *Noções Fundamentais de Direito Fiscal Português*, II volume, Coimbra Editora, Coimbra, 1986, p. 35; José Luís Saldanha Sanches, «Sobre o conceito de mais-valia», *Fisco*, nº 38/39, 1992, p. 47.

O próprio carácter fortuito do ganho, gerado por forças exteriores e não por um esforço produtivo do sujeito passivo, reforça a conclusão acerca da justiça da sua sujeição a tributação. Estamos, portanto, perante uma manifestação de capacidade contributiva que justifica a tributação da mais-valia, tanto mais quanto esta representa um benefício obtido pelo sujeito passivo sem recurso a um esforço produtivo.

As mais-valias imobiliárias, por exemplo, constituem uma situação típica de mais-valia na sua conceção tradicional, com o aumento do valor do imóvel a dever-se, geralmente, a circunstâncias independentes do sujeito passivo e do bem, tais como o reordenamento urbanístico de uma zona da cidade, ou mesmo a retoma económica e os seus efeitos em termos de aumento da procura e subida do preço de mercado de certos imóveis.

A mais-valia corresponde a um ganho, ou seja, a uma diferença positiva entre o valor de realização e o valor de aquisição do mesmo bem ou direito, contrapondo-se ao conceito de menos-valia, ou seja, às situações em que o valor de realização do bem ou direito foi inferior ao valor de aquisição.

2.2. As mais-valias no CIRS

O CIRS não nos faculta uma definição de mais-valias. Esta situação é, aliás, comum noutros ordenamentos jurídico-tributários para além do português, nos quais também não existe uma definição expressa de mais-valia.

Assim, na ausência de uma definição, o CIRS procede a uma enumeração casuística dos ganhos sujeitos a tributação como mais-valias.

A tributação das mais-valias no contexto do IRS revela a adoção, por este imposto, da conceção de "rendimento-acréscimo"[295], embora atenuada pelo princípio da realização.

As mais-valias integram a categoria G – Incrementos Patrimoniais, prevista no artigo 9º do CIRS[296]. Todavia, é o artigo 10º, nº 1 do CIRS que prevê

[295] Ilustrando a importância desta opção legislativa, ao nível da tributação do rendimento, afirma Saldanha Sanches que "uma das principais inovações da reforma de 1989 foi ter incluído as mais-valias entre os rendimentos tributáveis, juntamente com os demais rendimentos, num passo que a reforma de 1958/65 não ousara dar". In J. L. SALDANHA SANCHES, «Conceito de rendimento do IRS», cit., p. 59.

[296] Conforme refere Saldanha Sanches, "as mais-valias são uma espécie dentro do conceito mais vasto de incrementos patrimoniais (artigo 9º, nº 1, alínea a)). Em boa verdade, a diferença entre mais-valias (ou menos-valias) e o conceito mais vasto de acréscimos patrimoniais (ou decréscimos patrimoniais) é que estes são constituídos pela totalidade das mais-valias e a dos outros rendimentos que podem ser imputados a uma certa pessoa, considerada a pessoa como

um elenco taxativo de ganhos que constituem mais-valias, para efeitos de tributação, desde que não sejam considerados rendimentos empresariais e profissionais, de capitais ou prediais.

Constatamos, assim, que o artigo 10º, nº 1, ao prever as mais-valias sujeitas a IRS:

1) Assume o carácter residual da qualificação de um ganho como mais--valia; e
2) Constrói uma incidência seletiva, bastante restrita.

No que respeita ao carácter residual da qualificação de um ganho como mais-valia, este decorre da própria relação existente entre a categoria G, por um lado, e as categorias B, E e F, por outro, em termos de prevalência destas últimas sobre a primeira.

A categoria G, na qual as mais-valias se inserem, assume este carácter residual ao prever, no artigo 9º, nº 1 do CIRS, que os rendimentos aí elencados "constituem incrementos patrimoniais, desde que não considerados rendimentos de outras categorias".

Por seu turno, o artigo 10º, nº 1 do CIRS utiliza uma técnica similar, ao prever que os ganhos resultantes das situações aí indicadas constituem mais-valias desde que não sejam "considerados rendimentos empresariais e profissionais, de capitais ou prediais".

Deste modo, os ganhos que, apesar de resultarem de situações previstas nas alíneas do artigo 10º, nº 1 do CIRS, tiverem a natureza de rendimentos empresariais e profissionais, de capitais ou prediais, enquadram-se nas categorias B, E ou F, e não na categoria G. Assim, os ganhos que reunirem características que permitam integrá-los nas categorias de rendimentos empresariais e profissionais, de capitais ou prediais, deixam de poder ser qualificados como mais-valias da categoria G.

As mais-valias que integram a categoria G podem ser definidas como ganhos ou rendimentos de carácter ocasional ou fortuito, e que não decorrem de uma atividade do sujeito passivo especificamente destinada à sua

o centro de imputação de um determinado património. As mais-valias têm uma perspetiva *real*, tendo como pressuposto a alienação de um determinado bem com ganho, ao passo que o acréscimo patrimonial tem uma natureza necessariamente pessoal. As mais-valias têm sempre como referência um património e este conceito exige um centro de imputação que deve ser uma pessoa ou uma outra realidade jurídica que desempenhe um papel unificador". In J. L. Saldanha Sanches, *Manual de Direito Fiscal*, cit., p. 316.

obtenção, mas relativamente aos quais o princípio da capacidade contributiva determina a sujeição a imposto. Desta forma, constituem mais-valias (categoria G) os ganhos decorrentes de atos, contratos ou operações que não se integrem numa atividade empresarial ou profissional desenvolvida pelo sujeito passivo.

As mais-valias previstas no artigo 10º, nº 1 do CIRS correspondem, em suma, essencialmente a atos de gestão patrimonial privada levados a cabo pelo sujeito passivo, com um caráter ocasional ou fortuito, não enquadráveis numa atividade empresarial ou profissional.

Pelo contrário, estaremos perante rendimentos da categoria B, e não perante mais-valias da categoria G, nas seguintes situações:

i) Quando o ganho resultar da alienação onerosa de bens ou direitos pertencentes ao ativo afeto a uma atividade empresarial ou profissional[297] – tratando-se, neste caso, de mais-valias integradas na categoria B em virtude do poder de atração desta categoria (artigo 3º, nº 2, alínea c) do CIRS); ou

ii) Quando o ganho resultar da alienação onerosa de bens ou direitos não afetos ao ativo da atividade empresarial ou profissional, mas a alienação ocorrer no âmbito dessa atividade – tratando-se, neste caso, de ganhos operacionais, derivados do exercício da própria atividade empresarial, integrados na categoria B (artigo 3º, nº 1, por exemplo, alínea a) do CIRS).

No que diz respeito à segunda característica acima apontada à norma do artigo 10º, nº 1 do CIRS – a de construir uma incidência seletiva –, esta resulta da opção legislativa pela consagração de um elenco restrito de ganhos tributáveis como mais-valias na categoria G, face a um universo bastante mais amplo de ganhos potencialmente relevantes.

Com efeito, o conjunto de bens ou direitos cuja transmissão onerosa gera mais-valias tributáveis, enquadráveis na categoria G de rendimentos, é bastante limitado. Este poderia, em termos abstratos, ser definido de forma bastante mais ampla do que aquela que se encontra prevista no nº 1 do artigo 10º do CIRS. Contudo, razões de funcionamento e fiscali-

[297] Ou das outras situações previstas no artigo 46º, nº 1 do CIRC, como sejam a ocorrência de sinistros relativamente a esses ativos afetos, ou a respetiva desafetação / afetação permanente a fins alheios à atividade empresarial ou profissional exercida.

zação do imposto tornam desadequada a atribuição de relevância fiscal a um conjunto muito alargado de situações suscetíveis de gerarem mais-valias tributáveis.

A seleção dos tipos de bens e direitos previstos no artigo 10º, nº 1 do CIRS teve subjacentes critérios como a frequência da situação, a respetiva expressão económica, a facilidade de controlo do facto gerador e a determinabilidade dos valores em causa. Houve, portanto, a preocupação de delinear a norma de incidência das mais-valias de forma a incluir apenas as situações de ganhos mais frequentes, em que os valores económicos envolvidos sejam relevantes e nas quais, simultaneamente, a verificação do facto gerador e a determinação do valor tributável sejam controláveis sem grande dificuldade pela AT.

Em função destes critérios, o CIRS atribui relevância, para efeitos da incidência da categoria G, principalmente às transmissões onerosas de bens imóveis, transmissões de participações sociais e outros valores mobiliários, e também de propriedade intelectual ou industrial cujo transmitente não seja o seu titular originário.

Em contrapartida, encontram-se fora do âmbito de incidência do IRS, por exemplo, os ganhos obtidos com a transmissão onerosa de bens móveis, alguns de valor bastante significativo – por exemplo, automóveis, barcos de recreio, aeronaves de turismo, joias, antiguidades e obras de arte –, desde que tal transmissão não ocorra no contexto de uma atividade empresarial exercida pelo sujeito passivo e que os bens em causa (v.g. automóveis) não integrem o ativo afeto à atividade, pois, caso contrário, seriam rendimentos da categoria B.

Apesar dos ganhos substanciais que podem ocorrer, em determinadas circunstâncias, principalmente na venda de antiguidades e obras de arte, a extrema dificuldade de controlo foi determinante no afastamento deste tipo de situação do elenco das mais-valias tributáveis na categoria G. Deste modo, a incidência seletiva e restrita é uma característica das mais-valias tributáveis na categoria G, que se limitam às situações elencadas no artigo 10º, nº 1 do CIRS.

Pelo contrário, o universo de mais-valias tributáveis no âmbito da categoria B é bastante mais amplo, uma vez que potencialmente abarca todos os ganhos decorrentes da alienação de bens ou direitos afetos ao ativo fixo de uma atividade empresarial ou profissional, e não somente os resultantes das situações indicadas no artigo 10º, nº 1 do CIRS.

Assim, os ganhos resultantes da alienação onerosa de bens móveis, em geral, no contexto de uma atividade empresarial ou profissional, podem dar origem a mais-valias integradas na categoria B, apesar de não se encontrarem previstos na norma de incidência do artigo 10º, nº 1 do IRS (e, portanto, não darem origem a mais-valias tributáveis na categoria G, caso sejam atos de gestão patrimonial privada).

2.3. Factos geradores de mais-valias

As mais-valias integradas na categoria G correspondem a ganhos obtidos que, não sendo considerados rendimentos empresariais e profissionais, de capitais ou prediais, resultem dos seguintes factos geradores:

Mais-valias imobiliárias

- Alienação onerosa de direitos reais sobre bens imóveis (artigo 10º, nº 1, alínea a) do CIRS); e
- Cessão onerosa de posições contratuais ou outros direitos inerentes a contratos relativos a bens imóveis (artigo 10º, nº 1, alínea d) do CIRS).

Mais-valias mobiliárias

- Alienação onerosa de partes sociais e de outros valores mobiliários, incluindo (artigo 10º, nº 1, alínea b) do CIRS):
  - A remição e amortização com redução de capital de partes sociais;
  - A extinção ou entrega de partes sociais das sociedades fundidas, cindidas ou adquiridas no âmbito de operações de fusão, cisão ou permuta de partes sociais;
  - O valor atribuído em resultado da partilha, bem como em resultado da liquidação, revogação ou extinção de estruturas fiduciárias aos sujeitos passivos que as constituíram, nos termos dos artigos 81º e 82º do CIRC;
  - O reembolso de obrigações e outros títulos de dívida;
  - O resgate de unidades de participação em fundos de investimento e a liquidação destes fundos;
- Operações relativas a instrumentos financeiros derivados, com exceção dos ganhos previstos na alínea q) do nº 2 do artigo 5º (ou seja, dos ganhos decorrentes de operações de *swaps* de taxa de juro) (artigo 10º, nº 1, alínea e) do CIRS)[298];

[298] Deste modo, constituem mais-valias os ganhos que resultem, designadamente, de *swaps* cambiais e de *swaps* de taxa de juro e de divisas. Os *swaps* cambiais são contratos onde se prevê

- Operações relativas a *warrants* autónomos, quer o *warrant* seja objeto de negócio de disposição anteriormente ao exercício ou quer seja exercido, neste último caso independentemente da forma de liquidação (artigo 10º, nº 1, alínea f) do CIRS);
- Operações relativas a certificados que atribuam ao titular o direito a receber um valor de determinado ativo subjacente, com exceção das remunerações previstas na alínea r) do nº 2 do artigo 5º (artigo 10º, nº 1, alínea g) do CIRS);
- Cessão onerosa de créditos, prestações acessórias e prestações suplementares (artigo 10º, nº 1, alínea h) do CIRS);
- Afetação de quaisquer bens do património particular, com exceção dos bens imóveis, a atividade empresarial e profissional exercida em nome individual pelo seu proprietário (artigo 10º, nº 1, alínea i) do CIRS);
- Cessão onerosa de direitos sobre estruturas fiduciárias, incluindo a cessão onerosa da posição de beneficiário (artigo 10º, nº 1, alínea j) do CIRS).

Mais-valias referentes a propriedade intelectual ou industrial

- Alienação onerosa da propriedade intelectual ou industrial ou de experiência adquirida no setor comercial, industrial ou científico, quando o transmitente não seja o seu titular originário (artigo 10º, nº 1, alínea c) do CIRS).

uma "venda e compra simultânea, com uma só contraparte de uma mesma divisa. É uma dupla operação cambial: uma operação à vista, a outra a prazo. O capital é vendido inicialmente à contraparte à taxa de câmbio à vista e simultaneamente recomprado à taxa de câmbio, desde logo fixada, para o prazo acordado. Não há pagamento de quaisquer rendimentos no período intercalar. Os rendimentos obtidos resultantes da diferença das taxas de câmbio acordadas (à vista e a prazo) refletem os diferenciais de taxa de juro do par de moedas envolvido na operação". Por seu turno, os *swaps* de taxa de juro e de divisas são contratos nos quais "as duas partes acordam na troca do serviço de duas dívidas (capital e juros) denominados em duas divisas diferentes. Os capitais envolvidos são objeto de troca, obrigatoriamente no final da operação e habitual, mas são necessariamente, no início. Basicamente tudo se passa como se as partes efetuassem créditos cruzados substituindo-se uma à outra em relação ao seu credor de origem". In Maria Teresa Veiga de Faria, «O regime fiscal de instrumentos financeiros derivados nos impostos sobre o rendimento», cit., pp. 134-135.

2.3.1. Mais-valias imobiliárias

Referimo-nos, seguidamente, a cada um destes factos geradores de mais-valias imobiliárias.

i) Alienação onerosa de direitos reais sobre bens imóveis (artigo 10º, nº 1, alínea a) do CIRS)

Com a entrada em vigor do CIRS, verificou-se um significativo alargamento da base tributável em matéria de mais-valias imobiliárias. A legislação anteriormente vigente – o Código do Imposto de Mais-Valias, aprovado pelo Decreto-Lei nº 46 373, de 9 de junho de 1965 – limitava-se a tributar os ganhos apurados com a alienação de terrenos para construção.

Perante este alargamento, justifica-se plenamente a existência do regime transitório da categoria G, previsto no artigo 5º do Decreto-Lei nº 442-A/88, de 30 de novembro, que aprovou o CIRS.

Quanto ao regime atual, este integra na incidência de IRS a alienação onerosa de direitos reais sobre bens imóveis, compreendendo tanto o direito de propriedade como as figuras parcelares ou menores (v.g. o usufruto e o direito de superfície) e, ainda, o direito real de habitação periódica.

ii) Cessão onerosa de posições contratuais ou outros direitos inerentes a contratos relativos a bens imóveis (artigo 10º, nº 1, alínea d) do CIRS)

Os ganhos obtidos com a alienação onerosa de posições contratuais ou outros direitos inerentes a contratos relativos a bens imóveis constituem mais-valias[299].

Se, por exemplo, o promitente-comprador efetuar uma cessão onerosa da sua posição contratual num contrato promessa de compra e venda de um imóvel, o ganho que apurar com tal cessão constitui uma mais-valia tributável no âmbito da categoria G.

2.3.2. Mais-valias mobiliárias

A Lei nº 82-E/2014, de 31 de dezembro (Lei da Reforma do IRS), procedeu a um alargamento do campo de incidência das mais-valias mobiliárias em resultado da reestruturação das categorias E e G, no que diz respeito às fronteiras entre ambas.

[299] Contrapõem-se, portanto, aos rendimentos procedentes da transmissão de direitos ou situações jurídicas de natureza mobiliária, os quais constituem rendimentos de capitais, nos termos do artigo 5º, nº 1 do CIRS.

Anteriormente à reforma do IRS de 2014, eram considerados rendimentos da categoria E alguns rendimentos cuja natureza era mais próxima da das mais-valias do que da dos rendimentos de capitais.

De forma a seguir critérios mais coerentes, no âmbito da aludida reestruturação das normas de incidência das categorias E e G, determinou-se a integração na categoria G, como mais-valias mobiliárias, dos rendimentos provenientes de (artigo 10º, nº 1 do CIRS):

i) Reembolso de obrigações e outros títulos de dívida (alínea b), parágrafo 4);
ii) Resgate de unidades de participação em fundos de investimento e a liquidação destes fundos (alínea b), parágrafo 5);
iii) Cessão onerosa de créditos, prestações acessórias e prestações suplementares (alínea h).

Nos referidos rendimentos, a respetiva obtenção envolve a extinção da fonte geradora do rendimento ou a perda do direito à mesma, facto que aponta para uma natureza mais consentânea com a das mais-valias, que atualmente integram, do que com a dos rendimentos de capitais.

2.3.3. Mais-valias referentes a propriedade intelectual ou industrial

Importa, no presente contexto, notar que os rendimentos decorrentes da propriedade intelectual ou industrial ou de uma experiência adquirida no sector comercial, industrial ou científico (sendo tal experiência também designada por *know-how*) podem integrar-se nas categorias de rendimentos B (Rendimentos empresariais e profissionais), E (Rendimentos de capitais) ou G (Incrementos patrimoniais), consoante sejam ou não obtidos pelo seu titular originário e se trate de alienação ou de mera cessão temporária dos direitos em causa.

No caso de obtenção do rendimento pelo titular originário dos direitos, incluem-se na categoria B quer os rendimentos resultantes da alienação quer os decorrentes da cessão temporária da propriedade intelectual ou industrial ou da prestação de informações respeitantes a uma experiência adquirida no sector industrial, comercial ou científico (artigo 3º, nº 1, alínea c) do CIRS).

No caso de serem auferidos por alguém que não seja o autor ou titular originário dos direitos, os rendimentos decorrentes da cessão ou utilização temporária de direitos da propriedade intelectual ou industrial integram-se na categoria E (artigo 5º, nº 2, alínea m) do CIRS), ao passo que os resultantes da alienação onerosa dos aludidos direitos ou do *know-how* constituem mais-valias, integrando-se na categoria G (artigo 10º, nº 1, alínea c) do CIRS).

2.3.4. A questão da afetação de bens do património particular a atividades empresariais e profissionais

i) Regime antigo

De acordo com a redação do CIRS anterior à Lei nº 75-B/2020, de 31 de dezembro, constituía uma mais-valia o ganho resultante da "*afetação de quaisquer bens do património particular a atividade empresarial e profissional exercida em nome individual pelo seu proprietário*" (artigo 10º, nº 1, alínea a), na sua antiga redação).

Desse modo, mesmo a afetação de bens imóveis que uma pessoa singular fizesse, a partir do seu património particular, para inclusão no património dedicado a uma atividade empresarial e profissional por si desenvolvida a título individual, assumia relevância para efeitos de IRS.

A relevância, nos termos do **regime fiscal anterior à Lei nº 75-B/2020, de 31 de dezembro**, das "afetações" ou "transferências" de imóveis entre partes distintas do património do mesmo sujeito passivo (património particular vs. ativos afetos a atividades empresariais e profissionais) pode ser sistematizada da seguinte forma:

a) Afetação do imóvel

A afetação do imóvel aos ativos empresariais ou profissionais representava um facto tributário, uma vez que, nos termos da anterior redação do artigo 10º, nº 1, alínea a) do CIRS, constituíam mais-valias os ganhos decorrentes da afetação de quaisquer bens do património particular a atividade empresarial e profissional exercida em nome individual pelo seu proprietário.

Segundo o artigo 10º, nº 3, alínea b) do CIRS, nos casos desse tipo de afetação, o ganho só se considerava obtido no momento da posterior alienação onerosa dos bens em causa ou da ocorrência de outro facto que determinasse o apuramento de resultados em condições análogas[300].

[300] O que sucedia, por exemplo, no caso de reafetação do imóvel ao património particular.

A mais-valia ficava, portanto, "suspensa", e a correspondente tributação era diferida até à ocorrência de um destes factos.

Contudo, por força da parte final da alínea b), do nº 3 do artigo 10º do CIRS, excetuavam-se os casos de "restituição ao património particular do imóvel habitacional que fosse afeto à obtenção de rendimentos da categoria F, mantendo-se o diferimento da tributação do ganho enquanto o imóvel mantivesse aquela afetação". Assim, graças à referida exceção, a ocorrência deste tipo de desafetação do imóvel da atividade empresarial e profissional não fazia cessar a suspensão da tributação da mais-valia relativa ao primeiro momento – o da afetação do bem do património particular à atividade empresarial e profissional –, enquanto o imóvel habitacional restituído ao património particular se mantivesse afeto à obtenção de rendimentos da categoria F.

A exceção em apreço, então prevista na parte final da alínea b), do nº 3 do artigo 10º do CIRS, tinha sido introduzida pela Lei nº 114/2017, de 29 de dezembro (Lei do Orçamento do Estado para 2018)[301].

Em suma, aquando da afetação do imóvel, o sujeito passivo era suscetível de apurar uma mais-valia. Contudo, esta ficava suspensa até que o imóvel em causa fosse, por exemplo, alienado a terceiro ou reafetado ao património particular do seu titular (neste último caso, sem ser para arrendamento de bem imóvel habitacional, pois, se fosse esta a utilização do imóvel reafetado, a suspensão mantinha-se).

b) Desafetação do imóvel

Por seu turno, uma transferência do imóvel do património empresarial para o património particular do empresário constituía uma mais-valia, tri-

[301] Esta disposição seguia, para as mais-valias, a mesma linha de facilitar, em termos fiscais, o regresso dos imóveis habitacionais à atividade do arrendamento geradora de rendimentos da categoria F, que já tinha sido seguida, no ano anterior, pela Lei nº 42/2016, de 28 de dezembro (Lei do Orçamento do Estado para 2017), relativamente aos rendimentos empresariais e profissionais. Quanto a estes, a Lei do Orçamento do Estado para 2017 tinha introduzido a previsão, no artigo 3º, nº 9 do CIRS, de que a afetação de um imóvel habitacional à obtenção de rendimentos da categoria F não era considerada uma transferência para o património particular do empresário e, consequentemente, não originava um rendimento empresarial e profissional. Contudo, mantinha-se em aberto a questão da continuidade ou não da suspensão da mais-valia inicial (relativa à prévia afetação do bem ao património empresarial). Deste modo, o regime que começou a ser delineado pela Lei do Orçamento do Estado para 2017 apenas ficou completo com a exceção introduzida na parte final no artigo 10º, nº 3, alínea b) do CIRS, pela Lei nº 114/2017, de 29 de dezembro (Lei do Orçamento do Estado para 2018).

butável no âmbito da categoria B, nos termos do artigo 3º, nº 2, alínea c) do CIRS. Neste caso, com o fator agravante de não se tratar de uma mais-valia suspensa (ao contrário do que sucedia no percurso oposto, ou seja, na transferência do imóvel do património particular para o património empresarial do seu titular).

Todavia, conforme decorria do artigo 3º, nº 9 do CIRS, no caso de um imóvel que se encontrasse afeto ao ativo empresarial, desde que se tratasse de um imóvel habitacional, a sua afetação à obtenção de rendimentos da categoria F não era considerada uma transferência para o património particular do empresário e, consequentemente, deixava de preencher a norma de incidência do artigo 3º, nº 2, alínea c) do CIRS. Nestas condições, portanto, a diferente afetação do imóvel não originava um rendimento empresarial e profissional.

Esta exceção tinha sido introduzida pela Lei nº 42/2016, de 28 de dezembro (Lei do Orçamento do Estado para 2017), e veio facilitar significativamente a reversão da opção pela tributação das rendas na categoria B. Graças ao disposto no artigo 3º, nº 9 do CIRS, quando estivesse em causa um imóvel habitacional, o sujeito passivo podia abandonar o regime de tributação das rendas na categoria B e voltar a ser tributado pelas rendas no âmbito da categoria F, sem que para tal incorresse nos encargos fiscais associados à obtenção de um rendimento empresarial e profissional (que existiria, *grosso modo*, se tivesse havido uma valorização do imóvel entre a data da sua afetação à atividade empresarial sujeita à categoria B e a data da sua desafetação da mesma)[302].

ii) Regime atual

Atualmente, com as alterações introduzidas no CIRS pela Lei nº 75-B/2020, de 31 de dezembro, vigora o seguinte regime:

i) A afetação e desafetação de **quaisquer bens, com exceção dos bens imóveis**, continua a constituir uma mais-valia ou um rendimento empresarial e profissional, em termos similares ao previsto no regime antigo (cfr., respetivamente, as novas redações do artigo 10º, nº 1, alínea i) e do artigo 3º, nº 2, alínea c), ambos do CIRS);

[302] Recorde-se que, nestas circunstâncias – de afetação de um imóvel habitacional à obtenção de rendimentos da categoria F –, também a mais-valia inicial, referente ao primeiro momento, de saída do imóvel do património particular e sua afetação ao património empresarial, continuava suspensa, graças ao disposto no artigo 10º, nº 3, alínea b) *in fine* do CIRS.

ii) A afetação de **bens imóveis** do património particular do sujeito passivo à sua atividade empresarial e profissional exercida em nome individual deixa de integrar a norma de incidência das mais-valias, pois a previsão referente a esse tipo de afetação passa a excecionar os bens imóveis (cfr. nova redação do artigo 10º, nº 1, alíneas a) e i) do CIRS); e

iii) A transferência de **bens imóveis**, que estavam afetos ao ativo de uma atividade empresarial ou profissional, para o património particular do mesmo sujeito passivo, deixa de integrar a norma de incidência dos rendimentos empresariais e profissionais, dado que a previsão referente a esse tipo de transferência passa a excecionar os bens imóveis (cfr. nova redação do artigo 3º, nº 2, alínea c) do CIRS).

As referidas alterações de regime fiscal, trazidas pela Lei nº 75-B/2020, de 31 de dezembro, vêm, aliás, no sentido do que já vínhamos preconizando há algum tempo.

Suscitava-nos sérias reservas – que manifestámos em diversos textos, inclusivamente nas edições anteriores do presente *Manual de IRS* –, a incidência tributária consagrada nas categorias G e B do CIRS vigente até 2020, para os "ganhos" apurados, respetivamente, com a transferência de imóveis do património particular para o empresarial, e do património empresarial para o património particular do mesmo sujeito passivo.

A nosso ver, era bastante duvidosa a compatibilidade desse enquadramento fiscal com os princípios da capacidade contributiva e da tributação do rendimento real. Na realidade, nestas situações não se verificava um acréscimo do património do sujeito passivo, demonstrativo de capacidade contributiva, mas sim uma mera transferência de uma esfera patrimonial do sujeito passivo para outra.

Acresce que estávamos perante meras "ficções" de ganhos, calculados com recurso ao valor de mercado do bem imóvel à data da desafetação de uma esfera patrimonial / afetação a outra, sendo que o bem não saía nunca da esfera jurídica do mesmo sujeito passivo. Não estávamos, portanto, perante verdadeiras mais-valias realizadas (no âmbito da categoria G ou, então, no da categoria B quando se tratava de transferência de imóveis do património empresarial para o particular), mas sim perante uma situação que apresentava semelhanças com as mais-valias potenciais ou latentes. Ora, as mais-valias potenciais ou latentes encontram-se (e encontravam-se já, à época) excluídas da incidência do IRS, no contexto da adoção, pelo

CIRS, de uma conceção moderada de "rendimento-acréscimo", atenuada pelo princípio da realização. Suscitámos, deste modo, também a questão da incongruência do regime previsto para os "ganhos" da (des)afetação de bens imóveis entre patrimónios distintos do mesmo sujeito passivo, em relação à conceção de rendimento adotada pelo CIRS.

Pelos referidos motivos, vínhamos sustentando que deveriam eliminar-se as previsões de incidência referentes à afetação e desafetação de bens imóveis entre diferentes esferas patrimoniais do mesmo sujeito passivo – como veio a suceder na sequência das alterações introduzidas no CIRS pela Lei nº 75-B/2020, de 31 de dezembro.

2.4. Delimitação geral face a outras categorias de rendimento

A delimitação geral das mais-valias face a outras categorias de rendimento, distintas da G, é efetuada pelo artigo 10º, nº 1 do CIRS e, também, por normas relativas ao âmbito de incidência dessas outras categorias (como seja, no caso da categoria B, o artigo 3º, nº 2, alínea c) do CIRS).

Tivemos já oportunidade de abordar esta questão, em termos preliminares, a propósito do carácter residual da qualificação de um ganho como mais-valia.

Nos termos do artigo 10º, nº 1 do CIRS, os ganhos aí elencados constituem mais-valias desde que não sejam considerados rendimentos empresariais e profissionais, de capitais ou prediais.

Existe, portanto, uma expressa delimitação negativa, que afasta da categoria G os rendimentos que, embora resultantes de factos ou situações especificamente previstos nas várias alíneas do artigo 10º, nº 1 do CIRS, sejam de considerar, por natureza, rendimentos empresariais e profissionais, de capitais ou prediais. A aludida delimitação negativa denota, assim, uma prevalência das categorias B, E, e F relativamente à categoria G, em termos de atração de rendimentos à categoria[303].

No que diz respeito à categoria B, esta tem um poder de atração sobre as mais-valias apuradas no âmbito de atividades empresariais e profissio-

[303] Cfr. André Salgado de Matos, *Código do Imposto do Rendimento das Pessoas Singulares (IRS) Anotado*, Instituto Superior de Gestão, Lisboa, 1999, p. 164: "A categoria G é, portanto, aquilo a que a doutrina já tem chamado uma categoria não preponderante, uma vez que, ao invés de exercer um efeito de atração sobre rendimentos *prima facie* também subsumíveis noutras categorias, são estas que exercem esse efeito sobre rendimentos *prima facie* integráveis na categoria G".

nais, em virtude do qual as mesmas são consideradas como rendimentos da categoria B, e não da categoria G.

A regra consagrada no artigo 3º, nº 2, alínea c) do CIRS atrai para a categoria B os seguintes ganhos:

- As mais-valias apuradas no âmbito do exercício de atividades geradoras de rendimentos empresariais e profissionais, definidas nos termos do artigo 46º do CIRC (ou seja, os ganhos obtidos mediante transmissões onerosas ou situações assimiladas, respeitantes a ativos fixos tangíveis e ativos intangíveis, entre outros, afetos à atividade empresarial ou profissional);
- As mais-valias resultantes da transferência para o património particular dos empresários de quaisquer bens, com exceção dos bens imóveis, afetos ao ativo da empresa; e
- Outros ganhos ou perdas que decorram das operações previstas no nº 1 do artigo 10º do CIRS (v.g. a alienação onerosa de direitos reais sobre bens imóveis ou de partes sociais e outros valores mobiliários), desde que sejam imputáveis a atividades geradoras de rendimentos empresariais e profissionais.

Por exemplo, é comum a situação de ganhos (ou perdas) derivados da alienação onerosa de bens imóveis afetos ao ativo fixo de uma atividade empresarial ou profissional (v.g. o imóvel utilizado como escritório, consultório ou atelier do profissional liberal, do qual este era proprietário, e que decidiu alienar, eventualmente para mudar a sua atividade para outro local). A mais-valia que seja apurada neste tipo de alienação onerosa integra-se no rendimento da atividade empresarial ou profissional, constituindo um rendimento tributado segundo as regras da categoria B, e não da categoria G.

Outra situação possível é a da alienação de bens móveis afetos ao ativo fixo de uma atividade empresarial ou profissional (v.g. a viatura automóvel ou um qualquer equipamento que o empresário em nome individual ou o profissional liberal utilizavam na sua atividade, dos quais eram proprietários mas que tinham afetado à referida atividade). A mais-valia eventualmente resultante deste tipo de alienação onerosa[304] constitui um rendimento tributado segundo as regras da categoria B.

[304] Note-se, contudo, que, na prática, grande parte das alienações de viaturas automóveis ou de equipamentos em estado de uso tenderão a originar menos-valias.

Importa referir que, caso se tratasse de um ato de gestão patrimonial privada (v.g. a venda de viatura automóvel ou de um qualquer equipamento do património particular do sujeito passivo), o ganho que eventualmente fosse apurado não seria tributável em sede de IRS, dada a alienação deste tipo de bens não se encontrar prevista na definição de incidência da categoria G, relativamente às mais-valias (artigo 10º, nº 1 do CIRS).

A tributação das mais-valias atraídas para a categoria B é realizada segundo o regime aplicável nesta categoria. No caso das mais-valias imobiliárias, uma importante consequência do seu enquadramento na categoria B consiste na tributação pela totalidade do seu valor – e não apenas em 50% desse valor, como sucede relativamente às mais-valias integradas na categoria G, por força do artigo 43º, nº 2, alínea b) do CIRS.

Para além das situações acima referidas, integram também a categoria B os ganhos resultantes da alienação onerosa de bens ou direitos levada a cabo no âmbito de uma atividade empresarial, não fazendo aqueles parte dos ativos fixos afetos a essa atividade (v.g. a venda de viaturas automóveis ou de quadros e outras obras de arte, que constituem a mercadoria transacionada pelo sujeito passivo no âmbito da atividade comercial desenvolvida a título individual). O rendimento apurado com este tipo de vendas constitui um rendimento operacional, derivado do exercício da atividade empresarial, e é tributado no âmbito da categoria B (artigo 3º, nº 1, por exemplo, alínea a) do CIRS).

Também neste caso, se se tratasse de atos de gestão patrimonial privada (v.g. a venda de viatura automóvel do património particular do sujeito passivo ou de um quadro de um pintor famoso, que tem decorado a sala de jantar), os ganhos apurados não seriam tributáveis em sede de IRS, visto que a alienação deste tipo de bens não se encontra prevista na definição de incidência da categoria G, relativamente às mais-valias (artigo 10º, nº 1 do CIRS).

Nem sempre é fácil a distinção entre atos de gestão patrimonial privada (suscetíveis de originar uma mais-valia integrada na categoria G, mas apenas nos casos em que o tipo de alienação em apreço integre a norma de incidência do artigo 10º, nº 1 do CIRS) e alienações de bens ou direitos que correspondem a uma atividade empresarial (geradoras de rendimentos da categoria B). Em todo o caso, há alguns indicadores a ter em conta para se poder concluir pela existência de uma atividade empresarial, como sejam o número de atos desenvolvidos, o enquadramento destes nalgum tipo de estrutura ou a formalização da atividade (v.g. através de uma declaração de início de atividade para efeitos fiscais)[305].

2.5. Momento da obtenção do ganho

Relativamente às mais-valias sujeitas a tributação, é essencial aferir qual o momento em que nasce a obrigação tributária.

Segundo o artigo 10º, nº 3 do CIRS, as mais-valias consideram-se obtidas, de um modo geral, no momento da prática dos atos que dão origem aos ganhos. Se nos reportarmos às situações mais comuns, as mais-valias consideram-se obtidas no momento da alienação onerosa de direitos reais sobre bens imóveis ou da alienação onerosa de valores mobiliários, consoante os casos.

Para além desta regra geral, o artigo 10º, nº 3 do CIRS consagra, ainda, regras específicas para determinadas situações.

Um dos casos previstos diz respeito à existência de contrato promessa de compra e venda ou de troca, situação em que a mais-valia se considera obtida logo que verificada a tradição ou posse dos bens ou direitos objeto do contrato, nos termos do artigo 10º, nº 3, alínea a) do CIRS.

Na realidade, o conceito de transmissão aplicável para efeitos fiscais é bastante mais amplo do que o conceito de transmissão do direito privado, caracterizando-se por uma preponderância dos aspetos económicos e substanciais em detrimento do aspeto da titularidade jurídica dos bens. É em concretização de tal conceito alargado de transmissão de bens para efeitos fiscais que o aludido preceito legal considera obtida a mais-valia desde que se verifique a existência de contrato promessa de compra e venda ou de troca e a entrega física do bem objeto do contrato, mesmo que não tenha ocorrido uma alteração da titularidade jurídica do bem.

305 A este propósito, o Acórdão do TCAN, da 2ª secção – Contencioso Tributário, de 4 de maio de 2017, referente ao Processo 00446/05.8BEPRT, sustenta o seguinte: "O conceito jurídico de atividade comercial ou industrial, para efeitos de IRS, há-de ser determinado pelo conceito económico de atividade comercial ou industrial, que abrange atividades de mediação entre a oferta e a procura e atividades de incorporação de novas utilidade na matéria, em ambos os casos com fins especulativos, ou seja, com o objetivo de obtenção de lucros. Estando em causa a alienação de uma moradia construída em terreno anteriormente adquirido, o que revela é o destino final dado ao imóvel ainda que em determinado momento da atividade construtiva possa ter sido intenção do impugnante manter o imóvel na sua esfera patrimonial. E essa intenção comercial e lucrativa mais sai objetivada se o impugnante revela nos livros de escrita da atividade comercial por si exercida, a totalidade dos custos de construção em que incorreu desde 1991 e os reporta ao ano da alienação do imóvel".

Por outro lado, nos casos de afetação de quaisquer bens (**exceto bens imóveis**) do património particular do sujeito passivo à sua atividade empresarial e profissional, o ganho só se considera obtido no momento da posterior alienação onerosa dos bens em causa ou da ocorrência de outro facto que determine o apuramento de resultados em condições análogas (artigo 10º, nº 3, alínea b) do CIRS)[306].

Verifica-se, neste tipo de situações, uma distinção entre:

1) O momento da verificação da incidência, que corresponde ao da afetação dos bens do património particular do sujeito passivo à sua atividade empresarial e profissional; e
2) O momento da exigibilidade do imposto, que só ocorre com a posterior alienação onerosa do bem ou com facto equivalente.

Nas situações de permuta de bens presentes por bens futuros, a tributação ocorre apenas no momento da celebração do contrato que formaliza a aquisição do bem futuro, ou no momento da sua tradição, se for anterior (artigo 10º, nº 3, alínea c) do CIRS).

No que respeita à cedência onerosa de posição contratual ou de outro direito inerente a contratos relativos a bens imóveis, o ganho considera-se obtido no momento em que ocorra a cedência.

2.6. Não tributação das mais-valias potenciais ou latentes

O CIRS prevê a tributação das mais-valias somente após a sua realização, não sendo tributáveis as mais-valias meramente potenciais ou latentes. Em termos gerais, são sujeitas a tributação apenas as mais-valias realizadas, que originaram para o sujeito passivo um acréscimo do respetivo rendimento.

Uma adoção ilimitada da conceção do "rendimento-acréscimo" admitiria que fossem sujeitas a tributação todas as valorizações patrimoniais ocorridas, quer fossem realizadas quer não. As mais-valias potenciais ou

[306] Importa salientar que, por força das alterações introduzidas ao artigo 10º do CIRS pela Lei nº 75-B/2020, de 31 de dezembro, a afetação de bens imóveis do património particular a uma atividade empresarial e profissional individual do seu proprietário passou a estar excecionada deste regime fiscal. A afetação de bens imóveis deixou de estar abrangida pela norma de incidência do artigo 10º, nº 1 do CIRS e, portanto, deixou igualmente de estar abrangida pela regra de suspensão referente ao momento da obtenção do ganho, prevista no artigo 10º, nº 3, alínea b).

latentes poderiam, assim, se a conceção do "rendimento-acréscimo" fosse levada às últimas consequências, ser tributadas.

Todavia, apesar da adoção da conceção do "rendimento-acréscimo", vigora no CIRS o princípio da realização, nos termos do qual "um ganho só pode ser considerado como existente quando foi obtido através de uma transação já concretizada"[307].

Existem múltiplas razões que desaconselham a tributação das mais-valias potenciais ou latentes. Desde logo, a tributação de mais-valias ainda não realizadas poderia acarretar para o sujeito passivo consideráveis problemas de falta de liquidez para o pagamento do imposto, dado tratar-se da tributação de um ganho meramente potencial, relativamente ao qual o sujeito passivo não recebeu ainda qualquer valor de realização. Embora dependendo da forma de tributação (percentagem de consideração do ganho potencial para efeitos de sujeição a imposto, taxas de imposto definidas para o caso, etc.), poderia chegar-se ao ponto de o sujeito passivo se ver compelido à alienação do bem para conseguir fazer face ao pagamento do imposto relativo à mais-valia potencial ou latente.

Haveria, por outro lado, que definir a periodicidade das prestações tributárias relativas às mais-valias potenciais ou latentes, bem como o momento relevante para se aferir da existência ou não de tal mais-valia potencial ou latente, o que não é isento de dificuldades técnicas. Não são, ainda, de descurar as dificuldades inerentes à avaliação ou determinação das mais-valias não realizadas.

O legislador fiscal optou, assim, por consagrar no CIRS um conceito de "rendimento-acréscimo" mais moderado, que culmina na não tributação em IRS das mais-valias potenciais ou latentes.

É certo que a tributação das mais-valias somente após a sua realização acaba por suscitar outro tipo de dificuldades. Tratando-se de ganhos que (sobretudo no caso das mais-valias imobiliárias) são, frequentemente, de formação contínua ao longo de vários anos, a tributação apenas no ano de realização poderia ser fortemente penalizadora, caso incidisse sobre a totalidade do valor do ganho e fosse realizada mediante a aplicação de taxas progressivas.

[307] In J. L. Saldanha Sanches, *A Quantificação da Obrigação Tributária – Deveres de Cooperação, Autoavaliação e Avaliação Administrativa*, 2ª ed., Lex, Lisboa, 2000, p. 216.

De modo a atenuar este inconveniente, o CIRS determina a tributação das mais-valias imobiliárias realizadas apenas em 50% do seu valor, para os residentes, nos termos da alínea b), do nº 2 do artigo 43º do CIRS. Também as mais-valias mobiliárias beneficiam de uma tributação mais atenuada, em virtude da sujeição a imposto da totalidade do ganho, mas à taxa especial de tributação autónoma de 28% (bastante abaixo do limite máximo das taxas gerais progressivas de IRS), de acordo com o previsto no artigo 72º do CIRS.

3. Mais-valias imobiliárias

3.1. Exclusões de tributação

3.1.1. Regime transitório da categoria G

Aquando da aprovação do CIRS, o legislador fiscal consagrou um regime transitório para as mais-valias, previsto no artigo 5º do Decreto-Lei nº 442-A/88, de 30 de novembro - diploma que aprovou o aludido Código.

O principal motivo justificativo da criação de um regime transitório para esta categoria de rendimentos consistiu no facto de as regras de incidência do Código do Imposto de Mais-Valias[308], então revogado, serem consideravelmente menos abrangentes do que as da categoria G do CIRS. Com efeito, o Código do Imposto de Mais-Valias não tributava grande parte das situações que, nos termos do CIRS, originam mais-valias tributáveis. Refira-se, a título de exceção, a transmissão onerosa de terrenos para construção, que já se encontrava prevista no Código do Imposto de Mais-Valias.

Nos termos do artigo 5º, nº 1 do Decreto-Lei nº 442-A/88, de 30 de novembro - no qual se encontra previsto o regime transitório da categoria G -, os ganhos que não se encontravam sujeitos ao Imposto de Mais--Valias, mesmo que constituam mais-valias tributáveis nos termos do artigo 10º do CIRS, só ficam sujeitos a IRS se a aquisição dos bens ou direitos a que respeitam tiver ocorrido já depois da entrada em vigor do CIRS (ou seja, 1 de janeiro de 1989).

O mesmo regime é previsto para os ganhos derivados da alienação a título oneroso de prédios rústicos afetos ao exercício de uma atividade agrícola ou da afetação destes a uma atividade comercial ou industrial, exercida pelo respetivo proprietário.

[308] Código aprovado pelo Decreto-Lei nº 46373, de 9 de junho de 1965.

O regime transitório da categoria G constitui uma exclusão de incidência, não uma isenção.

Para que se aplique a exclusão de incidência de IRS prevista no regime transitório, o sujeito passivo deve provar que os bens ou direitos em causa foram adquiridos em data anterior a 1 de janeiro de 1989 (artigo 5º, nº 2 do Decreto-Lei nº 442-A/88), sendo ainda necessário que a aquisição em causa legitimasse o titular a dispor validamente do bem ou direito adquirido. Acresce que, no que diz respeito à aquisição do direito de propriedade de bens imóveis mediante contrato de compra e venda, à época, a lei fazia depender a respetiva validade da celebração por escritura pública.

Desta forma, no caso de bens imóveis adquiridos por compra e venda, a aquisição a que se refere o artigo 5º, nº 1 do Decreto-Lei nº 442-A/88 deve ter legitimado o sujeito passivo a dispor validamente do bem adquirido e ter sido celebrada por escritura pública, para que possa ser-lhe aplicável o regime transitório da categoria G[309].

Referindo um dos exemplos mais comuns de aplicação do regime transitório da categoria G, se uma pessoa singular tiver adquirido um apartamento em data anterior a 1 de janeiro de 1989 e o alienar na vigência do CIRS, o ganho decorrente dessa alienação onerosa encontra-se excluído de tributação em sede de IRS, nos termos e condições do regime transitório da categoria G.

Também no caso da alienação onerosa de prédios rústicos afetos ao exercício de uma atividade agrícola, bem como da afetação destes a uma atividade comercial ou industrial exercida pelo proprietário, os ganhos correspondentes só ficam sujeitos a IRS se os prédios rústicos em causa tiverem sido adquiridos posteriormente à entrada em vigor do CIRS, nos termos e condições do regime transitório da categoria G[310].

Em contrapartida, no caso da alienação onerosa de um lote de terreno para construção, o ganho que daí resulte encontra-se sujeito a tributação em sede de IRS, mesmo que o lote de terreno em causa tenha sido adquirido em data anterior a 1 de janeiro de 1989. Isto porque este tipo de operação já se encontrava sujeito a tributação na vigência do Código do Imposto de Mais-Valias e, como tal, o regime transitório da categoria G previsto no artigo 5º do Decreto-Lei nº 442-A/88 não se lhe aplica.

[309] *Vide* Acórdão do TCAS de 24 de setembro de 2015, proferido no Processo 06704/13.

[310] Sobre esta matéria, *vide*, designadamente, o Acórdão do STA de 6 de junho de 2007, proferido no Processo nº 0179/07.

O facto de os ganhos resultantes da alienação onerosa de terrenos para construção se encontrarem excluídos do âmbito de aplicação do regime transitório da categoria G torna importante a sua distinção relativamente a situações de alienação onerosa de outro tipo de terrenos.

O Código do Imposto de Mais-Valias determinava a tributação dos ganhos obtidos com a transmissão onerosa de terrenos para construção, desde que estes tivessem sido adquiridos na vigência daquele diploma (artigo 1º, nº 1 do Código e artigo 2º, § 1 do Decreto-Lei nº 46373). O próprio Código, no artigo 1º, ponto 4º, §2, considerava como terrenos para construção os terrenos situados em zonas urbanizadas ou compreendidos em planos de urbanização já aprovados e os assim declarados no título aquisitivo – definição que, com alguma frequência, gerou dúvidas no caso concreto.

Uma questão que se tem vindo a colocar, relativamente à qualificação do terreno como um terreno para construção, consiste em saber se deve ter-se em conta o momento da aquisição do terreno, o momento da sua alienação ou o da entrada em vigor do CIRS.

Esta questão, que não tem resposta expressa na legislação, tem dividido a jurisprudência. Quanto à doutrina, esta tem-se pronunciado em favor do momento da aquisição do terreno, nuns casos, e do momento da entrada em vigor do CIRS, noutros, tendo em conta argumentos de proteção da segurança jurídica e das legítimas expectativas dos sujeitos passivos[311].

Questão idêntica se coloca relativamente à qualificação de um prédio como rústico, para efeitos da aplicação ou não do regime transitório da categoria G, em especial quando o prédio em causa já tem a natureza de prédio urbano à data da respetiva transmissão onerosa. Nestes casos, consideramos que devem ter-se em conta o momento da aquisição do terreno e também o da entrada em vigor do CIRS. Desta forma, entendemos que

[311] João Taborda da Gama entende que, no regime transitório, o legislador "optou por conceder uma relevância preferente ao momento constitutivo da situação jurídica cuja extinção gera o ganho sujeito a mais-valias". Por este motivo, considera o autor que "a solução mais lógica – atento o objetivo de salvaguarda das expectativas do regime transitório do CIRS para a Categoria G – é a de considerar relevante a data da aquisição do terreno para a determinação da lei aplicável – ou seja, a data da aquisição determina a aplicabilidade do Código do Imposto de Mais-Valias à situação em causa (mas não congela a qualidade que o terreno tinha nessa data)". In João Taborda da Gama, «Terrenos para construção e regime transitório das mais-valias imobiliárias em IRS», *Fiscalidade*, nº 30, abril-junho 2007, p. 94.

o regime transitório da categoria G deve excluir de tributação, em sede de IRS, as mais-valias apuradas com a transmissão onerosa de prédio que, no momento em que foi adquirido (antes da entrada em vigor do Código do IRS), era um prédio rústico e que, à data da entrada em vigor do referido código, mantinha essa natureza[312].

3.1.2. Regime do reinvestimento do valor de realização

3.1.2.1. Linhas gerais do regime do reinvestimento em imóveis

O regime de reinvestimento prevê a possibilidade de excluir de tributação as mais-valias decorrentes da transmissão onerosa de um bem imóvel afeto a habitação própria e permanente, mediante o reinvestimento do valor de realização do imóvel transmitido[313], efetuado dentro dos prazos e condições previstos no artigo 10º, nºs 5, 6 e 9 do CIRS.

Vejamos o regime com maior detalhe.

Os ganhos provenientes da transmissão onerosa de imóveis destinados a habitação própria e permanente do sujeito passivo ou do seu agregado familiar são excluídos de tributação, desde que sejam preenchidas as seguintes condições cumulativas (artigo 10º, nº 5, alíneas a), b) e c) do CIRS):

a) O valor de realização, deduzido da amortização de eventual empréstimo contraído para a aquisição do imóvel, seja reinvestido na aquisição da propriedade de outro imóvel, de terreno para construção de imóvel e/ou respetiva construção, ou na ampliação ou melhoramento de outro imóvel exclusivamente com o mesmo fim (ou seja, habitação própria e permanente do sujeito passivo ou do seu agre-

[312] Neste mesmo sentido, *vide*, entre outros, o Acórdão do STA de 2 de junho de 2010, proferido no Processo 0998/09, e o Acórdão do TCAS de 26 de junho de 2014, proferido no Processo 06248/12. Em ambos se sustenta o seguinte: "À luz do disposto no artigo 5º do Dec. Lei nº 442-A/88, de 30 de novembro, não são tributados em sede de IRS os ganhos obtidos com a transmissão onerosa de prédio urbano adquirido como rústico antes da entrada em vigor do Código do IRS e que ainda conservava essa natureza no momento da entrada em vigor deste Código, pese embora tenha adquirido, posteriormente, a natureza de urbano (terreno para construção) e sido alienado como tal".

[313] O valor a reinvestir, para efeito de exclusão da tributação da mais-valia, é, efetivamente, o valor de realização do imóvel transmitido, e não o valor da mais-valia apurada com a transmissão do mesmo. Embora isto resulte claramente da redação do artigo 10º, nº 5, alínea a) do CIRS, trata-se de um equívoco algo frequente por parte dos sujeitos passivos menos familiarizados com o regime.

gado familiar)[314], situado em território português ou no território de outro Estado membro da UE ou do EEE, desde que, neste último caso, exista intercâmbio de informações em matéria fiscal;

b) O reinvestimento seja efetuado entre os 24 meses anteriores ("reinvestimento prévio") e os 36 meses posteriores contados da data da realização;

c) O sujeito passivo manifeste a intenção de proceder ao reinvestimento, ainda que parcialmente, indicando o respetivo montante na declaração de rendimentos respeitante ao ano da alienação.

O regime de reinvestimento implica, portanto, o cumprimento de certas obrigações declarativas. Caso o sujeito passivo alienante do imóvel pretenda beneficiar da exclusão de tributação da correspondente mais-valia nos termos do regime de reinvestimento, deve, como vimos, mencionar, na declaração de rendimentos modelo 3 de IRS respeitante ao ano da alienação, a intenção de efetuar o reinvestimento do valor de realização, ainda que parcial (artigo 10º, nº 5, alínea c) e artigo 57º, nº 4, alínea a), ambos do CIRS). O sujeito passivo deve, ainda, indicar, na declaração de IRS do ano da alienação e nas declarações dos dois anos seguintes, os reinvestimentos efetuados.

O propósito do regime de reinvestimento consiste em eliminar os obstáculos, relacionados com a tributação do rendimento, à mudança de habitação por parte dos indivíduos e famílias que disponham de casa própria[315].

[314] Todavia, em conformidade com o disposto no artigo 11º da Lei nº 82-E/2014, de 31 de dezembro (Lei da Reforma do IRS), a exclusão de tributação prevista no artigo 10º, nº 5 do CIRS pode ser aplicada também aos casos em que o valor de realização seja, total ou parcialmente, aplicado apenas na amortização de eventual empréstimo contraído para a aquisição do imóvel alienado, ou seja, em que não exista reinvestimento, pois não ocorreu aquisição de nova habitação. O regime em causa visa não sobrecarregar com o pagamento de imposto os indivíduos que, encontrando-se em situação de estrangulamento financeiro, se vejam obrigados a alienar a sua habitação própria e permanente para solver os compromissos financeiros associados aos empréstimos contraídos para a aquisição da mesma, utilizando o valor de realização para tal efeito. Exclui-se a aplicação do regime em apreço quando, à data da alienação, o sujeito passivo for proprietário de outro imóvel habitacional. Este regime aplica-se somente às alienações de imóveis levadas a cabo nos anos de 2015 a 2020 e, de modo a evitar abusos, apenas aos casos em que os contratos de empréstimo tenham sido celebrados até 31 de dezembro de 2014.

[315] Para Rui Duarte Morais, o referido objetivo é, todavia, "muito limitado". O autor refere o seguinte: "Julgamos que esta proteção deveria ser à *aquisição* de habitação própria e

Refira-se que, no caso de mais-valias que estejam excluídas de tributação nos termos do regime transitório da categoria G – previsto no artigo 5º do Decreto-Lei nº 442-A/88, de 30 de novembro, que aprovou o CIRS –, o reinvestimento, mesmo que seja efetuado pelo sujeito passivo, não assume qualquer relevância. Deste modo, o regime de reinvestimento é relevante apenas aquando da alienação de bens imóveis que tenham sido adquiridos já após a entrada em vigor do CIRS e, portanto, não beneficiem do regime transitório da categoria G.

Relativamente à natureza da norma do nº 5 do artigo 10º do CIRS – que constitui a base do regime de reinvestimento –, esta é a de uma norma de delimitação negativa de incidência (apesar de o artigo 10º do CIRS, no qual se insere, ser uma norma de incidência).

O nº 5 do artigo 10º do CIRS é, normalmente, referido como sendo uma norma de exclusão de incidência tributária. Sem nos afastarmos dessa designação geral, até por questões de comodidade de referência, não podemos deixar de precisar que, em rigor, nos casos de reinvestimento posterior, se está perante uma suspensão de tributação aplicável mediante a simples manifestação, na declaração de rendimentos referente ao ano de realização, da intenção de proceder ao reinvestimento (artigo 57º, nº4, alínea a) do CIRS).

Com efeito, sempre que o sujeito passivo manifeste a intenção de reinvestir o valor de realização na totalidade, dentro dos 36 meses posteriores à data da realização, a liquidação de IRS referente ao período tributário da alienação será efetuada como se o sujeito passivo não tivesse obtido qualquer mais-valia. Trata-se, portanto, de uma suspensão de tributação aplicável mediante a simples manifestação, na declaração de rendimentos referente ao ano de realização, da intenção de proceder ao reinvestimento. Se, todavia, vier a verificar-se que o sujeito passivo, afinal, não efetuou o reinvestimento ou que o fez apenas parcialmente, será sujeito a uma liquidação adicional de IRS, pelo imposto correspondente à totalidade ou a parte do valor da mais-valia (consoante não tenha feito qualquer reinvestimento ou tenha feito um reinvestimento parcial).

permanente, o que implicaria que não ficassem sujeitas a imposto as mais-valias obtidas na alienação de *quaisquer* imóveis desde que o respetivo produto fosse utilizado na aquisição de um prédio com tal finalidade (eventualmente, quando este não excedesse determinado valor)". In Rui Duarte Morais, *Sobre o IRS*, cit., p. 137.

A efetiva exclusão tributária apenas se verifica se e quando ocorrer o reinvestimento, efetuado nos termos e dentro dos prazos estabelecidos legalmente.

3.1.2.2. Evolução do regime do reinvestimento em imóveis

Até alcançar os seus contornos atuais, o regime do reinvestimento em imóveis foi sendo sujeito a sucessivas alterações – a maioria das quais resultou num alargamento do seu âmbito de aplicação. Referimo-nos, seguidamente, a alguns dos passos mais relevantes para a construção do regime atualmente em vigor.

A redação originária do artigo 10º, nº 5 do CIRS previa apenas a exclusão de tributação mediante reinvestimento a efetuar no prazo de 24 meses (ou seja, previa-se somente o "reinvestimento posterior"). Os objetos de reinvestimento originariamente previstos eram apenas a aquisição de outro imóvel ou de terreno para construção deste, ou a construção de imóvel, qualquer deles a afetar à habitação própria do sujeito passivo ou do seu agregado familiar.

Foi posteriormente, com a redação introduzida pelo Decreto-Lei nº 206/90, de 26 de junho, que o âmbito dos objetos de reinvestimento admitidos foi alargado, passando a incluir também o reinvestimento na ampliação ou melhoramento de outro imóvel, destinado à habitação do sujeito passivo ou do seu agregado familiar.

Quanto à possibilidade de "reinvestimento prévio", esta foi consagrada apenas anos mais tarde, com a Lei nº 10-B/96, de 23 de março. Passou, então, a admitir-se a exclusão da tributação mediante o reinvestimento efetuado dentro dos 12 meses anteriores à data da realização.

A redação atual do artigo 10º, nº 5, alínea b) do CIRS é clara relativamente à admissibilidade do "reinvestimento prévio" para todas as alternativas legalmente previstas de reinvestimento (ou seja, a aquisição da propriedade de outro imóvel, de terreno para construção de imóvel e/ou respetiva construção, ou ampliação ou melhoramento de outro imóvel, em qualquer dos casos, para habitação própria e permanente do sujeito passivo ou do seu agregado familiar). Isto, contrariamente à redação introduzida pelo Lei nº 10-B/96, de 23 de março, que, ao prever a exclusão de tributação mediante "reinvestimento prévio" para as situações da "*aquisição* a que se refere a alínea anterior", parecia implicar a inadmissibilidade do "reinvestimento prévio" realizado mediante a construção, ampliação ou melhoramento de outro imóvel, mesmo que exclusivamente com o mesmo destino (de habitação).

Por seu turno, a limitação do âmbito de aplicação do regime de reinvestimento aos imóveis para habitação permanente do sujeito passivo ou do agregado familiar (excluindo a sua aplicação a habitação esporádica, por exemplo, a habitações de férias) foi expressamente prevista na Lei nº 30-G/2000, de 29 de dezembro. A exclusão de tributação da mais-valia passou, portanto, a ser aplicável apenas nos casos em que tanto o imóvel transmitido como o adquirido são imóveis para habitação própria *e permanente* do sujeito passivo ou do agregado familiar. Caso algum dos imóveis em causa tenha outro destino, não se verificam todas as condições necessárias à aplicação do regime de reinvestimento e, consequentemente, a mais-valia obtida na venda do imóvel antigo é tributável.

Outro campo de evolução do regime de reinvestimento prendeu-se com as exigências relativas à localização da propriedade a adquirir (imóvel ou terreno para construção) ou à localização onde se procede à construção, ampliação ou melhoramento de imóvel para habitação.

Para que o regime de reinvestimento operasse, permitindo a exclusão de tributação da mais-valia obtida com a alienação do imóvel de habitação, exigia-se, até 2007, que o imóvel, terreno ou obras que concretizavam o reinvestimento fossem localizados em território português.

Contudo, na sequência do Acórdão do Tribunal de Justiça de 26 de outubro de 2006, relativo ao Processo C-345/05 (Comissão das Comunidades Europeias contra República Portuguesa)[316], a lei portuguesa teve que ser adaptada às exigências da livre circulação de trabalhadores e da liberdade de estabelecimento no espaço europeu, passando a permitir o reinvestimento em imóvel situado no território de outro Estado membro da UE ou do EEE[317], neste último caso desde que exista intercâmbio de informações em matéria fiscal[318].

[316] Este Processo teve por objeto uma ação por incumprimento, nos termos do então artigo 226º CE, entrada em 21 de setembro de 2005.

[317] Quanto ao EEE, os Estados em causa são a Islândia, o Liechtenstein e a Noruega.

[318] Conforme afirmava o Acórdão do Tribunal de Justiça referente ao Processo C-345/05, "não cumpre as obrigações que lhe incumbem por força dos artigos 18º CE, 39º CE e 43º CE e 28º e 31º do Acordo sobre o Espaço Económico Europeu (EEE), um Estado membro que mantém em vigor disposições fiscais que subordinam o benefício da exclusão da tributação das mais-valias resultantes da alienação onerosa de imóveis destinados a habitação própria e

Com efeito, a obrigatoriedade de realização do reinvestimento em território português, como condição para a exclusão de tributação da mais-valia apurada com a alienação do imóvel de habitação, constituía um entrave ao exercício de diversas liberdades europeias fundamentais – a liberdade de circulação de trabalhadores, a liberdade de estabelecimento e, eventualmente, a liberdade de circulação de capitais[319]. O nº 5 do artigo 10º do CIRS culminava, à época, na aplicação de um regime fiscal mais desvantajoso para o indivíduo que reinvestisse em habitação noutro Estado membro da UE ou do EEE, em comparação com o regime aplicável ao indivíduo que permanecesse em território português. Tal situação constituía um entrave, de natureza fiscal, ao exercício das liberdades de circulação a nível europeu, uma vez que desincentivava o abandono do território português e a ida para outro Estado membro[320].

permanente do sujeito passivo ou dos membros do seu agregado familiar à condição de que os ganhos obtidos sejam reinvestidos na aquisição de imóveis situados no território nacional".

319 A eventual violação da liberdade de circulação de capitais não foi analisada pelo Acórdão do Tribunal de Justiça referente ao Processo C-345/05. O Tribunal alegou que tal análise era desnecessária, uma vez que o Acórdão já tinha concluído pela inadmissibilidade do regime previsto no artigo 10º, nº 5 do CIRS em virtude de violação das liberdades de circulação de trabalhadores e de estabelecimento.

320 Nas palavras do Acórdão do Tribunal de Justiça – Processo C-345/05, "embora o artigo 10º, nº 5, do CIRS não impeça um sujeito passivo de IRS em Portugal de trabalhar noutro Estado membro ou, de uma forma geral, de exercer o seu direito de estabelecimento, esta disposição é apesar de tudo suscetível de restringir o exercício desses direitos, tendo, pelo menos, um efeito dissuasivo relativamente aos sujeitos passivos que desejem vender os seus imóveis para se instalarem num Estado membro que não a República Portuguesa. Com efeito, é manifesto que o sujeito passivo que decida proceder à venda do imóvel de que dispõe para sua habitação em Portugal tendo em vista transferir o seu domicílio para o território de outro Estado membro e a aí adquirir um novo imóvel afeto à sua habitação, no âmbito do exercício dos direitos que são conferidos pelos artigos 39º CE e 43º CE, está submetido a um regime fiscal desvantajoso relativamente ao que se aplica a uma pessoa que mantém a sua residência em Portugal. Esta diferença de tratamento relativamente à tributação das mais-valias, que é suscetível de ter repercussões sobre o património do sujeito passivo que pretenda transferir o seu domicílio para fora de Portugal, pode, em consequência, dissuadi-lo de proceder a essa transferência. Daqui decorre que, ao subordinarem o benefício da exclusão da tributação das mais-valias decorrentes da alienação onerosa de imóveis destinados a habitação própria e permanente do sujeito passivo ou dos membros do seu agregado familiar à condição de os ganhos obtidos serem reinvestidos na aquisição de bens imóveis situados em território português, as disposições do CIRS e, em particular, do seu artigo 10º, nº 5, são suscetíveis de constituir entraves à livre circulação de trabalhadores e à liberdade de estabelecimento, tal como garantidas nos artigos 39º CE e 43º CE".

Consequentemente, o Decreto-Lei nº 361/2007, de 2 de novembro, alterou o disposto no artigo 10º, nº 5 do CIRS, no sentido de passar a admitir-se a exclusão de tributação da mais-valia mediante o reinvestimento em imóvel, terreno ou obras de construção, ampliação ou melhoramento de imóvel, qualquer deles situado no território de outro Estado membro da UE ou do EEE, neste último caso desde que exista intercâmbio de informações em matéria fiscal.

Nas situações de reinvestimento efetuado no território de outro Estado membro da UE ou do EEE, a comprovação da afetação do imóvel à habitação própria e permanente é feita através de declaração emitida por entidade oficial do outro Estado (artigo 57º, nº 4, alínea b) do CIRS).

3.1.2.3. Tipos de reinvestimento em imóveis e suas particularidades

Começamos por distinguir e sistematizar dois tipos de reinvestimento em imóveis, em função do objeto no qual este se concretiza: (i) reinvestimento mediante aquisição de outro imóvel para habitação; e (ii) reinvestimento mediante aquisição de terreno para construção de imóvel e/ou respetiva construção, ou ampliação ou melhoramento de imóvel.

Cada um destes tipos de reinvestimento, previstos no artigo 10º, nº 5, alínea a) do CIRS, apresenta algumas particularidades, em especial ao nível dos prazos.

Reinvestimento mediante aquisição de outro imóvel para habitação

A exclusão de tributação da mais-valia depende do preenchimento das seguintes condições:

- O reinvestimento deve ser efetuado entre os 24 meses anteriores e os 36 meses posteriores à data da realização;
- O imóvel adquirido deve ser afetado à habitação própria e permanente do sujeito passivo ou do seu agregado familiar no prazo de 12 meses após o reinvestimento[321].

[321] Se este prazo não for cumprido, o benefício da exclusão de tributação da mais-valia não se aplica, nos termos do artigo 10º, nº 6, alínea a) do CIRS. O prazo em questão era de 6 meses após o termo do prazo para a realização do reinvestimento, tendo sido alterado pela Lei nº 82-E/2014, de 31 de dezembro (Lei da Reforma do IRS).

Reinvestimento mediante aquisição de terreno para construção de imóvel e/ou respetiva construção, ou ampliação ou melhoramento de imóvel

No âmbito destas alternativas de reinvestimento, a exclusão de tributação da mais-valia depende do preenchimento das seguintes condições:

- O reinvestimento deve ser efetuado entre os 24 meses anteriores e os 36 meses posteriores à data da realização;
- O sujeito passivo deve requerer a inscrição na matriz predial do imóvel ou das alterações até decorridos 48 meses após a data da realização[322];
- Deve afetar o imóvel à sua habitação própria e permanente, ou do seu agregado familiar, até ao fim do quinto ano seguinte ao da realização[323/324].

Por outro lado, relativamente à abrangência do regime em análise, temos de considerar a existência de reinvestimento total e de reinvestimento parcial. O reinvestimento efetuado pelo sujeito passivo pode ser da totalidade ou apenas de parte do valor de realização do imóvel transmitido.

Nos termos do artigo 10º, nº 9 do CIRS, a exclusão de tributação do ganho obtido com a transmissão de um imóvel afeto à habitação própria e permanente do sujeito passivo ou do agregado familiar será proporcional ao reinvestimento que for efetuado. Ou seja, no caso de reinvestimento parcial do valor de realização, a exclusão de tributação é limitada à parte da mais-valia proporcionalmente correspondente ao valor de realização objeto de reinvestimento.

Deste modo, se houver reinvestimento da totalidade do valor de realização[325], com cumprimento das condições e prazos previstos no artigo 10º,

[322] Se este prazo não for cumprido, o benefício da exclusão de tributação da mais-valia não se aplica, nos termos do artigo 10º, nº 6, alínea b) do CIRS. O prazo em questão era de 24 meses sobre a data do início das obras, tendo sido alterado pela Lei nº 82-E/2014, de 31 de dezembro (Lei da Reforma do IRS).

[323] Tal como no caso anterior, se este prazo não for cumprido, o benefício da exclusão de tributação da mais-valia não se aplica, nos termos do artigo 10º, nº 6, alínea b) do CIRS.

[324] Note-se que, na sequência da reforma do IRS, estes casos de reinvestimento deixaram de estar sujeitos, como condição para a exclusão de tributação da mais-valia, ao cumprimento de um prazo relativo ao início da construção ou das obras a realizar. Este prazo, atualmente revogado, era de 6 meses após o termo do prazo em que o reinvestimento devesse ser efetuado.

[325] Deduzido da amortização de um eventual empréstimo que tenha sido contraído para a aquisição do imóvel agora alienado, e que se encontrasse ainda em dívida.

nºs 5 e 6 do CIRS, a mais-valia apurada não será objeto de tributação em sede de IRS. Em contrapartida, se o sujeito passivo apenas reinvestir, por exemplo, metade do valor de realização do imóvel transmitido (reinvestimento parcial), apenas metade da mais-valia apurada com a transmissão desse mesmo imóvel fica excluída de tributação.

Os cálculos relativos à existência de reinvestimento total ou parcial deverão ter em conta os empréstimos a que o sujeito passivo tenha, eventualmente, recorrido, para a aquisição dos imóveis destinados a habitação própria e permanente:

- No caso de empréstimo que tenha sido contraído para a aquisição do imóvel antigo, deve ter-se em conta que é deduzida ao valor de realização do imóvel, para efeitos de reinvestimento, a amortização do valor desse empréstimo que ainda esteja em dívida à data da venda. O valor a reinvestir corresponde, portanto, ao valor de realização líquido da amortização do empréstimo, nos termos do artigo 10º, nº 5, alínea a) do CIRS.
- No caso de empréstimo contraído para a aquisição da nova habitação, cabe notar que, apesar de esta questão não estar expressamente prevista no artigo 10º do CIRS, é entendimento comum que a parte do valor de aquisição da nova habitação que seja custeada através de empréstimo não consubstancia reinvestimento. O valor suscetível de reinvestimento corresponde à diferença entre o valor de aquisição da habitação nova e o valor do empréstimo obtido para tal aquisição.
- Todavia, nas situações de reinvestimento prévio, considera-se ainda como reinvestimento o pagamento, com recurso ao valor de realização do imóvel vendido, do valor total ou parcial do empréstimo que tinha sido contraído para a aquisição da nova habitação. Para tal efeito, o valor de realização do imóvel antigo (eventualmente deduzido da amortização do valor de empréstimo relativo a este imóvel, caso ainda exista dívida) deve ser imediatamente canalizado para pagamento do empréstimo que tinha sido contraído para a aquisição da habitação nova. Nestes casos de reinvestimento prévio, como a aquisição da nova habitação antecede a venda da antiga, é bastante comum que haja recurso ao crédito para a nova aquisição. Assim, havendo lugar à venda da habitação antiga, o reinvestimento faz-se

mediante amortização (total ou parcial) do empréstimo que tinha sido contraído para a compra da habitação nova.

De forma a tornar mais claro o impacto da existência dos empréstimos no regime do reinvestimento, incluímos um exemplo.

Em 2017, João vendeu, por € 200.000, o apartamento onde mantinha a sua habitação própria e permanente. Este apartamento tinha sido adquirido com recurso a um empréstimo bancário, sendo que, à data da venda, ainda se encontravam em dívida € 50.000. Nesse mesmo ano, João adquiriu uma moradia, também para habitação própria e permanente, por € 330.000. Para efetuar esta aquisição, recorreu a outro empréstimo bancário, no valor de € 180.000.

Assim:

Valor de realização do apartamento: € 200.000

Valor do empréstimo relativo ao apartamento ainda em dívida: € 50.000

Valor de aquisição da nova habitação: € 330.000

Valor do empréstimo para a nova habitação: € 180.000

Para beneficiar de uma exclusão total de tributação da mais-valia apurada com a alienação do apartamento antigo, João tem que reinvestir, na compra da nova habitação, o valor de realização do apartamento, deduzido do valor do empréstimo referente ao mesmo que ainda se encontrava em dívida à data da venda.

Portanto, João tem que reinvestir, na compra da nova habitação, € 150.000 (€ 200.000 - € 50.000).

Na compra da nova aquisição, tendo em conta o empréstimo contraído para tal efeito, o valor que pode ser considerado como reinvestimento é de € 150.000 (€ 330.000 - € 180.000).

Deste modo, tratou-se de uma situação de reinvestimento total. João reinvestiu € 150.000 na compra da nova habitação, ou seja, a totalidade do valor que tinha que reinvestir para beneficiar de exclusão total de tributação da mais-valia apurada com a venda do apartamento.

Caso o empréstimo obtido por João para a aquisição da nova habitação fosse de € 220.000 (em vez de € 180.000), ser-lhe-ia possível fazer apenas um reinvestimento parcial. João poderia reinvestir apenas € 110.000 (dos € 150.000 que deveria reinvestir, para efetuar um reinvestimento total). Isto implicaria a tributação de parte da mais-valia obtida com a venda do apartamento, na proporção do valor de realização não reinvestido.

3.1.2.4. Novo regime do reinvestimento em seguros ou fundos de pensões

A Lei nº 71/2018, de 31 de dezembro (Lei do Orçamento do Estado para 2019) introduziu uma nova possibilidade de reinvestimento, para efeitos de exclusão de tributação dos ganhos provenientes da transmissão onerosa de imóveis destinados a habitação própria e permanente do sujeito passivo ou do seu agregado familiar.

A nova forma de reinvestimento, consagrada nos nºs 7 e 8 do artigo 10º do CIRS, prevê que este possa ser efetuado mediante a aquisição de um ou mais dos seguintes produtos: contratos de seguro financeiro do ramo vida, adesão individual a um fundo de pensões aberto, ou contribuição para o regime público de capitalização[326].

O reinvestimento em seguros, fundos de pensões ou regime público de capitalização pode operar em alternativa ao reinvestimento em imóveis, previsto no artigo 10º, nº 5, alínea a) do CIRS, ou em complemento deste.

Esta nova forma de reinvestimento veio contribuir, mesmo que modestamente, para a resposta a algumas questões sociais prementes, relacionadas com o aumento da esperança média de vida e com as necessidades específicas da população mais idosa. Com efeito, nesta fase da vida, o sujeito passivo pode alienar o imóvel onde mantinha a sua habitação própria e permanente ou do seu agregado familiar, sem que pretenda reinvestir noutro imóvel. Pode, por exemplo, optar por outras formas de assegurar a sua habitação, como o recurso a lares ou a habitação com familiares. Ora, na ausência de reinvestimento noutro imóvel, a tributação da mais-valia apurada com a alienação do imóvel onde mantinha a sua habitação própria e permanente pode privar esse sujeito passivo de meios financeiros importantes para assegurar a sua subsistência futura, incluindo no que diz respeito à habitação.

Prevê-se, assim, que os contribuintes reformados ou com pelo menos 65 anos de idade (eles ou o respetivo cônjuge ou unido de facto) mantenham a possibilidade de beneficiar de exclusão de tributação da mais-valia apurada com a alienação da sua habitação própria e permanente, mesmo quando, nos seus planos de vida, não faça sentido o reinvestimento em novo imóvel.

[326] O regime em apreço foi objeto de várias alterações com natureza interpretativa, introduzidas pela Lei nº 75-B/2020, de 31 de dezembro (Lei do Orçamento do Estado para 2021).

A forma alternativa de reinvestimento prevista neste novo regime, que entrou em vigor em 2019, consiste na possibilidade de o reinvestimento ser efetuado num seguro financeiro do ramo vida ou num fundo de pensões com determinadas características, ou em contribuição para o regime público de capitalização. Estes foram os instrumentos escolhidos pelo legislador como adequados para a realização do reinvestimento pelo sujeito passivo, assumindo-se a sua importância, no futuro, como forma de lhe proporcionar meios financeiros essenciais à salvaguarda do seu direito à habitação, entre outros.

Assim, nos termos deste novo regime, os ganhos provenientes da transmissão onerosa de imóveis destinados a habitação própria e permanente do sujeito passivo ou do seu agregado familiar são excluídos de tributação, desde que sejam preenchidas as seguintes condições cumulativas (artigo 10º, nº 7, alíneas a), b), c) e d) do CIRS):

a) O valor de realização, deduzido da amortização de eventual empréstimo contraído para a aquisição do imóvel e, se aplicável, do reinvestimento previsto na alínea a) do nº 5 do artigo 10º, seja utilizado para a aquisição de um ou mais dos produtos previstos (contrato de seguro financeiro do ramo vida, adesão individual a um fundo de pensões aberto ou contribuição para o regime público de capitalização);

b) O sujeito passivo ou o respetivo cônjuge ou unido de facto, na data da transmissão do imóvel, se encontre, comprovadamente, em situação de reforma ou tenha, pelo menos, 65 anos de idade;

c) A aquisição do contrato de seguro financeiro do ramo vida, a adesão individual a um fundo de pensões aberto ou a contribuição para o regime público de capitalização seja efetuada nos seis meses posteriores contados da data de realização;

d) Sendo o investimento realizado por aquisição de contrato de seguro financeiro do ramo vida ou da adesão individual a um fundo de pensões aberto, estes visem, exclusivamente, proporcionar ao adquirente ou ao respetivo cônjuge ou unido de facto uma prestação regular periódica durante um período igual ou superior a 10 anos[327], de montante máximo anual igual a 7,5% do valor investido.

[327] A exigência de o recebimento da prestação regular periódica ocorrer durante um período igual ou superior a 10 anos foi introduzida pela Lei nº 75-B/2020, de 31 de dezembro (Lei

De modo a beneficiar do regime, o sujeito passivo tem que manifestar a intenção de proceder ao reinvestimento, ainda que parcial, mencionando o respetivo montante na declaração de rendimentos respeitante ao ano da alienação.

Nos termos do artigo 10º, nº 8 do CIRS, não há lugar ao benefício de exclusão de tributação da mais-valia em apreço se: o reinvestimento não for efetuado nos seis meses posteriores à data da realização; ou se, em qualquer ano, o valor das prestações recebidas ultrapassar o limite máximo anual de 7,5% do valor investido; ou, ainda, se for interrompido o pagamento regular das prestações. Nestas circunstâncias, a mais-valia é objeto de tributação no ano em que se conclua o prazo para reinvestimento, ou em que seja ultrapassado o referido limite, ou no ano em que seja interrompido o pagamento regular das prestações, respetivamente.

Também este regime de reinvestimento permite o reinvestimento parcial do valor de realização, nos termos previstos no artigo 10º, nº 9 do CIRS. Neste caso, a exclusão de tributação da mais-valia apurada com a transmissão onerosa do imóvel aplica-se apenas à parte proporcional da mais-valia correspondente ao valor reinvestido.

3.2. Determinação do valor da mais-valia imobiliária tributável

3.2.1. Cálculo da mais-valia imobiliária

O ganho sujeito a IRS a título de mais-valias corresponde ao saldo apurado entre as mais-valias e as menos-valias realizadas no mesmo ano (artigo 43º, nº 1 do CIRS).

A mais-valia imobiliária resulta da diferença positiva entre o valor obtido com a transmissão do imóvel (valor de realização) e o valor pago aquando da aquisição do mesmo (valor de aquisição), conforme previsto no artigo 10º, nº 4, alínea a) do CIRS. Se a diferença entre o valor de realização e o valor de aquisição for negativa, estaremos perante uma menos-valia. A regra em causa é aplicável às situações de alienação onerosa de direitos reais sobre bens imóveis.

Por seu turno, nas situações de cessão onerosa de posições contratuais ou outros direitos inerentes a contratos relativos a bens imóveis, o ganho

do Orçamento do Estado para 2021) e não corresponde a uma alteração com natureza interpretativa. Assim, é aplicável apenas a partir da entrada em vigor da referida lei. Cfr. artigo 365º da Lei nº 75-B/2020.

é constituído pela importância recebida pelo cedente, deduzida do valor por que eventualmente tenha obtido os direitos e bens objeto de cessão, nos termos do artigo 10º, nº 4, alínea b) do CIRS.

Importa destacar que o saldo entre mais-valias e menos-valias realizadas no mesmo ano, por residentes, respeitantes às situações acima aludidas, quer seja positivo quer negativo, é apenas considerado em 50% do seu valor (artigo 43º, nº 2, alínea b) do CIRS)[328].

Consistindo a mais-valia e a menos-valia numa diferença – positiva ou negativa, respetivamente – entre o valor de realização e o valor de aquisição, importa precisar o alcance destas noções.

Considera-se **valor de realização**, nos termos do artigo 44º, nº 1 do CIRS:

- Regra geral, o valor da contraprestação;
- Na troca, o valor atribuído no contrato aos bens ou direitos recebidos, ou o valor de mercado (quando aquele não exista ou este for superior), acrescidos ou diminuídos da importância em dinheiro a receber ou a pagar;
- Na expropriação, o valor da indemnização;
- Na afetação de quaisquer bens (com exceção de bens imóveis[329]) do património particular do titular de rendimentos da categoria B a atividade empresarial e profissional, o valor de mercado à data da afetação.

Importa salientar que nas situações referidas, estando em causa direitos reais sobre bens imóveis, prevalecerão sempre, quando superiores, os valores considerados para efeitos de IMT ou, não havendo lugar a liquidação deste imposto, os que devessem ser considerados, caso fosse devida (artigo 44º, nº 2 do CIRS).

[328] Correspondente ao artigo 43º, nº 2, na redação do CIRS anterior à Lei nº 71/2018, de 31 de dezembro (Lei do Orçamento do Estado para 2019). Esta Lei desdobrou o nº 2 do artigo 43º do CIRS em duas alíneas. A alínea a), então introduzida, prevê a tributação pela totalidade do valor da mais-valia, no caso de mais-valias imobiliárias relativas a imóveis que tenham beneficiado de apoio não reembolsável concedido pelo Estado ou outras entidades públicas, em determinadas circunstâncias, e designadamente quando os imóveis sejam vendidos antes de decorridos 10 anos sobre a data da sua aquisição.

[329] Já não se trata, portanto, de uma mais-valia imobiliária.

Deste modo, se o valor patrimonial tributário do imóvel alienado for superior ao valor constante do ato ou do contrato referente a esse mesmo imóvel[330], prevalecerá o valor patrimonial tributário.

Contudo, esta prevalência pode ser afastada mediante prova, efetuada pelo sujeito passivo, de que o valor de realização foi efetivamente inferior ao valor relevante para efeitos de IMT / valor patrimonial tributário do imóvel (artigo 44º, nºs 5 e 6 do CIRS). A aludida prova deve ser efetuada de acordo com o procedimento previsto no artigo 139º do CIRC, com as necessárias adaptações[331].

A atribuição ao sujeito passivo desta possibilidade de prova – ou, por outras palavras, o carácter ilidível da presunção consagrada no artigo 44º, nº 2 do CIRS – foi introduzida, no que respeita à categoria G, pela Lei nº 82-E/2014, de 31 de dezembro (Lei da Reforma do IRS). Com efeito, até então, não se previa a possibilidade de afastar a prevalência do valor patrimonial tributário do imóvel, quando superior, sobre o valor de realização, na transação geradora de rendimentos da categoria G. Isto, contrariamente ao que sucedia no âmbito da categoria B do IRS e também em sede de IRC, situações para as quais já se admitia a prova de que o valor de realização era, efetivamente, inferior ao valor patrimonial tributário do imóvel.

Esta situação envolvia uma clara violação do princípio da igualdade, em desfavor dos sujeitos passivos cujas operações relativas a imóveis devessem enquadrar-se na categoria G.

Aliás, a possibilidade de prova do valor de realização inferior ao valor patrimonial tributário do imóvel, prevista no artigo 44º, nºs 5 e 6 do CIRS, revela-se fundamental à existência de uma tributação conforme com o princípio da capacidade contributiva. Caso tal prova não fosse admitida, o regime fiscal em apreço redundaria na tributação do sujeito passivo por

[330] Sendo, portanto, nos termos do artigo 12º, nº 1 do CIMT, esse valor patrimonial tributário do imóvel, quando superior, o valor sobre o qual incide o IMT.

[331] De acordo com o previsto no artigo 139º do CIRC, o sujeito passivo pode fazer prova de que o preço efetivamente praticado nas transmissões de direitos reais sobre bens imóveis foi inferior ao valor patrimonial tributário que serviu (ou que serviria) de base à liquidação do IMT. A prova é efetuada em procedimento próprio, instaurado mediante requerimento dirigido ao Diretor de Finanças competente e apresentado em janeiro do ano seguinte àquele em que ocorreu a transmissão, caso o valor patrimonial tributário já se encontre definitivamente fixado, ou nos 30 dias posteriores à data em que a avaliação se tornou definitiva, nos restantes casos. Este procedimento tem efeito suspensivo da liquidação de imposto e segue as regras previstas nos artigos 91º e 92º da LGT, com as necessárias adaptações.

uma mais-valia superior à efetivamente obtida (ou, mesmo, na tributação de uma mais-valia inexistente).

Nos casos em que forem efetuados ajustamentos, positivos ou negativos, ao valor de realização – designadamente na sequência do procedimento de prova acima referido – e se à data em que for conhecido o valor definitivo tiver já decorrido o prazo para a entrega da declaração de rendimentos modelo 3 do IRS, deverá o sujeito passivo proceder à entrega de uma declaração de substituição durante o mês de janeiro do ano seguinte (artigo 44º, nº 7 do CIRS).

Dedicamos, de seguida, a nossa atenção ao que deve entender-se por valor de aquisição, para efeitos de cálculo da mais-valia.

Considera-se **valor da aquisição**, nos termos dos artigos 45º e 46º, ambos do CIRS:

- No caso de bens adquiridos a título gratuito, o valor que tenha sido considerado para efeitos de liquidação de Imposto do Selo; ou o que lhe serviria de base, caso fosse devido, nos casos em que não haja liquidação desse imposto;
- No caso de direitos reais sobre bens imóveis adquiridos por doação isenta nos termos da alínea e) do artigo 6º do Código do Imposto do Selo[332] – como é o caso das doações a favor de ascendentes ou de descendentes, ou das doações realizadas entre cônjuges ou unidos de facto –, o valor patrimonial tributário constante da matriz até aos dois anos anteriores à doação[333];
- No caso de bens imóveis adquiridos a título oneroso, o valor que tiver servido para efeitos da liquidação de IMT ou, não tendo existido tal liquidação – v.g. em caso de isenção –, o valor que lhe serviria de base, caso fosse devida;
- No caso de bens imóveis construídos pelos próprios sujeitos passivos, o valor patrimonial inscrito na matriz ou o valor do terreno,

[332] Nos termos do artigo 6º do CIS, referente às isenções subjetivas, são isentos de imposto do selo, quando este constitua seu encargo, o cônjuge ou unido de facto, descendentes e ascendentes, nas transmissões gratuitas sujeitas à verba 1.2 da TGIS de que são beneficiários.

[333] Esta regra visa evitar que os sujeitos passivos, através de uma doação isenta, atualizem / aumentem "artificialmente" o valor de aquisição do imóvel, assegurando assim um valor de aquisição superior (e, portanto, o apuramento de uma mais-valia de valor inferior) numa subsequente transmissão onerosa do imóvel.

acrescido dos custos de construção devidamente comprovados, se superior àquele[334];

- No caso de bens imóveis adquiridos através do exercício do direito de opção de compra no termo da vigência de contrato de locação financeira, o valor a considerar corresponde ao somatório do capital incluído nas rendas pagas durante a vigência do contrato e o valor pago aquando do exercício do direito de opção de compra, com exclusão de encargos.

Exemplificando o cálculo das mais-valias, temos a seguinte situação:

Maria, residente para efeitos fiscais em território português, vendeu o apartamento onde morava por € 400.000, em novembro de 2021. O apartamento tinha sido adquirido em janeiro de 2020, por € 370.000. Maria não efetuou reinvestimento do valor de realização do apartamento, pelo que não estamos perante um caso de exclusão de tributação da mais-valia.

Igualmente em 2021, Maria vendeu por € 110.000 uma pequena moradia que lhe tinha sido doada pela avó uns meses antes, e cujo valor patrimonial tributário era de € 120.000. A casa precisava de muitas obras, motivo pelo qual não conseguiu vender por melhor preço.

Assim:

Valor de aquisição do apartamento: € 370.000

Valor de realização do apartamento: € 400.000

Valor de aquisição da moradia: € 120.000

Valor de realização da moradia: € 110.000

Com a venda do apartamento, Maria obteve uma mais-valia de € 30.000.

Em contrapartida, com a venda da moradia apurou uma menos-valia de € 10.000.

[334] Sobre esta matéria, *vide*, entre outros, o Acórdão do TCAN, de 29 de março de 2012, referente ao Processo nº 00011/04.7BEMDL. Este Acórdão salienta que recai sobre o sujeito passivo a comprovação dos custos de construção que aquele pretenda ver considerados, uma vez que, como é sabido, o ónus da prova dos factos constitutivos dos direitos recai sobre quem os invoca, nos termos do artigo 74º, nº 1 da LGT e do artigo 342º, nº 1 do Código Civil. Também o Acórdão do TCAN, de 4 de maio de 2017, referente ao Processo nº 00314/06.6BEBRG, aborda esta matéria, sustentando que, caso o sujeito passivo não comprove devidamente os custos associados à construção, a solução de maior conformidade com o princípio constitucional da tributação real e com a capacidade contributiva consiste na desconsideração pela AT desses custos e na consideração, como valor de aquisição, do valor patrimonial dos imóveis construídos.

Deste modo, apurando-se o saldo entre as mais-valias e as menos-valias realizadas no ano de 2021, segundo o disposto no artigo 43º, nº 1 do CIRS, concluímos que o rendimento de Maria a título de mais-valias imobiliárias é de € 20.000. A tributação em sede de IRS incide apenas sobre o valor de € 10.000, uma vez que, nos termos do artigo 43º, nº 2, alínea b) do CIRS, apenas 50% do valor do saldo respeitante à alienação onerosa de imóveis é considerado[335].

Como Maria é residente para efeitos fiscais em território português, estes € 10.000 de mais-valia imobiliária são objeto de englobamento obrigatório, ficando sujeitos a tributação às taxas gerais de IRS, previstas no artigo 68º do respetivo código.

3.2.2. Correção monetária e despesas e encargos na mais-valia imobiliária

A tributação das mais-valias pretende incidir sobre a efetiva valorização do bem. Ela não visa tributar os ganhos meramente nominais – ou seja, aqueles que não correspondem a uma valorização real do bem, mas apenas a um aumento nominal do valor desse bem em resultado da desvalorização monetária.

Por este motivo, o artigo 50º do CIRS, com o objetivo de afastar de tributação os ganhos puramente nominais, determina que o valor de aquisição ou equiparado de direitos reais sobre bens imóveis é corrigido mediante a aplicação dos coeficientes de correção monetária publicados anualmente em Portaria do Ministro das Finanças[336], sempre que tenham decorrido mais de 24 meses entre a data de aquisição e a data da alienação ou afetação do imóvel.

Veja-se o exemplo seguinte.

João adquiriu um apartamento em fevereiro de 2009, por € 200.000, e vendeu-o em setembro de 2020, por € 250.000. O valor de aquisição deve ser atualizado, mediante a aplicação do coeficiente de 1,12 (coeficiente aplicável aos bens adquiridos em 2009, nos termos da Portaria nº 220/2020, de 21 de setembro, que estabelece os coeficientes de desvalorização da moeda a aplicar aos bens e direitos alienados durante o ano de 2020).

[335] Recorde-se que, no caso das mais-valias obtidas no âmbito da categoria B, estas são tributadas pela totalidade e não apenas em 50%, como sucede na categoria G.

[336] Os coeficientes de desvalorização da moeda a aplicar aos bens e direitos alienados durante o ano de 2020 encontram-se previstos na Portaria nº 220/2020, de 21 de setembro. No caso de bens e direitos alienados durante o ano de 2021, os coeficientes de desvalorização da moeda encontram-se previstos na Portaria nº 220/2021, de 22 de outubro.

Assim:
Valor de aquisição: € 200.000
Valor de aquisição atualizado: € 224.000 (ou seja, € 200.000 x 1,12)
Valor de realização: € 250.000
A mais-valia apurada por João, com a venda do apartamento, é de € 26.000.

Sendo João residente para efeitos fiscais em território português, a tributação em sede de IRS incidirá sobre apenas 50% do valor da mais-valia, nos termos do artigo 43º, nº 2, alínea b) do CIRS.

Por outro lado, o cálculo da mais-valia tem também em consideração determinadas despesas e encargos.

Nos termos do artigo 42º do CIRS, não são feitas quaisquer deduções aos rendimentos qualificados como incrementos patrimoniais – com exceção, precisamente, das mais-valias. A categoria dos incrementos patrimoniais não tem, portanto, deduções específicas, contrariamente ao que sucede com a maioria das outras categorias de rendimentos. Todavia, as mais-valias beneficiam da dedução de despesas e encargos, nos termos previstos no artigo 51º, nº 1 do CIRS, uma vez que o sujeito passivo pode ter suportado despesas para alienar o bem ou para o valorizar.

Nas situações previstas no artigo 10º, nº 1, alínea a) do CIRS, a dedução de despesas e encargos, para efeitos do cálculo das mais-valias tributáveis, é efetuada mediante uma técnica de acréscimo, ao valor de aquisição do bem imóvel objeto de alienação onerosa. O acréscimo, nos termos do artigo 51º, nº 1, alínea a) do CIRS, pode corresponder a:

i) Encargos com a valorização do bem, comprovadamente realizados nos últimos 12 anos. Estão aqui em causa encargos intrinsecamente ligados ao bem alienado, conducentes a uma valorização, quer material ou física, quer económica, do mesmo. Carecem de relevância os encargos destinados à mera preservação do valor do bem, e não à sua valorização. Estas questões são abordadas com maior detalhe infra.

ii) Despesas necessárias e efetivamente praticadas, inerentes à aquisição e alienação dos bens em causa[337]. Esta questão é abordada com maior detalhe infra.

[337] Sobre este aspeto, *vide*, entre outros, o Acórdão do TCAS de 14 de abril de 2015, referente ao Processo 06824/13. Este Acórdão, seguindo um entendimento consolidado na jurisprudência, afirma que "no critério legal, só as despesas inerentes são necessárias, pelo que só elas são

iii) Indemnização comprovadamente paga pela renúncia onerosa a posições contratuais ou outros direitos inerentes a contratos relativos a esses bens.

Em termos gerais – uma vez que o cálculo da mais-valia tributável assenta na diferença entre o valor de realização e o valor de aquisição (cfr. artigo 10º, nº 4, alínea a) do CIRS) –, o acréscimo, ao valor de aquisição do imóvel, dos encargos e das despesas suportados pelo sujeito passivo para obter o rendimento em causa, tem como efeito uma redução do valor da mais-valia sujeita a IRS.

Assim:

Mais-valia = Valor de realização – (Valor de aquisição
+ Encargos + Despesas do art. 51º do CIRS)

Dado que se trata de encargos e de despesas necessários à obtenção do rendimento, a regra prevista no artigo 51º, nº 1 do CIRS é uma concretização, relativamente ao cálculo das mais-valias, do princípio da capacidade contributiva e, em particular, do princípio da tributação do rendimento líquido objetivo – princípios estruturantes do CIRS.

Após o que foi dito, em termos de enquadramento, acerca dos encargos com a valorização dos bens, comprovadamente realizados nos últimos 12 anos, e das despesas necessárias e efetivamente praticadas, inerentes à aquisição e alienação de direitos reais sobre bens imóveis, cabe abordar estas questões em maior detalhe.

Uma situação bastante comum de **encargos com a valorização de bens imóveis alienados** prende-se com a realização de obras pelo proprietário do imóvel, nos últimos 12 anos, relativamente às quais se encontre devidamente comprovado o encargo.

Desde que as aludidas obras originem uma melhoria ou valorização do imóvel, enquadram-se na previsão do artigo 51º, nº 1, alínea a) do CIRS e, portanto, acrescem ao valor de aquisição do imóvel alienado (o mesmo é dizer, deduzem-se para efeitos do cálculo da mais-valia sujeita a IRS), se

relevantes. Tal critério contém uma ideia de inseparabilidade, uma relação intrínseca – que não meramente extrínseca – com a alienação: para ser considerada relevante, a despesa há-de sê-lo pela sua posição relativamente à alienação, há-de, em suma, ser dela indissociável. A despesa há-de ser integrante da própria alienação".

o encargo estiver devidamente comprovado e tiver ocorrido nos últimos 12 anos.

Importa notar que é necessária não apenas a comprovação de que o encargo foi efetivamente suportado pelo vendedor, mas também a comprovação da efetiva ligação do encargo com a valorização do imóvel alienado[338].

Outra questão frequentemente discutida prende-se com o conceito de valorização do imóvel a adotar, o qual condiciona a dedutibilidade fiscal ou não dos encargos que lhe estão subjacentes. A este propósito, a jurisprudência já sustentou que "a alínea a) do artigo 51º do CIRS não restringe os encargos com a valorização dos bens, comprovadamente realizados nos últimos cinco anos [atualmente, doze], às valorizações materiais ou físicas daqueles, antes abrangendo também os encargos efetivamente suportados que os valorizem economicamente"[339].

Por fim, note-se que, para efeitos da determinação das mais-valias sujeitas a imposto, o artigo 51º, nº 3 exclui a consideração dos encargos com a valorização de bens imóveis que tenham sido realizados durante o período em que tais imóveis permaneceram afetos a uma atividade empresarial e profissional.

Quanto às **despesas necessárias e inerentes à aquisição / alienação** de direitos reais sobre bens imóveis, é entendimento consolidado que são dedutíveis, para efeitos do cálculo da mais-valia tributável, o IMT supor-

[338] Neste sentido, cfr. a Decisão Arbitral do CAAD referente ao Processo nº 766/2016-T, com o Tema: IRS – Mais-valias Imobiliárias, Encargos com a valorização dos bens. Nesta Decisão, o tribunal arbitral entende que "o encargo há-de estar ligado à valorização do bem alienado. Daquele bem específico e não de qualquer outro". É também afirmado, na aludida Decisão, que compete aos sujeitos passivos "provar, relativamente ao prédio alienado, não só que suportaram custos mas que as importâncias foram efetivamente despendidas em obras de valorização efetuadas naquele bem imóvel, não bastando, para o efeito, que os custos e as despesas se mostrem devidamente comprovados".

[339] In Acórdão do STA, de 21 de março de 2012, proferido no Processo nº 0587/11. Neste mesmo sentido, Decisão Arbitral do CAAD, de 13 de março de 2017, relativa ao Processo nº 527/2016-T, na qual foi decidido que integravam o conceito de "encargos com a valorização dos bens" despesas realizadas relativas ao sistema solar térmico e sistema solar fotovoltaico da habitação, despesas relativas à aquisição e montagem de equipamentos da piscina, despesas de aquisição de recuperador de calor de *pelletes* e despesas de aquisição e instalação de ar condicionado, em virtude de o Tribunal Arbitral Singular ter entendido que a existência na habitação deste tipo de equipamentos e instalações, em bom estado de operacionalidade, aumenta o valor económico da dita habitação, conferindo-lhe um preço de mercado superior ao que teria na ausência dos mesmos.

tado aquando da aquisição do imóvel ora alienado e, ainda, os encargos notariais e de registo predial incorridos[340].

Também são tidas como despesas necessárias à alienação e, portanto, contribuem para a redução do valor da mais-valia, as despesas com a mediação imobiliária eventualmente incorridas para efeitos da alienação do imóvel, desde que devidamente comprovadas. A comprovação requerida deve abarcar o efetivo pagamento das despesas pelo proprietário do imóvel e, ainda, a conexão destas com o imóvel alienado / intervenção do mediador imobiliário na alienação em causa[341].

São, ainda, aceites, para efeitos do cálculo da mais-valia tributável, as despesas incorridas pelo proprietário do imóvel com a solicitação do certificado energético. Esta despesa releva desde que, simultaneamente, se encontre comprovada através do recibo de pagamento e o certificado demonstre inequivocamente a sua conexão com o imóvel alienado[342]. A partir de 2009, a compra e venda de um imóvel obriga o respetivo proprietário à obtenção de um certificado energético, o que contribuiu para vulgarizar bastante este tipo de despesa.

3.3. Atenuação da tributação das mais-valias imobiliárias

3.3.1. Enquadramento e regime previsto

O ganho que constitui a mais-valia imobiliária tem a particularidade de, em termos económicos, ser um ganho de formação contínua. Assim, o ganho em apreço pode resultar de uma valorização do bem que foi ocorrendo ao longo de períodos mais ou menos alargados de tempo (correspondentes, em muitos casos, a vários anos fiscais). O ganho apurado pode atingir montantes consideráveis face ao valor inicial do bem, em particular nas situações de ganhos formados ao longo de vários anos.

Desta forma, a tributação da mais-valia num único momento (no período tributário da realização do ganho), no contexto de um imposto dotado

[340] Cfr. Ficha Doutrinária de IRS, de 4 de março de 2005, referente ao Processo nº 2483/2004 – Assunto: Indemnização paga a inquilino. Mais-valias. Despesas e encargos, determinação do rendimento líquido da categoria.

[341] Cfr. Ficha Doutrinária de IRS, de 14 de julho de 2008, referente ao Processo nº 12/2008 – Assunto: Despesas indissociáveis da operação de venda de um imóvel que o alienante comprovadamente suportou para a sua realização.

[342] Cfr. Ficha Doutrinária de IRS, de 8 de julho de 2010, referente ao Processo nº 3089/2010 – Assunto: Enquadramento fiscal de encargos com certificação energética no âmbito das deduções da categoria G.

de taxas progressivas, como é o caso do IRS, é suscetível de penalizar consideravelmente este tipo de rendimentos, facilmente atraídos para os escalões mais elevados de tributação[343].

Em termos gerais, os mecanismos suscetíveis de atenuar este efeito de penalização fiscal poderiam basear-se quer na sujeição a tributação de apenas uma parte do ganho quer, alternativamente, na sujeição do ganho em causa a uma taxa de tributação mais reduzida do que a aplicável a outros tipos de rendimento.

No caso do IRS, relativamente às mais-valias imobiliárias, o mecanismo consagrado pelo legislador fiscal foi o da sujeição a tributação de apenas uma parte do ganho. Desta forma, de modo a atenuar o efeito da tributação das mais-valias imobiliárias num único momento, apenas 50% do seu valor é considerado para efeitos de tributação[344].

Nos termos do artigo 43º, nº 2, alínea b) do CIRS, é considerado apenas por 50% do seu valor o saldo, positivo ou negativo, apurado entre as mais-valias e as menos-valias realizadas no mesmo ano, respeitante às seguintes transmissões efetuadas por residentes:

- Alienação onerosa de direitos reais sobre bens imóveis (alínea a), do nº 1, do artigo 10º do CIRS); e
- Cessão onerosa de posições contratuais ou outros direitos inerentes a contratos relativos a bens imóveis (alínea d), do nº 1, do artigo 10º do CIRS).

Este regime de atenuação de tributação é, conforme foi dito, aplicável apenas a mais-valias apuradas por sujeitos passivos que sejam residentes em território português.

Em contrapartida, no caso de sujeitos passivos não residentes em território português, a mais-valia imobiliária é tributada à taxa especial de

343 O legislador fiscal foi sensível a esta questão, tendo referido, logo no ponto 12 do Preâmbulo ao Código do IRS, a propósito das mais-valias, que "tratando-se de rendimentos excecionais, foi ponderado o regime tributário adequado em face da excessiva gravosidade que a tributação englobada poderia gerar, prevendo-se, para esta categoria, um específico regime de tributação, envolvendo uma substancial dedução à matéria coletável".

344 Note-se que, em rigor, o que é considerado em apenas 50% do seu valor é o saldo, positivo ou negativo, apurado entre as mais-valias e as menos-valias realizadas no mesmo ano, respeitante às transmissões efetuadas por residentes previstas nas alíneas a), c), d) e i) do nº 1 do artigo 10º do CIRS (artigo 43º, nº 2, alínea b) do mesmo código).

28%, prevista no artigo 72º, nº 1 alínea a) do CIRS[345], que incide sobre a totalidade do valor da mais-valia.

No caso dos sujeitos passivos residentes, o saldo positivo apurado relativamente às mais-valias e menos-valias imobiliárias, realizadas no mesmo ano, é de englobamento obrigatório e fica sujeito a tributação às taxas gerais do IRS. Todavia, em resultado do regime previsto no artigo 43º, nº 2, alínea b) do CIRS, como vimos, o montante a englobar corresponde a apenas 50% do valor do aludido saldo positivo.

Se o sujeito passivo apurar um saldo negativo entre as mais-valias e menos-valias em causa, realizadas no mesmo ano, a perda reportável para os anos subsequentes é, igualmente, de apenas 50% do valor desse saldo negativo.

3.3.2. A questão dos residentes noutro Estado membro da UE

O regime de tributação em apenas 50% do saldo entre mais-valias e menos-valias imobiliárias realizadas pelo sujeito passivo no mesmo ano, previsto no artigo 43º, nº 2, alínea b) do CIRS, indica expressamente a sua aplicabilidade somente a residentes.

Daqui resulta, para as mais-valias imobiliárias obtidas em território português por não residentes, a tributação pela totalidade do seu valor.

O regime em apreço suscita o problema da discriminação fiscal entre residentes e não residentes. A tributação das mais-valias imobiliárias obtidas pelos residentes apenas em 50% do seu valor, em comparação com a tributação do valor total das mais-valias apuradas por não residentes, tende a sujeitar estes últimos a uma carga fiscal superior[346].

No que diz respeito aos residentes noutros Estados membros da UE ou do EEE, tem vindo a colocar-se a questão de saber se esta situação viola a liberdade de circulação de capitais prevista no TFUE (uma das liberdades económicas fundamentais da UE[347]).

[345] Regime aplicável às mais-valias, auferidas por não residentes, que não sejam imputáveis a um estabelecimento estável em território português.

[346] Embora tal efeito seja atenuado pela sujeição das mais-valias apuradas por não residentes a uma tributação autónoma à taxa especial de 28%, significativamente mais baixa do que as taxas gerais progressivas aplicáveis aos residentes, na maior parte dos escalões de rendimento.

[347] Note-se que a liberdade de circulação de capitais prevista no TFUE abrange também países terceiros. Desta forma, em rigor, o problema da violação da liberdade de circulação de capitais coloca-se não apenas em relação a residentes noutros Estados membros da UE ou do EEE, mas também em relação a residentes em países terceiros.

O Tribunal de Justiça foi chamado a avaliar o problema, tendo-se pronunciado sobre o mesmo no Acórdão de 11 de outubro de 2007, referente ao Processo C-443/2006 (Caso Hollman). Neste, o Tribunal entendeu que, apesar de a Sra. Hollmann não ser residente em território português (era residente na Alemanha), ela deveria beneficiar da tributação em apenas 50% da mais-valia derivada da alienação de um imóvel de que era proprietária em Portugal, tal como previsto para os sujeitos passivos residentes, sob pena de se estar a violar a liberdade de circulação de capitais, então prevista no artigo 56º do Tratado CE (prevista, atualmente, no artigo 63º do TFUE) [348].

Apesar desta decisão, Portugal não alterou a redação do nº 2 do artigo 43º do CIRS no sentido de alargar o regime aí previsto, de tributação apenas de 50% do valor da mais-valia imobiliária, aos residentes noutro Estado membro da UE ou do EEE.

Tentou atenuar-se o problema mediante um regime opcional, atualmente previsto no artigo 72º, nºs 15 e 16 do CIRS. Este regime, destinado aos residentes noutro Estado membro da UE ou do EEE, permite a tributação de um conjunto de rendimentos por estes obtidos (entre os quais as mais-valias imobiliárias) às taxas gerais progressivas do artigo 68º do CIRS, como para os residentes. Desta forma, permite também, no caso de residentes noutro Estado membro da UE ou do EEE que exerçam a opção prevista no artigo 72º, nºs 15 e 16, a consideração de apenas 50% do valor das mais-valias imobiliárias. Para efeitos de determinação da taxa de IRS aplicável, no âmbito deste regime, são tidos em conta os rendimentos globais dos aludidos sujeitos passivos, incluindo os obtidos fora de território português, nas mesmas condições que são aplicáveis aos residentes.

Contudo, a jurisprudência tem entendido que o regime de tributação das mais-valias imobiliárias obtidas por não residentes continua a ser des-

[348] Declara o Tribunal de Justiça, no referido Acórdão, que "o facto de se prever uma limitação da tributação a 50% das mais-valias realizadas apenas para os residentes em Portugal, e não para os não residentes, constitui uma restrição aos movimentos de capitais, proibida pelo artigo 56º CE". Nesta linha, conclui o mesmo Tribunal que "o artigo 56º deve ser interpretado no sentido de que se opõe a uma legislação nacional, como a que está em causa no litígio no processo principal, que sujeita as mais-valias resultantes da alienação de um bem imóvel situado num Estado membro, no caso vertente em Portugal, quando essa alienação é efetuada por um residente noutro Estado membro, a uma carga fiscal superior à que incidiria, em relação a esse mesmo tipo de operação, sobre as mais-valias realizadas por um residente do Estado onde está situado esse bem imóvel".

conforme com o Direito Europeu. Veja-se, por todos, o Acórdão de Uniformização de Jurisprudência proferido pelo STA a 12 de setembro de 2020, no âmbito do Processo nº 075/20.6BALSB. Considera o STA, no referido Acórdão, que a norma do artigo 43º, nº 2 (atualmente, alínea b)) do CIRS, ao prever a tributação apenas sobre 50% do valor das mais-valias imobiliárias somente para residentes em Portugal, constitui uma restrição aos movimentos de capitais incompatível com o artigo 63º do TFUE. Considera ainda o referido Acórdão que o regime previsto no artigo 72º, nºs 15 e 16 do CIRS não permite ultrapassar a discriminação negativa dos não residentes face aos residentes, que decorre do artigo 43º, nº 2, alínea b) do mesmo código. Uma das razões prende-se com o facto de a liberdade de circulação de capitais prevista no TFUE abarcar também os residentes de países terceiros, ao passo que o regime opcional previsto no artigo 72º do CIRS é aplicável apenas a residentes noutro Estado membro da UE ou do EEE.

Por seu turno, o Acórdão do Tribunal de Justiça de 18 de março de 2021, relativo ao Processo C-388/19 (Acórdão MK), entendeu, no âmbito de um pedido de decisão prejudicial, que a existência de um regime opcional de equiparação dos residentes na UE ou no EEE aos sujeitos passivos residentes (no caso, o regime previsto no artigo 72º, nºs 15 e 16 do CIRS) não exclui os efeitos discriminatórios do regime do artigo 43º, nº 2, alínea b) do mesmo código, nem permite a sua validação face ao TFUE.

Face ao exposto, parece-nos fundamental a alteração do regime previsto no artigo 43º, nº 2, alínea b) do CIRS, no sentido de considerar apenas 50% do valor das mais-valias imobiliárias para efeitos de tributação, tanto para residentes como para não residentes, como regime regra, mas sujeitando as referidas mais-valias às taxas progressivas de tributação. A nosso ver, esta solução ultrapassaria a discriminação dos não residentes (tanto os da UE e do EEE, como os de países terceiros) de que padece o regime atual, e permitiria a conformidade do CIRS com o Direito Europeu. Por outro lado, obstaria também à discriminação negativa dos residentes em Portugal, que nos parece resultar das decisões jurisprudenciais que têm determinado a possibilidade de tributação de mais-valias imobiliárias obtidas por não residentes apenas sobre 50% do seu valor, à taxa especial de 28% (ao passo que os residentes são tributados apenas sobre 50% do valor da mais-valia imobiliária, mas a taxas progressivas que podem ascender a 48%).

3.4. Dedução de perdas na mais-valia imobiliária

Nalgumas das categorias de rendimentos previstas no CIRS pode haver lugar ao apuramento de perdas. É este o caso da categoria G, no que respeita às mais-valias.

Uma vez que o CIRS não admite a comunicabilidade horizontal entre perdas e rendimentos de categorias distintas, nem entre perdas e rendimentos de diferentes sujeitos passivos (mesmo que sejam casados ou unidos de facto e tenham optado pela tributação conjunta de rendimentos), as perdas apuradas numa determinada categoria de rendimentos devem ser reportadas para o futuro, pelo sujeito passivo que as obteve, para efeitos de dedução aos resultados líquidos positivos da mesma categoria, por si apurados, nos termos e dentro do número de anos previstos no artigo 55º do CIRS.

A dedução das perdas apuradas por cada sujeito passivo é efetuada relativamente aos seus rendimentos positivos de anos subsequentes, da categoria correspondente, dada a já referida incomunicabilidade entre categorias de rendimento e entre sujeitos passivos.

No âmbito da categoria G, encontramos ainda uma outra limitação ao nível da dedução de perdas, dada a incomunicabilidade entre perdas e rendimentos de natureza imobiliária e não imobiliária.

No que respeita a mais-valias imobiliárias, o artigo 55º, nº 1, alínea c) do CIRS dispõe que "a percentagem do saldo negativo a que se refere o nº 2 do artigo 43º só pode ser reportada aos cinco anos seguintes àquele a que respeita".

Assim, se o sujeito passivo apurar um saldo negativo entre as mais-valias e menos-valias imobiliárias realizadas no mesmo ano, a perda é reportável para os cinco anos subsequentes e corresponde a apenas 50% do valor desse saldo negativo. Tal perda será deduzida ao saldo positivo entre mais-valias e menos-valias imobiliárias que seja apurado pelo mesmo sujeito passivo num ou em vários dos cinco anos seguintes ao do apuramento da perda.

Tratando-se de uma situação de mais-valias que integrem a categoria B, e não a categoria G de rendimentos, o resultado líquido negativo que eventualmente seja apurado constitui também uma perda da categoria B. Assim, o reporte da perda pode ser efetuado, pela totalidade do seu valor (e não em 50%, como na categoria G), mediante dedução aos resultados líquidos positivos da categoria B, nos 12 anos seguintes àquele a que a perda respeita, nos termos previstos no artigo 55º, nº 1, alínea a) do CIRS.

3.5. Regimes de tributação da mais-valia imobiliária

Tratando-se de sujeitos passivos residentes, a tributação incide sobre o saldo positivo apurado entre as mais-valias e as menos-valias realizadas no mesmo ano (cfr. artigo 43º, nº 1 do CIRS). No caso de mais-valias imobiliárias, o rendimento é de englobamento obrigatório, ficando sujeito a tributação às taxas gerais progressivas de IRS previstas no artigo 68º do CIRS. Em virtude do disposto no artigo 43º, nº 2, alínea b) do CIRS, o montante a englobar corresponde a apenas 50% do valor do aludido saldo positivo.

Quanto a sujeitos passivos não residentes, recorde-se que estes se encontram sujeitos a IRS apenas relativamente aos rendimentos obtidos em território português, nos termos do artigo 15º, nº 2 do CIRS. Ora, os rendimentos respeitantes a imóveis situados em território português, incluindo as mais-valias resultantes da sua transmissão, consideram-se rendimentos obtidos neste território (artigo 18º, nº 1, alínea h) do CIRS).

As mais-valias imobiliárias obtidas por sujeitos passivos não residentes em território português são tributadas à taxa especial de tributação autónoma de 28%, prevista no artigo 72º, nº 1 alínea a) do CIRS[349] [350], que incide sobre a totalidade do valor da mais-valia.

A tributação dos não residentes pelo valor total das mais-valias imobiliárias decorre do facto de, nos termos do artigo 43º, nº 2, alínea b) do CIRS, o regime de consideração de apenas 50% do valor do saldo entre mais e menos-valias imobiliárias ser aplicado exclusivamente a residentes.

Caso se trate de mais-valias imobiliárias obtidas por não residentes que sejam imputáveis a estabelecimento estável situado em território português, estas são tributadas a uma taxa especial de tributação autónoma de 25%, de acordo com o previsto no artigo 72º, nº 6, alínea a) do CIRS, igualmente sobre a totalidade do valor da mais-valia.

Relativamente a não residentes em território português que sejam indivíduos residentes noutro Estado membro da UE ou do EEE – neste último

[349] Regime aplicável às mais-valias, auferidas por não residentes, que não sejam imputáveis a um estabelecimento estável em território português.

[350] Note-se que, no caso de mais-valias imobiliárias auferidas por entidades não residentes sem estabelecimento estável em território português, que sejam domiciliadas em país, território ou região sujeitos a um regime fiscal claramente mais favorável, constante de lista aprovada por portaria do Ministro das Finanças (*vide* Portaria nº 150/2004, de 13 de fevereiro, alterada pela Portaria nº 309-A/2020, de 31 de dezembro), o artigo 72º, nº 18, alínea d) do CIRS prevê a sua tributação à taxa especial de tributação autónoma de 35%.

caso, desde que haja intercâmbio de informações em matéria fiscal – estes podem optar por ser tributados segundo as taxas gerais progressivas do artigo 68º do CIRS, nos mesmos termos que os residentes em território português (artigo 72º, nº 15 do CIRS). Caso seja exercida esta opção, para efeitos de determinação da taxa progressiva de IRS aplicável são considerados todos os rendimentos obtidos pelo não residente, incluindo os obtidos fora de território português, nas mesmas condições que são aplicáveis aos residentes.

A tributação incide, no âmbito do regime previsto no artigo 72º, nºs 15 e 16 do CIRS, apenas sobre 50% do valor do saldo entre mais e menos-valias imobiliárias. Não obstante o artigo 43º, nº 2, alínea b) do CIRS prever a aplicação do regime em apreço exclusivamente a residentes, a tributação dos residentes de outro Estado membro da UE ou do EEE em apenas 50% do valor das mais-valias imobiliárias, caso optem pelo regime do artigo 72º, nºs 15 e 16 do CIRS, decorre da aplicação a este tipo particular de não residentes das taxas do artigo 68º deste código nos mesmos termos aplicáveis aos residentes.

3.6 . Incentivos fiscais à reabilitação urbana

As mais-valias auferidas por sujeitos passivos de IRS residentes em território português que sejam decorrentes da primeira alienação subsequente à intervenção, de imóvel situado em "área de reabilitação urbana", ficam sujeitas a tributação à taxa autónoma de 5%, sem prejuízo da opção pelo englobamento (artigo 71º, nº 5 do EBF).

3.7. Obrigações acessórias

Os sujeitos passivos residentes encontram-se obrigados à apresentação da declaração anual de rendimentos Modelo 3 de IRS, nos termos do artigo 57º do CIRS.

Esta obrigação existiria mesmo que o sujeito passivo apenas auferisse rendimentos da categoria G, visto não caber ao caso a aplicação de nenhuma das situações de dispensa de apresentação de declaração previstas no artigo 58º do CIRS.

Se a declaração incluir alguma mais-valia cuja tributação possa ser excluída nos termos do regime de reinvestimento previsto no artigo 10º, nºs 5 e seguintes do CIRS, o sujeito passivo, caso pretenda beneficiar desse regime, deve manifestar na declaração de rendimentos a sua intenção de proceder ao reinvestimento do valor de realização.

Os sujeitos passivos não residentes que obtenham mais-valias imobiliárias em território português também se encontram obrigados à entrega da declaração de rendimentos Modelo 3 de IRS.

Tanto os não residentes que aufiram em Portugal rendimentos sujeitos a IRS, como os residentes que se ausentem de Portugal por um período superior a seis meses, devem nomear um representante fiscal, nos termos previstos no artigo 130º do CIRS. O representante fiscal – que pode ser pessoa singular ou coletiva com residência ou sede em Portugal – deve garantir o cumprimento das obrigações fiscais do sujeito passivo e representá-lo perante a AT.

A designação do representante fiscal é feita na declaração de início de atividade, de alterações ou de registo de número de contribuinte, devendo dela constar expressamente a sua aceitação pelo representante.

A obrigação de designar representante fiscal não é aplicável, tornando-se a designação meramente facultativa, em relação a não residentes que residam em Estado membro da UE ou do EEE (desde que, neste último caso, exista cooperação administrativa no domínio da fiscalidade equivalente à estabelecida no âmbito da UE)[351]. O mesmo sucede quanto a residentes em território português que se ausentem temporariamente para Estado membro da UE ou do EEE.

[351] O carácter facultativo da designação de representante fiscal, por parte de residentes noutro Estado membro da UE ou do EEE, foi consagrado por Portugal na sequência da decisão contida no Acórdão do Tribunal de Justiça de 5 de maio de 2011, referente ao Processo C-267/09 (Comissão Europeia contra República Portuguesa). Nos termos do aludido Acórdão, foi entendido pelo Tribunal de Justiça que a obrigação de designar um representante fiscal, imposta aos residentes noutros Estados membros da UE e do EEE, constituía "uma restrição à livre circulação de capitais, consagrada no artigo 56º CE, que não pode ser vista como justificada uma vez que ultrapassa o necessário para atingir tal objetivo [a garantia de eficácia dos controlos fiscais e o combate à evasão fiscal] e uma vez que não está provado que os mecanismos de assistência mútua de que cada Estado membro dispõe ao abrigo da Diretiva 77/799, relativa à assistência mútua das autoridades fiscais competentes dos Estados-membros no domínio dos impostos diretos, sejam insuficientes para atingir esse mesmo objetivo". Nestes termos, decidiu o Tribunal de Justiça que "pelo facto de ter aprovado e de manter em vigor o artigo 130º do Código do Imposto sobre o Rendimento das Pessoas Singulares, que impõe aos contribuintes não residentes a obrigação de designar um representante fiscal em Portugal, quando obtenham rendimentos em relação aos quais é exigida a apresentação de uma declaração fiscal, a República Portuguesa não cumpriu as obrigações que lhe incumbem por força do artigo 56º CE".

4. Mais-valias mobiliárias

4.1. Evolução da tributação das mais-valias mobiliárias no âmbito do IRS

No regime que antecedeu a reforma fiscal de 1988/1989, a tributação das mais-valias resultantes da alienação de valores mobiliários tinha um carácter excecional.

Com a entrada em vigor do CIRS, passou a prever-se a tributação das mais-valias mobiliárias. Contudo, foi consagrada a exclusão de tributação das mais-valias apuradas com a alienação de obrigações e outros títulos de dívida, e ainda de unidades de participação em fundos de investimento, bem como com a alienação de ações detidas pelo seu titular durante mais de 24 meses (artigo 10º, nº 2 da redação inicial do CIRS, posteriormente alterado, e atualmente revogado).

Este regime fiscal foi sofrendo uma contestação crescente, tendo sido acusado de beneficiar injustificadamente as mais-valias mobiliárias em relação a outros tipos de rendimento. Embora uma das justificações apresentadas, para o tratamento fiscal previsto na redação inicial do artigo 10º, nº 2 do CIRS relativamente às mais-valias mobiliárias, tenha sido o propósito de estimular o mercado de capitais, então ainda numa fase inicial, com o decurso dos anos este argumento deixou de ter cabimento[352].

Na sequência da reflexão e debate que vinham sendo desenvolvidos, ao longo de anos, sobre o tratamento fiscal mais adequado para as mais-valias mobiliárias, a Lei nº 30-G/2000, de 29 de dezembro, previu significativas alterações ao então disposto no CIRS quanto ao regime de tributação aplicável às mais-valias resultantes da alienação onerosa de partes sociais e de outros valores mobiliários[353]. O novo regime aplicar-se-ia apenas relativa-

352 Para um enquadramento sobre a evolução e os dilemas da tributação das mais-valias mobiliárias, cfr. PAULA ROSADO PEREIRA, *Estudos Sobre IRS: Rendimentos de Capitais e Mais-Valias*, cit., pp. 124-148.

353 JOAQUIM PINA MOURA e RICARDO SÁ FERNANDES sustentavam a necessidade das alterações introduzidas pela Lei nº 30-G/2000 ao regime de tributação das mais-valias mobiliárias nos seguintes termos: "Quanto às mais-valias mobiliárias reconhece-se que o seu atual regime de tributação distorce significativamente o carácter unitário e a progressividade do imposto, introduzindo um fator de injustiça no sistema sem paralelo na grande maioria dos países da União Europeia. Justificável porventura aquando da sua criação pela necessidade de estimular o mercado de capitais e de contribuir para a sua consolidação, não parece que tais razões mantenham hoje acuidade. Procede-se, assim, ao alargamento da base tributável das mais-valias mobiliárias, passando a sujeitas o imposto as mais-valias provenientes da alienação

mente às partes sociais e valores mobiliários adquiridos após 31 de dezembro de 2000, continuando a aplicar-se quanto aos adquiridos até esta data, inclusive, o regime previsto no CIRS com a sua formulação anterior à Lei nº 30-G/2000.

Nos termos do regime previsto na Lei nº 30-G/2000, sempre que o saldo das mais-valias resultantes da alienação onerosa de partes sociais e de outros valores mobiliários adquiridos após 31 de dezembro de 2000 fosse igual ou superior ao equivalente a € 997,60, a tributação de tais mais-valias seria efetuada mediante um englobamento obrigatório, embora parcial, das mesmas. O montante sujeito a englobamento seria determinado mediante a aplicação às mais-valias mobiliárias de uma percentagem de englobamento, que oscilava entre 75% e 30% (decrescendo esta à medida que aumentava o tempo de detenção das participações sociais e outros valores mobiliários que originavam as mais-valias). Em contrapartida, caso o saldo positivo apurado fosse inferior ao equivalente a € 997,60, as mais-valias em questão estariam excluídas de tributação. O respetivo montante deveria, contudo, ser objeto de englobamento apenas para efeitos de determinação da taxa de imposto aplicável aos restantes rendimentos.

De acordo com o previsto na Lei nº 30-G/2000, a tributação das mais-valias obtidas por sujeitos passivos residentes, resultantes da alienação onerosa de partes sociais e de outros valores mobiliários adquiridos após 31 de dezembro de 2000, passaria, portanto, a seguir um regime de englobamento obrigatório, embora parcial. Deixariam, assim, de se aplicar as amplas exclusões de incidência previstas no CIRS para as mais-valias mobiliárias, bem como, para as situações sujeitas a imposto, a tributação autónoma prevista no artigo 72º do CIRS.

Todavia, o regime acima descrito, previsto na Lei nº 30-G/2000, não chegou a ser aplicado.

Num primeiro momento, a Lei nº 109-B/2001, de 27 de dezembro (Lei do Orçamento do Estado para 2002) estabeleceu um regime transitório de tributação aplicável às mais-valias mobiliárias apuradas nos anos de 2001 e 2002[354]. Nos termos do aludido regime transitório, suspendeu-se, para

de obrigações outros títulos de dívida e ações, mesmo quando detidas pelo seu titular há mais de 12 meses". In «A reforma fiscal inadiável», *Fisco*, nº 95/96, 2001, pp. 11-12.

[354] Nos termos do artigo 30º, nº 9 da Lei nº 109-B/2001, de 27 de dezembro, "às mais-valias resultantes da alienação de obrigações e outros títulos de dívida, de ações detidas pelo seu titular durante mais de 12 meses, e de partes sociais e de outros valores mobiliários, incluindo

os referidos anos de 2001 e 2002, a aplicação do regime fiscal estabelecido pela Lei nº 30-G/2000 para as mais-valias resultantes da alienação onerosa de partes sociais e de outros valores mobiliários. Subsequentemente, o Decreto-Lei nº 228/2002, de 31 de outubro, em execução da autorização legislativa concedida pela Lei nº 16-B/2002, de 31 de maio, veio repor, no CIRS, as linhas essenciais do regime de tributação das mais-valias mobiliárias que tinham vigorado até à publicação da Lei nº 30-G/2000.

Foi apenas anos mais tarde, que a Lei nº 15/2010, de 26 de julho, revogou a exclusão de tributação estabelecida no artigo 10º, nº 2 do CIRS que, à data, excluía do IRS os ganhos resultantes da alienação de obrigações e outros títulos de dívida, bem como de ações detidas pelo seu titular durante mais de 12 meses[355].

Ao revogar a exclusão de tributação prevista no artigo 10º, nº 2 do CIRS, a Lei nº 15/2010, de 26 de julho, alterou profundamente o regime fiscal aplicável às mais-valias mobiliárias. A generalidade destas passou – pela primeira vez, no âmbito do CIRS – a estar sujeita a tributação sobre o rendimento.

Todavia, a Lei nº 15/2010 manteve a tributação autónoma das mais-valias mobiliárias, à taxa especial de tributação prevista no artigo 72º do CIRS (aumentada, pela referida lei, para 20%). O legislador fiscal decidiu, assim, manter as mais-valias mobiliárias obtidas por residentes no regime de englobamento opcional – contrariamente ao que tinha sido tentado na malograda reforma prevista na Lei nº 30-G/2000, na qual se tinha pro-

warrants autónomos, durante os anos de 2001 e 2001, aplica-se o regime de tributação constante dos artigos 41º e 75º do Código do IRS, e do artigo 19º do Estatuto dos Benefícios Fiscais, na versão anterior à nova redação introduzida pelos artigos 1º e 10º da Lei nº 30-G/2000, de 29 de dezembro, e à republicação operada pelo Decreto-Lei nº 198/2001, de 3 de julho, beneficiando ainda de uma exclusão de tributação as mais-valias e as menos-valias resultantes da alienação de obrigações e outros títulos de dívida, bem como de ações detidas pelo seu titular durante mais de 12 meses, quando estes títulos sejam adquiridos até 31 de dezembro de 2002, e sendo o saldo positivo entre as mais-valias e menos-valias apuradas na transmissão onerosa de partes sociais que não se encontrem nestas condições, desde que adquiridas até 31 de dezembro de 2002, sujeito a uma taxa especial de 10%".

[355] Note-se que o âmbito de exclusão de tributação dos ganhos resultantes da alienação de ações detidas pelo seu titular durante mais de 12 meses já tinha sido limitado pela Lei nº 39-A/2005, de 29 de julho, ao prever – no então artigo 10º, nº 12 do CIRS – que a exclusão de tributação do artigo 10º, nº 2 do CIRS não abrangia as mais-valias decorrentes de ações de sociedades cujo ativo fosse constituído, direta ou indiretamente, em mais de 50%, por bens imóveis ou direitos reais sobre bens imóveis situados em território nacional.

curado submeter as mais-valias mobiliárias de residentes a um regime de englobamento obrigatório, embora parcial.

Uma outra diferença significativa prende-se com a inexistência, na Lei nº 15/2010, de qualquer regime transitório ou de salvaguarda para as mais-valias decorrentes de valores mobiliários que, anteriormente à entrada em vigor da lei, se encontravam excluídas de tributação. Pelo contrário, a frustrada reforma trazida pela Lei nº 30-G/2000 previa a sua aplicação apenas a mais-valias referentes a valores mobiliários adquiridos após 31 de dezembro de 2000, continuando a aplicar-se quanto aos adquiridos até esta data, inclusive, o regime de exclusão de tributação até então previsto no CIRS.

Esta última opção legislativa, de previsão de um regime transitório, afigura-se-nos bastante mais consentânea com um princípio de tutela da confiança jurídica e das expectativas dos sujeitos passivos, bem como mais coerente com a tradição jurídica seguida pelo legislador fiscal português nestas matérias, no contexto do IRS. Veja-se, a este propósito, o regime transitório da categoria G, previsto no artigo 5º do Decreto-Lei nº 442-A/88, de 30 de novembro – diploma que aprovou o CIRS –, que exclui de tributação em sede deste imposto um conjunto de mais-valias referentes a bens ou direitos adquiridos antes da entrada em vigor do CIRS, precisamente pelo facto de, anteriormente a esta reforma fiscal, as correspondentes mais-valias não estarem sujeitas a tributação.

A opção da Lei nº 15/2010, pela inexistência de qualquer regime transitório quanto aos valores mobiliários adquiridos anteriormente à entrada em vigor da lei, terá sido, muito provavelmente, determinada pela premência financeira que o Estado vivia, à época. Parece-nos, em todo o caso, que o legislador fiscal de 2010 se afastou demasiado daquela que vinha sendo a tradição de tutela da confiança jurídica e das expectativas dos sujeitos passivos, até então assegurada pelo legislador fiscal português em sede de IRS.

Mais grave ainda, o carácter lacónico da Lei nº 15/2010, de 26 de julho, quanto ao início de produção dos seus efeitos[356] permitiu que o novo regime de tributação das mais-valias mobiliárias, por si introduzido, começasse por ser aplicado até relativamente a mais-valias resultantes de alienações onerosas de obrigações e ações levadas a cabo antes da data de entrada em vigor da lei, ou seja, alienações realizadas na primeira parte do ano de 2010. Isto, em virtude de o IRS ser um imposto periódico, de base anual.

[356] A lei diz apenas, no seu artigo 5º, que entra em vigor no dia seguinte ao da sua publicação.

Na realidade, tal procedimento originou situações de aplicação retroativa da lei fiscal – retroatividade autêntica e, portanto, inconstitucional. Estes problemas arrastaram-se durante vários anos, até que a jurisprudência viesse clarificar a matéria[357].

Uma nova alteração ao regime de tributação das mais-valias mobiliárias foi introduzida pela Lei nº 12/2022, de 27 de junho (Lei do Orçamento do Estado para 2022), mas com um âmbito de aplicação bastante restrito. O artigo 72º nº 14 do CIRS determina a sujeição ao regime de englobamento obrigatório das mais-valias decorrentes da alienação onerosa de partes sociais e de outros valores mobiliários, quando resultem de ativos detidos por um período inferior a 365 dias e o sujeito passivo tenha um rendimento coletável, incluindo este saldo, igual ou superior ao valor do último escalão das taxas gerais de IRS previstas no artigo 68º do CIRS. Reunidas estas condições, as mais-valias mobiliárias ficam sujeitas a englobamento obrigatório[358]. Este regime, parece ter o propósito de agravar a tributação das mais-valias mobiliárias especulativas auferidas por sujeitos passivos com uma elevada capacidade contributiva. Trata-se, todavia, de uma medida com um âmbito de aplicação extremamente restrito e, portanto, com um reduzidíssimo impacto ao nível da semi-dualização do IRS. Todas as mais-valias mobiliárias não abrangidas pelo regime previsto no artigo 72º nº 14 do CIRS continuam sujeitas ao regime de tributação autónoma às taxas especiais previstas no artigo 72º do CIRS.

[357] Cfr., por todos, o Acórdão do STA nº 5/2017, de 7 de junho de 2017, proferido no Processo nº 1471/14. Trata-se de um acórdão de uniformização de jurisprudência, no qual, seguindo-se a mesma fundamentação de jurisprudência anterior do STA, o tribunal afirma que "consideramos que o facto tributário se reporta ao momento em que se realizam as mais-valias, ou, por outras palavras, o facto tributário que as origina e conforma nasce e esgota-se no preciso momento (autónomo e completo) da alienação e coetânea realização das mais-valias, sendo, por isso, um facto tributário instantâneo, e não um facto tributário complexo de formação sucessiva ao longo de um ano". Refere-se, ainda, no mesmo acórdão do STA, que a "operação de agregação entre as mais-valias e as menos-valias não tem a virtualidade de alterar ou transmutar a natureza dos factos tributários subjacentes". Desta forma, o referido Acórdão uniformiza / confirma a jurisprudência do STA, nos seguintes termos: "As alterações introduzidas ao regime tributário das mais-valias mobiliárias pela Lei nº 15/2010, de 26 de julho apenas podem aplicar-se aos factos tributários ocorridos em data posterior à da sua entrada em vigor (27 de julho de 2010 – artigo 5º da Lei nº 15/2010)".

[358] O regime em causa aplica-se aos rendimentos auferidos a partir de 1 de janeiro de 2023, conforme previsto nas disposições transitórias do artigo 280º, nº 7 da Lei nº 12/2022, de 27 de junho).

4.2. Mais-valias mobiliárias – Factos geradores

Conforme oportunamente referido, as mais-valias mobiliárias integradas na categoria G decorrem dos seguintes factos geradores:

- Alienação onerosa de partes sociais e de outros valores mobiliários, incluindo (artigo 10º, nº 1, alínea b) do CIRS):
  - A remição e amortização com redução de capital de partes sociais;
  - A extinção ou entrega de partes sociais das sociedades fundidas, cindidas ou adquiridas no âmbito de operações de fusão, cisão ou permuta de partes sociais;
  - O valor atribuído em resultado da partilha, bem como em resultado da liquidação, revogação ou extinção de estruturas fiduciárias aos sujeitos passivos que as constituíram, nos termos dos artigos 81º e 82º do CIRC;
  - O reembolso de obrigações e outros títulos de dívida;
  - O resgate de unidades de participação em fundos de investimento e a liquidação destes fundos;
- Operações relativas a instrumentos financeiros derivados, com exceção dos ganhos previstos na alínea q) do nº 2 do artigo 5º, ou seja, ganhos decorrentes de operações de *swaps* de taxa de juro (artigo 10º, nº 1, alínea e) do CIRS);
- Operações relativas a *warrants* autónomos, quer o *warrant* seja objeto de negócio de disposição anteriormente ao exercício ou quer seja exercido, neste último caso independentemente da forma de liquidação (artigo 10º, nº 1, alínea f) do CIRS);
- Operações relativas a certificados quc atribuam ao titular o direito a receber um valor de determinado ativo subjacente, com exceção das remunerações previstas na alínea r) do nº 2 do artigo 5º (artigo 10º, nº 1, alínea g) do CIRS);
- Cessão onerosa de créditos, prestações acessórias e prestações suplementares (artigo 10º, nº 1, alínea h) do CIRS);
- Afetação de quaisquer bens do património particular, com exceção dos bens imóveis, a atividade empresarial e profissional exercida em nome individual pelo seu proprietário (artigo 10º, nº 1, alínea i) do CIRS);
- Cessão onerosa de direitos sobre estruturas fiduciárias, incluindo a cessão onerosa da posição de beneficiário (artigo 10º, nº 1, alínea j) do CIRS).

4.3. Exclusão de tributação

Nos termos do regime transitório da categoria G, previsto no artigo 5º do Decreto-Lei nº 442-A/88, de 30 de novembro, encontram-se excluídas de tributação, em sede de IRS, as mais-valias mobiliárias resultantes da alienação de partes sociais adquiridas antes de 1 de janeiro de 1989.

No respeitante à alienação de ações, a relevância desta exclusão de tributação aumentou significativamente após a revogação de uma outra – a exclusão de tributação que se encontrava consagrada no artigo 10º, nº 2 do CIRS (atualmente revogado)[359].

Todavia, atualmente, dado o longo período já decorrido desde 1989, a exclusão de tributação prevista no regime transitório da categoria G é já de aplicação pouco frequente, no que diz respeito às mais-valias mobiliárias resultantes da alienação de partes sociais.

4.4. Determinação do valor da mais-valia tributável

O ganho sujeito a IRS a título de mais-valias corresponde ao saldo apurado entre as mais-valias e as menos-valias realizadas no mesmo ano (artigo 43º, nº 1 do CIRS).

Nas situações de alienação onerosa de partes sociais e outros valores mobiliários, a mais-valia resulta da diferença positiva entre o valor obtido com a referida transmissão (valor de realização) e o valor pago aquando da aquisição dos mesmos (valor de aquisição), conforme previsto no artigo 10º, nº 4, alínea a) do CIRS. Se a diferença entre o valor de realização e o valor de aquisição for negativa, estaremos perante uma menos-valia.

Considera-se **valor de realização**, nos termos do artigo 44º, nº 1 do CIRS:

- Regra geral, o valor da contraprestação;
- Na troca, o valor atribuído no contrato aos bens ou direitos recebidos, ou o valor de mercado (quando aquele não exista ou este for superior), acrescidos ou diminuídos da importância em dinheiro a receber ou a pagar.

Quando a AT considerar fundadamente que pode existir uma divergência entre o valor de alienação declarado e o valor real da transmissão, rela-

[359] Visto que esta última exclusão afastava de tributação os ganhos decorrentes da venda de ações detidas há mais de 12 meses, durante a sua vigência não era relevante, nestes casos, verificar se a data de aquisição das ações era anterior a 1 de janeiro de 1989.

tivamente a ações ou outros valores mobiliários, são aplicáveis as seguintes presunções legais (quando conduzam a um valor superior ao declarado) (artigo 52º, nºs 2 e 3 do CIRS):

i) No caso de ações ou outros valores mobiliários cotados em bolsa de valores, presume-se que o valor de alienação é o da respetiva cotação à data da transmissão ou, em caso de desconhecimento desta, o da maior cotação no ano a que se reporta a alienação;
ii) No caso de ações ou outros valores mobiliários não cotados em bolsa de valores, bem como no caso de quotas, presume-se que o valor de alienação é o que lhes corresponda, apurado com base no último balanço.

No que respeita ao **valor de aquisição**, as regras que o determinam, no caso de partes sociais e outros valores mobiliários, encontram-se previstas nos artigos 45º e 48º do CIRS – referentes, respetivamente, ao valor de aquisição a título gratuito e ao valor de aquisição a título oneroso de partes sociais e de outros valores mobiliários.

No caso de valores mobiliários adquiridos por doação isenta nos termos da alínea e) do artigo 6º do Código do Imposto do Selo[360], o valor de aquisição a considerar é o que serviria de base à liquidação do Imposto do Selo, caso este fosse devido, até aos dois anos anteriores à doação[361].

Nalguns casos, a definição do valor de aquisição de partes sociais e outros valores mobiliários depende da respetiva data de aquisição. O artigo 43º, nº 6 do CIRS prevê um conjunto de regras destinadas à determinação da data de aquisição de partes sociais e outros valores mobiliários, aplicável a situações em que tal não seja linear. Destacamos, pela sua relevância, as seguintes:

i) Tratando-se de valores mobiliários da mesma natureza e que confiram idênticos direitos, considera-se que os alienados são os adquiri-

[360] Nos termos do artigo 6º do CIS, referente às isenções subjetivas, são isentos de imposto do selo, quando este constitua seu encargo, o cônjuge ou unido de facto, descendentes e ascendentes, nas transmissões gratuitas sujeitas à verba 1.2 da TGIS de que são beneficiários.

[361] Esta regra visa evitar que os sujeitos passivos, através de uma doação isenta, atualizem / aumentem "artificialmente" o valor de aquisição dos valores mobiliários, assegurando assim um valor de aquisição superior (e, portanto, o apuramento de uma mais-valia de valor inferior) numa subsequente transmissão onerosa.

dos há mais tempo (nos termos de um critério designado por FIFO – *first in, first out*).
Todavia, quando os valores mobiliários estejam depositados em mais do que uma instituição de crédito ou sociedade financeira, a regra FIFO é aplicável por referência a cada uma dessas entidades[362];

ii) A data de aquisição de ações resultantes da transformação de uma sociedade por quotas numa sociedade anónima é a data de aquisição das quotas que lhes deram origem;

iii) No caso de valores mobiliários obtidos por incorporação de reservas ou por substituição, consideram-se adquiridos na data de aquisição dos valores mobiliários que lhes deram origem.

O cálculo do valor tributável das mais-valias implica que se tome em consideração a correção monetária, quando aplicável, e a dedução de despesas, nos termos estritos previstos no CIRS. Passamos a referir cada um destes aspetos.

Conforme foi oportunamente referido, a propósito das mais-valias imobiliárias, a tributação das mais-valias pretende incidir sobre a efetiva valorização do bem, e não tributar ganhos meramente nominais, resultantes da desvalorização monetária. Assim, para expurgar do valor do ganho tributável a componente meramente nominal (relativa à desvalorização da moeda), o CIRS prevê a aplicação de coeficientes de correção monetária ao valor de aquisição ou equiparado dos bens ou direitos alienados.

Todavia, este princípio assume um âmbito de aplicação bastante mais limitado ao nível das mais-valias mobiliárias, em comparação com as imobiliárias. Assim, no caso da alínea b) do nº 1, do artigo 10º do CIRS, apenas o valor de aquisição ou equiparado de partes sociais é corrigido mediante a aplicação dos coeficientes de correção monetária publicados anualmente em Portaria do Ministro das Finanças[363], sempre que tenham decorrido

[362] A aplicação da regra FIFO de forma segregada, para cada instituição de crédito ou sociedade financeira na qual estejam depositados valores mobiliários, atualmente prevista no artigo 43º, nº 7 do CIRS, foi introduzida pela Lei nº 12/2022, de 27 de junho (Lei do Orçamento do Estado para 2022). Passou também a estar previsto que, no caso de transferência de valores mobiliários entre instituições de crédito ou sociedades financeiras, deve a entidade da qual os valores mobiliários são transferidos indicar, sempre que possível, à entidade que os receciona a data de aquisição e o valor histórico de aquisição dos valores mobiliários transferidos (cfr. artigo 43º, nº 8 do CIRS).

[363] Os coeficientes de desvalorização da moeda a aplicar aos bens e direitos alienados durante o ano de 2020 encontram-se previstos na Portaria nº 220/2020, de 21 de setembro.

mais de 24 meses entre a data de aquisição e a data da alienação ou afetação (artigo 50º, nº 1 do CIRS).

Verifica-se, portanto, que o legislador fiscal não previu a correção monetária do valor de aquisição ou equiparado de outros valores mobiliários, mas apenas das partes sociais[364].

Também ao nível da dedução de despesas e encargos na determinação do valor tributável das mais-valias, se verifica uma concretização mais modesta do correspondente direito no campo das mais-valias mobiliárias, em comparação com as imobiliárias.

Nas situações previstas no artigo 10º, nº 1, alínea b) do CIRS, a dedução de despesas para efeitos do cálculo das mais-valias tributáveis é efetuada mediante o acréscimo, ao valor de aquisição das partes sociais e outros valores mobiliários objeto de alienação onerosa, das despesas necessárias e efetivamente praticadas, inerentes à aquisição e alienação dos bens / direitos em causa (artigo 51º, nº 1, alínea b) do CIRS)[365].

Trata-se de um conjunto de despesas mais restrito do que aquele que é atendível relativamente às situações previstas no artigo 10º, nº 1, alínea a) do CIRS (mais-valias imobiliárias), nos termos do artigo 51º, nº 1, alínea a) do mesmo código. Esta diferença é, essencialmente, explicada pela diferença de natureza dos bens e direitos em causa, numa e noutra das situações.

4.5. Dedução de perdas

Verifica-se uma bipartição da categoria G para efeitos de dedução de perdas, com duas linhas distintas e independentes de reporte das perdas para os anos seguintes, não comunicáveis entre si:

i) A das mais e menos-valias imobiliárias, previstas nas alíneas a) e d) do nº 1, do artigo 10º do CIRS, por um lado; e

ii) A das mais e menos-valias não imobiliárias, previstas nas alíneas b), c), e), f), g) e h) do nº 1, do artigo 10º do CIRS, por outro.

[364] A aplicação da correção monetária no âmbito do apuramento do valor das mais-valias decorrentes da alienação onerosa de partes sociais foi introduzida pela Lei nº 82-E/2014, de 31 de dezembro (Lei da Reforma do IRS).

[365] A Lei nº 82-E/2014, de 31 de dezembro (Lei da Reforma do IRS) veio permitir que fossem consideradas também as despesas necessárias e efetivamente praticadas inerentes à aquisição. Anteriormente à vigência da referida lei, apenas eram consideradas as despesas necessárias e efetivamente praticadas inerentes à alienação.

No que respeita às mais-valias não imobiliárias, o artigo 55º, nº 1, alínea d) do CIRS dispõe que o saldo negativo apurado num determinado ano, relativo às operações previstas nas alíneas b), c), e), f), g) e h) do nº 1, do artigo 10º do CIRS, pode ser reportado para os cinco anos seguintes, quando o sujeito passivo opte pelo englobamento (ou seja obrigado a englobar esses rendimentos, o que, por ora, se limita à situação prevista no artigo 72º, nº 14 do CIRS[366]).

No campo das mais e menos-valias mobiliárias, o saldo negativo é considerado pela totalidade do seu valor[367] (e não apenas em 50%, como sucede no caso do saldo negativo entre mais e menos-valias imobiliárias).

Em suma, se o sujeito passivo apurar um saldo negativo entre as mais-valias e menos-valias não imobiliárias realizadas no mesmo ano, tal perda será deduzida ao saldo positivo entre mais-valias e menos-valias não imobiliárias que seja apurado pelo mesmo sujeito passivo num ou em vários dos cinco anos seguintes ao do apuramento da perda. O exercício do reporte de perdas depende, todavia, da opção pelo englobamento das mais-valias e menos-valias envolvidas.

Tal como foi já referido, verifica-se uma incomunicabilidade das perdas entre sujeitos passivos distintos, mesmo nas situações de exercício da opção pela tributação conjunta. Assim, a dedução das perdas tem de ser efetuada apenas aos rendimentos positivos, de anos subsequentes, do mesmo sujeito passivo.

[366] O artigo 72º, nº 14 do CIRS prevê o englobamento obrigatório no caso das mais-valias decorrentes da alienação onerosa de partes sociais e de outros valores mobiliários, quando resultem de ativos detidos por um período inferior a 365 dias e o sujeito passivo tenha um rendimento coletável, incluindo este saldo, igual ou superior ao valor do último escalão das taxas gerais de IRS previstas no artigo 68º do CIRS. Reunidas estas condições, as mais-valias mobiliárias em apreço ficam excluídas do regime de tributação autónoma às taxas especiais previstas no artigo 72º, passando a estar sujeitas a englobamento obrigatório, nos termos do artigo 72º, nº 14 do CIRS. Este regime foi introduzido no CIRS pela Lei nº 12/2022, de 27 de junho, aplicando-se aos rendimentos auferidos a partir de 1 de janeiro de 2023 (conforme previsto nas disposições transitórias do artigo 280º, nº 7 da Lei nº 12/2022, de 27 de junho).

[367] Mesmo no caso de operações relativas a micro e pequenas empresas não cotadas, uma vez que o artigo 43º, nº 3 do CIRS determina, relativamente a este tipo de situações, a consideração em 50% do valor apenas para o saldo positivo entre mais e menos-valias (não para o saldo negativo).

4.6. Regime de tributação

Conforme referido supra, a propósito das mais-valias imobiliárias, a tributação das mais-valias num único momento (no período tributário da realização do ganho), no contexto de um imposto dotado de taxas progressivas, como é o caso do IRS, seria suscetível de penalizar consideravelmente este tipo de rendimentos, facilmente atraídos para os escalões mais elevados de tributação.

Foi também referido que, em termos gerais, os mecanismos suscetíveis de atenuar este efeito de penalização fiscal podem basear-se quer na sujeição a tributação de apenas uma parte do ganho quer, alternativamente, na sujeição do ganho em causa a uma taxa de tributação mais reduzida do que a aplicável a outros tipos de rendimento.

Relativamente às mais-valias imobiliárias, o mecanismo de atenuação consagrado pelo legislador fiscal foi o da sujeição a tributação de apenas uma parte do ganho (apenas 50% do seu valor é considerado para efeitos de tributação[368]).

Em contrapartida, nas mais-valias mobiliárias, a atenuação da respetiva tributação é alcançada mediante o regime de tributação a uma taxa especial de tributação autónoma, que, a partir de determinados valores de rendimento, culmina numa tributação geralmente mais reduzida do que a aplicável a rendimentos sujeitos a englobamento obrigatório.

Nos termos do artigo 72º, nº 1, alínea c) do CIRS, é tributado autonomamente, à taxa especial de 28%, "o saldo positivo entre as mais-valias e menos-valias, resultante das operações previstas nas alíneas b), c), e), f), g) e h) do nº 1 do artigo 10º". Deste modo, tanto para sujeitos passivos residentes como para não residentes[369], as mais-valias não imobiliárias são sujeitas a uma tributação autónoma, à taxa especial de 28% (com exceção da situação prevista no artigo 72º, nº 14 do CIRS). No caso dos sujeitos passivos residentes, é possível optar pelo englobamento das mais-valias em causa (artigo 72º, nº 13 do CIRS). Se optar pelo englobamento, o sujeito passivo

[368] Note-se que, em rigor, o que é considerado em apenas 50% do seu valor é o saldo, positivo ou negativo, apurado entre as mais-valias e as menos-valias realizadas no mesmo ano, respeitante às transmissões efetuadas por residentes previstas nas alíneas a), c) e d) do nº 1 do artigo 10º do CIRS (artigo 43º, nº 2, alínea b) do mesmo código).

[369] Não residentes sem estabelecimento estável em território português ao qual os rendimentos em causa sejam imputáveis.

fica obrigado a englobar a totalidade dos rendimentos da mesma categoria (artigo 22º, nº 5 do CIRS).

Abordando agora a exceção referida supra, esta corresponde a uma situação de englobamento obrigatório prevista no artigo 72º nº 14 do CIRS, para mais-valias decorrentes da alienação onerosa de partes sociais e de outros valores mobiliários, quando resultem de ativos detidos por um período inferior a 365 dias e o sujeito passivo tenha um rendimento coletável, incluindo este saldo, igual ou superior ao valor do último escalão das taxas gerais de IRS previstas no artigo 68º do CIRS. Reunidas estas condições, as mais-valias mobiliárias em apreço ficam excluídas do regime de tributação autónoma às taxas especiais previstas no artigo 72º, passando a estar sujeitas a englobamento obrigatório, nos termos do artigo 72º nº 14 do CIRS[370]. Este regime, introduzido no CIRS pela Lei nº 12/2022, de 27 de junho, parece ter o propósito de agravar a tributação das mais-valias mobiliárias especulativas auferidas por sujeitos passivos com uma elevada capacidade contributiva. Trata-se, todavia, de uma medida com um âmbito de aplicação extremamente restrito, cujo contributo para ultrapassar os problemas decorrentes da semi-dualização do IRS – ao nível da sua difícil compatibilização com o princípio da igualdade e o princípio da capacidade contributiva, que o concretiza – é mais simbólico do que efetivo[371].

Importa, por fim, referir que, no caso da alienação onerosa de partes sociais e outros valores mobiliários relativos a micro e pequenas empresas não cotadas nos mercados regulamentado ou não regulamentado da bolsa de valores, foi consagrada uma atenuação específica de tributação, mediante a sujeição a tributação de apenas uma parte do ganho. Com efeito, nos termos do artigo 43º, nº 3 do CIRS, o saldo positivo entre mais e menos-valias realizadas no mesmo ano, em resultado da alienação onerosa de partes sociais e outros valores mobiliários relativos a micro e pequenas empresas, é apenas considerado em 50% do seu valor[372]. Constituem micro e pequenas empresas as entidades que correspondam à definição prevista

[370] O regime em causa aplica-se aos rendimentos auferidos a partir de 1 de janeiro de 2023, conforme previsto nas disposições transitórias do artigo 280º, nº 7 da Lei nº 12/2022, de 27 de junho).

[371] *Vide*, sobre esta matéria, Parte I (pontos 3.2, 3.3 e 4.5) da presente obra.

[372] Note-se que a sujeição a tributação apenas de 50% do valor das mais-valias decorrentes de operações relativas a micro e pequenas empresas não cotadas é aplicável quer no âmbito do regime regra de tributação das mais-valias mobiliárias – a tributação autónoma à taxa especial

no anexo ao Decreto-Lei nº 372/2007, de 6 de novembro (alterado pelo Decreto-Lei nº 143/2009, de 16 de julho).

5. Mais-valias referentes a propriedade intelectual ou industrial

Tal como foi oportunamente referido, as mais-valias referentes a propriedade intelectual ou industrial integradas na categoria G decorrem de factos geradores correspondentes à alienação onerosa da propriedade intelectual ou industrial ou de experiência adquirida no setor comercial, industrial ou científico, quando o transmitente não seja o seu titular originário (artigo 10º, nº 1, alínea c) do CIRS).

O valor dos rendimentos qualificados como mais-valias é o correspondente ao saldo apurado entre mais e menos-valias realizadas no mesmo ano.

Cada mais-valia resulta da diferença positiva entre o valor obtido com a transmissão em causa (valor de realização) e o valor pago aquando da aquisição (valor de aquisição), conforme previsto no artigo 10º, nº 4, alínea a) do CIRS. Se a diferença entre o valor de realização e o valor de aquisição for negativa, estaremos perante uma menos-valia.

Ainda quanto à determinação do ganho tributável, a dedução de despesas para efeitos do cálculo das mais-valias tributáveis é efetuada mediante o acréscimo, ao valor de aquisição da propriedade intelectual ou industrial objeto de alienação onerosa, das despesas necessárias e efetivamente praticadas, inerentes à aquisição e alienação dos bens / direitos em causa (artigo 51º, nº 1, alínea b) do CIRS).

As mais-valias referentes a propriedade intelectual ou industrial, obtidas tanto por sujeitos passivos residentes como por não residentes[373], são sujeitas a uma tributação autónoma, à taxa especial de 28% (artigo 72º, nº 1, alínea c) do CIRS). No caso dos sujeitos passivos residentes, é possível optar pelo englobamento das mais-valias em causa (artigo 72º, nº 13 do CIRS).

O saldo positivo ou negativo apurado entre as mais-valias e as menos-valias realizadas no mesmo ano, respeitante às alienações onerosas da propriedade intelectual ou industrial, efetuadas por residentes, deve apenas ser considerado por 50% do seu valor (artigo 43º, nº 2, alínea b) do CIRS).

de 28% –, quer caso o sujeito passivo opte pelo englobamento dos rendimentos da categoria G que se encontram fora do regime de englobamento obrigatório (v.g. as mais-valias mobiliárias).

[373] Não residentes sem estabelecimento estável em território português ao qual os rendimentos em causa sejam imputáveis.

Por seu turno, a exclusão de tributação consagrada no artigo 5º do Decreto-Lei nº 442-A/88, de 30 de novembro, é aplicável quando o ganho apurado resultar da alienação de direitos da propriedade intelectual ou industrial adquiridos anteriormente a 1 de janeiro de 1989.

Em caso de apuramento de perdas, cabe notar que o saldo anual negativo entre mais e menos-valias não imobiliárias (ou seja, o relativo a mais e menos-valias mobiliárias e referentes a propriedade intelectual ou industrial) pode ser reportado para os 5 anos seguintes, quando o sujeito passivo opte pelo englobamento (artigo 55º, nº 1, alínea d) do CIRS)[374].

6. Outros incrementos patrimoniais

Integram a categoria G, para além das mais-valias, os seguintes incrementos patrimoniais, previstos no artigo 9º do CIRS:

i) As indemnizações que visem a reparação de danos não patrimoniais (excetuadas as fixadas por decisão judicial ou arbitral ou resultantes de acordo homologado judicialmente), de danos emergentes não comprovados e de lucros cessantes (considerando-se como tais, neste último caso, apenas as que se destinem a ressarcir os benefícios líquidos deixados de obter em consequência da lesão) (nº 1, alínea b);

ii) As importâncias auferidas em virtude da assunção de obrigações de não concorrência, independentemente da respetiva fonte ou título (nº 1, alínea c);

iii) Os acréscimos patrimoniais não justificados, determinados nos termos previstos nos artigos 87º, 88º ou 89º-A da Lei Geral Tributária, e igualmente aqueles a que se refere o nº 5 do artigo 89º-A da Lei Geral Tributária (nº 1, alínea d), e nº 3);

iv) As indemnizações devidas por renúncia onerosa a posições contratuais ou outros direitos inerentes a contratos relativos a bens imóveis (nº 1, alínea e)[375].

[374] Embora caiba apontar a contradição desta norma com a do artigo 55º, nº 1, alínea c) do CIRS, que aparentemente também seria aplicável às mais e menos-valias referentes a propriedade intelectual ou industrial (porque abarcadas pelo artigo 43º, nº 2 do CIRS, aí referido), mas que determina que apenas 50% do saldo anual negativo entre mais e menos-valias pode ser reportado para os 5 anos seguintes.

[375] A atual redação do preceito, introduzida pela Lei nº 3/2019, de 9 de janeiro, exceciona as indemnizações legalmente devidas pela denúncia de contratos de arrendamento sem

Os aludidos rendimentos integram a categoria G desde que não sejam considerados rendimentos de outras categorias[376].

Dedicaremos a nossa atenção a cada um destes tipos de incrementos patrimoniais, começando pelas indemnizações.

6.1. Indemnizações

6.1.1. Delimitação da incidência

As indemnizações podem assumir a forma de uma "reconstituição natural" dos interesses lesados ou, não sendo esta possível, a forma de uma indemnização pecuniária que é paga ao lesado[377].

Limitaremos a nossa análise tributária às situações de pagamento ao lesado de uma indemnização em dinheiro, pois é neste campo que, maioritariamente, se colocam as questões fiscais.

Note-se que não nos parece de afastar liminarmente a possibilidade de uma "reconstituição natural" poder, nalguns casos concretos, suscitar questões fiscais. Todavia, a análise das eventuais implicações fiscais de uma "reconstituição natural" tem necessariamente que ser efetuada de forma casuística – em primeiro lugar, ponderando a natureza do dano e os con-

termo, relativos a imóveis que constituam habitação permanente do sujeito passivo, nos casos previstos no artigo 1101º do Código Civil.

[376] Os incrementos patrimoniais introduzidos no CIRS pela Lei nº 30-G/2000, de 29 de dezembro, incluíam também os prémios de quaisquer lotarias, rifas e apostas mútuas, totoloto, jogos do loto e bingo, bem como as importâncias ou prémios atribuídos em quaisquer sorteios ou concursos, efetivamente pagos ou postos à disposição. Estes rendimentos derivados do jogo e de sorteios ou concursos foram, posteriormente, retirados do âmbito de incidência do IRS, passando a estar sujeitos a Imposto do Selo (cfr. verba 11 – Jogo, da TGIS).

[377] Nos termos do artigo 562º do Código Civil, "quem estiver obrigado a reparar um dano deve reconstituir a situação que existiria, se não se tivesse verificado o evento que obriga à reparação". Assim, a forma ideal de reparação seria a "reconstituição natural" ou "indemnização em forma específica" (v.g. a reparação do bem que tinha sido danificado; ou a devolução do bem que tinha sido subtraído). Contudo, em muitos casos, a "reconstituição natural" não se revela viável. Nestas situações, terá de recorrer-se à "indemnização por equivalente", mediante o pagamento de um montante em dinheiro para ressarcir os danos sofridos pelo lesado. Conforme se encontra previsto no artigo 566º do Código Civil, "a indemnização é fixada em dinheiro, sempre que a reconstituição natural não seja possível, não repare integralmente os danos ou seja excessivamente onerosa para o devedor" (nº 1 do artigo). Refere o nº 2 do mesmo artigo que "sem prejuízo do preceituado noutras disposições, a indemnização em dinheiro tem como medida a diferença entre a situação patrimonial do lesado, na data mais recente que puder ser atendida pelo tribunal, e a que teria nessa data se não existissem danos".

tornos da "reconstituição natural" efetuada; subsequentemente, avaliando se esta última pode, no caso concreto, originar um acréscimo patrimonial líquido na esfera do lesado, que possa ser reconduzido à figura do "rendimento-acréscimo"; e, ainda, verificando o enquadramento da situação concreta face às regras do CIRS, designadamente ao nível da incidência da categoria G. Assim, remetemos esta análise para uma futura oportunidade, concentrando-nos, por ora, no enquadramento fiscal das indemnizações em dinheiro.

Perante o amplo e heterogéneo conjunto de situações que podem dar origem ao pagamento de indemnizações pecuniárias, verifica-se que apenas algumas são tributáveis. Um montante recebido a título de indemnização é sujeito a tributação em sede de IRS apenas quando consubstanciar um verdadeiro rendimento.

Para dirimir quando tal sucede ou não, cabe atender às conceções de rendimento nas quais se baseia a tributação em sede de IRS – em particular, à conceção de "rendimento-acréscimo", assente na teoria do acréscimo patrimonial. Nos termos desta conceção, devem ser tributadas apenas as indemnizações que deem origem a um acréscimo patrimonial líquido, na esfera do sujeito passivo[378].

Em termos gerais, o CIRS concretiza esta conceção de "rendimento-acréscimo", sujeitando a tributação as indemnizações que constituam acréscimos patrimoniais (ou aquelas em que a falta de comprovação dos danos permita apontar também nesse sentido). Deste modo, o CIRS considera como rendimentos tributáveis, no âmbito da categoria G, os seguintes tipos de indemnização (artigo 9º, nº 1, alínea b) do CIRS):

i) As indemnizações por danos não patrimoniais (excetuadas as fixadas por decisão judicial ou arbitral ou resultantes de acordo homologado judicialmente);
ii) As indemnizações por danos emergentes não comprovados; e
iii) As indemnizações por lucros cessantes (considerando-se como tais apenas as que se destinem a ressarcir os benefícios líquidos deixados de obter em consequência da lesão).

[378] Cfr. José Guilherme Xavier de Basto, *IRS – Incidência Real e Determinação dos Rendimentos Líquidos*, cit., p. 253.

Ainda quanto ao enquadramento fiscal das indemnizações, importa atender à delimitação negativa de incidência prevista no artigo 12º, nº 1 do CIRS, nos termos da qual se encontram fora da incidência de IRS as indemnizações recebidas em consequência de lesão corporal, doença ou morte, pagas ou atribuídas:

i) Pelo Estado, regiões autónomas ou autarquias locais, bem como qualquer dos seus serviços, estabelecimentos ou organismos, ainda que personalizados, incluindo os institutos públicos e os fundos públicos; ou
ii) Ao abrigo de contrato de seguro, decisão judicial ou acordo homologado judicialmente.

Aprofundamos, agora, cada um dos tipos de indemnização tributável como incremento patrimonial no âmbito da categoria G.

i) Indemnizações por danos não patrimoniais

Este tipo de indemnizações tem o intuito de compensar o lesado por perdas não patrimoniais sofridas, ou seja, perdas que não tiveram um reflexo no seu património. São também conhecidas por indemnizações por "danos morais", embora a terminologia predominantemente adotada a nível civilístico seja a de "danos não patrimoniais".

A tributação das indemnizações por danos não patrimoniais, no âmbito da categoria G, justifica-se pelo facto de as referidas indemnizações, na realidade, originarem um acréscimo patrimonial líquido na esfera dos indemnizados que as recebem.

Com efeito, estando em causa danos não patrimoniais (danos morais), o fim da indemnização consiste apenas em aliviar o sofrimento causado pelo dano ou perda suportados pelo indemnizado, em tentar confortá-lo, na medida do possível, através do recebimento de um determinado montante. Dada a natureza do dano (não patrimonial), o recebimento da indemnização pecuniária não reconstitui a situação anterior à lesão, pois tal não é possível (contrariamente ao que sucede nas indemnizações por danos patrimoniais).

Em suma, o dano e a compensação por via indemnizatória têm naturezas diferentes – o dano é não patrimonial, normalmente de valor grandemente subjetivo e difícil de aferir; ao passo que a indemnização tem um carácter patrimonial e um valor definido.

Deste modo, considerando a situação em termos meramente patrimoniais, o recebimento da indemnização por danos morais origina, na esfera do indemnizado, um acréscimo patrimonial líquido. O recebimento da indemnização pecuniária aumenta o património do lesado, ao passo que a lesão, pela sua natureza (dano não patrimonial), não o tinha reduzido. A existência de tal acréscimo patrimonial líquido justifica a tributação, nos termos da conceção do "rendimento-acréscimo", conforme tinha já sido referido.

Há, ainda, que ter em conta as dificuldades que rodeiam a determinação do dano não patrimonial, bem como a subjetividade que caracteriza a fixação da indemnização neste tipo de dano, as quais potenciam aproveitamentos fraudulentos – que seriam grandemente incentivados, caso este tipo de indemnização fosse excluído do âmbito de incidência do IRS.

Não obstante a sujeição a tributação das indemnizações por danos não patrimoniais, o artigo 9º, nº 1, alínea b) do CIRS exclui da incidência de IRS as fixadas por decisão judicial ou arbitral ou resultantes de acordo homologado judicialmente.

A justificação para tal característica do regime assenta na credibilidade que resulta da determinação, em processo judicial ou arbitral, mediante sentença ou transação, do dano não patrimonial e do montante da indemnização, assim reduzindo as possibilidades de aproveitamento fraudulento da exclusão de tributação e as situações de evasão fiscal[379].

ii) Indemnizações por danos emergentes não comprovados

O CIRS prevê, no seu artigo 9º, nº 1, alínea b), que as indemnizações por danos emergentes não comprovados se encontram sujeitas a tributação em sede de IRS. Conclui-se assim que, em contrapartida, o CIRS admite a exclusão de tributação relativamente às indemnizações por danos emergentes devidamente comprovados.

Com efeito, as indemnizações por danos emergentes não originam um acréscimo patrimonial líquido, na medida em que apenas procuram compensar o decréscimo patrimonial sofrido pelo indemnizado, em virtude do dano, reconstituindo a situação patrimonial anterior à lesão.

Deste modo, a indemnização por danos emergentes apenas repõe o património do lesado no nível anterior à ocorrência do dano, não consti-

[379] Cfr. José Guilherme Xavier de Basto, *IRS – Incidência Real e Determinação dos Rendimentos Líquidos*, cit., pp. 254-255.

tuindo um acréscimo patrimonial líquido[380]. Este facto justifica a sua não sujeição a IRS, dado que não estamos perante uma situação de "rendimento-acréscimo"[381].

Todavia, a não sujeição a tributação das indemnizações por danos emergentes exige a comprovação dos danos. Caso contrário, o regime seria facilmente permeável a utilizações fraudulentas da exclusão de tributação, conducentes a situações de evasão fiscal. Entende-se, assim, que o legislador fiscal tenha previsto a sujeição a tributação das indemnizações por danos emergentes não comprovados, enquadradas pelo CIRS na categoria G.

iii) Indemnizações por lucros cessantes

O CIRS prevê a tributação das indemnizações por lucros cessantes, considerando como tais as que se destinem a ressarcir os benefícios líquidos deixados de obter em consequência da lesão (artigo 9º, nº 1, alínea b) *in fine*).

Contrariamente às indemnizações por danos emergentes, que compensam perdas sofridas pelo património do sujeito passivo, as indemnizações por lucros cessantes compensam ganhos que deixaram de afluir a esse património. Existe, portanto, nas indemnizações por lucros cessantes, um acréscimo patrimonial líquido, visto que o recebimento da indemnização pecuniária aumenta o património do lesado. Este acréscimo patrimonial justifica a tributação da indemnização em sede de IRS, nos termos da conceção do "rendimento-acréscimo".

Note-se, ainda, que o valor recebido a título de indemnização substitui outros incrementos patrimoniais que deixaram de ser auferidos (os denominados "lucros cessantes") – os quais, provavelmente, seriam tributáveis nalguma das categorias de rendimentos do IRS.

Apesar do enquadramento da indemnização em apreço na categoria G, se esta for recebida no âmbito de uma atividade empresarial ou profissional exercida poderá constituir um rendimento da categoria B, nos termos do artigo 3º, nº 2, alínea d) do CIRS, atento o carácter residual da categoria G.

[380] Cfr., neste sentido, José Guilherme Xavier de Basto, *IRS – Incidência Real e Determinação dos Rendimentos Líquidos*, cit., p. 362.

[381] Nem de "rendimento-produto", obviamente.

6.1.2. Regime de tributação

As indemnizações tributadas nos termos do artigo 9º, nº 1, alínea b) do CIRS constituem rendimento do ano em que são pagas ou colocadas à disposição (artigo 9º, nº 4 do CIRS). Não são objeto de quaisquer deduções, para efeitos de determinação do rendimento coletável, conforme resulta do disposto no artigo 42º do CIRS.

Tratando-se de indemnizações auferidas por sujeitos passivos residentes, estas são objeto de englobamento[382], ficando sujeitas a tributação às taxas gerais de IRS.

As indemnizações em apreço, quando recebidas por residentes, encontram-se sujeitas a retenção na fonte, à taxa de 16,5%, na condição de o respetivo devedor ser entidade que disponha ou deva dispor de contabilidade organizada (artigo 101º, nº 1, alínea a) do CIRS). Trata-se de uma retenção com a natureza de pagamento por conta do imposto devido em termos finais.

No caso de sujeitos passivos não residentes, a tributação opera mediante retenção na fonte à taxa liberatória de 25% (artigo 71º, nº 4, alínea d) do CIRS).

6.2. Obrigações de não concorrência

As importâncias auferidas em virtude da assunção de obrigações de não concorrência, independentemente da respetiva fonte ou título, integram-se na categoria G, desde que não sejam consideradas rendimentos de outras categorias (artigo 9º, nº 1, alínea c) do CIRS).

Tais importâncias são distintas das indemnizações pela cessação do contrato de trabalho e também das indemnizações resultantes da constituição, extinção ou modificação da relação jurídica que origine rendimentos do trabalho dependente, auferidas no âmbito da categoria A – previstas no artigo 2º, nº 4 do CIRS e no nº 3, alínea e) do mesmo artigo, respetivamente. São, igualmente, distintas das importâncias auferidas, a título de indemnização, conexas com a atividade exercida, nomeadamente a sua redução, suspensão e cessação, previstas no âmbito da categoria B – no artigo 3º, nº 2, alínea d) do CIRS.

[382] Se o pagamento da indemnização resultar de um litígio, o que será frequente, importa ter em conta o disposto no artigo 62º do CIRS, referente a rendimentos litigiosos. Esta disposição prevê que, se a determinação do titular ou do valor de quaisquer rendimentos depender de decisão judicial, o englobamento só se faz depois de transitada em julgado a decisão, e opera-se na declaração de rendimentos do ano em que transite, nos termos do artigo 74º do CIRS.

Deste modo, as importâncias auferidas em virtude da assunção de obrigações de não concorrência não se encontram abrangidas por normas de incidência no âmbito do rendimento do trabalho dependente nem do rendimento empresarial e profissional.

Ora, a tributação de um qualquer rendimento depende do respetivo enquadramento nas normas de incidência de uma das categorias previstas no CIRS.

Assim, na ausência de uma norma de incidência própria – concretamente, o artigo 9º, nº 1, alínea c) do CIRS –, as importâncias auferidas em virtude da assunção de obrigações de não concorrência não constituiriam, em princípio, um rendimento tributável em sede de IRS.

O recebimento das importâncias em apreço impõe ao sujeito passivo uma obrigação de se abster do exercício de certa atividade – de trabalho dependente, ou empresarial ou profissional –, em determinado contexto (obrigação de *non facere*). Uma vez que a assunção da obrigação de não concorrência normalmente implica que o sujeito passivo deixe de exercer as atividades em causa, o valor recebido enquadra-se na categoria G.

Todavia, é também possível que o sujeito passivo, no contexto do exercício da atividade empresarial ou profissional "X", receba um montante pela assunção de uma obrigação de não concorrência, nos termos da qual fica impedido de exercer a atividade "Y". Nesta situação, afigura-se que o montante recebido, embora envolva uma obrigação de *non facere*, constitui um rendimento empresarial e profissional, tributável no âmbito da categoria B. A este propósito, recorde-se que, nos termos do artigo 9º, nº 1 do CIRS, os rendimentos constituem incrementos patrimoniais apenas se não forem considerados rendimentos de outras categorias.

Uma vez que o enquadramento na categoria B implicaria a tributação do rendimento em causa nos termos do regime previsto para esta categoria, a nossa análise subsequente centra-se no enquadramento do rendimento na categoria G.

As importâncias auferidas pela assunção de obrigações de não concorrência constituem rendimento do ano em que são pagas ou colocadas à disposição (artigo 9º, nº 4 do CIRS). Não são objeto de quaisquer deduções, para efeitos de determinação do rendimento coletável, conforme resulta do disposto no artigo 42º do CIRS.

Tratando-se de importâncias auferidas por sujeitos passivos residentes, estas são objeto de englobamento, ficando sujeitas a tributação às taxas gerais de IRS. O rendimento em apreço encontra-se sujeito a retenção na fonte, à taxa de 16,5%, na condição de o respetivo devedor ser entidade que disponha ou deva dispor de contabilidade organizada (artigo 101º, nº 1, alínea a) do CIRS). Trata-se de uma retenção com a natureza de pagamento por conta do imposto devido em termos finais.

No caso de sujeitos passivos não residentes, a tributação opera mediante retenção na fonte à taxa liberatória de 25% (artigo 71º, nº 4, alínea d) do CIRS).

6.3. Acréscimos patrimoniais não justificados

Conforme foi já referido, constituem incrementos patrimoniais, desde que não considerados rendimentos de outras categorias, os acréscimos patrimoniais não justificados, determinados nos termos previstos nos artigos 87º, 88º ou 89º-A da Lei Geral Tributária (artigo 9º, nº 1, alínea d) do CIRS).

Os acréscimos patrimoniais não justificados não são objeto de quaisquer deduções, para efeitos de determinação do rendimento coletável, conforme resulta do disposto no artigo 42º do CIRS.

O rendimento correspondente aos acréscimos patrimoniais não justificados – se for de valor não superior a € 100.000 – é sujeito a englobamento obrigatório, para efeitos de IRS, e tributado às taxas gerais deste imposto.

No caso de os acréscimos patrimoniais não justificados serem de valor superior a € 100.000, são sujeitos a tributação autónoma à taxa especial de 60% (artigo 72º, nº 17 do CIRS).

6.4. Renúncia onerosa – Contratos relativos a bens imóveis

As indemnizações devidas por renúncia onerosa a posições contratuais ou outros direitos inerentes a contratos relativos a bens imóveis constituem incrementos patrimoniais, desde que não considerados rendimentos de outras categorias (artigo 9º, nº 1, alínea e) do CIRS)[383].

Esta norma de incidência foi introduzida pela Lei nº 82-E/2014, de 31 de dezembro (Lei da Reforma do IRS). Anteriormente, as indemnizações por renúncia onerosa a posições contratuais ou outros direitos inerentes a contratos relativos a bens imóveis não se encontravam sujeitas a tribu-

[383] Note-se que a atual redação do preceito, introduzida pela Lei nº 3/2019, de 9 de janeiro, exceciona as indemnizações legalmente devidas pela denúncia de contratos de arrendamento sem termo, relativos a imóveis que constituam habitação permanente do sujeito passivo, nos casos previstos no artigo 1101º do Código Civil.

tação em sede de IRS, em virtude da inexistência de norma de incidência específica que as previsse[384].

Uma situação relativamente frequente, que passou a ser tributada graças à norma de incidência em apreço, diz respeito à indemnização recebida pelo arrendatário para renunciar à sua posição no contrato de arrendamento, assim permitindo ao senhorio, que a paga, dar outro destino ao imóvel vago.

Em contrapartida, a cessão onerosa de posições contratuais ou outros direitos inerentes a contratos relativos a bens imóveis já antes da reforma do IRS de 2014 se encontrava prevista, no artigo 10º, nº 1, alínea d) do CIRS, constituindo uma mais-valia tributável.

Note-se que, no caso da cessão onerosa, tratando-se de uma mais-valia imobiliária, o rendimento é considerado em apenas 50% do seu valor, nos termos do artigo 43º, nº 2, alínea b) do CIRS (o que não sucede com o rendimento derivado da renúncia onerosa, tributado pelo seu valor total).

[384] Exceto nalgum caso em que a renúncia e o recebimento da indemnização se inserissem no âmbito do desenvolvimento de uma atividade empresarial ou profissional, situação em que o rendimento em causa seria tributável na categoria B.

Capítulo VI
Pensões
- Categoria H -

1. Incidência real

A categoria H do IRS corresponde às pensões. Todavia, o conceito de pensão adotado na definição da incidência real da presente categoria é um conceito amplo, abarcando outras realidades para além das pensões em sentido estrito.

Consideram-se pensões – e, como tal, rendimentos da categoria H –, nos termos do artigo 11º, nº 1 do CIRS, as prestações dos seguintes tipos:

i) Pensões de aposentação ou de reforma, velhice, invalidez ou sobrevivência, bem como outras de idêntica natureza;
ii) Pensões de alimentos;
iii) Prestações a cargo de companhias de seguros, fundos de pensões ou quaisquer outras entidades, devidas no âmbito de regimes complementares de segurança social em razão de contribuições da entidade patronal, e que não sejam consideradas rendimentos do trabalho dependente;
iv) Outras pensões e subvenções;
v) Rendas temporárias ou vitalícias;
vi) Indemnizações que visem compensar perdas de rendimentos da categoria H.

A remição ou qualquer outra forma de antecipação de disponibilidade dos rendimentos acima referidos não lhes modifica a natureza de pensões (artigo 11º, nº 2 do CIRS).

Estes rendimentos ficam sujeitos a tributação desde que pagos ou colocados à disposição dos respetivos titulares (artigo 11º, nº 3 do CIRS).

2. Determinação do rendimento coletável

Aos rendimentos brutos da categoria H é subtraído, por cada titular que os tenha auferido, o montante de € 4.104. No caso de os rendimentos brutos desta categoria serem de valor anual igual ou inferior a € 4.104, é deduzida a totalidade do valor do rendimento auferido, até à sua concorrência.

Esta dedução específica da categoria H, prevista no artigo 53º, nºs 1 e 2 do CIRS, permite apurar o rendimento líquido tributável da categoria.

São também deduzidas, aos rendimentos brutos da categoria H, as seguintes despesas (53º, nº 4 do CIRS):

i) Quotizações sindicais, na parte em que não constituam contrapartida de benefícios de saúde, educação, apoio à terceira idade, habitação, seguros ou segurança social, e desde que não excedam, em relação a cada sujeito passivo, 1% do rendimento bruto desta categoria, sendo majoradas em 50% do seu valor;

ii) As contribuições obrigatórias para regimes de proteção social e para subsistemas legais de saúde, na parte que exceda o montante de € 4.104 da dedução standard.

Um outro aspeto atinente à determinação do rendimento coletável da categoria H prende-se com a distinção entre capital e renda, quando estamos perante rendas temporárias e vitalícias, bem como perante prestações pagas no âmbito de regimes complementares de segurança social qualificadas como pensões, que compreendam importâncias pagas a título de reembolso do capital.

Nestes casos, estabelece o artigo 54º, nº 1 do CIRS que, para efeitos da determinação do valor tributável, se deduza a parte correspondente ao reembolso do capital[385].

Quando a parte correspondente ao capital não puder ser discriminada (v.g. pela entidade devedora das rendas), abate-se à totalidade da renda, para efeitos de determinação do valor tributável, uma importância igual a 85% (artigo 54º, nº 2 do CIRS).

[385] Tal corresponde, por exemplo, ao valor dos prémios que foram sendo pagos.

Todavia, não é aplicável o regime descrito nos parágrafos anteriores – excluindo-se a dedução da parte correspondente ao capital –, relativamente às prestações devidas no âmbito de regimes complementares de segurança social, seja qual for a entidade devedora, se as contribuições constitutivas do direito de que derivam tais prestações tiverem sido suportadas por pessoa ou entidade diferente do respetivo beneficiário e neste não tiverem sido, comprovadamente, objeto de tributação (artigo 54º, nº 3 do CIRS). Neste caso, é sujeito a imposto o total do valor recebido.

3. Regime de tributação

O rendimento líquido da categoria H apurado por sujeitos passivos residentes é de englobamento obrigatório, nos termos do artigo 22º, nº 1 e nº 3, alínea b) *a contrario* do CIRS.

Há que ter em conta, todavia, a existência de uma situação específica de rendimento da categoria H obtido por residentes que não segue o regime de englobamento obrigatório. É o caso das pensões de alimentos enquadráveis no artigo 83º-A do CIRS, que são tributadas autonomamente, à taxa especial de 20%, nos termos do artigo 72º, nº 9 do CIRS. Os sujeitos passivos residentes em território nacional podem optar pelo englobamento deste rendimento (artigo 72º, nº 13 do CIRS).

Retomando a análise do regime do englobamento aplicável aos sujeitos passivos residentes em território português, ao rendimento global líquido – que integra os rendimentos da categoria H de englobamento obrigatório e, ainda, os de englobamento facultativo relativamente aos quais o seu titular tenha exercido a opção de englobar –, são aplicadas as taxas gerais progressivas de IRS, previstas no artigo 68º do CIRS.

Ao valor da coleta calculada mediante a aplicação das taxas gerais de IRS são efetuadas as deduções à coleta, nos termos previstos nos artigos 78º e seguintes de CIRS. Apura-se, assim, o valor do imposto final devido.

As retenções na fonte de IRS sofridas ao longo do ano, relativamente aos rendimentos da categoria H objeto de englobamento, são dedutíveis à coleta (após as restantes deduções), nos termos previstos no artigo 78º, nºs 2 e 3 do CIRS, apurando-se então se o sujeito passivo tem ainda imposto a pagar ou se, pelo contrário, tem direito ao reembolso do excesso de imposto já pago, no caso de o valor das retenções sofridas exceder o valor do imposto final devido[386].

[386] Quando tiverem ocorrido pagamentos por conta na categoria H, estes também são dedutíveis à coleta, nos termos e com os efeitos previstos no artigo 78º, nºs 2 e 3 do CIRS, tal

No caso dos **residentes não habituais** em território português, os rendimentos líquidos da categoria H por estes auferidos em Portugal seguem o regime do englobamento obrigatório.

Contudo, se as pensões auferidas pelos residentes não habituais forem obtidas no estrangeiro – o que constitui a situação mais comum, dado tratar-se de sujeitos passivos que anteriormente residiram fora de Portugal –, o respetivo rendimento líquido é tributado à taxa especial de IRS de 10 % (cfr. artigo 72º, nº 12 do CIRS)[387]. Este regime de tributação é aplicável na parte em que as pensões em causa, quando tenham origem em contribuições, não tenham gerado uma dedução para efeitos do nº 2 do artigo 25º do CIRS; e desde que as pensões, pelos critérios previstos no nº 1 do artigo 18º, não sejam de considerar rendimentos obtidos em território português.

O atual regime de tributação das pensões auferidas no estrangeiro por residentes não habituais foi introduzido pela Lei nº 2/2020, de 31 de março (Lei do Orçamento do Estado para 2020). Alterou significativamente o regime fiscal anteriormente vigente, o qual, na maioria dos casos, permitia que este tipo de rendimento beneficiasse da isenção prevista no artigo 81º, nº 6 do CIRS (revogado pela Lei nº 2/2020).

Por seu turno, os rendimentos da categoria H auferidos por **sujeitos passivos não residentes** em território português encontram-se excluídos do regime de englobamento (artigo 22º, nº 3, alínea a) do CIRS). As pensões obtidas em território português por sujeitos passivos não residentes são tributadas por retenção na fonte a título definitivo, à taxa liberatória de 25% (artigo 71º, nº 4, alínea c) do CIRS). A retenção na fonte incide sobre o valor das pensões líquidas da dedução prevista no artigo 53º do CIRS (artigo 71º, nº 7 do CIRS).

4. Retenções na fonte

As entidades devedoras de pensões são obrigadas a reter o imposto no momento do seu pagamento ou colocação à disposição dos respetivos titulares, mediante a dedução das importâncias correspondentes à aplicação das taxas de retenção legalmente previstas (artigo 99º, nº 1, alínea b) do CIRS).

como explicitado para as retenções na fonte. Todavia, a ocorrência de pagamentos por conta na categoria H – limitada à situação prevista no artigo 102º, nº 8 do CIRS – é rara.

[387] Embora possam ser englobados por opção dos respetivos titulares.

Excecionam-se desta obrigação de retenção na fonte as pensões de alimentos – o que se entende, visto que, na generalidade dos casos, são pagas por pessoas singulares que, em coerência com os critérios seguidos pelo CIRS noutras categorias de rendimentos[388], não reúnem as condições necessárias à função de substituto tributário.

As retenções na fonte incidentes sobre os rendimentos da categoria H auferidos por residentes em território português têm a natureza de um adiantamento por conta do IRS devido em termos finais[389].

A retenção de IRS é efetuada sobre o valor das pensões mensalmente pagas ou postas à disposição dos seus titulares, mediante a aplicação das taxas que lhes correspondam, constantes da respetiva tabela (artigo 99º-D, nº 1 do CIRS).

As taxas de retenção na fonte aplicáveis aos rendimentos da categoria H constam de tabelas, aprovadas anualmente por despacho do Ministro das Finanças. As tabelas de retenção são progressivas, tendo em conta o valor mensal auferido e a situação pessoal e familiar do titular dos rendimentos (artigo 99º-B do CIRS).

No que diz respeito às pensões obtidas em território português por sujeitos passivos não residentes, estas são tributadas por retenção na fonte a título definitivo, à taxa liberatória de 25% (artigo 71º, nº 4, alínea c) do CIRS). A retenção na fonte incide sobre o valor das pensões líquidas da dedução prevista no artigo 53º do CIRS (artigo 71º, nº 7 do CIRS).

5. Pagamentos por conta opcionais

O artigo 102º, nº 8 do CIRS admite a realização de pagamentos por conta opcionais pelos titulares de rendimentos da categoria H, no caso de as entidades devedoras destes rendimentos não se encontrarem abrangidas pela obrigação de efetuar as retenções na fonte previstas no artigo 99º do CIRS. Neste caso, os titulares dos rendimentos podem, querendo, efetuar pagamentos por conta do imposto devido a final, desde que o montante de cada entrega seja igual ou superior a € 50.

Esta disposição legal começou por prever os pagamentos por conta opcionais apenas para as categorias A e H. Todavia, por força da Lei

[388] Veja-se, por exemplo, o critério da disponibilidade de contabilidade organizada do pagador dos rendimentos, previsto no artigo 101º, nº 1 do CIRS para a retenção sobre rendimentos de outras categorias que não a A e a H.

[389] Este último, liquidado pela AT no ano seguinte àquele a que o imposto diz respeito.

nº 2/2020, de 31 de março (Lei do Orçamento do Estado para 2020), o regime foi alargado a todas as categorias de rendimentos.

No contexto da categoria H, trata-se de uma situação residual, que ocorre, por exemplo, no caso de entidades devedoras de pensões que, embora realizando pagamentos a pessoas singulares residentes, sejam elas próprias entidades não residentes e sem estabelecimento estável em território português (e, portanto, não vinculadas pelas obrigações de retenção na fonte previstas na lei portuguesa). Os titulares dos rendimentos da categoria H, que, nestas circunstâncias, não sofrem retenções na fonte, teriam de pagar no ano seguinte todo o imposto devido quanto aos rendimentos em causa, após o recebimento da liquidação de IRS efetuada pela AT. Por uma questão de prudência financeira, alguns destes sujeitos passivos poderão optar por realizar pagamentos por conta do imposto, no próprio ano em que recebem os aludidos rendimentos, em vez de terem de suportar todo o encargo fiscal num determinado momento do ano seguinte.

PARTE III
ELEMENTOS SINTÉTICOS DO IRS – NORMAS COMUNS DO IMPOSTO

Capítulo I
Enquadramento

Conforme foi já referido, o IRS tem uma natureza de imposto único ou sintético – um único imposto incidente sobre todos os rendimentos do sujeito passivo pessoa singular, um único código contendo as regras de tributação, uma estrutura normativa conducente a um ato de liquidação de imposto. O IRS permite, portanto, a tributação do rendimento global do sujeito passivo num único imposto.

A opção por um imposto único ou sintético, como o IRS, revela-se fundamental para a existência de uma tributação de acordo com a capacidade contributiva do sujeito passivo, através da consideração do rendimento global de cada sujeito passivo (ou agregado familiar, no caso de opção pela tributação conjunta de casados ou unidos de facto); e também para a personalização do imposto.

O IRS visa, assim, proceder a uma tributação de carácter global dos rendimentos das pessoas singulares. Após a fase analítica do cálculo do imposto, na qual são aplicáveis regras específicas para cada categoria de rendimento (v.g. as relativas à definição da incidência real e às deduções específicas de cada categoria), segue-se uma fase sintética, caracterizada pela aplicação de um único conjunto de regras fiscais (v.g. a aplicação do quociente conjugal, se tiver havido opção pela tributação conjunta de casados ou unidos de facto, a sujeição a uma única tabela de taxas gerais progressivas e as deduções à coleta, tudo isto no caso dos rendimentos sujeitos a englobamento).

Todavia, o IRS está longe de consagrar uma tributação unitária dos rendimentos das pessoas singulares.

Uma tributação unitária pressuporia a tributação da generalidade dos rendimentos líquidos do sujeito passivo de acordo com um mesmo figurino e uma mesma filosofia de imposto, não efetuando distinções entre os diferentes tipos de rendimento ao nível do regime de tributação e da taxa ou tabela de taxas aplicáveis. Ora, o IRS não apresenta estas características, não sendo, efetivamente, um imposto unitário.

Em suma, o IRS não procede a uma tributação de todos os tipos de rendimentos do sujeito passivo pessoa singular em termos similares, não consagrando, portanto, uma tributação unitária.

No âmbito da tributação dos sujeitos passivos residentes, coexistem no CIRS dois grandes figurinos de tributação, inspirados em filosofias e princípios bastante distintos, e conducentes a resultados práticos completamente diferentes:

i) A tributação por via do **englobamento**, nos termos da qual rendimentos líquidos de diversas categorias são adicionados e assim convertidos num rendimento global. As taxas de imposto aplicáveis são as taxas gerais progressivas, previstas no artigo 68º do CIRS. O regime de englobamento beneficia de elementos de personalização do imposto, como sejam o quociente conjugal (quando aplicável) e as deduções à coleta.

ii) Contrapõe-se-lhe a tributação às **taxas liberatórias** do artigo 71º ou às **taxas especiais** do artigo 72º, ambos do CIRS – cuja aplicação exclui os rendimentos em apreço do regime de englobamento[390], exceto por opção do contribuinte residente. Trata-se de uma tributação a taxas proporcionais de imposto, com características reais, na qual não estão presentes os elementos personalizantes fundamentais do imposto nem as deduções à coleta[391].

[390] Ressalva-se a existência de uma previsão, no artigo 72º, nº 14 do CIRS, referente a um tipo de mais-valias mobiliárias sujeitas ao regime de englobamento obrigatório. Este regime, com um âmbito de aplicação bastante restrito, foi introduzido pela Lei nº 12/2022, de 27 de junho (Lei do Orçamento do Estado para 2022).

[391] Sem preocupações de exaustividade, refira-se que, na redação atualmente em vigor do CIRS, e no que diz respeito aos sujeitos passivos residentes, estão sujeitos a taxas liberatórias os rendimentos de capitais e a taxas especiais as mais-valias mobiliárias (com exceção da situação prevista no artigo 72º, nº 14 do CIRS) e os rendimentos prediais.

Desta forma, na Parte III do presente texto, dedicada aos "elementos sintéticos do IRS – normas comuns do imposto", serão abordados não apenas aspetos relativos ao apuramento do imposto devido no contexto do regime de englobamento, mas também aspetos relacionados com a tributação fora do englobamento, a taxas liberatórias ou especiais. Trata-se ainda, nesta segunda alternativa (de tributação fora do regime do englobamento), de normas do CIRS aplicáveis a rendimentos de várias categorias e, nessa medida, de normas comuns do imposto.

Capítulo II
Normas comuns do imposto

1. Englobamento

O englobamento representa a passagem da fase analítica para a fase sintética do imposto. Na fase sintética, cessa a distinção entre várias categorias de rendimentos, aplicando-se um único conjunto de regras fiscais.

Através do englobamento – obrigatório e/ou opcional – apura-se o rendimento global líquido ou rendimento coletável do sujeito passivo residente, mediante a adição dos rendimentos líquidos das várias categorias, por este auferidos em cada ano (artigo 22º, nº 1 do CIRS).

Todavia, o englobamento não é aplicável a todos os tipos de sujeito passivo de IRS nem a todos os tipos de rendimento por este auferidos. Conforme foi já referido, o IRS concretiza um sistema de tributação semi-dual, no âmbito do qual coexistem um regime de englobamento e um regime de tributação a taxas liberatórias ou a taxas especiais de tributação autónoma.

Desta forma, não são englobados os rendimentos auferidos por sujeitos passivos não residentes em território português[392] (artigo 22º, nº 3, alínea a) do CIRS), cuja tributação se processa mediante a aplicação de taxas liberatórias ou de taxas especiais.

Estão também excluídos do regime de englobamento obrigatório de rendimentos os que, apesar de auferidos por sujeitos passivos residentes em território português, se encontram sujeitos às taxas liberatórias do

[392] Sem prejuízo do disposto no nº 15 do artigo 72º do CIRS, relativo aos residentes noutro Estado membro da UE ou do EEE, desde que exista, no último caso, intercâmbio de informações em matéria fiscal.

artigo 71º do CIRS ou às taxas especiais de tributação autónoma do artigo 72º do CIRS[393] (artigo 22º, nº 3, alínea b) do CIRS).

Estes rendimentos podem, contudo, ser objeto de englobamento opcional por parte do sujeito passivo residente, nos termos previstos nos artigos 71º, nº 8 e 72º, nº 13 do CIRS. Exercida a opção pelo englobamento, o sujeito passivo fica obrigado a englobar a totalidade dos rendimentos da mesma categoria (artigo 22º, nº 5 do CIRS).

Caso se trate de rendimentos que tenham sido sujeitos a retenção na fonte, o respetivo englobamento opcional determina que a retenção sofrida assuma a natureza de pagamento / adiantamento por conta do imposto devido a final (artigo 71º, nº 9 do CIRS). Por exemplo, no caso de rendimentos de capitais, que foram sujeitos a retenção na fonte à taxa liberatória de 28%[394], se o sujeito passivo residente optar pelo seu englobamento, a retenção sofrida deixa de ter a natureza de retenção na fonte a título definitivo e passa a ter a natureza de retenção por conta do imposto devido a final. Deste modo, passa a ser uma retenção na fonte dedutível à coleta, nos termos do artigo 78º, nº 2 do CIRS, podendo mesmo dar origem a reembolso de imposto ao sujeito passivo, em conformidade com o previsto no nº 3 do mesmo artigo.

Quanto aos rendimentos apurados por não residentes, o regime legal não prevê, em termos gerais, qualquer opção pelo englobamento dos mesmos. Tal situação é compreensível, visto a tributação global ter como pressuposto a capacidade contributiva global do sujeito passivo, a qual não é suscetível de aferição relativamente aos não residentes em território português.

Há, no entanto, no caso de sujeitos passivos não residentes em território português, mas que sejam residentes noutro Estado membro da UE ou do EEE, que ter em conta a existência no CIRS de regimes que, nalguns

[393] Não obstante o próprio artigo 72º, nº 14 do CIRS prever, atualmente, uma situação de englobamento obrigatório. É o caso das mais-valias decorrentes da alienação onerosa de partes sociais e de outros valores mobiliários, quando resultem de ativos detidos por um período inferior a 365 dias e o sujeito passivo tenha um rendimento coletável, incluindo este saldo, igual ou superior ao valor do último escalão das taxas gerais de IRS previstas no artigo 68º do CIRS. Reunidas estas condições, as mais-valias mobiliárias em apreço ficam excluídas do regime de tributação autónoma às taxas especiais previstas no artigo 72º, passando a estar sujeitas a englobamento obrigatório, nos termos do artigo 72º, nº 14 do CIRS. Este regime foi introduzido no CIRS pela Lei nº 12/2022, de 27 de junho.

[394] Nos termos do artigo 71º, nº 1, alínea a) do CIRS.

aspetos, se aproximam do regime de englobamento. É o caso dos regimes opcionais previstos no artigo 71º, nºs 10 a 15 e no artigo 72º, nºs 15 e 16 do CIRS. Importa também referir o regime opcional previsto no artigo 17º-A do CIRS, aplicável aos sujeitos passivos residentes noutro Estado membro da UE ou do EEE que aufiram em território português pelo menos 90% da totalidade dos seus rendimentos do ano em causa – os "residentes virtuais" –, cujas regras são, no essencial, idênticas às do regime de englobamento aplicável aos residentes.

Por fim, no que diz respeito aos rendimentos isentos, estão não são, naturalmente, englobados para efeitos da sua tributação. Todavia, quando a lei o imponha, os rendimentos isentos são obrigatoriamente englobados, para efeitos da determinação da taxa a aplicar aos restantes rendimentos, nos termos de um regime comummente designado como "isenção com progressividade" (artigo 22º, nº 4 do CIRS).

Vejam-se, a título de exemplo, algumas situações de englobamento obrigatório de rendimentos isentos ("isenção com progressividade"):

- Rendimentos, auferidos por residentes não habituais em território português, que se encontrem isentos por via da aplicação do método da isenção para eliminação da dupla tributação jurídica internacional (artigo 81º, nº 7 do CIRS);
- Isenção do pessoal das missões diplomáticas e consulares e das organizações estrangeiras ou internacionais (artigo 37º, nº 3 do EBF);
- Isenção do pessoal em missões de salvaguarda de paz (artigo 38º, nº 2 do EBF);
- Acordos e relações de cooperação (artigo 39º, nº 4 do EBF);
- Trabalhadores deslocados no estrangeiro (artigo 39º-A, nº 6 do EBF).

2. Taxas de IRS

2.1. Taxas gerais do IRS

As taxas gerais do IRS constam da tabela incluída no nº 1 do artigo 68º do CIRS e aplicam-se ao rendimento coletável constituído pelo conjunto de rendimentos auferidos num determinado ano[395], sujeitos a englobamento obrigatório e / ou a englobamento opcional (neste último caso, quando tal opção tenha sido exercida pelo sujeito passivo).

[395] Depois de feitas as deduções e os abatimentos previstos no CIRS para os tipos de rendimentos em causa.

As referidas taxas gerais do IRS são taxas progressivas por escalões, que implicam a repartição do quantitativo do rendimento coletável, quando superior a € 7.116 (o limite do escalão inferior), por dois escalões[396].

Assim, nos termos do nº 2 do artigo 68º do CIRS, a qualquer rendimento coletável superior a € 7.116 são aplicáveis taxas de dois escalões:

i) À parte do rendimento coletável igual ao limite do maior dos escalões que nele couber, aplica-se a taxa da coluna B correspondente a esse escalão;

ii) Ao excedente, aplica-se a taxa da coluna A respeitante ao escalão imediatamente superior.

Por exemplo, no caso de um rendimento coletável de € 30.000:

i) Os primeiros € 25.076 de rendimento coletável integram-se no quinto escalão[397], sendo-lhes aplicada a taxa da coluna B (24,770%); e

ii) Os € 4.924 do excedente já se integram no sexto escalão[398], sendo-lhes aplicada a taxa da coluna A (37%).

Alternativamente, a liquidação do IRS pode ser efetuada com recurso à designada "tabela prática", utilizada pela AT. A "tabela prática" opera mediante a aplicação ao rendimento de apenas uma taxa (na sequência da inclusão deste num único escalão, e não em dois). Contudo, de seguida é deduzido o valor correspondente a uma "parcela a abater", que recria o efeito matemático resultante (no método previsto no nº 2 do artigo 68º do CIRS) da sujeição da primeira parte do rendimento a uma taxa inferior (a taxa da coluna B do primeiro escalão aplicado).

[396] Segundo a letra do artigo 68º, nº 2 do CIRS, "o quantitativo do rendimento coletável [...] é dividido em duas partes".

[397] O quinto escalão corresponde ao rendimento coletável de mais de € 19.696 até € 25.076, no âmbito da redação do artigo 68º, nº 1 do CIRS introduzida pela Lei nº 12/2022, de 27 de junho (Lei do Orçamento do Estado para 2022). Com esta lei, o artigo 68º, nº 1 do CIRS deixa de ter sete escalões de rendimento coletável e passa a ter nove, em resultado do desdobramento do terceiro e do sexto escalões previstos na redação anterior.

[398] O sexto escalão corresponde ao rendimento coletável de mais de € 25.076 até € 36.757, no âmbito da redação do artigo 68º, nº 1 do CIRS introduzida pela Lei nº 12/2022, de 27 de junho (Lei do Orçamento do Estado para 2022).

2.2. Taxa adicional de solidariedade

No caso de rendimentos particularmente elevados, é ainda aplicável a taxa adicional de solidariedade, prevista no artigo 68º-A do CIRS. Esta é aplicável apenas ao quantitativo do rendimento coletável superior a € 80.000. De € 80.000 até € 250.000 de rendimento coletável, a taxa adicional de solidariedade aplicável é de 2,5%; e ao rendimento coletável que exceda € 250.000, aplica-se a taxa adicional de solidariedade de 5%.

Trata-se, portanto, tal como as taxas gerais do IRS, de uma taxa progressiva por escalões (embora o número de escalões seja significativamente inferior).

2.3. Taxas liberatórias e taxas especiais de tributação

Em alternativa às taxas gerais de IRS, previstas no artigo 68º, nº 1, alguns tipos de rendimentos – não sujeitos a englobamento obrigatório e relativamente aos quais o sujeito passivo não exerceu a opção pelo englobamento, mesmo quando tal seria admissível – são tributados mediante a aplicação de:

i) Taxas liberatórias (artigo 71º do CIRS), aplicáveis por retenção na fonte; ou
ii) Taxas especiais (artigo 72º do CIRS), correspondentes a uma tributação autónoma de rendimentos, efetuada mediante liquidação pela AT.

2.4. Taxas de tributação autónoma de encargos

O artigo 73º do CIRS integra uma norma dedicada às "taxas de tributação autónoma".

O campo de aplicação desta tributação autónoma é constituído, fundamentalmente, pelos encargos (dos tipos previstos no artigo 73º do CIRS) suportados por sujeitos passivos no âmbito do exercício de uma atividade empresarial e profissional enquadrável na categoria B, desde que possuam ou devam possuir contabilidade organizada[399].

Esta tributação autónoma incide sobre determinados tipos de encargos e despesas, tais como:

[399] Embora, todavia, as despesas referidas no nº 6 do artigo 73º do CIRS sejam sujeitas a tributação autónoma mesmo que a correspondente importância seja paga ou devida por sujeito passivo a quem seja aplicado o regime simplificado de determinação do lucro tributável – conforme resulta do disposto no artigo 73º, nº 8 do CIRS *a contrario*.

i) Despesas não documentadas;
ii) Despesas de representação;
iii) Encargos relacionados com viaturas ligeiras de passageiros ou mistas;
iv) Despesas com ajudas de custo e com compensação pela deslocação em viatura própria do trabalhador, ao serviço da entidade patronal, em determinadas condições;
v) Despesas pagas ou devidas, a qualquer título, a pessoas singulares ou coletivas residentes fora do território português e aí submetidas a um regime fiscal claramente mais favorável, salvo se o sujeito passivo puder provar que tais encargos correspondem a operações efetivamente realizadas e não têm um carácter anormal ou um montante exagerado.

Apesar de o propósito subjacente à consagração da tributação autónoma apresentar algumas diferenças consoante o tipo de despesas e encargos a ela sujeitos, parece existir um denominador comum de evitar certo tipo de práticas fiscais abusivas.

Designadamente, tenta evitar-se que o empresário em nome individual ou o profissional liberal deduza para efeitos fiscais, no âmbito da determinação do rendimento coletável da categoria B, despesas que efetivamente são de cariz pessoal. A tributação autónoma dos tipos de despesas em que é mais frequente a ocorrência desse procedimento – por um lado, encargos com refeições, viagens, passeios e espetáculos (a coberto da figura das despesas de representação); por outro, encargos relacionados com viaturas ligeiras de passageiros ou mistas – visa eliminar ou reduzir a poupança fiscal indevida que o sujeito passivo poderia obter.

A tributação autónoma tenta, igualmente, evitar que o empresário em nome individual ou profissional liberal pague parte da remuneração a trabalhadores sob a camuflagem de ajudas de custo ou de compensações pela deslocação em viatura própria do trabalhador (procurando que estes beneficiem das exclusões de tributação em sede de IRS previstas para tal tipo de abonos); ou que pague qualquer tipo de remuneração a terceiros a cobro de despesas não documentadas. Mais uma vez, a tributação autónoma procura desencorajar este tipo de procedimentos evasivos, mediante a imposição de um encargo fiscal adicional a quem procede aos pagamentos em apreço. A tributação autónoma elimina ou reduz a poupança fiscal indevida associada à não tributação das aludidas remunerações, compensando o Estado (ao menos, parcialmente) pelas receitas fiscais cessantes decorrentes dessa não tributação.

Note-se, contudo, que, apesar de a tributação autónoma ter subjacente um intuito de desencorajar certos procedimentos evasivos, as despesas de representação e os encargos relacionados com viaturas ligeiras de passageiros ou mistas que sejam perfeitamente legítimos, e se situem estritamente do âmbito empresarial ou profissional, estão igualmente sujeitos à tributação autónoma. O mesmo sucede, em determinadas condições, com o pagamento de ajudas de custo e com as compensações pela deslocação em viatura própria do trabalhador. Estamos, deste modo, perante um regime em cuja conceção é aplicável o aforismo popular de que "paga o justo pelo pecador".

No que diz respeito à natureza da tributação autónoma, note-se que, apesar de esta se encontrar formalmente integrada no IRS – um imposto sobre o rendimento – e de o respetivo montante ser liquidado no âmbito deste imposto, o escopo da norma do artigo 73º do CIRS é uma tributação de encargos[400]. A tributação autónoma é, portanto, uma imposição fiscal materialmente distinta da tributação em IRS.

Em suma, a tributação autónoma prevista no artigo 73º do CIRS constitui uma tributação autónoma de encargos (e não de rendimento), que apenas por razões de comodidade na administração e liquidação de imposto se encontra integrada no IRS.

Tanto o Tribunal Constitucional como o STA já se pronunciaram sobre a natureza da tributação autónoma, no contexto da apreciação de pedidos de declaração de inconstitucionalidade, por violação do princípio da proibição da retroatividade da lei fiscal, relativamente a alterações introduzidas ao regime da tributação autónoma.

O Tribunal Constitucional entendeu, numa primeira decisão – o Acórdão nº 18/2011, de 12 de janeiro de 2011 – que a tributação autónoma correspondia a um imposto periódico, caracterizado por um facto tributário de formação sucessiva, e que, portanto, não era inconstitucional a aplicação a todo o ano da nova redação do regime da tributação autónoma (apesar de a sua entrada em vigor ter ocorrido já perto do final do ano em causa). Logo na altura, discordámos desta decisão, pelos motivos que invocámos na anotação ao aludido Acórdão do Tribunal Constitucional[401].

[400] O mesmo sucede no CIRC, com o seu artigo 88º – Taxas de tributação autónoma.

[401] Cfr. PAULA ROSADO PEREIRA, «O princípio da não retroatividade da lei fiscal no campo da tributação autónoma de encargos», *Revista de Finanças Públicas e Direito Fiscal*, nº 2, 2011, pp. 217-224.

Em contrapartida, o STA, pouco tempo depois, sustentou – no seu Acórdão de 6 de julho de 2011, proferido no Processo nº 0281/11 – que a tributação autónoma era uma tributação sobre a despesa, de obrigação única, visto cada encargo representar um facto tributário autónomo ou de formação instantânea. Perante tal caracterização – com a qual se concorda[402] –, o STA decidiu no sentido da obrigatoriedade de se realizar a tributação autónoma nos termos do regime em vigor à data da realização de cada despesa. Assim, a nova redação do regime da tributação autónoma só poderia ser aplicada às despesas incorridas posteriormente à sua entrada em vigor, e não a todas as despesas do ano em curso, sob pena de inconstitucionalidade[403].

Veio, posteriormente, o Tribunal Constitucional, no Acórdão nº 310/2012, de 20 de junho de 2012, a alterar o seu entendimento e a adotar a posição sustentada pelo STA.

3. Quociente conjugal

O IRS é apurado individualmente em relação a cada cônjuge ou unido de facto, exceto quando for exercida a opção pela tributação conjunta (artigo 13º, nº 2 do CIRS). Atualmente, o regime regra é, portanto, o da tributação separada, sendo a tributação conjunta aplicável apenas quando haja opção de ambos os cônjuges ou unidos de facto nesse sentido[404].

[402] Conforme sustentámos, na altura, "contrariamente ao que ocorre no IRS ou no IRC, impostos periódicos – na tributação autónoma não existe um facto tributário de formação sucessiva, que apenas está integralmente concretizado no fim do período de tributação, mas sim um facto tributário de formação instantânea". In Paula Rosado Pereira, «Novamente a questão da retroatividade da lei fiscal no campo da tributação autónoma de encargos», *Revista de Finanças Públicas e Direito Fiscal*, nº 3, 2011, p. 273.

[403] Secundamos totalmente a jurisprudência em causa, "quando sustenta que a aplicação de um agravamento da taxa de tributação autónoma, relativamente a encargos incorridos previamente à entrada em vigor da nova lei que prevê tal agravamento, corresponde a uma aplicação de lei nova a um facto tributário inteiramente ocorrido no passado. Verifica-se, portanto, nesse caso, uma situação de retroatividade autêntica, inconstitucional por força do nº 3 do artigo 103º da Constituição". In Paula Rosado Pereira, «Novamente a questão da retroatividade da lei fiscal no campo da tributação autónoma de encargos», cit., p. 273.

[404] A regra da tributação separada de casados e unidos de facto, com opção pela tributação conjunta, foi introduzida pela Lei nº 82-E/2014, de 31 de dezembro (Lei da Reforma do IRS). Anteriormente a esta reforma, era obrigatória a tributação conjunta dos sujeitos passivos casados não separados judicialmente de pessoas e bens (sem existência de qualquer possibilidade legal de *opting out*). Esta situação era, frequentemente, apontada como uma

No caso de sujeitos passivos casados[405] ou unidos de facto que optem pela tributação conjunta dos seus rendimentos, têm lugar, antes e após a aplicação das taxas gerais progressivas de IRS, as operações inerentes ao mecanismo do quociente conjugal (artigo 69º do CIRS). Este é também, por vezes, designado como *splitting conjugal*.

Uma vez que as taxas gerais do IRS, previstas no artigo 68º do CIRS, são taxas progressivas, não seria possível – sem um mecanismo de ajustamento apropriado – aplicar a mesma tabela de taxas tanto a situações em que está em causa a tributação do rendimento de apenas um sujeito passivo, como a situações de tributação conjunta (atualmente, opcional) dos rendimentos de sujeitos passivos casados ou unidos de facto. Tal implicaria, desde que ambos os sujeitos passivos auferissem rendimentos, que se subisse na escala da progressividade, sujeitando os rendimentos do casal em tributação conjunta a taxas de imposto mais elevadas (por vezes, muitíssimo mais elevadas) do que as aplicáveis no âmbito da tributação separada. Uma situação deste tipo representaria uma discriminação insustentável e totalmente contraditória com os objetivos de proteção da família[406].

Por esta ordem de razões, o CIRS prevê o mecanismo do quociente conjugal, que determina os ajustamentos necessários à aplicação da tabela de taxas gerais do artigo 68º do CIRS também no âmbito da tributação conjunta.

No contexto do quociente conjugal, são aplicáveis as taxas do artigo 68º do CIRS correspondentes ao rendimento coletável dividido por dois; estas taxas aplicam-se ao quociente do rendimento coletável; e, após a aplicação das taxas, o resultado obtido multiplica-se por dois, para se apurar a coleta do IRS (artigo 69º, nºs 1 e 3 do CIRS). Na prática, o funcionamento do mecanismo do quociente conjugal assegura um resultado similar à tributação de metade do rendimento coletável global do agregado familiar na esfera de cada um dos cônjuges ou unidos de facto.

discriminação negativa dos sujeitos passivos casados, uma vez que os unidos de facto – ao poderem, livremente, escolher invocar ou não a união de facto para efeitos fiscais –, tinham, na prática, uma opção entre tributação conjunta e tributação separada, de que os casados não dispunham.

[405] E não separados judicialmente de pessoas e bens.

[406] Note-se que, até ao final do ano de 2014, o regime de tributação conjunta era imperativo para os sujeitos passivos casados e não separados judicialmente de pessoas e bens, o que agravaria a situação.

Note-se que o regime do quociente conjugal, com o divisor dois, é aplicável mesmo que apenas um dos sujeitos passivos aufira rendimentos[407].

Esta opção legislativa parece-nos perfeitamente legítima e consentânea com o espírito da CRP ao nível da proteção da família. Com efeito, se todo o agregado familiar vive apenas com o rendimento auferido por um dos cônjuges ou unidos de facto (quer por motivo de uma situação de desemprego do outro, quer em virtude das opções de vida do agregado familiar), uma interpretação conjugada do princípio da capacidade contributiva e do princípio da solidariedade familiar permite sustentar a legitimidade da consagração do mecanismo do quociente conjugal também para estes casos, em que apenas um dos sujeitos passivos aufere rendimentos. Por motivos similares, o mesmo se conclui relativamente às situações em que ambos os sujeitos passivos auferem rendimentos, mas de valores extremamente díspares.

Em termos de eficiência fiscal para os sujeitos passivos, a opção pela tributação conjunta dos rendimentos revela-se particularmente vantajosa no caso de cônjuges ou unidos de facto que tenham um grande desequilíbrio de rendimentos ou quando apenas um deles aufira rendimentos[408]. Em contrapartida, se o nível de rendimentos de cada um deles for equi-

[407] Na redação inicial do CIRS, o regime era distinto (artigo 72º da redação inicial do CIRS). No caso de a totalidade ou quase totalidade do rendimento englobado ser auferido por um dos cônjuges, era aplicado um quociente conjugal mitigado. Assim, quando um dos cônjuges auferisse rendimento igual ou superior a 95% da totalidade do rendimento englobado, em lugar do divisor igual a dois, o fator de divisão era ligeiramente inferior (era de 1,85). Todavia, após a aplicação das taxas de imposto, o resultado assim obtido era multiplicado por dois, de forma a apurar-se a coleta. Este regime de quociente conjugal mitigado veio a sofrer alterações e, mais tarde, a ser abolido, dando origem ao regime que vigora atualmente.

[408] Quando um dos cônjuges ou unidos de facto aufira rendimentos significativamente mais elevados do que os do outro, a tributação conjunta, em articulação com o mecanismo do quociente conjugal, permite a tributação dos rendimentos do primeiro a uma taxa bastante mais baixa do que aquela que seria aplicável em caso de tributação separada. Esta redução de tributação mais do que compensa a subida da taxa aplicável aos rendimentos de valor inferior do outro cônjuge ou unido de facto (comparativamente a um cenário de tributação separada), em virtude do englobamento dos rendimentos de ambos. Desta forma, mediante a opção pela tributação conjunta, o agregado familiar descrito apura uma coleta e um IRS devido inferiores aos que teria no caso de tributação separada. Numa situação em que apenas um dos cônjuges ou unidos de facto aufira rendimentos, a opção pela tributação conjunta é ainda mais vantajosa em termos fiscais do que no caso anterior, em virtude da significativa redução da taxa de tributação dos rendimentos do único membro do casal que os aufere, em comparação com a alternativa da tributação separada. Neste caso, nem sequer se verifica o

valente ao do outro, a aplicação do quociente conjugal irá, em princípio, conduzir a um resultado próximo do que resultaria da tributação separada.

Quando exista tributação conjunta dos sujeitos passivos e seja aplicável a taxa adicional de solidariedade, tal aplicação é efetuada relativamente a metade do rendimento coletável; depois, a coleta é obtida pela multiplicação do resultado dessa operação por dois (artigo 68º-A, nº 3 do CIRS). Trata-se, portanto, de um procedimento similar ao do quociente conjugal previsto no artigo 69º do CIRS.

Por fim, refira-se que a Lei nº 82-E/2014, de 31 de dezembro (Lei da Reforma do IRS), substituiu o quociente conjugal por um mecanismo de quociente familiar, com efeitos e objetivos mais amplos do que os do primeiro[409]. Todavia, o quociente familiar vigorou apenas para o ano de 2015, tendo o quociente conjugal sido reposto logo para 2016.

efeito do agravamento relativo da tributação do outro membro do casal, uma vez que, na situação agora em análise, este não tem qualquer rendimento tributável.

[409] O quociente familiar inspirava-se num sistema de origem francesa e apareceu associado a preocupações de estímulo da natalidade. Em termos práticos, o sistema de quociente familiar vigente em Portugal, em 2015, para além de evitar distorções na aplicação das taxas gerais de IRS no âmbito da tributação conjunta, visava também que a aplicação das taxas gerais de imposto do artigo 68º do CIRS fosse influenciada pela composição do agregado familiar. Previa-se, assim, que as taxas de imposto aplicáveis fossem:
i) Nos casos de sujeitos passivos casados ou unidos de facto que **exercessem** a opção pela tributação conjunta, as correspondentes ao rendimento coletável dividido pela soma de **dois** com o produto de **0,3** pelo número de dependentes que integravam o agregado familiar e de ascendentes a cargo e vivendo com este;
ii) Nos casos de sujeitos passivos casados ou unidos de facto que **não exercessem** a opção pela tributação conjunta (seguindo, portanto, o regime regra da tributação separada), as correspondentes ao rendimento coletável dividido pela soma de **um** com o produto de **0,15** pelo número de dependentes que integravam o agregado familiar e de ascendentes a cargo e vivendo com este;
iii) Nos casos de sujeitos passivos **não casados** nem unidos de facto, as correspondentes ao rendimento coletável dividido pela soma de **um** com o produto de **0,3** pelo número de dependentes que integravam o agregado familiar e de ascendentes a cargo e vivendo com este.
A coleta de IRS era apurada mediante a multiplicação, do resultado da aplicação das aludidas taxas, pelos mesmos divisores usados. Por fim, previam-se limites máximos para a redução da coleta admitida, em resultado da aplicação da parcela do divisor correspondente ao dependente ou ascendente a cargo e vivendo com o agregado familiar, de forma a evitar que o quociente familiar produzisse um efeito regressivo ao nível da tributação em IRS. Na ausência de previsão dos aludidos limites máximos, tal regressividade poderia ocorrer, em especial ao nível dos agregados familiares de rendimentos elevados e com um grande número de dependentes.

4. Deduções à coleta

4.1. Enquadramento e alusões ao regime

O artigo 78º, nº 1 prevê que sejam efetuadas, à coleta do IRS, as seguintes deduções, relativas a:

a) Dependentes do agregado familiar e ascendentes que vivam em comunhão de habitação com o sujeito passivo;
b) Despesas gerais familiares;
c) Despesas de saúde e com seguros de saúde;
d) Despesas de educação e formação;
e) Encargos com imóveis;
f) Importâncias respeitantes a pensões de alimentos;
g) Exigência de fatura;
h) Encargos com lares;
i) Pessoas com deficiência;
j) Dupla tributação internacional;
k) Benefícios fiscais;
l) Adicional ao IMI, nos termos do artigo 135º-I do Código do IMI.

São ainda dedutíveis à coleta do IRS, nos termos do artigo 78º, nº 2 do respetivo código:

i) Os pagamentos por conta;
ii) As importâncias retidas na fonte que tenham a natureza de adiantamentos por conta do imposto devido em termos finais, referentes ao período de tributação em causa; e
iii) As retenções efetuadas ao abrigo do artigo 11º da Diretiva nº 2003/48/CE, de 3 de junho.

Importa salientar que as deduções à coleta elencadas no artigo 78º do CIRS são efetuadas pela ordem nele indicada e apenas as previstas no seu nº 2, quando superiores ao imposto devido, conferem direito ao reembolso da diferença (artigo 78º, nº 3 do CIRS).

O elenco das deduções à coleta previstas no CIRS tem vindo a sofrer alterações ao longo dos anos e é, atualmente, bastante heterogéneo.

Uma sistematização possível das deduções à coleta, em função da respetiva natureza, leva à divisão destas em três grupos:

i) Deduções que constituem elementos de personalização do IRS – concretizados em deduções pelo número de dependentes e ascendentes existentes no agregado familiar; e em deduções relativas às necessidades do indivíduo ou do agregado familiar, tais como despesas de saúde ou de educação e formação, encargos com imóveis ou encargos com lares, pensões de alimentos, ou, ainda, a dedução relativa às pessoas com deficiência;
ii) Deduções de carácter mais técnico e com finalidades específicas – como é o caso da dedução relativa à dupla tributação internacional e das deduções de despesas gerais familiares ou relativas à exigência de fatura[410];
iii) Benefícios fiscais que operam por dedução à coleta.

Saliente-se que o artigo 78º, nº 7 do CIRS estabelece limites máximos (resultantes da aplicação de uma fórmula aí prevista) para a soma de um conjunto de deduções à coleta (mais concretamente, as previstas nas alíneas c) a h) e k) do nº 1 do artigo 78º). A fórmula em apreço foi objeto de ajustamentos introduzidos pela Lei nº 12/2022, de 27 de junho (Lei do Orçamento do Estado para 2022).

Os contribuintes que tenham um rendimento coletável igual ou inferior ao valor do primeiro escalão do nº1 do artigo 68º são os únicos que não se encontram sujeitos a um limite máximo para o referido conjunto de deduções à coleta. Em contrapartida, no caso de contribuintes que tenham um rendimento coletável superior ao valor mínimo do primeiro escalão do nº1 do artigo 68º-A, o montante do limite máximo é de € 1.000.

O regime das deduções à coleta contribui para a progressividade global do IRS, a par com as taxas gerais de imposto progressivas previstas no artigo 68º do CIRS. Concretamente, ajudam à progressividade do imposto os referidos limites máximos de deduções à coleta, estabelecidos em função do escalão de rendimentos do contribuinte, bem como, quando pertinente, a relação entre a percentagem do valor suportado a título de despesas que é dedutível à coleta (v.g. 15% das despesas de saúde, nos termos do artigo 78º-C, nº 1 do CIRS) e as taxas de imposto do artigo 68º do CIRS aplicá-

[410] Sobre aspetos formais das deduções à coleta, designadamente a dependência das deduções face a documentos com NIF comunicados à AT, cfr. Liliana Ivone da Silva Pereira, *IRS: Aplicação Prática*, cit., pp. 277-281.

veis ao cálculo da coleta. Assim, no caso das aludidas despesas de saúde, verifica-se um efeito de majoração das mesmas quando são deduzidas por um contribuinte cuja coleta foi apurada mediante a aplicação de uma taxa de imposto de 14,50%; e, em contrapartida, uma redução do seu impacto fiscal quando são deduzidas por um contribuinte cuja coleta foi apurada mediante a aplicação de taxas de imposto superiores a 15%.

4.2. Deduções à coleta vs. abatimentos

A redação inicial do CIRS previa abatimentos ao rendimento líquido total, referentes, designadamente, a despesas de saúde, despesas de educação, encargos com lares, juros de dívidas contraídas para aquisição ou construção de imóveis para habitação e prémios de seguros de vida, de doença ou de acidentes pessoais[411]. Todavia, a Lei nº 64-A/2008, de 31 de dezembro (Lei do Orçamento do Estado para 2009) veio converter os abatimentos ao rendimento líquido total em deduções à coleta[412].

O tratamento a conferir no IRS às despesas e encargos incorridos pelo sujeito passivo para satisfação das suas necessidades mais básicas ou das do agregado familiar – como abatimentos ao rendimento líquido total ou, alternativamente, como deduções à coleta – é muito mais do que uma mera opção técnica do imposto[413]. Com efeito, a prossecução de uma via ou de outra tem reflexos significativos ao nível da maior ou menor progressividade do imposto e do respetivo padrão de justiça fiscal[414].

Como ponto de partida para esta análise, note-se que um mecanismo de dedução ou abatimento de despesas pessoais efetivamente realizadas pelos contribuintes já tende a assumir, em si mesmo, um certo carácter regressivo, uma vez que apenas podem ter despesas para deduzir ou abater fiscalmente os sujeitos passivos que tenham capacidade económica para as realizar.

Acresce que, na falta de mecanismos corretivos ou de limites, tenderia a existir – pelo menos, até certo nível de rendimentos –, uma relação direta

[411] Artigo 55º da redação inicial do CIRS.

[412] E, nalguns aspetos particulares, em deduções específicas.

[413] Neste mesmo sentido, Rui Duarte Morais, *Sobre o IRS*, cit., p. 158.

[414] Casalta Nabais analisa detidamente a questão da dedução à matéria coletável ou à coleta dos "encargos existenciais", em ligação com a problemática do mínimo de existência. Cfr. José Casalta Nabais, *O Dever Fundamental de Pagar Impostos – Contributo para a Compreensão Constitucional do Estado Fiscal Contemporâneo*, cit., pp. 537-548.

do aumento da capacidade económica do sujeito passivo com um maior valor de despesas por este realizadas; e deste com a maior dedução / abatimento fiscal de que beneficiaria; culminando, finalmente, na obtenção de uma maior poupança fiscal derivada da dedução / abatimento de despesas pelo contribuinte com maior capacidade económica.

Em suma, sem mecanismos corretivos ou a imposição de limites, verificar-se-ia uma relação direta entre a capacidade económica do sujeito passivo para efetuar despesas e a poupança fiscal que obteria da sua dedução / abatimento – ou seja, teríamos um mecanismo de dedução de despesas essenciais à vida do sujeito passivo com um funcionamento regressivo. O que representaria, desde logo, uma contradição insustentável com o propósito deste tipo de dedução: a salvaguarda de um valor que, por se revelar essencial ao custeio das necessidades básicas do indivíduo, não representa capacidade contributiva.

Voltemos, agora, ao tema da consagração das deduções à coleta no CIRS, em substituição dos abatimentos inicialmente previstos.

A opção do legislador fiscal pela via das deduções à coleta revela-se mais adequada para evitar tendenciais efeitos regressivos da consideração fiscal de despesas pessoais realizadas pelos sujeitos passivos.

As deduções à coleta, tal como se encontram previstas no CIRS, contribuem mesmo para uma maior progressividade do imposto e operam um maior desagravamento fiscal relativamente aos sujeitos passivos de menores rendimentos. Estes efeitos resultam, conforme vimos supra, da relação entre a percentagem do valor da despesa suportada que é dedutível à coleta (v.g. 15% das despesas de saúde) e as taxas de imposto do artigo 68º do CIRS aplicáveis ao cálculo da coleta, consoante o rendimento coletável do sujeito passivo; e, também, da imposição de limites máximos de deduções à coleta, estabelecidos em função do escalão de rendimentos aplicável.

A via das deduções à coleta permite, assim, mais facilmente do que a dos abatimentos, evitar que a poupança fiscal obtida com as despesas de cariz pessoal ou familiar seja superior para os sujeitos passivos com rendimento mais elevado. Nos abatimentos – como a despesa pessoal era deduzida (abatida) ao rendimento líquido total, antes da aplicação das taxas gerais de IRS – a poupança fiscal era maior consoante mais elevadas fossem as taxas de IRS aplicáveis ao sujeito passivo.

Este foi, precisamente, um dos motivos subjacentes à mudança do regime fiscal, com a substituição dos abatimentos pelas deduções à coleta.

5. Crédito de imposto por dupla tributação jurídica internacional

Relativamente a sujeitos passivos residentes em território português, o IRS incide sobre a totalidade dos seus rendimentos, incluindo os obtidos fora de Portugal (artigo 15º, nº 1 do CIRS).

Todavia, a tributação em IRS dos rendimentos obtidos no estrangeiro origina, com frequência, situações de dupla tributação jurídica internacional, em virtude da tributação dos mesmos rendimentos também no Estado da fonte[415].

Portugal, na qualidade de Estado da residência, dispõe de um mecanismo de eliminação da dupla tributação jurídica internacional ao abrigo da lei interna, aplicável em relação aos rendimentos obtidos no estrangeiro por sujeitos passivos residentes. No caso dos sujeitos passivos pessoas singulares, a eliminação da dupla tributação jurídica internacional encontra-se prevista no artigo 81º do CIRS.

Esta disposição é especialmente importante nas situações em que não exista uma CDT entre Portugal e o Estado da fonte do rendimento. Com efeito, nessas situações, apenas a aludida norma interna, graças ao sistema unilateral de eliminação da dupla tributação internacional aí previsto, possibilita a atenuação ou eliminação da dupla tributação.

A subsistência da dupla tributação internacional constituiria um entrave (ou, pelo menos, um desencorajamento) ao envolvimento dos sujeitos passivos em atividades geradoras de rendimentos fora do seu Estado de residência. Por tal motivo, tem vindo a generalizar-se a previsão, pelos Estados, de mecanismos unilaterais de eliminação da dupla tributação internacional, previstos na respetiva lei interna. Este tipo de previsão é um importante complemento à rede de CDTs dos Estados.

[415] Constitui dupla tributação jurídica internacional "a incidência, em mais do que um Estado, (i) de impostos equiparáveis, relativamente (ii) ao mesmo sujeito passivo, (iii) ao mesmo facto gerador de imposto, e (iv) ao mesmo período de tributação do rendimento. Entende-se que são impostos equiparáveis os impostos vigentes em vários Estados que, embora podendo ter denominações distintas, tenham uma natureza semelhante". Refira-se, ainda, que a dupla tributação internacional pressupõe "a existência de uma situação tributária internacional, ou seja, uma situação que tem conexão com os ordenamentos jurídico-tributários de diferentes Estados e, adicionalmente, a relevância da conexão com o ordenamento jurídico-tributário de cada Estado, para efeitos de incidência, de acordo com a respetiva lei tributária". In Paula Rosado Pereira, *Convenções sobre Dupla Tributação no Atual Direito Fiscal Internacional*, cit., p. 21.

A eliminação da dupla tributação internacional ao nível do Estado da residência assenta, entre outros, num princípio de *neutralidade na exportação de capitais*, segundo o qual os rendimentos obtidos noutros Estados, por um sujeito passivo residente, devem ficar abrangidos por um tratamento fiscal similar ao aplicável aos rendimentos por este obtidos no Estado de residência. O *método da imputação* (também conhecido por *método do crédito de imposto*) é o método de eliminação da dupla tributação internacional que melhor prossegue a *neutralidade na exportação de capitais*, apesar de ainda subsistirem algumas insuficiências a esse nível[416].

O método previsto no artigo 81º do CIRS para a eliminação da dupla tributação jurídica internacional é o *método da imputação normal*[417], que

[416] Subjacente à *neutralidade na exportação de capitais*, encontra-se a ideia de que a tributação não deve influenciar a decisão do sujeito passivo de investir no Estado da residência ou no estrangeiro, pagando este o mesmo montante total de imposto (incluindo imposto nacional e imposto estrangeiro), independentemente de receber o rendimento de fontes domésticas ou internacionais. O *método da imputação normal* tem, contudo, algumas insuficiências ao nível da neutralidade, visto que "só é possível atingir-se a neutralidade na exportação de capitais se a tributação no Estado da fonte for mais baixa do que a tributação no Estado da residência ou equivalente a esta. Com efeito, se a tributação no Estado da fonte for mais elevada do que a tributação no Estado da residência, e seguindo-se o método de imputação normal, não é possível obter, no Estado da residência, crédito de imposto relativamente ao excesso de imposto pago no Estado da fonte. Desta forma, não se verifica a neutralidade na exportação de capitais. Em contrapartida, verificando-se o pressuposto fundamental da neutralidade na exportação de capitais, ou seja, a existência de uma tributação mais elevada no Estado da residência do que no Estado da fonte, os agentes económicos que investem no estrangeiro estarão a ser colocados em desvantagem competitiva em relação aos agentes locais. Designadamente, a neutralidade na exportação de capitais origina uma discriminação contra os investimentos em Estados de baixa tributação (em particular nos países em desenvolvimento). Na realidade, a eficiência económica requer que a carga tributária total a que são sujeitos os investidores noutros países não seja mais alta do que a carga tributária a que estão sujeitas as empresas nacionais nesses países. De outra forma, verifica-se a aludida desvantagem competitiva dos investidores estrangeiros em relação aos agentes locais". In Paula Rosado Pereira, *Convenções sobre Dupla Tributação no Atual Direito Fiscal Internacional*, cit., pp. 55-56.
, pp. 75-76. Para uma abordagem mais desenvolvida desta matéria, cfr. a mesma obra, pp. 70-76.

[417] No *método da imputação* ou *do crédito de imposto*, "o Estado da residência tributa o rendimento global do sujeito passivo, incluindo os rendimentos de fonte estrangeira, mas permite a dedução, ao respetivo imposto, de importância equivalente ao imposto pago no Estado da fonte. Este método tem duas modalidades. Uma primeira modalidade corresponde ao *método da imputação integral*, no âmbito do qual o Estado da residência permite a dedução do valor total do imposto pago no Estado da fonte. Em contrapartida, no *método da imputação normal*, a dedução permitida pelo Estado da residência é limitada à fração do respetivo imposto correspondente aos

opera mediante a concessão, aos titulares de rendimentos das diferentes categorias obtidos fora do território português (incluindo os previstos no artigo 72º do CIRS), de um crédito relativo ao imposto sobre o rendimento pago no estrangeiro por tais rendimentos.

Para efeitos da aplicação do referido método:

i) Os rendimentos obtidos no estrangeiro são considerados pelas respetivas importâncias ilíquidas dos impostos sobre o rendimento pagos no Estado da fonte – ou seja, pelo seu valor bruto (artigo 22º, nº 6 do CIRS);
ii) À coleta apurada é deduzido o crédito de imposto por dupla tributação jurídica internacional, correspondente ao imposto pago no estrangeiro em relação aos rendimentos aí obtidos, mas sujeito a um limite máximo.

O crédito de imposto por dupla tributação jurídica internacional é dedutível, no caso de rendimentos sujeitos às taxas especiais do artigo 72º do CIRS, até ao limite das taxas especiais aplicáveis; e, nos casos de englobamento, até à concorrência da parte da coleta proporcional a esses rendimentos líquidos, considerados nos termos do nº 6 do artigo 22º do CIRS, que corresponde à menor das seguintes importâncias (artigo 81º, nº 1 do CIRS):

i) Imposto sobre o rendimento pago no estrangeiro;
ii) Fração da coleta do IRS, calculada antes da dedução, correspondente aos rendimentos que no país em causa possam ser tributados, líquidos das deduções específicas previstas no CIRS.

A redação atual do artigo 81º, nº 1 do CIRS é clara relativamente ao facto de o crédito de imposto por dupla tributação jurídica internacional não depender do englobamento dos rendimentos[418]. O crédito de imposto aplica-se também nos casos de tributação de sujeitos passivos residentes às

rendimentos com origem no outro Estado. Nestes termos, caso o imposto do Estado da fonte seja mais elevado do que o imposto devido no Estado da residência relativamente aos mesmos rendimentos, a imputação normal permitirá apenas uma dedução parcial do imposto estrangeiro". In Paula Rosado Pereira, *Convenções sobre Dupla Tributação no Atual Direito Fiscal Internacional*, cit., pp. 214-215.

[418] No passado, a letra da lei não era inequívoca a este propósito, suscitando dúvidas.

taxas especiais do artigo 72º do CIRS. Assim, a dedução à coleta do artigo 81º do CIRS aplica-se tanto no caso de coleta apurada mediante a aplicação das taxas gerais do IRS, como de coleta decorrente da aplicação a residentes das taxas especiais previstas no artigo 72º do CIRS.

Quando a situação de rendimentos obtidos no estrangeiro for coberta por uma CDT celebrada por Portugal, a dedução de crédito de imposto a efetuar nos termos do artigo 81º, nº 1 do CIRS não pode ultrapassar o imposto pago no estrangeiro nos termos previstos pela CDT (artigo 81º, nº 2 do CIRS). Deste modo, Portugal não concederá a dedução em causa relativamente a um montante de imposto sofrido no Estado da fonte que exceda o imposto que aí teria sido pago, caso a CDT tivesse sido acionada.

Por outro lado, se a insuficiência de coleta, no período de tributação em que os rendimentos obtidos no estrangeiro foram incluídos no rendimento coletável, não permitir efetuar a dedução prevista no nº 1 do artigo 81º do CIRS, o remanescente pode ser deduzido à coleta dos cinco períodos de tributação seguintes, com o limite previsto na alínea b) do nº 1 do artigo 81º do CIRS que corresponder aos rendimentos obtidos no estrangeiro incluídos no rendimento coletável e depois da dedução do próprio ano (artigo 81º, nº 3 do CIRS)[419].

Apesar de o método previsto no artigo 81º do CIRS para a eliminação da dupla tributação jurídica internacional ser, em termos gerais, o *método da imputação normal*, no caso dos sujeitos passivos residentes não habituais é aplicável – relativamente aos rendimentos por estes obtidos no estrangeiro, mas apenas quando se verifiquem as condições previstas nos nºs 4 e 5 do artigo 81º do CIRS – o *método da isenção*.

Trata-se do *método da isenção com progressividade*[420], uma vez que os rendimentos, auferidos por residentes não habituais em território português, que se encontrem isentos por via da aplicação do método da isenção para

[419] A possibilidade de reporte do crédito de imposto por dupla tributação jurídica internacional para os cinco períodos de tributação seguintes, prevista no artigo 81º, nº 3 do CIRS, foi introduzida pela Lei nº 82-E/2014, de 31 de dezembro (Lei da Reforma do IRS), a exemplo do que já tinha sido previsto no CIRC.

[420] No *método da isenção com progressividade*, "o rendimento de fonte estrangeira, embora isento, é tomado em consideração, conjuntamente com os de fonte interna, na determinação da taxa de imposto aplicável, no Estado da residência, ao resto do rendimento global do sujeito passivo". In Paula Rosado Pereira, *Convenções sobre Dupla Tributação no Atual Direito Fiscal Internacional*, cit., p. 212.

eliminação da dupla tributação jurídica internacional[421], são obrigatoriamente englobados para efeitos de determinação da taxa a aplicar aos restantes rendimentos (artigo 81º, nº 7 do CIRS)[422].

Os residentes não habituais podem, todavia, relativamente aos rendimentos isentos nos termos dos nºs 4 e 5 do artigo 81º do CIRS, optar pela aplicação do *método do crédito de imposto* (artigo 81º, nº 8 do CIRS).

6. Retenções na fonte e pagamentos por conta

A tributação do rendimento no âmbito do IRS[423] pauta-se, em termos gerais, por um princípio de aproximação entre o momento do facto tributário e o da entrada do imposto ou de parte dele nos cofres do Estado.

Este pagamento antecipado de IRS, ao longo do próprio ano a que o imposto respeita, concretiza-se através dos seguintes mecanismos:

- Retenções na fonte – reguladas pelos artigos 98º a 101º-D do CIRS; e
- Pagamentos por conta – regulados no artigo 102º do CIRS.

6.1. Retenções na fonte

As retenções na fonte no âmbito do IRS são reguladas, conforme referido supra, pelo disposto nos artigos 98º a 101º-D do CIRS. No caso de retenções na fonte das categorias A e H, há ainda que ter em conta o Despacho de aprovação anual das tabelas de retenção aplicáveis aos rendimentos destas categorias.

Quando estivermos perante rendimentos obtidos em território português, mas pagos a um sujeito passivo não residente, importa ter em conta, caso exista, a CDT que seja aplicável à situação e que eventualmente tenha sido invocada pelo titular dos rendimentos. O disposto na CDT deve ser conjugado com o previsto no artigo 101º-C do CIRS – referente à dispensa de retenção na fonte e reembolso de imposto relativo a rendimentos auferidos por não residentes –, onde se encontram previstos os procedimentos formais, designadamente de prova, de cujo cumprimento dependem a aplicação dos aludidos dispensa ou reembolso.

[421] Nos termos dos nºs 4 e 5 do artigo 81º do CIRS.

[422] Com exceção dos rendimentos previstos nas alíneas c) a e) do nº 1, nos nºs 2 a 5 e no nº 10, todos do artigo 72º do CIRS.

[423] Tal como, aliás, também no IRC.

Podemos distinguir vários tipos de retenções na fonte, em sede de IRS:

i) Taxas liberatórias

As retenções na fonte efetuadas às taxas liberatórias previstas no artigo 71º do CIRS constituem um mecanismo de substituição tributária total.

Elas exoneram o contribuinte de qualquer subsequente obrigação de pagamento de imposto ou de natureza declarativa – exceto se, tratando-se de um contribuinte residente, optar pelo englobamento do rendimento em causa, situação na qual a retenção sofrida passa a ter a natureza de adiantamento por conta do imposto devido em termos finais.

A retenção na fonte a taxas liberatórias é aplicada, principalmente, aos rendimentos de diversas categorias auferidos em território português por não residentes e, quanto a sujeitos passivos residentes, aos rendimentos da categoria E.

ii) Retenções por conta do imposto devido em termos finais

Estas retenções na fonte têm a natureza de adiantamento por conta do imposto devido em termos finais, constituindo um mecanismo de substituição tributária parcial.

Como tal, são retenções que não exoneram o contribuinte da obrigação de declarar o rendimento em causa, nos termos gerais previstos no CIRS, nem de pagar o imposto que venha ainda, eventualmente, em sede de liquidação de IRS, a revelar-se devido.

Dentro deste tipo de retenções na fonte (as que constituem um adiantamento por conta do imposto devido em termos finais), podemos ainda distinguir:

- As relativas a rendimentos das categorias A e H
  Estas retenções são efetuadas mediante a aplicação de taxas previstas em tabelas de retenção, aprovadas anualmente. Para cada uma das categorias, as tabelas são construídas tendo em conta a situação pessoal e familiar do titular dos rendimentos.
- As relativas às restantes categorias de rendimentos
  As retenções na fonte sobre rendimentos de outras categorias (que não as categorias A e H) são efetuadas mediante a aplicação das diversas taxas previstas no artigo 101º do CIRS.

Importa notar que, nas situações de retenção do artigo 101º do CIRS, a entidade devedora dos rendimentos apenas se encontra obrigada a reter o imposto caso disponha ou deva dispor de contabilidade organizada[424].

Deste modo, por exemplo, no caso de um advogado que preste serviços a uma sociedade comercial, esta deve proceder a retenção na fonte no pagamento desses serviços ao advogado[425]. Isto porque essa sociedade comercial dispõe ou é obrigada a dispor de contabilidade organizada e, portanto, assume-se que tem a estrutura e as condições adequadas à realização das retenções na fonte e sua entrega ao Estado.

Da mesma forma, se o cliente do advogado for um indivíduo que seja profissional liberal (v.g. um médico ou um dentista com consultórios particulares) que disponha ou deva dispor de contabilidade organizada, e os serviços prestados pelo advogado tiverem a ver com a esfera profissional do indivíduo, este deve efetuar retenção na fonte no pagamento dos serviços ao advogado.

Em contrapartida, se o mesmo advogado prestar serviços a indivíduos, relativos à esfera pessoal destes (por exemplo, em matérias de direito da família, direito das sucessões ou direito penal), ou prestar serviços a profissionais liberais que não disponham nem estejam obrigados a dispor de contabilidade organizada, a lei não impõe a esses indivíduos qualquer obrigação de efetuar retenções na fonte no pagamento dos aludidos serviços ao advogado.

Note-se que, em qualquer das situações equacionadas, o facto de o próprio advogado ter ou não contabilidade organizada em nada influencia a sua sujeição a retenção na fonte ou a ausência desta. A contabilidade organizada que é, aqui, determinante é a da entidade devedora dos rendimentos (os clientes do advogado, nas situações descritas).

[424] Em contrapartida, no caso das retenções na fonte sobre rendimentos das categorias A e H, bem como das retenções às taxas liberatórias do artigo 71º do CIRS, a realização das mesmas não depende da circunstância de a entidade devedora ter, ou ser obrigada a ter, contabilidade organizada.

[425] Exceto se a situação se enquadrar nalguma dispensa de retenção na fonte específica, como, por exemplo, a prevista no artigo 101º-B, nº 1, alínea a) do CIRS – aplicável quando o titular dos rendimentos preveja auferir, na categoria de rendimentos em causa, um montante anual inferior ao fixado no nº 1 do artigo 53º do Código do IVA (atualmente, € 10.000).

6.2. Pagamentos por conta

Relativamente aos pagamentos por conta, o seu regime encontra-se previsto no artigo 102º do CIRS. Tradicionalmente, os pagamentos por conta eram devidos apenas por titulares de rendimentos da categoria B. Estes pagamentos por conta devem ser efetuados em três prestações anuais, pagas até ao dia 20 dos meses de julho, setembro e dezembro do ano a que o imposto se refere.

Os pagamentos por conta podem ser reduzidos, ou mesmo não ser efetuados, pelo sujeito passivo, caso este deixe de auferir rendimentos da categoria B ou verifique que, tendo em conta as retenções na fonte, e eventualmente os pagamentos por conta já realizados, os novos pagamentos por conta não são necessários para o pagamento do imposto devido no ano em causa. Todavia, caso se venha a verificar que a cessação ou redução dos pagamentos por conta, por iniciativa do sujeito passivo, foi indevida ou excessiva, há lugar ao pagamento de juros compensatórios (artigo 102º, nº 6 do CIRS).

Atualmente, o artigo 102º do CIRS prevê também, no seu nº 8, a realização de pagamentos por conta opcionais, para os titulares de todas as categorias de rendimentos, mas apenas no caso de as entidades devedoras dos rendimentos em causa não se encontrarem abrangidas pelas obrigações de retenção na fonte previstas no CIRS. Esta situação ocorre, por exemplo, no caso de entidades devedoras de rendimentos que, embora realizando pagamentos a pessoas singulares residentes, sejam elas próprias entidades não residentes e sem estabelecimento estável em território português (e, portanto, não vinculadas pelas obrigações de retenção na fonte previstas na lei portuguesa).

O artigo 102º, nº 8 do CIRS começou por prever os pagamentos por conta opcionais apenas para as categorias A e H. Todavia, por força da Lei nº 2/2020, de 31 de março (Lei do Orçamento do Estado para 2020), o regime foi alargado a todas as categorias de rendimentos.

Nas situações em apreço, os titulares dos rendimentos das diversas categorias, não sofrendo retenções na fonte, teriam de pagar no ano seguinte todo o imposto devido quanto aos rendimentos em causa, após o recebimento da liquidação de IRS efetuada pela AT. Alguns dos aludidos sujeitos passivos poderão, em termos de gestão das suas finanças pessoais, optar por realizar pagamentos por conta do imposto, no próprio ano em que recebem os aludidos rendimentos, em vez de terem de suportar todo o encargo fiscal num determinado momento do ano seguinte.

7. Declaração de rendimentos

Os sujeitos passivos devem apresentar, anualmente, uma declaração de rendimentos, nos termos previstos nos artigos 57º a 61º do CIRS.

A declaração – que se refere aos rendimentos obtidos no ano anterior e, ainda, a outros elementos informativos atinentes à concreta situação tributária do sujeito passivo – deve ser entregue, por transmissão eletrónica de dados, de 1 de abril a 30 de junho, independentemente de este dia ser útil ou não (artigos 57º, nº 1 e 60º, nº 1 do CIRS).

Nas situações em que o sujeito passivo aufira rendimentos de fonte estrangeira relativamente aos quais tenha direito a crédito de imposto por dupla tributação internacional, cujo montante não esteja determinado no Estado da fonte até ao termo do prazo acima referido para a entrega da declaração, este prazo é prorrogado até ao dia 31 de dezembro do mesmo ano, independentemente de se tratar de dia útil ou não (artigo 60º, nº 3 do CIRS).

Os sujeitos passivos casados ou unidos de facto que queiram exercer a opção pela tributação conjunta devem fazê-lo na declaração de rendimentos, sendo tal opção válida apenas para o ano em questão. Na situação de tributação conjunta, os cônjuges ou unidos de facto apresentam uma declaração da qual consta a totalidade dos rendimentos obtidos por todos os membros que integram o agregado familiar (artigo 59º, nº 2 do CIRS).

A declaração anual de rendimentos serve de base à determinação do rendimento coletável do sujeito passivo. Todavia, encontram-se previstas diversas situações de dispensa de apresentação de declaração (artigo 58º do CIRS).

Outra medida de simplificação do cumprimento das obrigações fiscais dos sujeitos passivos prende-se com a declaração automática de rendimentos, disponibilizada pela AT no Portal das Finanças, relativamente a um determinado universo de sujeitos passivos, com base nos elementos informativos relevantes de que aquela entidade disponha (artigo 58º-A do CIRS).

Por fim, se, num determinado ano, o mesmo sujeito passivo tiver dois estatutos de residência – ou seja, se for residente para efeitos fiscais em território português durante parte do ano e não residente durante a outra parte – deve proceder à entrega de uma declaração de rendimentos relativa a cada um desses estatutos de residência, sem prejuízo das dispensas de entrega legalmente previstas para cada um dos casos (artigo 57º, nº 6).

8. Liquidação do IRS

A liquidação corresponde à aplicação da taxa ou taxas de imposto à matéria coletável, assim tornando certa e líquida a obrigação de imposto.

A liquidação do IRS é realizada pela AT, dado tratar-se de um imposto heteroliquidável.

Os artigos 75º a 77º do CIRS determinam esta competência para a liquidação, bem como os procedimentos, as formas, os prazos e a fundamentação da liquidação.

O direito da AT a liquidar os tributos caduca, nos termos do prazo geral de caducidade, se a liquidação não for efetuada (e validamente notificada ao contribuinte) no prazo de quatro anos (artigo 45º, nº 1 da LGT). Em situações específicas, a lei fixa outros prazos de caducidade do direito à liquidação, como sucede com o prazo de 12 anos previsto no nº 7 do artigo 45º da LGT.

A par da liquidação de IRS relativa ao rendimento coletável decorrente do englobamento, mediante a aplicação das taxas gerais de imposto previstas no artigo 68º do CIRS, este imposto compreende um outro tipo de liquidação – a liquidação do IRS devido às taxas especiais de tributação autónoma previstas no artigo 72º do CIRS, para os rendimentos que se encontram sujeitos a este regime. Também esta liquidação é realizada pela AT.

Cabe, por fim, referir a liquidação relativa à aplicação das taxas de tributação autónoma previstas no artigo 73º do CIRS. Trata-se de uma tributação autónoma de encargos (e não de rendimento), que apenas por razões de comodidade na administração e liquidação de imposto se encontra integrada no IRS.

BIBLIOGRAFIA GERAL

A

ABREU, M. IRENE ANTUNES DE – «Regime fiscal do imobilizado adquirido antes de 1/1/89», *Fisco*, nº 34, 1991, pp. 9-12.

ANTÃO, MÁRIO PATINHA – «Tributação das gratificações a profissionais de banca dos casinos», *Fisco*, nº 95/96, 2001, pp. 63-75.

ARAÚJO, FERNANDO BORGES CORREIA DE – *A Tragédia dos Baldios e dos Anti-Baldios – O Problema Económico do Nível Ótimo de Apropriação*, Almedina, Coimbra, 2008.

— *O Ensino da Economia Política nas Faculdades de Direito e Algumas Reflexões sobre Pedagogia Universitária*, Almedina, Coimbra, 2001.

— «O problema económico do controlo das rendas no arrendamento para habitação», in AAVV – *Estudos em Homenagem ao Professor Doutor Inocêncio Galvão Telles*, Vol. III, Almedina, Coimbra, pp. 177-236.

— *Teoria Económica do Contrato*, Almedina, Coimbra, 2007.

AZEVEDO, MARIA EDUARDA – «As reformas fiscais portuguesas do século XX», *Ciência e Técnica Fiscal*, nº 425, 2010, pp. 7-107.

B

BARREIRA, RUI – «A tributação das mais-valias mobiliárias», *Fisco*, nº 3, 1988.

BASTO, JOSÉ GUILHERME XAVIER DE – «A Constituição e o sistema fiscal», *Revista de Legislação e de Jurisprudência*, nº 3956, 2009, pp. 271-284.

— «As perspetivas atuais de revisão da tributação do rendimento e da tributação do património em Portugal», *Boletim de Ciências Económicas*, Coimbra, nº 41, 1998, pp. 125-158.

— «Breve nota sobre uma eventual incoerência no tratamento, em IRS, das rendas da sublocação», in AAVV – *Estudos Jurídicos e Económicos em Homenagem ao Professor Doutor António de Sousa Franco*, vol. II, FDUL, Lisboa, 2006, pp. 783-790.

— «Imposto de mais-valias e efeito de imobilização», *Boletim de Ciências Económicas*, vol. XIV, 1971, pp. 123-157.

— *IRS – Incidência Real e Determinação dos Rendimentos Líquidos*, Coimbra Editora, Coimbra, 2007.

— «O imposto sobre as sociedades e o imposto pessoal de rendimento – separação ou integração», in AAVV – *Estudos em Homenagem ao Professor Doutor J. J. Teixeira Ribeiro*, vol. IV, Boletim da FDUC, 1980, pp. 353-393.

— «O IRS na Reforma Fiscal de 1988/89», in AAVV – *15 Anos da Reforma Fiscal de 1988/89 – Jornadas de Homenagem ao Professor Doutor Pitta e Cunha*, Almedina, Coimbra, 2005, pp. 73-87.

— «O princípio da tributação do rendimento real e a Lei Geral Tributária», *Fiscalidade*, nº 5, 2001, pp. 5 ss.

Becker, Alfredo Augusto – *Teoria Geral do Direito Tributário*, 3ª ed., Saraiva, São Paulo, 1998.

Berliri, António – *Principi di Diritto Tributario*, Giuffré, Milão, 1952.

Borges, Ricardo da Palma / Sousa, Pedro Ribeiro de – «O novo regime fiscal dos residentes não habituais», *Fiscalidade*, nº 40, 2009, pp. 5-57.

Boria, Pietro – *Il sistema tributário*, UTET Giuridica, Torino, 2008.

Brígido, Sandrina / Martins, António – «Ainda sobre a tributação das mais-valias de ações em sede de IRS», *Fiscalidade*, nº 38, 2009, pp. 7-60.

C

Campos, Diogo Leite de – *Direito Tributário*, 2ª ed., Almedina, Coimbra, 2000.

— «Tributação da família: carga fiscal e inconstitucionalidade», *Boletim da Faculdade de Direito da Universidade de Coimbra*, vol. LV (separata), 1979.

Campos, Gustavo Caldas – «O princípio da capacidade contributiva e as normas de simplificação do sistema fiscal: conflitos e convergências», in Campos, Diogo Leite de (Coord.) – *Estudos de Direito Fiscal*, Almedina, Coimbra, 2007, pp. 103-122.

Canotilho, José Gomes / Moreira, Vital – *Constituição da República Portuguesa – Anotada*, Volumes I e II, 4ª ed. revista, Coimbra Editora, Coimbra, 2014.

Cardona, Maria Celeste – «Uma política fiscal para o século XXI: contributos para uma reforma», *Fisco*, nº 97/98, 2001, pp. 21-37.

Carlos, Américo Brás – *Impostos – Teoria Geral*, 5ª ed., Almedina, Coimbra, 2016.

— «Os princípios da eficácia e da eficiência fiscais», *Ciência e Técnica Fiscal*, nº 416, 2005, pp. 163-181.

Catarino, João Ricardo – «Ainda a propósito do regime substantivo e fiscal das ajudas de custo», *Revista de Finanças Públicas e Direito Fiscal*, nº 3, 2009, pp. 277-293.

— «Aspetos relevantes do novo regime de avaliação da propriedade urbana para fins fiscais», *Fisco*, nº 119/121, 2005, pp. 53-97.

— *Redistribuição Tributária – Estado Social e Escolha Individual*, Almedina, Coimbra, 2008.

Catarino, João Ricardo / Guimarães, Vasco Branco (Coord.) – *Lições de Fiscalidade Vol. I – Princípios Gerais e Fiscalidade Interna*, 5ª ed., Almedina, Coimbra, 2017.

— *Lições de Fiscalidade Vol. II – Gestão e Planeamento Fiscal Internacional*, Almedina, Coimbra, 2015.

Cnossen, Sjbren (Org.) – *Towards a Dual Income Tax?*, 1996.

COMISSÃO PARA A REFORMA DO IMPOSTO SOBRE O RENDIMENTO DAS PESSOAS SINGULARES de 2014 – *Projeto da Reforma do IRS – Uma Reforma do IRS Orientada para a Simplificação, a Família e a Mobilidade Social*, setembro de 2014, disponível: https://www.portugal.gov.pt/media/1548208/20140930%20mf%20rel%20comissao%20reforma%20irs.pdf (consultado em 1 de fevereiro de 2018).

Corte-Real, Carlos Pamplona – *Curso de Direito Fiscal*, Centro de Estudos Fiscais, Lisboa, 1981.

— «Família, dívida de imposto e regime de bens», in AAVV – *Estudos em Homenagem à Dra Maria de Lourdes Órfão de Matos Correia e Vale*, Centro de Estudos Fiscais, Lisboa, 1995, pp. 85-92.

COSTA, JOSÉ MANUEL CARDOSO DA – *Curso de Direito Fiscal*, Almedina, Coimbra, 1970.

— «O princípio da capacidade contributiva no constitucionalismo português e na jurisprudência do Tribunal Constitucional», *Boletim de Ciências Económicas*, Coimbra, Vol. LVII, 2014, pp. 1159-1185.

COSTA, PAULO NOGUEIRA DA / ROGÉRIO, JOAQUIM SABINO – «A tributação conjunta dos sujeitos passivos unidos de facto – elementos constitutivos: eficácia e prova», *Revista Jurídica do Instituto Superior Manuel Teixeira Gomes*, nº 1, 2012, pp. 99-106.

COURINHA, GUSTAVO LOPES – «Ainda a propósito da tributação dos trabalhadores portugueses na Alemanha: algumas notas», *Revista de Finanças Públicas e Direito Fiscal*, nº 1, 2008, pp. 289-295.

CUNHA, PAULO PITTA E – *A Fiscalidade dos Anos 90*, Almedina, Coimbra, 1996.

— *A Reforma Fiscal*, Dom Quixote, Lisboa, 1989.

— «A unicidade do imposto no cerne da reforma fiscal», *Fisco*, nº 4, 1989, pp. 39-44.

— «Alterações na tributação do rendimento: reforma fiscal ou simples ajustamentos?», *Fisco*, nº 103/104, 2002, pp. 3 ss.

— «Bases da reforma – exposição de motivos do projeto de reforma fiscal (parte geral)», in CUNHA, PAULO PITTA E – *A Reforma Fiscal*, Dom Quixote, Lisboa, 1989, pp. 81-98.

CUPERTINO, LUÍS – «O regime simplificado no imposto sobre o rendimento: enquadramento e questões», *Fisco*, nº 119/121, 2005, pp. 145-157.

CURVELO, HERCULANO MADEIRA / GUIMARÃES, VASCO BRANCO / COSTA, JOAQUIM DOS RAMOS – *Código do Imposto sobre o Rendimento das Pessoas Singulares – Comentado e Anotado*, 2ª ed., Rei dos Livros, Lisboa, 1993.

D

DOURADO, ANA PAULA – *Direito Fiscal – Lições*, 5ª ed., Almedina, Coimbra, 2020.

— *Governação Fiscal Global*, Almedina, Coimbra, 2017.

— *Lições de Direito Fiscal Europeu – Tributação Direta*, Coimbra Editora, Coimbra, 2010.

— *O Princípio da Legalidade Fiscal – Tipicidade, Conceitos Jurídicos Indeterminados e Margem de Livre Apreciação*, Almedina, Coimbra, 2007 (reimpresso em 2015).

— «The delicate balance: Revenue authority discretions and the rule of law – Some thoughts in a legal theory and comparative perspective», in AAVV – *The Delicate Balance, Tax, Discretion and the Rule of Law*, Amsterdam, 2011.

F

FARIA, MARIA TERESA VEIGA DE – «O regime fiscal de instrumentos financeiros derivados nos impostos sobre o rendimento», *Ciência e Técnica Fiscal*, nº 386, 1997.

FAUSTINO, MANUEL – «A evolução dos reembolsos no IRS: Uma perspetiva jurídico-financeira», in AAVV – *15 Anos da Reforma Fiscal de 1988/89 – Jornadas de Homenagem ao Professor Doutor Pitta e Cunha*, Almedina, Coimbra, 2005, pp. 107-120.

— «A tributação do rendimento das pessoas singulares», in CATARINO, JOÃO RICARDO / GUIMARÃES, VASCO BRANCO (Coord.) – *Lições de Fiscalidade Vol. I – Princípios Gerais e Fiscalidade Interna*, 5ª ed., Almedina, Coimbra, 2017, pp. 205-281.

— «Da retroatividade do imposto extraordinário», *Revista de Finanças Públicas e Direito Fiscal*, nº 3, 2011, pp. 47-53.

— «Definição legal do conceito de ato isolado no Código do IRS», *Revista dos Técnicos Oficiais de Contas*, outubro 2002, pp. 24 ss.

— «IRS: a categoria F (rendimentos prediais) revisitada», *Revista de Finanças Públicas e Direito Fiscal*, nº 3, 2008, pp. 91-113.

— *IRS de Reforma em Reforma – Coletânea de Textos (publicados e inéditos)*, Áreas Editora, Lisboa, 2003.

— *IRS: Teoria e Prática*, Fisco, Lisboa, 1993.

— *O Dever de Retenção na Fonte*, Áreas Editora, Lisboa, 2003.

— «O IRS 25 anos depois», *Revista de Finanças Públicas e Direito Fiscal*, nº 2, 2014, pp. 67-111.

— «Os residentes no Imposto sobre o Rendimento Pessoal (IRS) Português», *Ciência e Técnica Fiscal*, nº 424, 2009, pp. 99-147.

— «Retroatividade, retrospetividade e alguma serenidade», *Revista de Finanças Públicas e Direito Fiscal*, nº 3, 2010, pp. 183-209.

— «Sobre a qualificação dos rendimentos obtidos no reembolso de obrigações», in PEREIRA, PAULA ROSADO (Coord.) – *Temas de IRS – Princípios Constitucionais, Tributação e Garantias*, Almedina, Coimbra, 2020, pp. 277-353.

— «Tendências recentes da evolução do imposto sobre o rendimento pessoal», *Ciência e Técnica Fiscal*, nº 416, 2005, pp. 55-104.

— «Tributação; IRS; Mais-valias; Propriedade: comentários ao acórdão do Supremo Tribunal Administrativo de 18 de janeiro de 2012, Processo nº 0201/11, 2ª secção», *Revista de Finanças Públicas e Direito Fiscal*, nº 1, 2012, pp. 233-253.

— «Tributação relativa à família (revisitação)», in AAVV – *Estudos em Homenagem ao Professor Doutor Paulo de Pitta e Cunha*, Almedina, Coimbra, 2010.

FAVEIRO, VÍTOR – *Noções Fundamentais de Direito Fiscal Português*, II volume, Coimbra Editora, Coimbra, 1986.

— *O Estatuto do Contribuinte – A Pessoa do Contribuinte no Estado Social de Direito*, Coimbra Editora, Coimbra, 2002.

FEIO, DIOGO – *A Substituição Fiscal e a Retenção na Fonte: O Caso Específico dos Impostos sobre o Rendimento*, Coimbra Editora, Coimbra, 2001.

FERNANDES, FRANCISCO PINTO / FERNANDES, MANUEL ANTÓNIO / FERNANDES, NUNO PINTO – *Código do Imposto Municipal sobre Imóveis (IMI)*, Publisher Team, Lisboa, 2009.

FERNANDES, NUNO PINTO / FERNANDES, FRANCISCO PINTO – *Código do Imposto Municipal da Sisa e do Imposto sobre as Sucessões e Doações – Anotado e Comentado*, 4ª ed., Rei dos Livros, Lisboa, 1997.

FERREIRA, EDUARDO PAZ – «Ainda a propósito da distinção entre impostos e taxas: o caso da taxa municipal devida pela realização de infra-estruturas urbanísticas», *Ciência e Técnica Fiscal*, nº 380, 1995, pp. 59 ss.

— «Crise, justiça social e finanças públicas», in AAVV – *Crise, Justiça Social e Finanças Públicas: Conferência*, Almedina, Coimbra, 2010, pp. 19-22.

— *Ensinar Finanças Públicas numa Faculdade de Direito*, Almedina, Coimbra, 2005.

— *Por Uma Sociedade Decente*, Marcador Editora, Lisboa, 2016.

FERREIRA, HELENA BAPTISTA – «Da troca automática de informações no âmbito do imposto sobre o rendimento das pessoas singulares – Os novos contextos da troca automática de informações de contas financeiras», in PEREIRA,

Paula Rosado (Coord.) – *Temas de IRS – Princípios Constitucionais, Tributação e Garantias*, Almedina, Coimbra, 2020, pp. 357-399.

Ferreira, Rogério Fernandes – «A tributação das mais-valias», *Fisco*, nº 101/102, 2002, pp. 3-12.

— *A Tributação dos Rendimentos – Retrospetiva, Atualidade, Tendências*, Almedina, Coimbra, 2007.

Figueira, Nelson Das Neves – «A transmissão onerosa de bens imóveis e o seu tratamento fiscal na esfera dos alienantes», *Revista Fiscal*, nº 1, 2008, pp. 7-25.

Franco, António Luciano de Sousa – *Finanças Públicas e Direito Financeiro*, Vol. I e II, 4ª ed., Almedina, Coimbra, 2004.

G

Gallego Peragón, José – *Los principios materiales de justicia tributaria*, Editorial Comares, Granada, 2003.

Gama, João Taborda da – «Terrenos para construção e regime transitório das mais-valias imobiliárias em IRS», *Fiscalidade*, nº 30, 2007, pp. 83-108.

Gammie, Malcolm – «Capital gains – An insoluble problem for taxation?», in AAVV – *Liber Amicorum Sven-Olof Lodin*, Series on International Taxation, nº 27, Kluwer Law International, Netherlands, 2001.

Gomes, Nuno De Sá – «Alguns aspetos jurídicos e económicos controversos da sobretributação imobiliária, no sistema fiscal português», *Ciência e Técnica Fiscal*, nº 386, 1997, pp. 65-123.

— *Manual de Direito Fiscal*, Vol. I, 12ª ed., Rei dos Livros, Lisboa, 2003.

— *Tributação do Património – Lições Proferidas no 1º Curso de Pós-Graduação em Direito Fiscal na Faculdade de Direito da Universidade do Porto*, Almedina, Coimbra, 2005.

González, Eusébio / González, Teresa – *Derecho Tributario*, vol. I, Plaza Universitária Ediciones, Salamanca, 2004.

Grecu, Andrei – *Flat Tax – The British Case*, Adam Smith Institute, London, 2004.

Guerreiro, António Lima – «Tributação da cedência de uso das partes comuns na propriedade horizontal», *Fisco*, nº 7, 1989, pp. 19-23.

Guimarães, Vasco Branco – «A Reforma Fiscal de 1989 (uma visão por dentro)», in AAVV – *15 Anos da Reforma Fiscal de 1988/89 – Jornadas de Homenagem ao Professor Doutor Pitta e Cunha*, Almedina, Coimbra, 2005, pp. 97-105.

— «Sobre a tributação das mais-valias», *Revista de Finanças Públicas e Direito Fiscal*, nº 3, 2010, pp. 247-267.

— «Sobre o conceito fiscal de prédio», *Ciência e Técnica Fiscal*, nº 433, 2014, pp. 173-204.

L

Leitão, João Menezes – «Tributação separada da família e relevância das uniões de facto nos sistemas fiscais da Alemanha, Itália, Espanha e Reino Unido», *Ciência e Técnica Fiscal*, nº 396, 1999, pp. 189-243.

Leitão, Luís Menezes – «A conformidade com a Constituição da República Portuguesa da nova fórmula de determinação do valor patrimonial tributário dos prédios urbanos e da sua aplicação para efeitos de determinação dos rendimentos tributáveis em sede de impostos sobre o rendimento», *Fisco*, nº 113/114, 2004, pp. 3-23.

— «A Contribuição Autárquica no quadro da reforma da tributação do património», *Fisco*, nº 97/98, 2001, pp. 15-20.

— «Evolução e situação da reforma fiscal», *Ciência e Técnica Fiscal*, nº 387, 1997, pp. 7-47.

LOBO, CARLOS BAPTISTA / PARDAL, SIDÓNIO – *Património Imobiliário – Referências Para Avaliação*, Almedina, Coimbra, 2011.

LOPES, CIDÁLIA DA MOTA – *Quanto Custa Pagar Impostos em Portugal? Os Custos de Cumprimento da Tributação do Rendimento*, Almedina, Coimbra, 2008.

LOUSA, MARIA DOS PRAZERES RITO – «Aspetos gerais relativos à tributação das vantagens acessórias», *Ciência e Técnica Fiscal*, nº 374, 1994, pp. 7 ss.

LUPI, RAFFAELLO – *Lezione di Diritto Tributário – Parte Generale*, Giuffré, Milão, 1992.

M

MACHADO, JÓNATAS / COSTA, PAULO NOGUEIRA DA – *Curso de Direito Tributário*, 2ª ed., Coimbra Editora, Coimbra, 2012.

— *Manual de Direito Fiscal – Perspetiva Multinível*, Almedina, Coimbra, 2017.

MARQUES, ABÍLIO – «Enquadramento fiscal do contrato de locação financeira imobiliária», *Revista dos Técnicos Oficiais de Contas*, nº 101, 2008, pp. 31 ss.

MARQUES, PAULO – «As garantias de defesa dos sujeitos passivos de IRS no procedimento e processo tributário», in PEREIRA, PAULA ROSADO (Coord.) – *Temas de IRS – Princípios Constitucionais, Tributação e Garantias*, Almedina, Coimbra, 2020, pp. 401-439.

MARQUES, RUI – *JusPrático – IRS 2009*, 2ª ed., Coimbra Editora, Coimbra, 2009.

MARTINEZ, PEDRO ROMANO – «Distribuição do risco no contrato de locação – Interpretação do artigo 1044º do Código Civil: anotação ao Acórdão do Supremo Tribunal de Justiça de 6 de julho de 2004», in AAVV – *Estudos em Honra do Professor Doutor José de Oliveira Ascensão*, Almedina, Coimbra, 2008, pp. 873-904.

— «Regime da locação civil e contrato de arrendamento urbano», in AAVV – *Estudos em Homenagem ao Professor Doutor Inocêncio Galvão Telles*, Vol. III, Almedina, Coimbra, pp. 7-32.

— «Subarrendamento», in AAVV – *Estudos em Homenagem ao Professor Doutor Inocêncio Galvão Telles*, Vol. III, Almedina, Coimbra, pp. 237-247.

MARTINEZ, PEDRO SOARES – «As mais-valias e a sua multiplicidade», in AAVV – *Estudos Jurídicos e Económicos em Homenagem ao Professor Doutor António de Sousa Franco*, FDUL, Lisboa, 2006, pp. 753-761.

— *Direito Fiscal*, 10ª ed., Almedina, Coimbra, 2000.

MARTINS, ANTÓNIO – «Estado social: uma perspetiva económico-fiscal», *Revista de Finanças Públicas e Direito Fiscal*, nº 1, 2013, pp. 67-82.

MATEUS, J. SILVÉRIO – «A tributação dos imóveis: Sisa, IVA, Imposto de Mais-Valias e Contribuição Predial Autárquica», *Fisco*, nº 10, 1989, pp. 12-19.

MATOS, ANDRÉ SALGADO DE – *Código do Imposto do Rendimento das Pessoas Singulares (IRS)* Anotado, Instituto Superior de Gestão, Lisboa, 1999.

MENEZES, ARMANDO FARIA – «A tributação em IRS das indemnizações emergentes da expropriação por utilidade pública de bens imóveis», *Revista Portuguesa de Contabilidade*, nº 8, 2012, pp. 513-523.

MESQUITA, MARIA MARGARIDA – «O regime da cessão de exploração do direito real de habitação periódica», *Ciência e Técnica Fiscal*, nº 356, 1989, pp. 367-371.

MINISTÉRIO DAS FINANÇAS – *Estruturar o Sistema Fiscal do Portugal Desenvolvido: Textos Fundamentais da Reforma Fiscal para o Século XXI*, Almedina, Coimbra, 1998.

— *Relatório apresentado pela Comissão Medina Carreira – Comissão de Reforma da Tributação do Património – Projeto de Reforma da Tributação do Património*, Cadernos de Ciência e Técnica Fiscal nº 182, Centro de Estudos Fiscais, Lisboa, 1999.

— *Relatório do Grupo para o Estudo da Política Fiscal – Competitividade, Eficiência e Justiça do Sistema Fiscal*, Centro de Estudos Fiscais, Lisboa, 2009.

MIRANDA, JORGE – *Direitos Fundamentais*, Almedina, Coimbra, 2017.

MORAIS, LUÍS D. S. – «Algumas notas em especial sobre a tributação de prédios urbanos no contexto da reforma da tributação do património», in AAVV – *15 Anos da Reforma Fiscal de 1988-89 / Jornadas de Homenagem ao Professor Doutor Pitta e Cunha*, Almedina, Coimbra, 2005, pp. 327- 343.

MORAIS, RUI DUARTE – *Apontamentos ao IRC*, Almedina, Coimbra, 2007 (reimpresso em 2009).

— «Do Código da Contribuição Predial ao Código do Imposto Municipal sobre Imóveis», in AAVV – *15 Anos da Reforma Fiscal de 1988-89 / Jornadas de Homenagem ao Professor Doutor Pitta e Cunha*, Almedina, Coimbra, 2005, pp. 313-326.

— *Imputação de Lucros de Sociedades Não Residentes Sujeitas a um Regime Fiscal Privilegiado*, Universidade Católica, Porto, 2005.

— «Notas sobre a Contribuição Autárquica», *Fisco*, nº 7, 1989, pp. 15-18.

— *Sobre o IRS*, 3ª ed., Almedina, Coimbra, 2014 (reimpresso em 2016).

— «Tributação separada dos cônjuges e o desafio da simplicidade», in AAVV – *Estudos em Homenagem ao Professor Doutor Paulo de Pitta e Cunha*, vol. II, Almedina, Coimbra, 2010, pp. 791-802.

MUSGRAVE, RICHARD – «A situação atual da teoria da tributação», *Fisco*, nº 12/13, 1989, pp. 3-10.

N

NABAIS, JOSÉ CASALTA – «Ainda fará sentido o artigo 104º da Constituição?», *Cadernos de Justiça Tributária*, nº 1, 2013, pp. 23-34.

— «Alguns aspetos do quadro constitucional da tributação das empresas», *Fisco*, nº 103/104, 2002, pp. 11-31.

— «As bases constitucionais da reforma da tributação do património», *Fisco*, nº 111/112, 2004, pp. 3-22.

— *Direito Fiscal*, 10ª ed., Almedina, Coimbra, 2017.

— *Introdução ao Direito Fiscal das Empresas*, Almedina, Coimbra, 2013.

— *O Dever Fundamental de Pagar Impostos – Contributo para a Compreensão Constitucional do Estado Fiscal Contemporâneo*, Almedina, Coimbra, 1998 (4ª reimpressão em 2015).

— *Por um Estado Fiscal Suportável – Estudos de Direito Fiscal*, Vol. I, Almedina, Coimbra, 2005.

— *Por um Estado Fiscal Suportável – Estudos de Direito Fiscal*, Vol. II, Almedina, Coimbra, 2008.

— *Por um Estado Fiscal Suportável – Estudos de Direito Fiscal*, Vol. III, Almedina, Coimbra, 2010.

— *Por um Estado Fiscal Suportável – Estudos de Direito Fiscal*, Vol. IV, Almedina, Coimbra, 2015.

— «Reflexões sobre quem paga a conta do Estado social», *Ciência e Técnica Fiscal*, nº 421, 2008, pp. 7-46.

— «Reforma tributária num Estado fiscal suportável», in *Por um Estado Fiscal Suportável – Estudos de Direito Fiscal*, Vol. II, Almedina, Coimbra, 2008, pp. 76 ss.

— «Tributação e urbanismo no direito europeu», in AAVV – *Estudos em Homenagem ao Professor Doutor Joaquim Moreira da Silva Cunha*, FDUL, 2005, pp. 465-490.

NABAIS, JOSÉ CASALTA / SILVA, SUZANA TAVARES DA – *Sustentabilidade Fiscal em Tempos de Crise*, Almedina, Coimbra, 2011.

NEVES, TIAGO CASSIANO – «Apontamentos sobre o tratamento fiscal de expatriados em Portugal e na Europa», *Fiscalidade*, nº 39, 2009, pp. 13-49.

NOGUEIRA, JOÃO FÉLIX – «A dupla residência fiscal de pessoas singulares: enquadramento da questão nos planos interno, europeu e internacional à luz da recente orientação do Supremo Tribunal Administrativo», *Revista de Finanças Públicas e Direito Fiscal*, nº 1, 2011, pp. 209-247.

P

PALAO TABOADA, CARLOS – «La propriedad privada como limite al poder tributario», in AAVV – *La Hacienda Pública en La Constitucion Española*, IEF, Madrid, 1979.

PEREIRA, LILIANA IVONE DA SILVA – *IRS: Aplicação Prática*, Ordem dos Contabilistas Certificados, Lisboa, 2016.

PEREIRA, MANUEL HENRIQUE DE FREITAS – *Fiscalidade*, 5ª ed, Almedina, Coimbra, 2014.

— «Tratamento fiscal da transferência de bens imóveis entre o património privado e o património empresarial de uma pessoa singular», *Ciência e Técnica Fiscal*, nº 367, 1992, pp. 9-26.

PEREIRA, PAULA ROSADO – «Alguns desafios ao Código do IRC – Preços de transferência e o desafio europeu», in AAVV – *15 Anos da Reforma Fiscal de 1988/89 – Jornadas de Homenagem ao Professor Doutor Pitta e Cunha*, Almedina, Coimbra, 2005, pp. 251-273.

— «As diversas vertentes do princípio da capacidade contributiva e o IRS», in PEREIRA, PAULA ROSADO (Coord.) – *Temas de IRS – Princípios Constitucionais, Tributação e Garantias*, Almedina, Coimbra, 2020, pp. 9-80.

— *Convenções sobre Dupla Tributação no Atual Direito Fiscal Internacional*, 2ª ed., Almedina, Coimbra, 2022.

— «Em torno dos princípios do Direito Fiscal Internacional», *in* CATARINO, JOÃO RICARDO / GUIMARÃES, VASCO BRANCO (Coord.) – *Lições de Fiscalidade Vol. II – Gestão e Planeamento Fiscal Internacional*, Almedina, Coimbra, 2015.

— *Estudos Sobre IRS: Rendimentos de Capitais e Mais-Valias*, Almedina, Coimbra, 2005.

— «Novamente a questão da retroatividade da lei fiscal no campo da tributação autónoma de encargos», *Revista de Finanças Públicas e Direito Fiscal*, nº 3, 2011, pp. 267-284.

— «O princípio da não retroatividade da lei fiscal no campo da tributação autónoma de encargos», *Revista de Finanças Públicas e Direito Fiscal*, nº 2, 2011, pp. 217-224.

— *Princípios do Direito Fiscal Internacional – Do Paradigma Clássico ao Direito Fiscal Europeu*, Almedina, Coimbra, 2010 (reimpresso em 2016).

— *Tributação das Empresas em Angola – O Imposto Industrial e o Estatuto dos Grandes Contribuintes*, Almedina, Coimbra, 2016.

— *Tributação das Empresas em Moçambique – O Imposto sobre o Rendimento das Pessoas Coletivas*, Almedina, Coimbra, 2017.

PEREIRA, PAULA ROSADO (Coord.) – *Temas de IRS – Princípios Constitucionais, Tributação e Garantias*, Almedina, Coimbra, 2020.

PETISCA, JOAQUIM ÁGUEDA – *Uma Opção para a Reforma do IRS*, Centro de Estudos Fiscais, Lisboa, 2000.

PIRES, JOSÉ MARIA FERNANDES – *Lições de Impostos sobre o Património e do Selo, 3ª* ed., Almedina, Coimbra, 2015 (reimpresso em 2016).

— *O Adicional ao IMI e a Tributação Pessoal do Património*, Almedina, Coimbra, 2017.

— «Os impostos sobre o património», *in* Catarino, João Ricardo / Guimarães, Vasco Branco (Coord.) – *Lições de Fiscalidade Vol. I – Princípios Gerais e Fiscalidade Interna*, 5ª ed., Almedina, Coimbra, 2017, pp. 411-464.

Pires, Manuel – *Da Dupla Tributação Jurídica Internacional sobre o Rendimento*, Centro de Estudos Fiscais, Lisboa, 1986.

Pires, Manuel / Pires, Rita Calçada – *Direito Fiscal*, 5ª ed., Almedina, Coimbra, 2012 (reimpresso em 2017).

— *O Significado do Imposto e da Crise*, Universidade Lusíada, Lisboa, 2014.

Poças, Luís – «A tributação dos rendimentos de capitais nos seguros e operações do ramo "Vida" e fundos de pensões», *Cadernos de Justiça Tributária*, nº 9, 2015, pp. 26-45.

— «O ciclo do prémio de seguro e o IRS: Entre a dedução à coleta e a tributação na categoria A», in Pereira, Paula Rosado (Coord.) – *Temas de IRS – Princípios Constitucionais, Tributação e Garantias*, Almedina, Coimbra, 2020, pp. 141-226.

Porto, Manuel Lopes – «A integração na CEE e a reforma do sistema fiscal português», in AAVV – *Estudos em Homenagem ao Professor Doutor António de Arruda Ferrer-Correia*, FDUC, Coimbra, 1991, pp. 747-791.

— «A reforma da tributação do património imobiliário em Portugal», *Revista de Legislação e de Jurisprudência*, 2002, pp. 258-267.

— «A reforma fiscal portuguesa e a tributação local», in AAVV – *Estudos em Homenagem ao Professor Doutor Eduardo Correia*, FDUC, Coimbra, 1984, pp. 115-160.

— «A tributação predial: experiências e perspetivas», *Ciência e Técnica Fiscal*, nº 393, 1999, pp. 7-39.

R

Ramos, Diogo Ortigão / Martins, Fernando Lança – «A proibição da retroatividade da lei fiscal no âmbito do estado de direito», *Revista de Finanças Públicas e Direito Fiscal*, nº 3, 2011, pp. 219-244.

Reis, Sónia Martins – «Proibição da retroatividade da lei fiscal no contexto do IRS», in Pereira, Paula Rosado (Coord.) – *Temas de IRS – Princípios Constitucionais, Tributação e Garantias*, Almedina, Coimbra, 2020, pp. 81-138.

Ribeiro, João Sérgio – *Tributação Presuntiva do Rendimento: Um Contributo para Reequacionar os Métodos Indiretos de Determinação da Matéria Tributável*, Almedina, Coimbra, 2010.

Ribeiro, José Joaquim Teixeira – *A Reforma Fiscal*, Coimbra Editora, Coimbra, 1989.

— «As opções fiscais da Constituição», *Boletim de Ciências Económicas*, XXVIII, 1985, pp. 87-103.

— *Lições de Finanças Públicas*, 5ª ed., Coimbra Editora, Coimbra, 1997.

— «O imposto de rendimento e a discriminação do rendimento», *Boletim de Ciências Económicas*, vol. XXVIII (separata), 1985.

Rocha, António Santos / Brás, Eduardo José Martins – *Tributação do Património – IMI, IMT e Imposto do Selo (Anotados e Comentados)*, Almedina, Coimbra, 2015.

Roma, Pedro – *Residência Fiscal Parcial em IRS*, Almedina, Coimbra, 2018.

S

Sanches, José Luís Saldanha – «Ainda sobre o conceito de mais-valia», *Fisco*, nº 65/66, 1994, pp. 3-18.

— *A Quantificação da Obrigação Tributária – Deveres de Cooperação, Autoavaliação e Ava-*

liação Administrativa, 2ª ed., Lex, Lisboa, 2000.
— «A reforma fiscal portuguesa numa perspetiva constitucional», *Ciência e Técnica Fiscal*, nº 354, 1989, pp. 41-73.
— «Conceito de rendimento do IRS», *Fiscalidade*, nº 7/8, 2001, pp. 33-61.
— *Justiça Fiscal*, Fundação Francisco Manuel dos Santos, 2010.
— *Manual de Direito Fiscal*, 3ª ed., Coimbra Editora, Coimbra, 2007.
— «O conceito de mais-valia depois da Reforma», *Fisco*, nº 20/21, 1990, pp. 59-65.
— «O pedido da declaração de inconstitucionalidade do IRS: as consequências possíveis», *Fisco*, nº 9, 1989, pp. 14-17.
— «Política tributária e investimento estrangeiro: alguns aspetos da tributação de não-residentes», *Fisco*, nº 30, 1991, pp. 11-17.
— *Princípios Estruturantes da Reforma Fiscal*, Edifisco, Lisboa, 1991.
— «Retenções na fonte do IRS: uma interpretação conforme à Constituição», *Fisco*, nº 12/13, 1989, pp. 12-14.
— «Sobre o conceito de mais-valia», *Fisco*, nº 38/39, 1992, pp. 45-54.
Santos, António Carlos dos – «Da crise fiscal do Estado à crise do Estado fiscal», *Revista da OTOC*, nº 201, 2016, pp. 28-34.
Santos, António Carlos dos / Lopes, Cidália da Mota (Coord.) – *Fiscalidade – Outros Olhares*, Vida Económica, Porto, 2013.
Santos, J. Albano – *Teoria Fiscal*, ISCSP, Lisboa, 2003.
Santos, João Pedro / Serrão, Miguel – «A Tributação dos rendimentos provenientes de direitos de imagem auferidos por pessoas singulares», in Pereira, Paula Rosado (Coord.) – *Temas de IRS – Princípios Constitucionais, Tributação e Garantias*, Almedina, Coimbra, 2020, pp. 227-276.
Santos, Luís Máximo dos – «A reforma da tributação do rendimento de 2000», *Fisco*, nº 99/100, 2001, pp. 17-35.
— «A tributação das mais-valias mobiliárias: mais vale tarde que nunca», *Revista de Finanças Públicas e Direito Fiscal*, nº 4, 2009, pp. 163-183.
Silva, Fernando Castro – «Reforma Fiscal: âmbito e motivações», *Fisco*, nº 92, 2000, pp. 35-44.
Slemroad, Joel / Bakija, Jon – *Taxing Ourselves: A Citizen's Guide to the Debate Over Taxes*, The MIT Press, 2004.
Sorensen, Peter Birch – *Dual Income Taxes – A Nordic Tax System*, University of Copenhagen, Copenhagen, 2009.

T
Teixeira, Glória – *Manual de Direito Fiscal*, 4ª ed., Almedina, Coimbra, 2016.
Tomaz, João Amaral – «A redescoberta do imposto proporcional (flat tax)», in AAVV – *Homenagem a José Guilherme Xavier de Basto*, Coimbra Editora, Coimbra, 2006, pp. 351-405.

U
Uricchio, Antonio – «La tassazione delle plusvalenze derivante dalla cessione di aree fabbricabili e da provvedimenti espropriativi», *Revista di Diritto Tributario*, nº 10, 1992, pp. 773-790.

V
Valdez, Vasco – «A reforma da tributação do património: antecedentes, principais mudanças e perspetivas futuras», in AAVV – *Estudos em Homenagem ao Professor Doutor Paulo de Pitta e Cunha*, vol. II, Almedina, Coimbra, 2010, pp. 1005-1023.
— «Aspetos gerais da reforma da tributação do património», *Ciência e Técnica Fiscal*, nº 408, 2002, pp. 65-80.

— «Os impostos sobre o património – Situação atual e perspetivas futuras», *Fisco*, nº 101/102, 2002, pp. 67-72.

VASQUES, SÉRGIO – «Capacidade contributiva, rendimento e património», *Fiscalidade*, nº 23, 2004, pp. 15-45.

— *Manual de Direito Fiscal*, Almedina, Coimbra, 2015 (reimpresso em 2017).

— *O Princípio da Equivalência como Critério de Igualdade Tributária*, Almedina, Coimbra, 2008.

VIEIRA DE ALMEIDA & ASSOCIADOS – «Reinvestimento das mais-valias provenientes da alienação de um imóvel destinado a habitação – Análise da jurisprudência», *Fiscalidade*, nº 18, 2004, pp. 129-134.

X

XAVIER, ALBERTO – *Conceito e Natureza do Ato Tributário*, Almedina, Coimbra, 1972.

— *Direito Tributário Internacional*, 2ª ed., Almedina, Coimbra, 2007 (reimpresso em 2017).

— *Manual de Direito Fiscal*, FDL, Lisboa, 1981.

ÍNDICE

PARTE III – ELEMENTOS SINTÉTICOS DO IRS
– NORMAS COMUNS DO IMPOSTO